신흥 세계를 위한 영적 준비

∽

앞으로 가는 계단

∽

내적 앎을 다룬 책

신흥 세계를 위한 영적 준비

앎으로 가는 계단

내적 앎을 다룬 책

마샬 비안 서머즈

앎으로 가는 계단: 내적 앎을 다룬 책

Copyright © 1999 by The Society for the New Message.
All rights reserved.

편집자 달렌 미첼

북 디자인 Argent Associates, Boulder, CO.

ISBN: 978-1-884238-77-2 *앎으로 가는 계단: 내적 앎을 다룬 책*
NKL POD Version 4.65
Library of Congress Catalog Card Number: 00551019
앎으로 가는 계단 제3판

원본 제목은 영어로 출간됨

Publisher's Cataloging-in-Publication
(Provided by Quality Books, Inc.)

Summers, Marshall Vian.
    Steps to knowledge : the book of inner knowing : spiritual preparation for an emerging world / Marshall Vian Summers—third edition.
    pages cm
    LCCN 00551019
    978-1-884238-18-5 (English print legacy)
    978-1-884238-77-2 (English print pod)
    978-1-942293-63-7 (Korean print)
    978-1-884238-67-3 (English ebook)
    978-1-942293-64-4 (Korean ebook)

    1. Society for The Greater Community Way of Knowledge. 2. Spiritual exercises. I. Title

BP605.S58S84 2014   299'.93
                                                                                QBI14-334

*앎으로 가는 계단*은 큰 공동체 앎길을 배우고 적용하는 새 메시지 연습서이다. *앎으로 가는 계단*은 신의 새 메시지 안에 있는 책이며, 새 메시지 협회의 출판사인 새 앎 도서관이 출간한다. 협회는 인류를 위한 새 메시지를 전하고 가르치는 데 헌신하는 비영리 종교 단체이다. 새 앎 도서관이 발간한 책들은 www.newknowledgelibrary.org이나 다른 많은 온라인 서점에서 구입할 수 있다.

새 메시지는 30여개 언어로 90여 국가에서 공부하고 있다. *앎으로 가는 계단*은 전 세계에서 번역을 자원한 헌신적인 학생들이 많은 언어로 번역하고 있다. 이 번역은 www.newmessage.org 에서 읽어볼 수 있다.

The Society for the New Message
P.O. Box 1724 • Boulder, CO 80306-1724
(303) 938-8401 • (800) 938-3891 011
303 938 84 01 (International). (303) 938-1214 (fax)
www.newknowledgelibrary.org society@newmessage.org
www.newmessage.org www.새메시지.com

# 서 문

앎으로 가는 계단은 내적 앎을 다룬 책이다. 이 책은 365 계단(과)으로 되어 있어 일 년간 진행되는 학습 과정이며, 학생이 세상에서 자신의 영적 힘, 즉 자기 앎을 체험하여 적용하는 법을 배울 수 있도록 설계되었다. 그래서 그와 같은 일을 해내는 데 꼭 필요한 개념과 연습을 학생에게 소개하여 학생이 날마다 한 계단씩 밟아가며 그 일을 해낼 수 있게 하였다. 이처럼 날마다 연습할 때, 체험에 튼실한 기반이 생긴다. 또한 세속적 성공이나 영적 성장 모두에 필요한 사고·인식·의욕이 생긴다.

앎이란 무엇인가?

앎으로 가는 계단에서는 앎을 이처럼 말한다.

> "앎은 온전히 당신과 함께 있다. 그러나 당신이 아직 도달하지 못한, 마음 한 부분에 자리잡고 있다. 앎은 당신의 참자아, 참마음을 의미하며, 우주에서의 당신의 참된 관계들을 의미한다. 앎에는 또한 당신이 세상에서 응답해야 할 큰 부름이 담겨 있고, 당신의 본성, 당신의 내재된 모든 능력과 기량, 심지어 당신의 한계에 이르기까지, 세상에 이롭도록 주어진 모든 것에 대한 완벽한 활용 방안이 담겨 있다."
>
> (제2계단)

앎은 창조주가 모든 사람에게 준 깊은 영적 마음이다. 앎은 의미 있는 모든 행동·공헌·관계의 근원이면서, 우리들의 타고난 내적 안내체계이다. 앎의 현실은 신비롭지만, 앎의 현존은 직접 체험할 수 있다. 앎은 모든 사람이 자신에게 맞는 관계·일·공헌을 찾도록 안내하는 데 놀랍도록 현명하고 유능하다. 또한 살아가면서 만나는 많은 함정과 속임수를 알아보고, 여기에 대비하는 데도 마찬가지로 유능하다. 앎은 확실성과 자신감으로 보고·알고·행동할 수 있게 해주는 기반이다. 앎은 삶의 바탕이다.

앎으로 가는 계단은 누구를 위한 것인가?

자신의 삶에 영적 부름과 목적이 드러나고 있다는 것을 느끼지만, 이것을 제대로 이해하려면 새로운 접근 방법이 필요한 사람들에게 앎으로 가는 계단은 길을 제시해 놓았다. 이들은 종종 오랫동안 이러한 끌림을 느낀다. 이 계단은 이들에게 이 부름에 응답할 수 있는 바탕을 준다. 이 공부를 시작하는 데 유일하게 필요한 것은 자신의 목적·의미·방향을 알려는 결심뿐이다.

무엇을 이루고자 만들어졌는가?

앎으로 가는 계단은 신에게로 가는 길과 세상에 공헌하는 길, 모두를 보여준다. 그래서 삶의 가장 궁극적인 물음 두 가지, 즉 "나는 누구인가?", "나는 왜 여기에 있는가?"를 학생이 풀게 한다. 이 계단은 이 물음을 목적·관계·공동체의 맥락에서 다룬다. 그래서 모든 사람이 세상에서 찾는 것은 이 목적·관계·공동체이며, 세상에서 의미 있게 여겨지는 모든 소망과 노력에는 이런 추구가 그 바탕에 자리잡고 있다고 강조한다. 목적·관계·공동체를 느낄 때, 사람들은 어떤 식으로든 그 순간 삶에서 살아가는 의미와 자신의 정체성을 갖게 된다. 그래서 이것을 느끼고자 하는 소망이 모든 사람에게 내재되어 있으며, 고향에서 올 때 이 소망에 대한 답을 가지고 왔다고 이 계단은 말한다. 그래서 그들 내면에, 그들의 자기 앎에 자신이 성취해야 할 것을 무의식적으로 지니고 있다고 말한다.

  앎으로 가는 계단은 학생이 연습과 계시를 통해서 앎을 발견하여 앎과 결합하고, 또 모든 상황에서 앎을 따를 수 있도록 필요한 체계를 학생에게 준다. 그러면 학생은 삶에서 참된 방향을 찾기 시작한다. 끊임없이 자신을 적용해보아야만 생기는 요령과 자신감은 날마다 공부할 때 생긴다.

  자기 앎을 회복하여 적용하는 것이 영적 연습과 가르침을 주는 이 책의 목적이다. 이 책의 각 계단에서는 학생에게 내적 삶, 외적 삶을 모두 함께 발전시킬 것을 강조한다. 왜냐하면 참자아를 깨닫는 일과 참자아를 적용하는 일, 즉 앎과 지혜는 함께 생겨야 하기 때문이다. 그래서 앎길을 공부하고 적용하면서 학생은 자연스럽게 인내·객관성·통찰·힘·관용이 생기고 변치 않는 자긍심이 생긴다.

어떻게 이 땅에 오게 됐는가?

앎으로 가는 계단은 1989년 봄, 교사 마샬 비안 서머즈에게 계시되었다. 20일간 계시 상태에서, 스스로 큰 공동체 교사들이라고 말하는 한 그룹의 불가시 존재들에게서 받았다. 그들이 준 메시지는 우주적이며, 메시지를 주는 방법 또한 지구 역사상 볼 수 없는 독특한 것이었다.

왜 오게 됐는가?

지구는 지금 지적 생명체로 이루어진 우주 큰 공동체에 출현하려는 문턱에 서 있다. 그래서 이 시기에는 관계와 영성, 인간의 진보를 더욱 우주적으로 이해하고, 우주적 관점에서 바라보아야 한다. 앎으로 가는 계단은, 인류가 큰 공동체에서 오는 다른 지적 종족들과 만나기 시작하는 이 시기, 인류 역사에 있어 중요한 이 시기에 주요 공헌자가 될 가능성을 보여주는 이들을 위해 준비한 것이다. 지금은 유사 이래 가장 큰 문턱이지만, 큰 공동체 관점에서 보면 인류는 분명히 준비되지 않았다. 그래서 세상에 새로운 영적 이해와 가르침을 주는 발판이 마련된 것이다. 왜냐하면 창조주는 큰 공동체에 출현하는 데 대비하지 않은 채로 우리만 홀로 남겨놓으려 하지 않기 때문이다. 그래서 매우 특별한 영적 준비를 마련하여 사람들이 힘과 자비심을 갖고 전환기의 세상에 봉사하는 데 필요한 기량을 습득할 수 있게 하였다. 또한 사람들이 삶에서 자신의 큰 부름을 찾을 수 있게 준비하도록 앎으로 가는 계단과 기타 관계되는 책들을 안내서와 교재로 제공하였다.

어떻게 공부할 것인가?

앎으로 가는 계단을 공부하여 최대한 이익을 얻을 수 있도록 다음 권고 사항들을 고려해보라.

    ☙ 앎으로 가는 계단은 완전한 공부 프로그램이다. 한 계단씩 밟을 때마다 당신은 더 높이 올라가게 되고 자신의 자아발견에 더 가까이 가게 된다. 그러므로 처음부터 끝까지 가도록 계획하라. 멈추지 않으면, 나아갈 것이다.

◯◯ 앎으로 가는 계단이 혼자 공부하는 프로그램이기는 하지만, 연습과 체험을 공유할 수 있는 다른 이들을 찾아볼 것을 권한다. 그러면 배움의 기회를 최대한 활용할 수 있고 새로운 관계를 형성할 수 있는 의미 있는 기반이 생긴다.

◯◯ 앎으로 가는 계단에서 알려준 대로 따르라. 어떤 방식으로도 변경하지 말라. 이것은 매우 중요하다. 원하면 한 과에 하루 이상 머물러도 된다. 그러나 자칫 교육과정의 흐름을 놓칠지도 모르니, 어느 과가 됐던 너무 오래 머무르지 말라.

◯◯ 계단을 건너뛰거나 마음에 드는 과가 있다고 해서 순서를 바꾸지 말라. 각 과는 하루에 한 계단씩 하게 되어 있다. 이렇게 할 때, 안전하고 성공적으로 앎에 이르게 된다. 그날에 해당된 계단을 따르고 활용하라. 그러면 그날은 완벽하다.

◯◯ 하루를 시작하는 아침과 마치는 저녁, 두 차례 그 과를 읽으라. 만약 일인칭으로 그 과를 읽고 싶다면, 두 번 중 한 번은 그리하여도 좋을 것이다.

◯◯ 앎으로 가는 계단이 어떻게 연습하고 어떻게 공부 습관을 효과적으로 개발할 것인지를 가르쳐줄 것이다. 때로는 연습한다는 것이 꽤 도전으로 여겨질 것이다. 그러나 이 계단을 통해 연습하면, 힘이 생기고 자신을 더 깊이 인식하게 됨을 잊지 말아야 한다. 당신은 할 수 있으며, 연습함으로써 당신 삶은 조화롭게 바뀔 것이다.

◯◯ 날마다 규칙적으로 연습할 수 있도록 시간을 따로 정해 놓으라. 당신의 연습이 주위 상황에 지배받지 않게 하라. 앎이 드러나는 환경을 만들려면, 연습은 필수이다. 그날 연습 계획을 세울 수 있도록 연습 시간을 계단마다 하단부에 적어두었다.

◯◯ 연습일지를 적는 일은 당신의 진척을 계속 알아보고, 날마다 앎으로 가는 계단이 어떻게 당신을 돕는지 아는 데 매우 중요하다. 연습일지는 자아발견에 강력한 도구가 될 것이다. 또한 배운 것을 적용할 때나 교육과정에서 줄곧 하는 복습 때, 큰 도움이 될 것이다.

∞ 인내심을 가지라. 그리고 앞으로 가는 계단이 당신을 돕도록 허용하라. 가르침대로 계단을 밟아나가면 참으로 강력한 것이 된다. 여기에는 시간이 필요하다. 큰 여정은 여러 개의 작은 계단을 밟으면서 하게 되어 있고, 그 계단 하나하나가 모두 필요하다.

∞ 어쩌다 하루 빠지더라도 그냥 연습으로 되돌아가라. 자신이든 프로그램이든 비난하지 말라. 앞으로 가는 계단에서 제대로 이익을 얻으려면, 당신은 그저 계속하기만 하면 된다.

∞ 앞으로 가는 계단이 지금까지 당신이 품은 믿음과 가정에 도전할지 모른다. 만약 그러면, 이 도전을 받아들여 이 도전이 당신을 위해 갖고 있는 것이 무엇인지 보라. 큰 시야를 가지려면 제한된 시야를 넘어서 보아야 한다. 이렇게 할 때 만족한 것을 얻는다.

∞ 앞으로 가는 계단은 인류를 돕는 큰 공동체 교사들을 통해 신이 당신에게 준 선물이다. 당신이 받아서 세상에 베풀어야 할 선물이 바로 이것이다.

마지막으로

앞으로 가는 계단이 가진 힘과 범위는 그 목적만큼이나 크다. 이 계단은 저 세상에서 온 것이다. 이 계단은 세상이 다세계 큰 공동체로 진입하고 있다고 가르친다. 또한 사람들이 영적 힘과 세속적인 능력을 활성화하는 데 필요한 새로운 영적 이해와 준비를 제공한다. 그럼으로써 사람들이 과거를 복원하고, 미래를 준비할 것이다. 이 계단은 이 세상 안팎에서 일어나는 일을 이해하는 데, 순전히 인간적 관점에서만 보는 것보다 훨씬 더 폭넓은 관점에서 말해준다. 그래서 이 교육과정은 가장 참된 의미에서 우주 지혜라고 말할 수 있다.

그러나 아무리 개념이 잘 정리되었어도 진실을 깨닫고 적절히 쓰려면, 온전히 체험해야만 한다고 이 계단은 누누이 말한다. 이 과정은 한 계단씩 밟아나가게 되어 있다. 이 계단은 이 시기에 세상에서 자신의 영적 유산과 목적을 깨닫도록 부름받은 이들을 돕기 위해 여기 있다.

앎으로 가는 계단

제 1 부

∞

제 1 계단: 나는 지금 앎과 함께 있지 않다.
제 2 계단: 앎은 나와 함께 있다. 나는 어디에 있는가?
제 3 계단: 내가 정말로 아는 것이 무엇인가?
제 4 계단: 나는 내가 안다고 생각하는 것을 원한다.
제 5 계단: 나는 내가 믿고 싶은 것을 믿는다.
제 6 계단: 나에게는 세상에 참된 기반이 있다.
제 7 계단: 복 습

∞

제 8 계단: 나는 오늘 고요히 있을 것이다.
제 9 계단: 고요 속에서 모든 것을 알 수 있다.
             나는 도대체 이것을 왜 하는가?
제 10 계단: 앎이란 무엇인가?
제 11 계단: 나는 삶과 떨어져 있지 않다.
제 12 계단: 나의 개체성은 삶 자체를 표현하기 위한 것이다.
제 13 계단: 나는 독특하려고 분리되기를 바란다.
제 14 계단: 복 습

∞

제 15 계단: 나는 오늘 나의 체험에 귀 기울일 것이다.

제 16 계단: 내 마음 너머에 앎이 있다.

제 17 계단: 오늘 나는 진실을 듣고자 한다.

제 18 계단: 오늘 나는 내면에서 일어나는 진실을 느낀다.

제 19 계단: 오늘 나는 보고자 한다.

제 20 계단: 나는 의심과 혼란 때문에 나의 진행을 더디게 하지 않을 것이다.

제 21 계단: 복 습

∞

제 22 계단: 나는 신의 교사들에게 둘러싸여 있다.

제 23 계단: 나는 신의 교사들에게 사랑받고 있고, 둘러싸여 있으며, 도움받고 있다.

제 24 계단: 나는 신의 사랑을 받을 자격이 있다.

제 25 계단: 나는 삶의 가장 큰 진실과 하나이다.

제 26 계단: 나의 잘못은 나의 앎을 낳는다.

제 27 계단: 나에게는 발견하고 싶은 지혜가 있다.

제 28 계단: 복 습

∞

제 29 계단: 오늘 나는 앎에 대해 배우기 위해 나 자신을 지켜볼 것이다.

제 30 계단: 나는 오늘 세상을 지켜볼 것이다.

제 31 계단: 나는 지금까지 본 적이 없는 세상을 보고 싶다.

제 32 계단: 진실은 나와 함께 있다. 나는 그 진실을 느낄 수 있다.

제 33 계단: 나에게는 삶에서 완수해야 할 사명이 있다.

제 34 계단: 나는 앎의 초보 학생이다.

제 35 계단: 복 습

제 36 계단: 내 삶은 탐험해야 할 신비이다.

제 37 계단: 앎으로 가는 길이 있다.

제 38 계단: 신은 앎으로 가는 길을 안다.

제 39 계단: 신의 힘은 나와 함께 있다.

제 40 계단: 나는 오늘 신의 힘을 느낄 것이다.

제 41 계단: 나는 신의 힘을 두려워하지 않는다.

제 42 계단: 복 습

제 43 계단: 나의 뜻은 신을 아는 것이다.

제 44 계단: 나는 나의 강점을 알고 싶다.

제 45 계단: 나 혼자서는 아무것도 할 수 없다.

제 46 계단: 큰 사람이 되려면, 작은 사람이 되어야 한다.

제 47 계단: 나에게 왜 교사가 필요한가?

제 48 계단: 내가 받을 수 있는 참된 가르침이 있다.

제 49 계단: 복 습

제 50 계단: 나는 오늘 앎과 함께 있을 것이다.

제 51 계단: 두려움 너머에 있는 진실을 볼 수 있도록 나의 두려움들을 알아차릴 것이다.

제 52 계단: 나는 앎의 근원을 찾는 데 자유롭다.

제 53 계단: 나의 선물은 다른 사람들을 위한 것이다.

제 54 계단: 나는 이상주의로 살지 않을 것이다.

제 55 계단: 나는 세상을 있는 그대로 받아들일 것이다.

제 56 계단: 복 습

제 57 계단: 자유는 나와 함께 있다.

제 58 계단: 앎은 나와 함께 있다.

제 59 계단: 나는 오늘 인내를 배울 것이다.

제 60 계단: 나는 오늘 세상을 판단하지 않을 것이다.

제 61 계단: 사랑은 나를 통해 자연스럽게 준다.

제 62 계단: 오늘 나는 삶이 하는 말에 귀 기울이는 법을 배울 것이다.

제 63 계단: 복 습

제 64 계단: 나는 오늘 남의 말을 경청할 것이다.

제 65 계단: 나는 세상에 일하러 왔다.

제 66 계단: 나는 더 이상 세상에 대해 불평하지 않을 것이다.

제 67 계단: 나는 세상을 위해 내가 무엇을 원하는지 모른다.

제 68 계단: 나는 오늘 나 자신에 대한 신뢰를 잃지 않을 것이다.

제 69 계단: 나는 오늘 고요를 연습할 것이다.

제 70 계단: 복 습

제 71 계단: 나는 큰 목적에 봉사하려고 여기 있다.

제 72 계단: 나는 오늘 나의 가장 깊은 성향들을 신뢰할 것이다.

제 73 계단: 나는 나의 잘못이 나를 가르치도록 허용할 것이다.

제 74 계단: 오늘 평화는 나와 함께 있다.

제 75 계단: 나는 오늘 나의 참자아가 하는 말에 귀 기울일 것이다.

제 76 계단: 나는 오늘 다른 사람을 판단하지 않을 것이다.

제 77 계단: 복 습

∽

제 78 계단: 나 혼자서는 아무것도 할 수 없다.

제 79 계단: 오늘 나는 불확실성이 있는 것을 허용할 것이다.

제 80 계단: 나는 연습할 수밖에 없다.

제 81 계단: 나는 오늘 자신을 속이지 않을 것이다.

제 82 계단: 나는 오늘 다른 사람을 판단하지 않을 것이다.

제 83 계단: 나는 무엇보다도 앎을 소중히 한다.

제 84 계단: 복 습

∽

제 85 계단: 나는 오늘 작은 것들에서 행복을 발견한다.

제 86 계단: 나는 나에게 베푼 이들을 존중한다.

제 87 계단: 나는 내가 아는 것을 두려워하지 않을 것이다.

제 88 계단: 나의 높은 자아는 한 개인이 아니다.

제 89 계단: 감정은 앎을 설득할 수 없다.

제 90 계단: 나는 오늘 어떤 가정도 하지 않을 것이다.

제 91 계단: 복 습

∽

제 92 계단: 세상에서 내가 해야 할 역할이 있다.

제 93 계단: 나는 목적을 위해 이곳에 파견된다.

제 94 계단: 나의 자유는 내 목적을 찾기 위한 것이다.

제 95 계단: 나는 과연 어떻게 자아를 성취할 수 있겠는가?

제 96 계단: 신의 뜻은 나의 짐을 벗기는 것이다.

제 97 계단: 나는 성취가 무엇인지 모른다.

제 98 계단: 복 습

∞

제 99 계단: 나는 오늘 세상을 탓하지 않을 것이다.

제 100 계단: 나는 오늘 앎의 초보 학생이다.

제 101 계단: 세상에는 내 도움이 필요하지만, 나는 기다릴 것이다.

제 102 계단: 나에게는 버려야 할 것이 많다.

제 103 계단: 나는 신의 존중을 받는다.

제 104 계단: 신은 나보다 나를 더 많이 안다.

제 105 계단: 복 습

∞

제 106 계단: 세상에 사는 마스터는 없다.

제 107 계단: 오늘 나는 행복해지는 법을 배울 것이다.

제 108 계단: 행복은 내가 다시 배워야 하는 어떤 것이다.

제 109 계단: 오늘 나는 서두르지 않을 것이다.

제 110 계단: 나는 오늘 나 자신에게 정직할 것이다.

제 111 계단: 나는 오늘 편히 있을 것이다.

제 112 계단: 복 습

∞

제 113 계단: 나는 다른 이들에게 설득당하지 않을 것이다.

제 114 계단: 진정한 친구들이 나와 함께 있다. 나는 혼자가 아니다.

제 115 계단: 나는 오늘 앎의 힘에 귀 기울일 것이다.

제 116 계단: 나는 오늘 앎에 인내심을 가질 것이다.

제 117 계단: 가난한 것보다 단순한 것이 낫다.

제 118 계단: 나는 오늘 세상을 피하지 않을 것이다.

제 119 계단: 복 습

제 120 계단: 나는 오늘 나의 앎을 잊지 않을 것이다.

제 121 계단: 나는 오늘 자유로이 베풀 수 있다.

제 122 계단: 오늘 나는 잃는 것 없이 베푼다.

제 123 계단: 나는 오늘 나 자신을 불쌍히 여기지 않을 것이다.

제 124 계단: 오늘 나는 행복한척하지 않을 것이다.

제 125 계단: 나는 오늘 다른 어떤 사람이 되지 않아도 된다.

제 126 계단: 복 습

제 127 계단: 나는 오늘 신에게 앙갚음하려고 하지 않을 것이다.

제 128 계단: 교사들이 나와 함께 있다. 나는 두려워하지 않아도 된다.

제 129 계단: 교사들이 나와 함께 있다. 나도 그들과 함께 있을 것이다.

제 130 계단: 내가 준비되면, 나와 관계를 맺어야 할 사람들이 내게 올 것이다.

제 131 계단: 나는 오늘 삶의 참목적을 체험하고자 할 것이다.

제 132 계단: 나는 합류할 수 있도록 자유로워지는 법을 배울 것이다.

제 133 계단: 복 습

제 134 계단: 나는 내 목적을 혼자 규정하지 않을 것이다.

제 135 계단: 나는 오늘 내 운명을 규정하지 않을 것이다.

제 136 계단: 나의 목적은 나의 앎을 회복하여 앎이 세상에서 그 자신을 표현하도록 허용하는 것이다.

제 137 계단: 나는 내 삶의 신비를 받아들일 것이다.

제 138 계단: 나는 여기에서 알려준 대로 이 계단을 따르기만 하면 된다.

제 139 계단: 나는 봉사하려고 세상에 왔다.

제 140 계단: 복 습

∞

제 141 계단: 나는 오늘 확신할 것이다.

제 142 계단: 나는 오늘 일관성을 유지할 것이다.

제 143 계단: 나는 오늘 고요히 있을 것이다.

제 144 계단: 나는 오늘 나 자신을 존중할 것이다.

제 145 계단: 나는 오늘 세상을 존중할 것이다.

제 146 계단: 나는 오늘 나의 교사들을 존중할 것이다.

제 147 계단: 복 습

∞

제 148 계단: 연습은 신에게 바치는 나의 선물이다.

제 149 계단: 연습은 세상에 주는 나의 선물이다.

제 150 계단: 오늘 나는 배우는 법을 배울 것이다.

제 151 계단: 나는 내 판단이 옳다는 것을 주장하려고 두려움을 이용하지 않을 것이다.

제 152 계단: 나는 세상에 있는 두려움을 따르지 않을 것이다.

제 153 계단: 나의 근원은 나를 통해 그 자신을 표현하고자 한다.

제 154 계단: 복 습

∞

제 155 계단: 내가 받아들일 때, 세상은 나를 축복한다.
제 156 계단: 나는 오늘 나 자신을 걱정하지 않을 것이다.
제 157 계단: 나는 우주에서 혼자가 아니다.
제 158 계단: 나는 부자이다. 그러므로 줄 수 있다.
제 159 계단: 가난한 자는 줄 수 없다. 나는 가난하지 않다.
제 160 계단: 세상은 가난하지만, 나는 가난하지 않다.
제 161 계단: 복 습

∞

제 162 계단: 나는 오늘 두려워하지 않을 것이다.
제 163 계단: 나는 오늘 앎을 느낄 것이다.
제 164 계단: 오늘 나는 내가 아는 것을 존중할 것이다.
제 165 계단: 나의 의무는 작다. 나의 사명은 크다.
제 166 계단: 나의 사명은 크다. 그러므로 나는 작은 일들을 하는 데 자유롭다.
제 167 계단: 앎과 함께 있으면, 나는 세상에서 자유롭다.
제 168 계단: 복 습

∞

제 169 계단: 세상은 내 안에 있다. 나는 이것을 안다.
제 170 계단: 오늘 내가 하는 준비는 태곳적 의식儀式을 따르고 있다.
제 171 계단: 나의 베풂은 내가 부자임을 확언하는 것이다.
제 172 계단: 나는 내 앎을 회복해야 한다.

제 173 계단: 오늘 나는 필요한 것을 할 것이다.

제 174 계단: 나의 삶은 필요하다.

제 175 계단: 복 습

제 176 계단: 나는 오늘 앎을 따를 것이다.

제 177 계단: 오늘 나는 정직해지는 법을 배울 것이다.

제 178 계단: 오늘 나는 나에게 베푼 이들을 기억할 것이다.

제 179 계단: 오늘 나는 무엇이 참인지 나에게 가르쳐주는 세상에 감사할 것이다.

제 180 계단: 나는 앎이 결여되어 있으므로 불평한다.

제 181 계단: 나는 오늘 앎의 사랑을 받아들인다.

제 182 계단: 복 습

제 2 부

제 183 계단: 나는 답이 아니라 체험을 구한다.

제 184 계단: 나의 물음들은 내가 이전에 인식한 것보다 더 크다.

제 185 계단: 나는 목적이 있어 세상에 왔다.

제 186 계단: 나는 유서 깊은 가문 출신이다.

제 187 계단: 나는 다세계 큰 공동체 시민이다.

제 188 계단: 이 세상에서의 내 삶은 내가 이전에 알고 있었던 것보다 훨씬 더 중요하다.

제 189 계단: 나의 영적 가족은 모든 곳에 있다.

제 190 계단: 지구는 다세계 큰 공동체에 출현하고 있다. 그래서 내가 여기 왔다.

제 191 계단: 나의 앎은 나의 인간성보다 더 크다.

제 192 계단: 나는 오늘 작은 일들에 소홀하지 않을 것이다.

제 193 계단: 오늘 나는 판단하지 않고 남의 말을 경청할 것이다.

제 194 계단: 오늘 나는 내가 필요한 곳에 갈 것이다.

제 195 계단: 앎은 내가 아는 것보다 더 강하다.

제 196 계단: 복 습

제 197 계단: 앎을 깨달으려면 체험해야 한다.

제 198 계단: 오늘 나는 강해질 것이다.

제 199 계단: 내가 보는 이 세상은 지금 다세계 큰 공동체에 출현하고 있다.

제 200 계단: 나의 생각은 앎을 담기에는 너무 작다.

제 201 계단: 마음은 앎을 섬기도록 만들어졌다.

제 202 계단: 나는 오늘 큰 공동체를 본다.

제 203 계단: 큰 공동체는 지구에 영향을 주고 있다.

제 204 계단: 나는 오늘 평화로이 있을 것이다.

제 205 계단: 나는 오늘 세상을 판단하지 않을 것이다.

제 206 계단: 사랑이 지금 나에게서 흘러나간다.

제 207 계단: 나에게 상처를 주었다고 여겨지는 이들을 나는 용서한다.

제 208 계난: 내가 정말 가치 있게 여기는 것은 모두 앎에서 표현될 것이다.

제 209 계단: 나는 오늘 나 자신을 무자비하게 대하지 않을 것이다.

제 210 계단: 복 습

제 211 계단: 나에게는 이 세상 너머에 위대한 친구들이 있다.

제 212 계단: 나와 함께 연습하는 이들 모두에게서 나는 힘을 얻는다.

제 213 계단: 나는 세상을 이해하지 못한다.

제 214 계단: 나는 나 자신을 이해하지 못한다.

제 215 계단: 교사들이 나와 함께 있다. 나는 혼자가 아니다.

제 216 계단: 내 삶에 영적 현존이 있다.

제 217 계단: 나는 오늘 앎에 나 자신을 내준다.

제 218 계단: 나는 오늘 앎을 내 안에 간직할 것이다.

제 219 계단: 나는 오늘 나의 야심에 속지 않을 것이다.

제 220 계단: 오늘 나는 큰 것이 내 안에서 자랄 수 있도록 억제력을 발휘할 것이다.

제 221 계단: 나는 오늘 자유롭게 혼란 상태에 있을 수 있다.

제 222 계단: 세상은 혼란 상태에 있다. 나는 세상을 판단하지 않을 것이다.

제 223 계단: 나는 오늘 앎을 받아들일 것이다.

제 224 계단: 복 습

∽

제 225 계단: 나는 오늘 진지할 것이고, 동시에 즐거울 것이다.

제 226 계단: 앎은 나와 함께 있다. 나는 두려워하지 않을 것이다.

제 227 계단: 오늘 나는 내가 안다고 생각하지 않을 것이다.

제 228 계단: 나는 오늘 가난하지 않을 것이다.

제 229 계단: 내가 받는 고통을 다른 사람 탓으로 돌리지 않을 것이다.

제 230 계단: 나의 괴로움은 혼란에서 생긴다.

제 231 계단: 나에게는 이 세상에 부름이 있다.

제 232 계단: 삶에서 내 부름이 드러나려면, 다른 사람들의 성장이 필요하다.

제 233 계단: 세상에서 나는 어떤 선한 큰 세력의 일부이다.

제 234 계단: 앎은 모든 방면에서 인류를 돕는다.

제 235 계단: 앎의 힘이 나에게 분명해지고 있다.

제 236 계단: 앎과 함께 있으면, 나는 무엇을 해야 할지 알 것이다.

제 237 계단: 나는 삶의 의미를 이제 겨우 이해하기 시작했다.

제 238 계단: 복 습

∞

제 239 계단: 자유는 오늘 나의 것이다.

제 240 계단: 작은 관념들은 나에게 필요한 앎을 충족시켜 줄 수 없다.

제 241 계단: 나의 화는 정당하지 않다.

제 242 계단: 내가 세상에 주는 가장 큰 선물은 나의 앎이다.

제 243 계단: 베푸는 데는 내가 특별하지 않아도 된다.

제 244 계단: 나는 다른 사람들이 강할 때 존중받는다.

제 245 계단: 다른 사람들이 실패할 때, 나는 앎의 필요성이 생각난다.

제 246 계단: 앎을 회복하지 못하는 것에는 정당한 이유가 없다.

제 247 계단: 나는 오늘 내면의 교사들에게 귀를 기울일 것이다.

제 248 계단: 나를 가르치는 우주의 지혜에 의지할 것이다.

제 249 계단: 나 혼자는 아무것도 할 수 없다.

제 250 계단: 나는 오늘 나 자신을 따로 떼어놓지 않을 것이다.

제 251 계단: 앎과 함께 있으면, 나의 관계에 아무런 혼란이 없을 것이다.

제 252 계단: 복 습

∞

제 253 계단: 나에게 진실로 필요한 것은 나를 위해 모두 제공될 것이다.

제 254 계단: 나는 나와 함께 있는 교사들을 신뢰한다.

제 255 계단 : 이 세상의 잘못 때문에 내가 그만두는 일은 없을 것이다.

제 256 계단 : 지구는 지금 다세계 큰 공동체에 출현하고 있다.

제 257 계단 : 삶은 내가 지금까지 이해한 것보다 더 크다.

제 258 계단 : 지금 나의 친구는 누구인가?

제 259 계단 : 나는 가르치려고 세상에 왔다.

제 260 계단 : 나는 오늘 세상의 친구이다.

제 261 계단 : 나는 분별력을 가지고 주는 법을 배워야 한다.

제 262 계단 : 내가 누구인지 모른다면 어떻게 나 자신을 판단할 수 있겠는가?

제 263 계단 : 앎과 함께 있으면 모든 것이 분명해진다.

제 264 계단 : 나는 오늘 자유를 배울 것이다.

제 265 계단 : 나를 기다리는 더 큰 자유가 있다.

제 266 계단 : 복 습

∞

제 267 계단 : 오늘 내가 겪는 모든 문제에 단순한 해답이 있다.

제 268 계단 : 나는 오늘 복잡성에 속지 않을 것이다.

제 269 계단 : 앎의 힘은 나에게서 흘러나와 확장될 것이다.

제 270 계단 : 힘에는 책임이 따른다.

제 271 계단 : 나는 오늘 책임을 받아들일 것이다.

제 272 계단 : 교사들은 내가 나아갈 때, 나를 안내할 것이다.

제 273 계단 : 교사들은 나를 위해 고향의 기억을 간직하고 있다.

제 274 계단 : 나는 오늘 양가성에서 벗어나 자유를 찾는다.

제 275 계단 : 나는 오늘 불확실성에서 벗어나 자유를 찾는다.

제 276 계단 : 앎은 나의 구원이다.

제 277 계단 : 나의 관념들은 작지만, 앎은 크다.

제 278 계단: 불변의 것이 나를 통해 그 자신을 표현할 것이다.

제 279 계단: 자유를 실감하려면 체험해야 한다.

제 280 계단: 복 습

∞

제 281 계단: 무엇보다도 먼저 나는 앎을 구한다.

제 282 계단: 나는 세상에서 앎을 지니는 것에 책임지는 법을 배울 것이다.

제 283 계단: 세상은 양가적이지만, 나는 그렇지 않다.

제 284 계단: 고요는 내가 세상에 주는 선물이다.

제 285 계단: 고요 속에서 모든 것을 알 수 있다.

제 286 계단: 나는 오늘 세상 속에 고요를 지니고 간다.

제 287 계단: 앎과 함께 있으면, 나는 싸울 수 없다.

제 288 계단: 적은 합류하는 법을 배우지 못한 친구일 뿐이다.

제 289 계단: 나는 오늘 앎의 학생이다.

제 290 계단: 나는 학생일 수밖에 없다. 그러므로 앎의 학생이 될 것이다.

제 291 계단: 나에게 잘못을 저지른 형제자매에게 나는 감사한다.

제 292 계단: 세상은 나에게 오직 봉사만 하는데, 어떻게 내가 세상에 화낼 수 있겠는가?

제 293 계단: 오늘 나는 고통받기를 바라지 않는다.

제 294 계단: 복 습

∞

제 295 계단: 나는 지금 내 삶의 신비 속으로 들어가고 있다.

제 296 계단: 낫시 노바레 코람

제 297 계단: 노브레 노브레 코메이 나 베라 테 노브레

제 298 계단: 매브란 매브란 코내이 매브란

제 299 계단: 노메 노메 코노 나 베라 테 노메

제 300 계단: 오늘 나는 나의 영적 가족에 속한 이들을 모두 받아들인다.

제 301 계단: 나는 오늘 불안에 빠지지 않을 것이다.

제 302 계단: 나는 오늘 세상에 저항하지 않을 것이다.

제 303 계단: 나는 오늘 세상의 설득에서 한 걸음 물러설 것이다.

제 304 계단: 나는 오늘 두려움의 학생이 되지 않을 것이다.

제 305 계단: 나는 오늘 사랑의 힘을 느낀다.

제 306 계단: 나는 오늘 앎 안에서 휴식을 취할 것이다.

제 307 계단: 앎은 지금 내 안에 살고 있다.

제 308 계단: 복 습

∞

제 309 계단: 내가 보는 이 세상은 단일 공동체가 되려고 하고 있다.

제 310 계단: 나는 베풀기를 원하므로 자유롭다.

제 311 계단: 세상이 나를 부르고 있으니, 나는 세상에 봉사하기 위해 준비해야 한다.

제 312 계단: 내가 세상에서 해결해야 할 큰 문제들이 있다.

제 313 계단: 나는 복잡한 것이 실은 단순하다는 것을 알아차릴 것이다.

제 314 계단: 오늘 나는 추종하는 것을 두려워하지 않을 것이다.

제 315 계단: 나는 오늘 혼자 있지 않을 것이다.

제 316 계단: 나는 오늘 나의 가장 깊은 성향들을 신뢰할 것이다.

제 317 계단: 진실을 아는 데는 나의 양가성만 내려놓으면 된다.

제 318 계단: 세상에서 일하는 큰 힘이 있다.

제 319 계단: 큰 힘이 세상에 있는데 내가 왜 두려워해야 하는가?

제 320 계단: 나는 세상에서 자유로이 일할 수 있다.

제 321 계단: 세상은 나의 공헌을 기다리고 있다.

제 322 계단:　복 습

∞

제 323 계단:　세상에서 나의 역할은 매우 중요하니, 소홀해서는 안 된다.

제 324 계단:　나는 오늘 다른 사람을 판단하지 않을 것이다.

제 325 계단:　지구는 다세계 큰 공동체에 출현하고 있다. 그러니 나는 주의를 기울여야 한다.

제 326 계단:　큰 공동체는 내가 느낄 수는 있지만, 이해할 수는 없는 어떤 것이다.

제 327 계단:　나는 오늘 평화로이 있을 것이다.

제 328 계단:　오늘 나는 나에게 베푼 이들을 존중할 것이다.

제 329 계단:　나는 오늘 자유로이 세상을 사랑할 수 있다.

제 330 계단:　나는 삶에서 작은 일들에 소홀하지 않을 것이다.

제 331 계단:　작은 것이 큰 것을 표현한다.

제 332 계단:　나는 나의 삶에서 앎의 의미를 겨우 이해하기 시작했다.

제 333 계단:　나와 함께 있는 현존이 있으며, 나는 그 현존을 느낄 수 있다.

제 334 계단:　교사들의 현존이 날마다 나와 함께 있다.

제 335 계단:　앎의 불이 날마다 나와 함께 있다.

제 336 계단:　복 습

∞

제 337 계단:　나 혼자는 아무것도 할 수 없다.

제 338 계단:　나는 오늘 주의를 기울일 것이다.

제 339 계단:　사랑의 현존이 지금 나와 함께 있다.

제 340 계단:　나의 연습은 내가 세상에 하는 공헌이다.

제 341 계단:　나는 지금 받아들일 수 있으므로 행복하다.

제 342 계단: 나는 오늘 앎의 학생이다.

제 343 계단: 나는 오늘 이 준비 프로그램의 원천을 존중할 것이다.

제 344 계단: 내 앎은 내가 세상에 주는 선물이다.

제 345 계단: 내 앎은 내가 영적 가족에게 주는 선물이다.

제 346 계단: 나는 일하기 위해 세상에 있다.

제 347 계단: 오늘 나는 내 삶이 펼쳐지는 것을 허용한다.

제 348 계단: 오늘 나는 세상이 펼쳐지는 것을 목격할 것이다.

제 349 계단: 마침내 진실을 섬길 수 있어 나는 기쁘다.

제 350 계단: 복 습

마지막 수업

제 351 계단: 나는 이제 막 체험하기 시작한 큰 목적에 봉사한다.

제 352 계단: 나는 오늘 앎의 진정한 학생이다.

제 353 계단: 나의 참고향은 신 안에 있다.

제 354 계단: 나는 세상에 있는 동안 나의 참고향을 체험해야 한다.

제 355 계단: 나는 세상에서 평화로이 있을 수 있다.

제 356 계단: 나는 오늘 참자아를 발견할 것이다.

제 357 계단: 나는 참자아를 표현하기 위해 세상에 있다.

제 358 계단: 나는 세상에서 고향에 있기를 바란다.

제 359 계단: 나는 세상에 봉사하기 위해 현존한다.

제 360 계단: 나는 세상에서 큰 것을 드러내는 법을 배워야 한다.

제 361 계단: 나는 오늘 앎의 빛 속으로 이끌리고 있다.

제 362 계단: 나는 배우는 법을 배우고 있다. 왜냐하면 나는 오늘 내면에 앎을 지니고 있기 때문이다.

제 363 계단: 앎은 나의 진정한 소망이다. 왜냐하면 나는 앎의 학생이기 때문이다.

제 364 계단: 앎이 나를 지닌다. 왜냐하면 나는 앎의 학생이기 때문이다.

제 365 계단: 나는 배우는 법을 배우는 데 헌신한다.
나는 내가 주기로 되어 있는 것을 주는 데 헌신한다.
내가 헌신하는 것은 삶의 일부분이기 때문이다.
내가 삶의 일부분인 것은 앎과 하나이기 때문이다.

∞

용어 색인

번역 과정 소개

메신저의 이야기

계시의 음성

신의 새 메시지 협회에 관하여

신의 새 메시지 범세계 공동체에 관하여

신의 새 메시지 도서 목록

1989년 5월 26 - 6월 14일

미국 뉴욕주 올버니에서

마샬 비안 서머즈에게

계시되다

헌 사

"당신의 영적 가족이

지구에 있는 앎의 학생 모두에게

감사하는 마음과 큰 기대를 품고

이 준비 프로그램을 준다.

여기에서 알려준 대로 그 가르침을 따르라.

그러면 그에 따른 힘과 효능이 당신에게 드러나

우리가 주는 선물을 당신이 받을 것이다.

우리는 기대에 부풀어

이 준비 프로그램을

당신에게 전해주며

당신을 통해 세상에 전해준다."

앞으로 가는 계단

제 1 부

제 1계단

나는 지금 앎과 함께 있지 않다.

어느 성장 단계에서든 출발점이 있기 마련이다. 그 출발은 당신이 원하는 곳이 아니라, 지금 서 있는 곳에서 해야 한다. 그래서 당신은 앎과 함께 있지 않다는 것을 이해하는 데서부터 시작한다. 이 말은 앎이 당신과 함께 있지 않다는 뜻이 아니며, 단지 당신이 앎과 함께 있지 않다는 것을 말한다. 앎은 당신이 나아가기를 기다리고 있으며, 당신에게 앎 자신을 내주려고 기다리고 있다. 그래서 당신은 고향에서 가져온 큰 마음인 앎과 관계를 맺으려고 이제 막 준비하기 시작했다.

오늘 10분간씩 세 번, 앎이란 무엇인지 생각해보라. 단순히 당신이 지금 가지고 있는 관념들이나 기존 이해방식으로만 접근하지 말고, 앎이란 정말 무엇인지 생각해보라.

연습 1: *10분 연습 세 차례*

제 2계단

앎은 나와 함께 있다. 나는 어디에 있는가?

앎은 온전히 당신과 함께 있다. 그러나 당신이 아직 도달하지 못한, 마음 한 부분에 자리잡고 있다. 앎은 당신의 참자아, 참마음을 의미하며, 우주에서의 당신의 참된 관계들을 의미한다. 앎에는 또한 당신이 세상에서 응답해야 할 큰 부름이 담겨 있고, 당신의 본성, 당신의 내재된 모든 능력과 기량, 심지어 당신의 한계에 이르기까지, 세상에 이롭도록 주어진 모든 것에 대한 완벽한 활용 방안이 담겨 있다.

앎은 당신과 함께 있는데, 당신은 어디에 있는가? 오늘 당신이 어디에 있는지 생각해보라. 앎과 함께 있지 않다면, 당신은 어디에 있는가? 그러니 오늘 10분간씩 세 번, 단순히 육체적으로나 지리적으로만 당신이 어디에 있는지 생각하지 말고, 세상에서 자신을 인식하는 관점에서 당신이 어디에 있는지 생각해보라. 아주 대단히 주의 깊게 생각하라. 당신 마음이 당신 주의를 딴 곳으로 돌리지 못하게 하라. 준비 초기인 지금, 당신이 이것을 매우 진지하게 묻는 것은 아주 중요하다.

연습 2: *10분 연습 세 차례*

제 8계단

내가 정말로 아는 것이 무엇인가?

오늘, 당신이 정말로 아는 것이 무엇인지, 자신에게 물어보라. 그리고 이때 당신이 생각하는 것, 자신이나 세상을 위해 희망하거나 원하는 것을 당신이 아는 것과 구별하라. 또한 당신이 두려워하는 것, 믿는 것, 아끼는 것, 소중히 여기는 것 등을 당신이 아는 것과 구별하라. 당신 능력이 닿는 데까지 최선을 다해 이런 모든 것을 아는 것과 구별하면서, "내가 정말로 아는 것이 무엇인가?"라고 자신에게 물으라. 이 질문에 당신이 어떤 답을 내놓든, 그것이 당신의 믿음이나 가정에서 나온 것은 아닌지, 혹은 다른 사람들의 믿음이나 가정, 심지어 인류 전체의 믿음이나 가정에서 나온 것은 아닌지, 계속해서 따져 보아야 한다.

오늘 10분간씩 세 번, "내가 정말로 아는 것이 무엇인가?"라고 묻고, 이 물음의 의미와 당신의 대답을 매우 진지하게 생각해보라.

연습 3: *10분 연습 세 차례*

제 4계단

나는 내가 안다고 생각하는 것을 원한다.

당신은 자신이 안다고 생각하는 것을 원하며, 이것이 당신 자신과 세상을 이해하는 기반이 된다. 사실 이것이 당신의 정체성 전체의 기반을 이룬다. 그러나 정직하게 살펴보면, 당신의 이해는 주로 가정에 기반을 두며, 그 가정들은 대부분 당신 체험에서 나오지 않았음을 알게 될 것이다.

오늘 세 차례 짧은 연습에서, 당신의 가정들을 살펴보는 데 온전히 주의를 기울이며, 당신이 정말 안다고 생각하는 것들을 생각해보라. 이때 당신이 안다고 생각하여 지금까지 의문을 품을 필요가 없다고 생각한 것들도 포함하라. 그래서 오늘 연습은 당신이 이전 계단들에서 배운 것, 즉 당신이 안다고 생각하는 것과 실제 앎과의 차이, 앎이라고 생각하는 것과 당신의 가정·믿음·희망 사이의 관계를 알기 시작한 것에서 한 걸음 더 나아간다.

그러므로 각각의 연습에서, 당신이 안다고 생각하는 것들을 돌아보는 것은 매우 중요하다. 당신이 안다고 생각하는 것들이 주로 가정에 근거한다는 것을 깨달으면, 당신 기반이 세상에서 얼마나 빈약한지 깨달을 것이다. 이것을 이해하게 되면, 혼란스럽고 당황스러울지 모르지만, 당신이 세상에서 자신의 참된 기반을 찾아보고 싶은 자극과 소망을 가지려면, 이 이해는 반드시 필요하다.

연습 4: 10분 연습 세 차례

제 5계단

나는 내가 믿고 싶은 것을 믿는다.

오늘의 주제는 인류의 큰 어리석음이자 가장 위험한 자기기만을 표현한다. 믿음은 주로 바라는 것에 기반을 두며, 실제 일어나고 있는 것이나 사실에 기반을 두지 않는다. 믿음이 실제로 인류의 위대한 이상을 나타낼 수 있으며, 이때는 믿음이 참된 반영을 품지만, 일상생활에서 대부분의 현실 문제를 다룰 때는 사람들이 자신의 믿음을 실제로 존재하는 것들이 아니라, 희망하는 것들에 바탕을 둔다. 어떤 해결책을 찾거나 어떤 건설적인 체계를 세우려면, 현실에서 시작해야 한다는 매우 건전한 이해가 있어야 한다. 그래서 현재의 당신, 현재 당신에게 있는 것이 당신의 출발점이어야 한다.

그러므로 세 차례 연습에서, 오늘의 주제를 생각해보라. 당신이 믿는 것을 살펴보고, 그런 다음 당신이 원하는 것을 살펴보라. 심지어 두려운 믿음이나 부정적인 믿음마저도 당신 야심과 연관되어 있음을 알게 될 것이다. 오로지 오늘 연습을 주의 깊게 적용해볼 때만 이런 것이 당신에게 드러날 것이다.

연습 5: *10분 연습 세 차례*

제 6계단

나에게는 세상에 참된 기반이 있다.

당신의 두려움과 불확실성을 감추는 가정과 믿음 너머에, 참된 기반이 당신을 위해 세상에 존재한다. 이 기반은 저세상에서 당신 삶에 구축되었다. 왜냐하면 그곳은 바로 당신이 온 곳이고, 되돌아갈 곳이기 때문이다. 당신은 되돌아갈 곳에서 왔으며, 올 때 빈손으로 오지 않았다.

당신의 참된 기반이 무엇인지 숙고해보는 데, 오늘 15분에서 20분 정도의 시간을 두 차례 보내라. 이것에 대한 당신의 관념들을 모두 생각해보라. 이것은 매우 중요한 물음이다. 진지하고 심도 있게 이것을 물으려면, 당신은 이 참된 기반에 대한 절실한 필요성을 깨달아야 한다.

참된 기반이 없다면, 당신은 진정으로 성취하고 성장할 희망이 없을 것이다. 그래서 비록 참된 기반이 당신에게 미지의 것이라 하더라도, 당신이 참된 기반을 가진 것은 커다란 축복이다.

연습 6: *15 ~ 20분 연습 두 차례*

제 7계단

복 습

오늘 두 차례 연습에서, 첫 계단부터 시작하여 바로 앞 계단까지, 우리가 지금까지 연습한 것을 모두 복습하라. 그런 다음, 계단의 전 과정을 함께 이어서 숙고하라. 이 시점에서는 당신이 어떤 결론을 내려야 하는 것이 아니라, 묻고 나서 참된 앎이 당신에게 얼마나 필요한지 깨닫는 것이 중요하다. 당신이 오늘 이 연습을 성실히 한다면, 당신에게 참된 앎이 절실히 필요하다는 것은 아주 명백할 것이다. 가정하지 않으면, 당신은 취약하지만, 동시에 삶에서 진실과 확실성을 받아들일 수 있는 자리에 있게 된다.

이러한 것들을 숙고하기 위해, 오늘 30분간씩 두 번 연습 시간을 가지라.

연습 7: *30분 연습 두 차례*

제 8계단

나는 오늘 고요히 있을 것이다.

오늘 두 차례 명상에서 15분간씩 고요를 연습하라. 먼저 **호흡**을 깊게 세 번 하고 나서, 내부 한 점에 초점을 맞추라. 그 점은 가상으로 만든 점이어도 되고, 몸의 한 점이어도 된다. 평가하거나 판단하지 말고, 눈을 감은 채로 여기에만 온전히 주의를 기울이라. 처음에 잘 안 되더라도 낙담하지 말라. 삶에서 중요한 어떤 것을 시작할 때, 처음에는 어려울 수 있다. 그러나 끝까지 밀고 나가면, 큰 목표에 도달할 것이다. 왜냐하면 고요 속에서 모든 것을 알 수 있기 때문이다.

연습 8: *15분 연습 두 차례*

제 9 계단

고요 속에서 모든 것을 알 수 있다.

마음이 고요하면, 큰 마음이 나타나 그 지혜를 드러낼 수 있다. 앎을 염원하는 소망으로 고요를 연마하는 사람들은 큰 계시와 참된 통찰이 드러나도록 준비할 것이다. 그 통찰은 연습 중에 드러날 수도 있고, 일상 활동 중에 드러날 수도 있다. 여기서 중요한 점은 준비되어 있다는 것이다.

오늘 두 번, 어제처럼 고요를 연습하되, 어떤 결과도 기대하지 말고 하라. 이 연습을 어떤 형태로든 묻는 일에 쓰지 말라. 왜냐하면 이것은 고요를 연습하는 것이며, 고요 안에서는 모든 추측·질문·탐구가 멈추기 때문이다. 오늘 15분간씩 두 번, 다시 고요를 연습하라.

연습 9: *15분 연습 두 차례*

나는 도대체 이것을 왜 하는가?

아주 좋은 질문이다! 당신은 도대체 이것을 왜 하는가? 왜 그런 질문들을 던지는가? 왜 더 큰 것을 추구하는가? 왜 이렇게 애를 쓰는가? 이런 질문들은 피할 수 없다. 예상했던 바이다. 이것을 왜 하는가? 지극히 중요하므로 한다. 순전히 피상적이고 불안정한 삶을 넘어, 더 큰 어떤 삶을 살려면, 당신은 더 깊이 뚫고 들어가야 하며, 빈약한 가정이나 희망찬 기대에만 근거하여 확신하는 일이 없어야 한다. 당신을 기다리는 큰 선물이 있지만, 먼저 정신적·정서적·육체적으로 준비되어 있어야 한다. 앎이 없다면, 당신은 자신의 목적을 알지 못한다. 또한 당신의 기원과 운명도 알지 못하며, 그래서 마치 지금 삶이 괴로운 꿈일 뿐, 그 이상 아무것도 아닌 것처럼 이번 생을 통과할 것이다.

제 10계단

앎이란 무엇인가?

여기서 말하는 앎은 보통 안다고 할 때 연상되는 것들과는 다르다. 앎은 관념이나 정보체가 아니다. 앎은 믿음 체계도 아니며, 자기평가 과정도 아니다. 앎은 당신 삶의 큰 신비이다. 앎이 발현될 때, 심오한 직관과 위대한 통찰이 일어나고, 불가사의하게 무언가를 알게 되며, 현재와 미래를 슬기롭게 인식하고, 과거를 슬기롭게 이해한다. 그러나 이처럼 마음의 큰 성취에도 불구하고, 앎은 이러한 것들보다 더 크다. 앎은 당신의 참자아이며, 이 참자아는 삶과 떨어져 있지 않다.

연습 10: *오늘 이 과를 세 차례 숙독*

제 11계단

나는 삶과 떨어져 있지 않다.

당신의 개체성 위에 세운 멋진 체계들과 개인적으로 당신과 관련된 모든 것—당신의 몸, 당신의 관념, 당신의 어려움, 당신의 독특한 표현방식, 당신의 개인적 성벽, 당신의 재능—이런 모든 것들과 상관없이, 당신은 삶과 떨어져 있지 않다. 자신을 단순하게 바라보면, 그래서 당신 몸을 이루는 구성요소 자체, 당신의 물질 생명 조직 자체가 완전히 물질계 삶에서 만들어진다는 것을 알면, 당신이 삶과 떨어져 있지 않다는 것은 아주 명백하다. 당신 몸이 주위 다른 모든 것과 같은 물질로 만들어진 것은 아주 분명하다. 신비한 것은 당신 마음이다. 마음은 전혀 다른 방식으로 이해해야 할 것처럼 보이지만, 마음 역시 당신의 육체 조직만큼이나 삶의 한 부분이다. 당신은 자신의 근원을 모르는 한 개체, 자신이 삶에 온전히 포함된 것을 알지 못하는 한 개체이다. 그래서 지금은 당신 개체성이 당신에게 짐이지만, 그 개체성이 삶 자체를 표현할 수 있을 때, 당신에게 큰 행복이 될 것이다.

연습 11: *오늘 이 과를 세 차례 숙독*

제 12계단

나의 개체성은 삶 자체를 표현하기 위한 것이다.

그래서 당신의 독특함은 큰 자산이자 기쁨의 원천이지, 고통스러운 소외감의 원천이 아니며, 자신이나 다른 사람들에 대한 고통스러운 비판의 원천도 아니다. 당신의 특별함은 당신을 다른 사람보다 위로 올려주거나, 아래로 낮추지 않는다. 단지 당신의 개체성 이면에 있는 진짜 목적, 미래를 위해 그 개체성이 지닌 큰 가능성을 정확히 보여줄 뿐이다. 당신은 어떤 것을 표현하기 위해 세상에 왔다. 그것이 당신 개체성에 부여된 진정한 의미이다. 왜냐하면 당신은 더 이상 분리되는 것을 바라지 않기 때문이다.

오늘 두 차례 연습에서, 우리가 지금까지 설명한 방법으로 침묵 시간을 가지라.

연습 12: *15분 연습 두 차례*

제 18계단

나는 독특하려고 분리되기를 바란다.

이 생각이 분리되기를 바라는 진짜 동기를 나타내지만, 불필요한 것이다. 우리는 여기에 이 생각이 옳은 것이니 확언하라고 내놓는 것이 아니라, 단지 당신의 현재 상태를 표현한 것뿐이다. 분리됨으로써 당신의 자아가 규정되므로, 당신은 분리되기를 바란다. 당신의 자아는 포함의 관점이 아니라, 분리의 관점에서 규정된 것이다. 당신의 고통과 마음의 혼란은 모두 이 분리에서 비롯된다. 당신의 물질적 삶은 분리된 삶을 실제로 보여주지만, 오직 어떤 특정 관점에서만 그러하다. 다른 관점에서 바라보면, 물질적 삶은 결코 분리를 보여주는 것이 아니며, 큰 현실의 독특한 표현을 보여준다.

오늘 주제에 집중하면서, 15분간씩 두 차례를 보내라. 이 과가 뜻하는 바를 진지하게 생각해보고, 당신 삶과의 관련성을 살펴볼 수 있도록 당신 경험을 떠올려 보라. 분리를 바라는 마음이 시간·에너지·고통 면에서 당신에게 어떤 대가를 치르게 했는지 곰곰이 생각해보라. 분리를 바라는 당신의 동기를 자각하라. 그러면 당신은 자신이 자유로워지기를 원한다는 것을 알 것이다.

연습 13: *15분 연습 두 차례*

제 14계단

복습

———

이전 과들을 모두 다시 복습하라. 이 복습에서, 각 계단에서 알려준 가르침을 다시 읽으라. 또한 당신이 체험한 결과와 연습에 참여한 깊이를 측정해볼 수 있도록 당신이 연습한 시간들을 모두 되돌아보라. 당신은 이 학습 계획안을 따라 진행하는 동안 줄곧, 자신이 체험한 내용을 계속 다시 살펴볼 것이다. 그럼으로써 체험이 더욱 깊어질 것이고, 마침내 당신 자신의 앎을 자각하게 될 것이다.

오늘 약 45분간 한 차례 연습 시간을 보내면서, 모든 가르침을 다시 읽고 당신이 얼마나 연습을 진지하게 했으며 무엇을 체험했는지 복습하라. 내일 우리는 이 준비의 다음 단계를 함께 시작할 것이다.

연습 14: *45분 연습 한 차례*

제 15계단

나는 오늘 나의 체험에 귀 기울일 것이다.

"오늘 내 마음속 내용을 알아내기 위해 나의 체험에 귀 기울일 것이다."

당신 마음속의 참된 내용은 당신이 태어난 이래로 쭉 더해진 것들 아래에 묻혀 있다는 것을 알라. 이 참된 내용은 당신의 현재 삶과 상황 속에서 자신을 표현하고자 한다. 이 참된 내용을 분별하려면, 당신은 주의 깊게 귀 기울여야 한다. 그래서 결국 마음속의 참된 내용과 그 내용에서 오는 메시지를 다른 모든 충동이나 소망과 구분할 줄 알아야 한다. 앎에서 생각을 분리해내는 것은 위대한 성취 중 하나이며, 당신이 이 공부 과정에서 그것을 배울 기회를 가질 것이다.

오늘 45분간 한 차례 연습은 내면에 귀 기울이는 일에 바칠 것이다. 내면에 귀 기울이려면, 비록 떠오르는 생각들이 혼란스럽더라도 자신을 판단하지 말고 들어야 한다. 비록 그 생각들이 유쾌하지 못한 것이더라도, 당신 마음이 열리도록 하려면 판단하지 말고 귀 기울여야 한다. 지금 당신은 마음보다 더 깊은 어떤 것이 하는 말을 들으려고 귀 기울이고 있지만, 거기에 닿으려면 마음을 지나가야 한다.

연습 15: *45분 연습 한 차례*

제 16계단

내 마음 너머에 앎이 있다.

당신 마음 너머에 앎이 있다. 당신 존재의 진정한 핵심이자, 당신의 참자아, 세상을 헤쳐 나가기 위해 구축한 자아가 아니라, 당신의 참자아인 앎이 있다. 이 참자아에서 생각과 느낌, 성향과 방향이 나온다. 당신은 아직 참자아가 당신에게 전하는 말을 대부분 들을 수 없다. 하지만 당신 마음이 고요해지고, 듣는 능력과 분별력이 충분히 연마되면, 당신은 결국 듣는 법을 알게 될 것이다.

오늘 15분간씩 세 번 연습하라. 어제보다 더 주의 깊게 귀 기울이라. 당신의 깊은 성향들에서 나오는 신호가 있는지 귀 기울이라. 당신은 오늘도 어제처럼 판단 없이 귀 기울여야 한다. 어떤 것도 편집하지 않아야 하며, 듣는 법을 알 수 있도록 깊이 귀 기울여야 한다.

연습 16: *15분 연습 세 차례*

제 17계단

오늘 나는 진실을 듣고자 한다.

진실을 듣고자 하는 소망은 참된 준비의 과정이자 그 결과이다. 듣는 능력과 듣고자 하는 마음이 커짐으로써, 당신이 찾는 것이 당신에게 드러날 것이다. 진실은 전적으로 당신에게 이롭지만, 처음에는 당신의 다른 계획이나 목표에 상당한 충격과 실망이 될 수 있다. 진실이 당신에게 가져다줄 확실성과 권한을 갖고 싶다면, 당신은 이 충격과 실망을 각오해야 한다. 진실은 항상 갈등을 해결해주고, 항상 자아를 느끼게 해주며, 항상 현실감각을 주고, 항상 당신이 나아갈 방향을 제시해준다.

오늘 15분간씩 세 차례 연습에서, 마음과 감정 너머를 듣고자 하면서 진실에 귀 기울이라. 들리는 것이라고는 온통 당신 생각에서 나온 소란뿐이더라도 개의치 말라. 당신은 지금 듣는 능력을 개발하고 있다는 것을 잊지 말라. 여기서 가장 중요한 것은 바로 이 능력 개발이다. 몸 근육을 단련하듯, 당신은 듣기라는 정신 능력을 단련하고 있다. 그러므로 오늘 연습 시간에 온 정성을 다하여 듣기를 연습하라. 그럼으로써 당신은 내면에서 일어나는 진실을 느낄 수 있을 것이다.

연습 17: *15분 연습 세 차례*

제 18계단

오늘 나는 내면에서 일어나는 진실을 느낀다.

진실은 온전히 체험되어야 한다. 비록 진실에 관념이나 이미지가 동반될 수는 있지만, 진실은 단순히 관념이나 이미지가 아니다. 진실은 체험이며, 그래서 깊은 곳에서 느껴지는 어떤 것이다. 진실을 처음 깨닫기 시작한 사람들에게는 진실이 약간 다른 방식으로 드러날 수도 있지만, 어쨌든 진실은 드러날 것이다. 진실은 당신이 느껴야 하는 어떤 것이다. 느낌을 갖는 사람이 되려면, 마음이 고요해야 한다. 진실은 온몸으로 느끼는 어떤 것, 존재 전체가 느끼는 어떤 것이다.

앎은 매 순간 당신에게 말하지는 않지만, 항상 당신을 위한 메시지를 갖고 있다. 앎에 가까이 다가간다는 것은 점점 더 앎 그 자체처럼 된다는 뜻이다. 그래서 더 전체적이고, 더 일관되고, 더 정직하고, 더 헌신하고, 더 집중하고, 더 자제하고, 더 자비롭고, 더 자신을 사랑하게 된다. 당신이 이런 특성의 근원에 다가갈 때, 그 특성들이 모두 개발된다.

오늘 내면에서 일어나는 진실을 느낄 때, 당신은 바로 이 방향에서 나아가는 것을 연습할 것이다. 그럼으로써 당신은 자신을 하나로 느끼면서, 당신의 모든 면이 결합할 것이다. 15분간씩 세 차례 연습에서, 내면에서 일어나는 진실을 느끼는 데, 주의를 온전히 기울이라. 고요를 연습하라. 처음에 어렵더라도 낙담하지 말라. 그저 단순히 연습하라. 그러면 나아갈 것이다.

또한 오늘 하루 내내, 의심하거나 주저하지 말고, 삶의 참된 목표를 추구하라. 이 참된 목표에서, 당신이 성취해야 할 중요한 것이 모두 나오고, 이 세상에 와서 찾기로 한 이들을 찾아낼 수 있도록 큰 통찰력과 분별력이 생길 것이다.

연습 18: *15분 연습 세 차례*

제 19 계단

오늘 나는 보고자 한다.

보고자 하는 마음은 알고자 하는 마음과 같다. 이것 또한 정신 능력들을 연마해야 한다. 맑은 눈으로 본다는 것은 선호하는 바 없이 본다는 뜻이다. 그래서 당신이 보고자 하는 것이 아닌, 실제 일어나고 있는 것을 인식할 수 있다는 뜻이다. 당신이 보고자 하는 것 너머에, 실제로 일어나고 있는 어떤 일이 있다. 이 말은 참으로 진실이다. 그래서 보고자 하는 마음은 큰 진실을 보고자 하는 마음이다. 큰 진실을 보려면, 더 정직해야 하고, 더 마음을 열어야 한다.

　오늘 두 차례 연습에서, 단순하고 평범한 대상을 하나 앞에 놓고, 바라보기를 연습하라. 대상에서 눈을 떼지 말고, 그저 바라보며 매우 정성을 들여 바라보기를 연습하라. 당신은 지금 어떤 것을 보려고 애쓰는 것이 아니라, 단순히 마음을 열고 바라보는 일을 하고 있다. 마음이 열리면, 마음은 그 자체의 깊이는 물론 바라보는 대상의 깊이도 체험한다.

　오늘 적어도 15분간씩 두 번, 당신에게 거의 의미 없는 단순한 대상을 하나 골라, 그 대상을 응시하라. 마음이 지극히 고요해지는 것을 허용하라. 대상을 응시하면서, 깊고 규칙적으로 호흡하라. 마음이 저절로 잠잠해지는 것을 허용하라.

연습 19: *15분 연습 두 차례*

제 20계단

나는 의심과 혼란 때문에
나의 진행을 더디게 하지 않을 것이다.

망설이는 것 말고 무엇이 당신의 진행을 더디게 할 수 있겠는가? 마음을 혼란스럽게 하는 것 말고 무엇이 당신을 망설이게 하겠는가? 당신에게는 이 준비 프로그램에서 설명해주는 큰 목표가 있다. 의심과 혼란이 당신에게 걸림돌이 되지 않게 하라. 진정한 학생이 된다는 것은 거의 가정하지 않는다는 뜻이며, 스스로 정한 방식이 아니라, 큰 힘이 정해준 방식으로 자신을 이끈다는 뜻이다. 큰 힘은 당신의 수준을 자신의 능력까지 끌어올리고자 한다. 이런 식으로 당신은 다른 사람들에게 준비를 선물로 줄 수 있도록 그 선물을 받는다. 이런 식으로 당신은 스스로 자신에게 제공할 수 없는 것을 받는다. 그리하여 당신은 자신의 개인적 힘과 능력을 깨닫는다. 이런 특성의 프로그램을 따르려면 개인적 힘과 능력이 개발되어야 하기 때문이다. 당신은 또한 자신이 삶에 포함된 것을 깨닫는다. 삶이 당신의 참된 성장을 도우려고 부단히 노력하기 때문이다.

그러므로 두 차례 연습에서, 어제와 똑같이 연습하라. 의심이나 혼란 때문에 연습을 그만두는 일이 없도록 하라. 오늘 진정한 학생이 되라. 당신 자신이 연습에 집중하는 것을 허용하라. 연습에 헌신하라. 오늘 진정한 학생이 되라.

연습 20: *15분 연습 두 차례*

제 21 계단

복습

세 번째 복습에서, 지난주 공부한 모든 과와 거기에서 얻은 결과를 되돌아보라. 오늘 어떤 결론도 내리지 않는 것을 연습하라. 다만, 이 수업의 전개 과정을 알아보고, 당신이 지금까지 이룬 진척에만 주목하라. 무언가 결론을 내리고 싶은 충동이 일겠지만, 제대로 된 결론을 내리기에는 너무 이르다. 초보 학생은 자신의 교육과정을 판단할 위치에 있지 않다. 당신 판단이 진짜 효과가 있고 지혜로운 것이 되기를 바란다면, 이 권리는 틀림없이 나중에 얻게 될 것이다.

그러므로 한 차례 연습에서, 지난주에 한 연습과 지금까지 체험한 것을 모두 복습하라.

연습 21: *45분 연습 한 차례*

제 22 계단

나는 신의 교사들에게 둘러싸여 있다.

당신은 실로 신의 교사들에게 둘러싸여 있다. 그 교사들은 당신이 지금 하는 훈련과 비슷한 것을 다양한 방식으로 훈련했다. 비록 그 훈련이 수많은 다른 형태, 다른 시대, 다른 세계에서 행해졌지만, 매우 흡사한 훈련이 당시 그들의 마음 상태와 삶의 상황에 현명하게 맞추어져 그들에게도 제공되었다.

오늘 15분간씩 두 차례 연습에서, 교사들의 현존을 느껴보라. 당신의 감각능력이 아직 충분히 다듬어지지 않아, 당신은 눈으로 그들을 볼 수도 없고, 귀로 그들 말을 들을 수도 없지만, 그들의 현존은 느낄 수 있다. 왜냐하면 그들의 현존이 당신을 둘러싸 보호하고 있기 때문이다. 연습하는 동안, 다른 생각이 끼어들지 못하게 하라. 의심이나 혼란에 굴복하지 말라. 왜냐하면 당신은 자신이 찾는 보상을 받기 위해 준비해야 하기 때문이며, 또 힘과 확신을 얻고, 이곳에 올 때 이루려 한 것을 성취하는 데 필요한 지혜들을 얻기 위해 이 세상에서 자신이 혼자가 아니라는 것을 알아야 하기 때문이다.

당신은 신의 교사들에게 둘러싸여 있다. 그들은 당신을 사랑하고 돕고 안내하려고 여기 있다.

연습 22: *15분 연습 두 차례*

제 23계단

나는 신의 교사들에게
사랑받고 있고, 둘러싸여 있으며, 도움받고 있다.

당신이 준비하다 보면, 이 말이 진실이라는 것을 저절로 알게 되겠지만, 지금은 깊은 신뢰가 필요할지 모른다. 이 말이 기존 관념이나 믿음에 배치될지 모르지만, 그럼에도 불구하고 이것은 진실이다. 신의 계획은 눈에 보이지 않으며, 극소수 사람만 인식한다. 왜냐하면 극소수만이 마음이 열려 있고 주의를 집중할 자질이 있어 자기 주위에서 분명히 일어나는 일을 볼 수 있기 때문이다. 물론 지금 당장은 이들에게도 이것이 분명하지 않다. 교사들은 당신을 사랑하고 둘러싸며 돕는다. 왜냐하면 당신이 지금 앎 안으로 들어가고 있기 때문이다. 그래서 교사들이 당신에게로 온다. 당신은 상상의 잠에서 깨어나 은총의 현실로 들어가는 가능성과 기회를 지닌 소수 중 한 사람이다.

그러므로 오늘 두 차례 연습에서, 교사들의 사랑과 도움과 지도를 느껴보라. 이것은 느낌이다. 이것은 관념이 아니라, 느낌이다. 그래서 당신이 느껴야 하는 어떤 것이다. 사랑은 당신이 알려면, 느껴야 하는 어떤 것이다. 당신은 실로 신의 교사들에게 사랑받고 있고, 둘러싸여 있으며 도움받고 있다. 그리고 당신은 당연히 교사들의 큰 선물을 받을 자격이 있다.

연습 23: *15분 연습 두 차례*

제 24계단

나는 신의 사랑을 받을 자격이 있다.

당신은 실로 신의 사랑을 받을 자격이 있다. 사실은 당신이 바로 신의 사랑이다. 아무런 가식이 없다면, 당신의 가장 중심부에서는 신의 사랑이 당신의 참자아이다. 이 참자아는 당신이 지금껏 느낀 자아가 아니므로, 정말로 느낄 때까지는 이것이 당신의 체험인 것처럼 꾸미지 말라. 그러나 신의 사랑이 당신의 참자아라는 참된 인식은 마음속에 담고 있으라. 당신은 한 개인이지만 동시에 한 개인보다 더 크다. 당신의 본질이 그렇다면, 어찌 신의 사랑을 받을 자격이 없겠는가? 교사들은 당신이 자신을 체험하고 삶과 참된 관계를 체험할 수 있도록 당신을 둘러싸고 당신의 본질을 당신에게 준다.

오늘도 두 차례 연습에서, 다시 교사들의 사랑·도움·안내를 받는 연습을 하라. 만약 어떤 생각이나 느낌이 이 연습을 방해하면, 당신의 큰 자격을 상기하라. 당신에게 신의 사랑을 받을 자격이 있는 것은 이 세상에서 당신이 행한 일 때문이 아니다. 그 자격은 당신의 본질 때문이며, 당신이 온 곳이자 되돌아갈 곳 때문이다. 당신 삶이 잘못과 실수, 그릇된 결정, 어리석은 선택으로 가득 찼을지 모르나, 여전히 당신은 되돌아갈 고향에서 왔다. 신의 눈으로 보면, 당신의 자격은 변함이 없다. 다만, 당신이 참자아를 체험하여 그 참자아가 세상 속에서 베풀어질 수 있도록 당신 잘못을 바로잡으려는 큰 노력만 있을 뿐이다.

그러므로 연습 시간에 받아들임과 진정한 자격 느끼기를 연습하라. 생각이 삶의 가장 큰 진실과 맞서지 않게 하라.

연습 24: *15분 연습 두 차례*

제 25 계단

나는 삶의 가장 큰 진실과 하나이다.

삶의 가장 큰 진실은 무엇인가? 삶의 가장 큰 진실은 체험되어야 하는 어떤 것이다. 왜냐하면 관념이 당신의 현재 체험 안에서 진실을 반영할 수는 있다 하더라도, 관념만으로는 큰 진실을 담을 수 없기 때문이다. 큰 진실은 큰 관계의 산물이다. 당신은 삶과 큰 관계를 맺고 있다. 당신은 당신 내면에 있는 참된 교사들과 큰 관계를 맺고 있다. 당신은 결국 외적인 삶에서 다른 이들과 큰 관계를 체험하겠지만, 먼저 이미 참되게 맺어진 큰 관계의 근원을 체험해야 한다. 그리고 나면 큰 관계를 단순히 바깥 세상에 전해주는 일만 남는다. 때가 되면 당신은 자연스레 그렇게 할 것이다.

두 차례 연습에서, 이 관계 느끼기를 연습하라. 큰 관계를 주려면 먼저 당신이 받아들여야 하므로, 당신에게 또다시 받아들일 것을 요청한다. 일단 큰 관계가 받아들여지면, 그다음은 큰 관계가 모든 것을 자연스레 내줄 것이다. 이 과정에서 당신 가치는 재정립된다. 왜냐하면 큰 관계는 아주 분명하기 때문이다. 당신은 당신 자신이나 당신 체험을 거짓으로 표현하지 않아도 된다. 큰 사랑을 함께 나눈다는 것은 정확하게 말하자면 당신도 그 사랑을 그 순간 체험하고 있다는 뜻이다. 우리가 오늘 당신에게 전해주고 싶은 것이 바로 이 체험이다.

연습 25: *15분 연습 두 차례*

제 26계단

나의 잘못은 나의 앎을 낳는다.

잘못을 정당화하는 것은 무의미하지만, 당신은 잘못으로 인해 진실을 소중히 여길 수 있으며, 잘못은 이런 식으로 당신을 참된 앎으로 이끌 수 있다. 이것만이 유일하게 잘못에서 얻을 수 있는 가치이다. 우리는 잘못을 묵인하는 것이 아니라, 당신이 잘못을 범하면, 그 잘못에서 배워 더 이상 되풀이하지 않도록 당신에게 절실히 필요한 것에 도움이 되기를 바라는 것이다. 이것은 단순히 자신의 잘못을 잊는 것이 아니다. 왜냐하면 당신은 잘못을 잊어서는 안 되기 때문이다. 그리고 단순히 잘못을 정당화하는 것도 아니다. 그럼 당신이 부정직하게 될 것이기 때문이다. 그렇다고 잘못을 당신에게 순전히 봉사하는 것으로만 보는 것도 아니다. 왜냐하면 잘못은 실제로 고통스럽기 때문이다. 이것이 진정 의미하는 바는 잘못을 잘못으로 인정하고 나서, 당신에게 이롭게 쓰려는 것이다. 잘못에서 오는 고통과 괴로움은 받아들여야 한다. 그래야 무엇이 참이고 무엇이 거짓인지, 무엇에 가치를 두고 무엇에 가치를 두지 말아야 하는지 당신이 알기 때문이다. 당신 성장을 위해 잘못을 이용한다는 것은 당신이 잘못을 받아들여, 이제는 거기서 가치를 끌어내는 데 활용하려고 한다는 뜻이다. 왜냐하면 잘못에서 가치를 끌어낼 때까지는, 잘못은 잘못일 뿐이고, 당신에게 고통과 불편함만 줄 것이기 때문이다.

오늘 30분간씩 두 차례 연습에서, 당신이 범한 잘못 가운데 매우 고통스러운 특정 잘못들을 회상해보라. 잘못에서 오는 고통을 떨쳐 버리려 하지 말라. 다만 지금 상황에서 어떻게 하면 당신에게 유익하게 활용할 수 있는지만 보라. 잘못을 이처럼 활용할 때, 삶의 질을 높이려면 당신이 무엇을 해야 하는지, 또 무엇을 고치거나 조정해야 하는지 알 수 있다. 잘못을 고치려는 결심은 항상 관계를 제대로 알아보고 분별할 수 있게 해준다는 것을 잊지 말라.

연습 시간에 혼자 조용히 앉아, 마음에 떠오르는 잘못들을 회상해보고, 각각의 잘못이 지금 상황에서 어떻게 이롭게 활용될 수 있는지 보

라. 당신이 범한 잘못에서 무엇을 배워야 하는가? 전에는 하지 않았지만, 이제는 해야 하는 것이 무엇인가? 전에는 했지만, 이제는 하지 말아야 하는 것이 무엇인가? 어떻게 하면 잘못을 미리 알아차릴 수 있는가? 잘못하기 전에 먼저 오는 신호는 무엇이었는가? 앞으로는 그런 신호를 어떻게 미리 알아차릴 수 있는가?

연습 시간을 이런 내적 성찰에 이용하라. 끝마치면, 누구에게도 오늘 연습한 내용을 이야기하지 말라. 다만 앞으로도 이런 성찰이 자연스레 계속 이어질 수 있게 하라. 그러면 자연스레 그리될 것이다.

연습 26: *30분 연습 두 차례*

제 27계단

나에게는 발견하고 싶은 지혜가 있다.

―――――――――――――

이 확언은 당신의 참뜻을 표현한다. 당신이 이렇게 느끼지 않는다면, 그것은 거짓되고 참된 기반이 없는 어떤 것을 마음속에 품고 있다는 뜻이다. 진실이 당신을 배신했다고 느낀 적이 있다면, 당신은 그때 진실의 가치를 알아보지 못한 것이다. 어쩌면 진실로 인하여 당신의 계획이나 목표가 좌절되었거나, 당신이 간절히 원한 것을 잃었거나, 갖고 싶은 어떤 것을 구하는 데 방해받았을지도 모른다. 하지만 모든 경우에서 진실은 당신을 고통과 괴로움에서 구해주었다. 자신의 진짜 본분을 인식할 때까지는 당신은 진실이 당신을 어떻게 도왔는지 제대로 알 수 없다. 왜냐하면 자신의 본분이 발견될 때까지 당신은 다른 것들을 자신의 본분으로 주장하고 정당화하려고 할 것이기 때문이다. 이런 다른 것들이 진실에 의해 좌절되거나 부정되면, 큰 혼란과 갈등이 생길 수 있다. 그렇더라도 진실이 돕지 않았다면 당신이 저질렀을 더 큰 잘못에서, 진실이 항상 당신을 구했음을 잊지 말라.

사람들이 앎을 체험할 수 없는 것은 생각이나 판단에 사로잡혀 있기 때문이다. 이 생각과 판단이 밖을 내다볼 수 없는 자기만의 세상을 만든다. 그들은 자신이 품은 생각 말고는 볼 수 없다. 그래서 그 생각이 삶의 체험을 온통 물들여 삶을 전혀 볼 수 없는 지경에 이르게 된다.

그러므로 30분간씩 두 차례 연습에서, 진실이 당신을 어떻게 도왔는지 살펴보라. 즐거웠던 체험도 보고, 고통스러웠던 체험도 보라. 특히 고통스러웠던 체험에서 진실이 당신을 어떻게 도왔는지 보라. 마음을 열고 보라. 그 당시 처지를 변명하고 싶더라도 그리하지 말라. 예전의 상실로 아직 고통이 있다면, 그 고통과 좌절을 받아들이라. 그러나 그 상실이 어떻게 당신을 진정으로 도왔는지 보려고 노력하라.

체험에서 도움받는 이런 관점은 당신이 꼭 길러야 하는 어떤 것이다. 이것은 체험 자체를 정당화하는 것이 아니다. 이 점을 이해하라. 단지 당신의 성장과 권한을 위해 당신 체험을 활용할 기회를 주는 것일 뿐이다. 진실은 삶에서 진실에 응답하는 이들을 도우려고 환상의 세계에서 일을 한다. 당신은 진실에 응답하고 있다. 그러지 않는다면 이 성장 프로그램을 하지 않았을 것이다. 그래서 당신은 진실이 마치 다른 것과 맞서는 것처럼 보이는 지점, 그로 말미암아 진실을 알아보기 매우 힘든 지점에 지금 도달해 있다. 이 성장 프로그램에서, 진실은 다른 모든 것과 구별될 것이며, 그래서 당신은 진실을 직접 체험할 수 있고, 당신 삶에서 진실이 표출되는 모습이나 유익한 실재에 대해 혼동하지 않을 것이다. 왜냐하면 당신이 진실에 봉사하려고 여기 있듯, 진실도 당신에게 봉사하려고 여기 있기 때문이다.

연습 27: *30분 연습 두 차례*

제 28계단

복 습

우리는 네 번째 복습을 특별 기도로 시작한다.

"나는 앎을 신의 선물로 받아들인다. 나는 교사들을 손위 형제자매로 받아들인다. 나는 이 세상을 앎을 회복하여 공헌할 수 있는 곳으로 받아들인다. 나는 내 과거를 앎이 없는 삶의 표본으로 받아들인다. 나는 내 삶의 기적들을 앎이 현존하는 증표로 받아들인다. 이제 나는 내면에 있는 궁극의 선을 길러 세상에 베푸는 데 나 자신을 바친다."

우리는 다시 지난 한 주를 복습한다. 모든 가르침을 다시 읽고, 각 계단을 연습하면서 일어난 일들을 되돌아보라. 얼마나 연습에 깊이 참여했는지 자신에게 반드시 물어보라. 얼마나 깊이 찾아보고 조사해보기를 원했는지, 얼마나 주의 깊게 자신의 체험을 살펴보았는지, 혹시 어떤 장벽이 있었다면, 그것을 뚫고 가려는 욕구가 얼마나 강했는지 자신에게 물어보라.

45분간 한 차례 복습하고 나면, 이 준비에서 당신이 어떻게 성장해나가는지 보이기 시작할 것이다. 이 연습은 당신 자신만이 아니라, 당신이 앞으로 도울 사람들에게도 유익하다. 왜냐하면 당신이 지금 받는 것처럼 당신도 자신에게 맞는 맥락과 방식으로 베풀고 싶을 것이기 때문이다. 당신은 사람들이 어떻게 배우고, 어떻게 성장하는지 이해해야 한다. 그 이해는 당신 체험에서 나와야 하며, 앎에서 자연스레 흘러나온 사랑과 연민을 나타내야 한다. 다시 말하거니, 의심이나 혼란 때문에 당신의 참된 적용을 그만두는 일이 없도록 하라.

연습 28: *45분 연습 한 차례*

제 29 계단

오늘 나는 앎에 대해 배우기 위해
나 자신을 지켜볼 것이다.

오늘 연습은 특별한 것으로, 당신의 생각과 행동을 되도록 많이 알아차리면서 하루 내내 자신을 지켜보라. 이런 자기관찰의 자질을 개발하려면, 당신은 되도록 판단하지 않아야 한다. 왜냐하면 판단이 관찰할 수 없게 하기 때문이다. 당신은 훨씬 더 객관적이 될 수 있도록, 마치 자신이 다른 사람인 것처럼 자신을 살펴보아야 한다.

오늘 우리는 정각마다 연습한다. 당신은 시간마다 자신의 생각을 관찰하고 그 당시 행동을 살펴보기 위해 점검해야 할 것이다. 이처럼 끊임없이 자신을 점검하면, 그 순간 일어나는 일을 더 깊이 체험할 수 있고, 당신 앎이 당신에게 유익한 영향을 훨씬 더 많이 주게 할 수 있다. 앎은 당신에게 필요한 것을 알고, 당신을 돕는 법을 알지만, 당신은 받는 법을 배워야 한다. 때가 되면, 주는 법도 배워야 한다. 그래야 당신이 더 많이 받을 수 있게 된다. 받는 것은 중요하다. 왜냐하면 받음으로써 당신이 줄 수 있으며, 주는 것은 이 세상에서 이루어야 할 성취의 본질이기 때문이다. 하지만 당신이 가난한 상태에서는 줄 수 없다. 그러므로 당신의 베풂은 당신이 자신의 내면에서나 다른 사람들과의 관계나 삶과의 관계에서 받는 능력을 길러 넘칠 만큼 받은 것에서 나온 진짜여야 한다.

시간마다 연습은 단 몇 분이면 되지만, 당신은 여기에 당신의 주의를 온전히 기울여야 한다. 연습을 위해 눈을 감지 않아도 된다. 그러나 눈을 감는 것이 나아 보이면, 그렇게 하는 것이 도움이 될 것이다. 당신은 다른 사람과 대화 중에도 연습할 수 있다. 실제로 이런 자기관찰을 방해하는 상황은 거의 없다. 연습에서 자신에게 단순히 이렇게 물어보라. "지금 내 기분이 어떠한가?", "나는 지금 무엇을 하고 있는가?" 이것이 전부이다. 그런 다음, 지금 해야 하는데, 하고 있지 않는 어떤 것이 있는지 느껴보라. 바로잡을 일이 없으면, 하던 것을 계속하라. 바로잡을 일이 있으면, 되도록 편하게 바로잡으라. 당신의 내적 안내체계가 당신에게 영향을 주는 것을 허용하라. 당신이 충동·두려움·야심에 지배당하지 않으면, 내적 안내체계는 그리할 것이다. 오늘 자신을 지켜보라.

연습 29: *시간연습*

제 30계단

나는 오늘 세상을 지켜볼 것이다.

오늘, 전날 연습한 것과 똑같은 방식을 따르면서, 세상을 지켜보라. 판단하지 말고 세상을 지켜보라. 판단하지 말고 당신이 세상에서 하는 일을 지켜보라. 그런 다음 해야 할 어떤 일이 있는지 느껴보라. 다시 말하지만, 시간연습은 단 몇 분이면 된다. 당신이 연습해나감에 따라 연습은 더욱 신속해지고, 더욱 예리해지며, 더욱 효과적으로 될 것이다.

우리는 당신이 판단하지 않고 세상을 바라보기를 바란다. 그래야 당신이 세상을 실제 모습 그대로 볼 수 있기 때문이다. 지금까지 세상을 실제 모습 그대로 보았다고 생각하지 말라. 당신이 본 것은 세상에 내린 당신 판단이기 때문이다. 판단하지 않고 세상을 바라보면, 지금까지 본 것과는 다른 세상이 보일 것이다.

연습 30: *시간연습*

제 31계단

나는 지금까지 본 적이 없는 세상을 보고 싶다.

이것은 앎을 염원하는 당신의 소망을 표현하며, 평화를 염원하는 당신의 소망을 표현한다. 이 둘은 모두 같은 소망이다. 이 소망은 당신 앎에서 나온다. 이 소망이 다른 소망들과 맞설 수도 있다. 또 꼭 그래야 하는 것은 아니지만, 이 소망이 다른 것들에 위협이 될 수도 있다. 그러므로 오늘의 확언은 삶에서 당신의 참뜻을 반영한다. 당신의 참뜻이 확언됨으로써, 그 참뜻이 당신에게 더 분명해지며, 결국 점점 더 많이 그 참뜻을 체험할 수 있다.

오늘 정각마다, 다른 세상을 보려는 당신의 소망을 느껴보라. 판단하지 말고 세상을 바라보면서, "나는 다른 세상을 보고 싶다."라고 자신에게 말하라. 시간마다 이렇게 하라. 연습 시간을 하나도 빼먹지 않도록 노력하라. 당신의 기분이 어떠하든, 주위에서 무슨 일이 일어나든 연습하라. 당신은 자신의 감정 상태보다 더 크다. 그러니 당신의 감정 상태를 부정할 필요는 없다. 물론 때맞춰 감정 상태들이 조절되어야 할 필요는 있을 것이다. 당신은 당신 주위에 보이는 이미지들보다 더 크다. 그 이미지는 대개 당신이 세상에 내린 판단이기 때문이다. 오늘은 판단하지 않고 바라보기와 보는 대로 느끼기를 연습하라.

연습 31: *시간연습*

제 32계단

진실은 나와 함께 있다.
나는 그 진실을 느낄 수 있다.

진실은 당신과 함께 있다. 당신은 그 진실을 느낄 수 있으며, 당신이 허용하면, 진실은 당신 마음과 감정들 안에 그 빛을 비출 수 있다. 오늘도 진실을 염원하는 소망과 진실을 체험하는 능력을 키우는 데 당신 준비를 계속하라.

30분간씩 두 차례 긴 연습에서, 눈을 감고 조용히 앉아 숨을 깊게 규칙적으로 호흡하라. 항상 불안정한 마음을 지나 그 너머에 있는 진실을 느껴보려고 하라. 더 깊이 들어갈 수 있도록 호흡을 이용하라. 당신이 호흡을 놓치지 않고 지켜보면, 호흡은 당신을 생각 너머로 항상 데려다 줄 것이다. 다른 어떤 것에도 마음을 빼앗기거나, 그런 일로 그만두는 일이 없도록 하라. 어떤 것이 마음을 차지하고 있고, 그것을 놓아버리기가 어렵다면, "잠시 후에 검토해보겠다. 하지만 지금은 마음에서 잠깐 휴가를 얻어 쉬는 중이다."라고 자신에게 말하라. 진실 느끼기를 연습하라. 진실을 생각하지 말라. 진실 느끼기를 연습하라.

연습 32: *30분 연습 두 차례*

제 33계단

나에게는 삶에서 완수해야 할 사명이 있다.

당신에게는 삶에서 완수해야 할 사명이 있다. 그 사명은 당신이 이곳에 오기 전에 받았으며, 또 이곳을 떠나면 되돌아볼 것이다. 그 사명에는 앎을 회복하는 일, 또 세상에서 특정 결실을 맺기 위해 다른 사람들과 적절히 결합하는 일이 포함되어 있다. 당신의 현재 삶이 이 큰 목적을 반영하는지 알아보려고 당신 삶을 평가하는 것은 지금 당장에는 그다지 중요하지 않다. 왜냐하면 지금은 당신이 앎을 회복하는 일에 참여하고 있기 때문이다. 당신 앎이 더 강해지면, 앎은 그 은총의 빛을 당신에게 비출 것이고, 또 당신을 통해서 비출 것이다. 그러면 당신의 활동들은 필요한 만큼 알맞게 조정될 것이다. 그러므로 당신은 현재 활동들이나 과거를 비난하거나 묵인하지 않아도 된다. 왜냐하면 당신은 지금 내면에 있는 큰 힘을 충실히 따르고 있기 때문이다.

오늘 두 차례 긴 연습에서, 당신 삶에 큰 사명이 있다는 말뜻을 곰곰이 생각해보라. 처음 당신에게 떠오르는 응답들에 곧장 확신하지 말고 주의 깊게 생각해보라. 이 말이 무엇을 의미할까 생각해보라. 살면서 전에 자신에게 큰 사명이 있다고 생각했거나, 그 가능성을 마음속에 품은 순간들을 회고해보라. 두 차례 연습에서 이것을 곰곰이 생각할 기회를 가지라. 하지만 아직은 어떤 결론도 내리지 않도록 주의하라.

연습 33: *30분 연습 두 차례*

제 34계단

나는 앎의 초보 학생이다.

당신은 앎의 초보 학생이다. 당신이 자신을 얼마나 직관적이라고 여기든, 또 정신적으로 얼마나 유능하다고 여기고 감정적으로 얼마나 정직하다고 여기든, 또 당신의 진보가 어떻게 인정받든, 당신은 앎의 초보 학생이다. 당신이 초보 학생이라는 것에 기뻐하라. 왜냐하면 초보 학생은 모든 것을 배우는 위치에 있으므로 자신이 성취한 것들을 방어할 필요가 없기 때문이다. 우리는 당신이 성취한 것들을 하찮게 보는 것이 아니라, 다만 당신 내면에서 발견되기를 기다리는 큰 것, 당신 삶에 진정한 평등을 가져다주고 당신이 구체적으로 이곳에 와서 하려는 일을 때가 되면 드러낼 큰 것에 진실의 빛을 비추고 싶을 뿐이다.

오늘 두 차례 연습에서, 먼저 당신이 앎의 초보 학생임을 인정하고, 이 교육과정이든, 학생으로서 당신 능력이든, 성급하게 결론짓지 않겠다고 다짐하라. 그런 판단은 성급하며, 어떤 식으로도 진실을 반영하는 경우가 거의 없다. 그런 판단은 보통 의욕을 잃게 만드는 것들이므로, 가치 있는 목적에 전혀 도움이 되지 않는다.

오늘의 확언을 말하고, 판단하지 않겠다고 다짐한 다음, 15분간씩 두 차례, 내적 고요를 연습하라. 당신 내면에 있는 진실을 느껴보고자 하라. 마음의 초점을 한 점에 맞추라. 몸의 한 점이어도 되고, 필요하면 가상의 한 점이어도 된다. 모든 것이 내면에서 잠잠해지게 하라. 가능한 한 조용히 있으라. 어려움이 있더라도 낙담하지 말라. 당신은 앎의 초보 학생이니, 모든 것을 배울 수 있다.

연습 34: *15분 연습 두 차례*

제 35 계단

복습

이 복습은 당신이 큰 공동체 앎길에 관한 것을 배울 기회를 제공할 것이다. 30분간씩 두 차례 연습에서, 지난주 가르침을 다시 읽고, 연습에서의 체험을 되돌아보라. 가능한 한 판단하지 말고 이것을 하라. 단순히 무슨 가르침을 받았고, 당신이 무엇을 했으며, 그 결과가 무엇이었는지만 보라. 이처럼 객관적으로 복습하면, 가장 적은 고통과 자기비난으로 가장 깊은 통찰과 이해를 얻게 될 것이다. 당신은 지금, 자신의 감정에 담긴 것들을 억누르지 않으면서 자신의 삶에 객관적이 되는 법을 배우고 있다. 즉, 자신의 한 면을 짓밟으려는 것이 아니라, 단지 다른 한 면을 기르려고 한다.

그러므로 이 복습에서, "바라볼 것이다. 그러나 판단하지 않을 것이다."를 이정표로 삼으라. 당신이 이런 식으로 세상을 바라볼 때, 모든 것을 제대로 알아볼 수 있을 것이다. 당신이 다른 사람의 삶을 통찰하는 것은 대단히 쉽지만, 자신의 삶은 거의 아무것도 통찰할 수 없다는 점을 상기하라. 다른 사람의 삶은 당신이 어떤 특별한 목적에 이용하려 하지 않으므로 훨씬 더 객관적이 될 수 있다. 하지만 당신이 다른 사람의 삶을 이용하려 하면, 그때는 그 만큼 그들의 본성이나 그들의 성장, 그들의 운명 등을 이해할 수 없게 된다. 그러므로 당신은 자신의 삶을 이용하려는 것이 적을수록, 점점 더 많이 이해할 수 있고 제대로 인식할 수 있으며, 더 큰 진보를 위해 삶에 내재한 메커니즘과 더 깊이 결합하여 일할 수 있을 것이다.

연습 35: *30분 연습 두 차례*

제 36계단

내 삶은 탐험해야 할 신비이다.

참으로 당신 삶은 신비이다. 정말 그렇다. 그래서 삶의 목적과 의미, 참된 방향을 이해하고 싶다면, 당신은 삶을 꼭 탐험해야 한다. 당신이 세상에서 행복과 성취를 이루려면, 탐험은 필수이다. 삶을 주의 깊게 살펴보면서 살아왔다면, 당신은 작은 것들에 만족하지 못했음을 알 것이다. 앎을 추구하는 당신에게는 더 큰 어떤 것이 있어야 한다. 그저 피상적인 것들이 사람들 대부분을 적절히 자극하는 것처럼 보이더라도, 당신은 그것들을 뚫고 지나가야 한다. 당신은 자신의 깊은 염원을 받아들여야 한다. 그러지 않으면 불필요한 슬픔과 갈등이 생길 것이다. 남들이 무엇에 가치를 두느냐는 중요하지 않다. 중요한 것은 당신이 무엇에 가치를 두느냐이다. 당신이 더 큰 의미, 참된 의미를 찾고 있다면, 마음의 표층을 뚫고 지나가야 한다.

오늘 두 차례 명상연습에서, 영적 교사들의 현존을 느끼는 것에 다시 집중하라. 이것은 애써 해야 하는 어떤 것이 아니다. 그저 긴장을 풀고 호흡하면서 마음을 열어놓는다는 뜻이다. 교사들과의 밀접한 관계는 힘과 격려를 얻는데 필수이다. 왜냐하면 당신이 자신의 능력은 당연히 의심할 수 있지만, 교사들의 능력은 온전히 신뢰할만한 합당한 이유를 가지고 있기 때문이다. 교사들은 앞으로 가는 그들의 여정에서 이 길을 전에 지나가 보았다. 그래서 이 길을 알고 있으며, 이제 당신과 그것을 공유하려는 것이다.

연습 36: *15분 연습 두 차례*

제 37계단

앎으로 가는 길이 있다.

앎이 당신의 참자아인데, 앎으로 가는 길이 어찌 없을 수 있겠는가? 앎의 표현이 가장 자연스러운 표현방식인데, 앎이 자신을 표현하는 길이 어찌 없을 수 있겠는가? 앎이 모든 당신 관계의 완벽한 원천인데, 앎이 관계 속에서 당신을 안내하는 길이 어찌 없을 수 있겠는가? 앎으로 가는 길이 있다. 여기에는 기량과 소망이 필요하다. 이 둘을 얻는 데는 시간이 걸린다. 당신은 참에 가치를 두고 거짓에 가치를 두지 않는 법을 배워야 한다. 참과 거짓을 구분하여 알아보는 법을 배우는 데는 시간이 걸린다. 거짓은 결코 당신을 충족시키지 못하며, 참이 당신을 충족시킨다는 것을 아는 데는 시간이 걸린다. 이것은 시행착오를 겪으면서, 또 그 차이를 비교해보면서 배워야 한다. 당신이 앎에 다가갈 때, 당신 삶은 더욱 충만해지고 더욱 확실해지며 더욱 직접적이 된다. 그러나 앎에서 멀어지면, 당신은 다시 혼란과 좌절과 분노에 빠진다.

오늘 두 차례 연습은 명상이 아니다. 그 대신 적어도 15분간씩, 앎에 접속하는 방법을 모두 생각해보라. 앎에 이르는 방법을 모두 종이에 써보라. 두 차례 연습 시간에, 당신이 생각할 수 있는 방법을 하나도 빠뜨리지 말고 모두 생각해보라. 되도록 구체적으로 쓰라. 상상력을 동원하되, 당신에게 상당히 현실적이고 의미 있어 보이는 방법을 그려보라. 그러면 앎으로 가는 길을 찾는 방법에 대해 당신이 어떻게 생각하는지 알 것이다. 그리고 여기에서 당신은 신이 앎으로 가는 길을 안다는 사실을 깨달을 것이다.

연습 37: *15분 연습 두 차례*

제 38계단

신은 앎으로 가는 길을 안다.

당신이 길을 잃을 때, 어떻게 길을 찾을 수 있는가? 당신이 일시적인 것에 가치를 그토록 크게 둘 때, 어떻게 확실성을 알 수 있는가? 당신이 손실과 파멸의 위협에 그토록 겁먹을 때, 당신 삶의 힘을 어떻게 알 수 있는가? 삶은 당신에게 친절하다. 그래서 보상뿐만 아니라, 보상받는 길도 알려준다. 만약 그 길을 당신에게 맡겨놓는다면, 그것은 참으로 끔찍할 것이다. 왜냐하면 당신이 구상해볼만한 방법들을 하나하나 모두 해보아야 할 것이고, 그런 다음 남들이 구상했음 직한 것들도 모두 해볼 것이기 때문이다. 심지어 앎에 도달하는 데 남들은 성공적으로 이용했지만, 당신에게는 실제로 맞지 않을지도 모르는 것까지 당신은 해볼 것이다. 당신이 세상에 잠깐 머무는 동안, 이런 것을 모두 해내면서 어떻게 활력을 계속 유지할 수 있겠는가? 또 그처럼 많은 방법에서 실망할 때, 앎을 향한 의욕을 어떻게 유지할 수 있겠는가?

오늘 신은 앎으로 가는 길을 안다는 것을 당신이 알고 있음을 신뢰하라. 그러면 당신은 제공받은 길을 따르기만 하면 된다. 이렇게 해서 앎이 인정받으므로 앎은 당신 안에서 쉽게 드러난다. 왜냐하면 신만이 당신 안에 있는 앎을 알고, 당신 안에 있는 앎만이 신을 알기 때문이다. 이 둘이 함께 공명할 때, 둘 모두 더욱 분명해진다. 여기서 당신은 평화를 찾는다.

오늘 30분간씩 두 차례 연습에서, 조용히 고요 속에서 신의 현존 느끼기를 연습하라. 신을 생각하거나 추측하거나 궁금해하거나 의심하지 말고, 그저 느껴보라. 당신은 상상에 집중하는 데 익숙해 있지만, 지금 집중하는 것은 상상이 아니다. 고요와 침묵 속에서, 모든 것은 분명해진다. 신은 어디에도 가지 않으므로 아주 고요하다. 당신이 고요해지면, 당신은 신의 힘을 느낄 것이다.

연습 38: *30분 연습 두 차례*

제 39계단

신의 힘은 나와 함께 있다.

신의 힘은 당신과 함께 있다. 그 힘은 당신 앎 속에 있다. 그러니 앎을 회복하는 법을 배우라. 그러면 당신은 신이 당신에게 준 힘을 회복하는 법을 배울 것이고, 자신의 힘 또한 회복할 것이다. 당신의 힘은 당신이 신의 힘에 다가가려면, 필요할 것이기 때문이다. 이처럼 힘을 회복함으로써, 진정으로 힘 있는 모든 것과 진정으로 선한 모든 것은 당신 안에서, 또 신 안에서 확인될 것이다. 그러니 오늘 하루가 당신 삶에서 신의 현존과 힘을 체험하는 날이 되게 하라. 당신은 신을 상상 속에서 그리지 않아도 된다. 또한 자신의 이해나 믿음을 굳히려고 그림이나 이미지를 가지지 않아도 된다. 당신은 다만 여기에서 제공되는 연습을 활용하기만 하면 된다.

30분간씩 두 차례 깊은 명상연습에서, 다시 고요 속으로 들어가, 자신이 신의 힘을 느끼는 것을 허용하라. 당신 마음에 방향을 잡아주도록 당신 자신의 힘을 활용하라. 의심이나 두려움 때문에 그만두는 일이 없도록 하라. 신의 힘은 당신 삶의 신비이다. 왜냐하면 큰 계획에 따라 세상에서 적절하게 활용되도록 당신이 신에게서 가져온 힘이기 때문이다. 그러니 신의 힘을 느낄 수 있도록 헌신하는 자세, 단순하고 겸허한 자세로 연습에 임하라.

연습 39: *30분 연습 두 차례*

제 40계단

나는 오늘 신의 힘을 느낄 것이다.

신의 힘은 모든 것에 스며 있을 만큼 완전하고 포괄적이다. 분리된 채로 자기생각에만 빠져 있는 사람들만이 신의 큰 은총에서 분리될 수 있다. 신에 응답한 사람들은 때가 되면 신의 메신저가 되어, 혼란 속에 아직 남아 있는 사람들에게 은총의 선물을 줄 수 있다. 세상에서 힘으로 여겨지는 모든 것, 즉 자연력, 죽음의 필연성, 상존하는 질병·손실·파멸의 위협, 모든 갈등 상황 등 이러한 것들은 모두 신의 위대한 고요 안에서 일시적으로 일어나는 움직임일 뿐이다. 바로 이 위대한 고요가 신의 평화, 신의 온전한 기쁨으로 되돌아오라고 당신을 부르지만, 당신은 먼저 준비해야 한다.

당신은 오늘 30분간씩 두 차례 연습에서 이 준비를 한다. 명상에서 신의 힘을 느끼려고 하라. 당신은 마법의 이미지를 떠올리지 않아도 된다. 왜냐하면 이 힘은 두루 편재하므로 당신이 느낄 수 있기 때문이다. 당신의 상황이나 조건이 어떠하든, 그것이 당신의 성장에 불리하든 유리하든, 오늘 당신은 신의 힘을 느낄 수 있다.

연습 40: *30분 연습 두 차례*

제 41계단

나는 신의 힘을 두려워하지 않는다.

이 확언은 당신 행복에 매우 중요하다. 왜냐하면 당신은 사랑의 힘, 신의 힘을 신뢰하는 법을 다시 배워야 하기 때문이다. 그러려면 자신의 기존 관념이나 가정들, 그리고 과거 아픈 경험에 대한 기존 평가들을 내려놓아야 한다. 무엇보다도 당신이 가장 사랑하는 것과 분리되는 것은 고통이다. 그래서 이 분리 상태를 유지하는 유일한 방법은 사랑하는 것을 비방하고 거기에 악의를 품는 것이며, 그러고 나서 당신 안에 죄책감이 들게 하는 것이다. 신의 힘을 느끼고 받아들이려면, 그런 악의와 죄책감에서 벗어나야 한다. 가장 자연스러운 것을 탐험하려면 당신은 과감히 앞으로 나아가야 한다. 이것은 마치 신천지를 개척하고 고향에 돌아오는 일을 동시에 하는 것과 같다.

그러므로 오늘 두 번, 고요 속에서 신의 힘을 느끼는 연습을 하라. 신에게서 답을 구하지 말라. 당신은 어떤 말도 할 필요가 없으며, 다만 현존하기만 하면 된다. 왜냐하면 당신이 맺은 모든 관계의 근원인 것과 관계 맺는 법을 배우면, 당신에게 필요한 정보가 쉽게 당신에게 다가와 당신을 안내하고 격려해줄 수 있으며, 필요하면 바로잡아줄 수 있기 때문이다. 하지만 먼저 당신은 신의 힘을 느껴야 하며, 그럼으로써 자신의 힘을 찾을 것이다.

연습 41: *30분 연습 두 차례*

제 42계단

복습

오늘 복습에서, 지난주 알려준 가르침을 모두 다시 읽어보고, 연습에서 당신이 체험한 것을 모두 되돌아보라. 얼마나 깊이 또 얼마나 주의 깊게 연습하고 있는지 알아보는 일에 오늘 특별히 유의해서 살펴보라. 당신 취향이나 기대에 맞게 수업 내용을 바꾸거나 조정하는 일은 결코 없어야 한다. 이 교육과정에서 제대로 보상받으려면, 그대로 따르기만 하면 된다는 것을 잊지 말라. 당신의 역할은 작고, 우리 역할은 크다. 방법은 우리가 준다. 당신은 신뢰와 진정한 기대 속에서 따르기만 하면 된다. 이렇게 해나가면서 당신은 인내·분별력·신뢰·일관성·자기가치를 계발할 것이다. 자기가치는 왜 계발하는가? 왜냐하면 앎이 주는 큰 선물들에 다가가려면, 당신은 자신을 귀하게 여겨야 하기 때문이다. 어떤 것도 당신이 받기로 된 선물을 받는 것보다 자기혐오와 자기의심을 더 적절하고 더 완전하게 해소하지는 못할 것이다.

그러므로 오늘 한 차례 긴 연습에서, 지난 한 주를 복습하라. 어떤 것이 제시되었는지, 당신이 무엇을 했는지, 더 직접 연습의 혜택을 받을 수 있도록 연습을 더 깊게 하려면 무엇을 해야 하는지, 판단하는 일 없이 살펴보라. 어려움이 있다면 그 문제점을 알아내 바로잡아 보려고 하라. 그리하여 다음 한 주, 연습에 더 깊이 참여하라. 그럼으로써 당신은 단지 자신의 뜻에 방향을 설정해주는 것만으로 자기의심과 혼란을 바로잡을 것이다.

연습 42: *긴 연습 한 차례*

제 43계단

나의 뜻은 신을 아는 것이다.

당신의 뜻은 신을 아는 것이다. 이것이 당신의 참뜻이다. 다른 모든 소망이나 동기는 당신의 참뜻을 피하는 것이다. 바로 이 참뜻이 당신에게 두려운 일이 되어 버렸다. 당신은 자신이 알고 있는 것, 가장 깊이 느끼는 것을 두려워한다. 그럼으로써 당신은 자신을 나타내지 않는 다른 것들에서 피난처를 찾게 된다. 여기서 당신은 정체성을 잃고, 도망가려고 찾았던 것들과 관련된 정체성을 정립하려고 시도한다. 고립 상태에서는 당신이 비참하지만, 관계 안에서는 행복을 되찾는다.

당신의 뜻은 신을 아는 것이다. 당신의 뜻을 두려워하지 말라. 당신은 신이 창조하였다. 신의 뜻은 당신을 아는 것이고, 당신의 뜻은 신을 아는 것이다. 그 밖에는 다른 뜻이 없다. 이 뜻 아닌 다른 동기는 모두 그저 혼란과 두려움에서 나온 것이다. 신을 아는 것은 신에게도 힘을 주고, 당신에게도 힘을 준다.

오늘 두 차례 연습은 침묵 명상으로써, 당신 자신의 뜻에서 나오는 힘을 느껴보라. 두려움이나 의심이 당신 마음을 흐리게 하지 못하게 하라. 당신은 신의 뜻을 느끼려고 애쓰지 않아도 된다. 신의 뜻은 그냥 존재한다. 당신이 알아차리기 위해서는 주의를 기울이기만 하면 된다. 그러므로 이 체험에 단순히 현존하는 것으로 깊이 연습하라.

연습 43: *30분 연습 두 차례*

제 44계단

나는 나의 강점을 알고 싶다.

이 확언은 당신의 현재 상황들에서 당장 필요하므로 쉽게 받아들일 수 있겠지만, 그 진정한 의미는 이 확언에서 처음에 느낄 수 있는 것보다 훨씬 더 깊다. 당신에게는 스스로 주장한 것보다 훨씬 더 큰 강점이 있지만, 당신은 그 강점이 당신을 정말 새사람으로 만들고 당신의 참된 능력을 이끌어내는 방식으로 적용될 때까지는 그 강점을 제대로 인식할 수 없다.

당신이 자신을 나약하고 무기력하고 쓸모없는 사람으로 느낀다면, 또 죄책감이나 혼란으로 짓눌려있거나, 명백히 자신이 실패한 것을 가지고 화를 내며 남들을 비난한다면, 자신의 강점에 어떻게 다가갈 수 있겠는가? 자신의 강점을 주장한다는 것은 자신을 가로막는 것을 모두 내려놓는다는 뜻이다. 당신은 자신에게 장애물이 없다고 주장함으로써 장애물을 내려놓는 것이 아니다. 더 큰 어떤 것에 가치를 두기 때문에 내려놓는 것이다. 장애물은 당신이 그곳을 통과해 지나가야 한다는 표시일 뿐이다. 그곳을 지나갈 때 당신의 강점이 길러진다. 당신은 자신의 강점을 찾아서, 그 강점을 이용하여 자신의 강점을 발견한다. 우리는 당신이 자신의 강점을 알기를 바라며, 자신을 위해 그 강점을 활용하기를 바란다.

오늘 두 차례 명상시간에 침묵과 고요 속에서, 자신의 강점을 느껴보려고 하라. 단지 생각에 불과한 것 때문에 그만두는 일이 없도록 하라. 두려움과 의심은 단지 생각일 뿐이며, 구름처럼 당신 마음을 스쳐 지나가는 덧없는 것들이다. 당신 마음의 구름 너머에 앎이라는 광활한 우주가 있다. 그러니 그 구름들이 그 너머에 있는 별들을 바라보는 당신 시야를 방해하지 못하게 하라.

연습 44: *30분 연습 두 차례*

제 45계단

나 혼자서는 아무것도 할 수 없다.

당신 혼자서는 아무것도 할 수 없다. 당신이 사는 세상에서조차 그 어느 것도 혼자 힘으로 성취된 것이 없다. 당신 마음에서조차 그 어느 것도 혼자 힘으로 만들어진 것이 없다. 혼자 해낸 것으로 인정받을 수 있는 것은 없다. 모든 일은 공동의 노력이고, 모든 것은 관계의 산물이다.

이 말이 한 개인의 당신 품위를 떨어뜨리는가? 결코 그렇지 않다. 오히려 당신의 진정한 성취들을 깨달을 수 있도록 당신에게 환경과 이해를 제공한다. 당신은 자신의 개체성보다 더 큰 존재이다. 그래서 그 개체성이 가진 한계에서 자유로울 수 있다. 당신은 개인적으로 당신인 한 개체를 통해 일하지만, 그보다 더 큰 존재이다. 제한된 자아의 한계를 받아들이라. 제한된 자아에게 신이 되기를 요구하지 말라. 그러지 않으면 당신은 그 자아에게 엄청난 부담을 주고 엄청난 기대를 하게 되어, 결국 그 자아가 실패한 것들을 벌할 것이다. 그럼으로써 당신은 자신을 미워하게 되고, 당신의 물질적 삶을 원망하며, 개인적·정서적·육체적으로 자학하게 된다. 당신 삶 속에 있는 큰 것을 받아들일 수 있도록 당신의 한계를 받아들이라.

그러므로 오늘 두 차례 연습에서는, 눈을 뜬 채, 당신이 가진 한계들에 집중하라. 당신에게 어떤 한계들이 있는지 알아보라. 그 한계들을 좋다 나쁘다 판단하지 말고, 그저 알아차리기만 하라. 그럼으로써 당신은 겸손해지고, 그 겸손함 속에서 큰 것을 받아들일 수 있는 자리에 서게 된다. 만약 당신이 자신의 한계들을 방어하려 한다면, 그 한계 너머의 것을 어떻게 받아들일 수 있겠는가?

연습 45: *15분 연습 두 차례*

제 46계단

큰 사람이 되려면, 작은 사람이 되어야 한다.

큰 사람이 되려면, 작은 사람이 되어야 한다는 말이 모순인가? 당신이 그 의미를 이해하면 이 말은 모순이 아니다. 당신에게 있는 한계들을 인식하면, 당신은 제한된 상황에서 매우 성공적으로 일할 수 있다. 여기에서 당신이 전에 깨달았을법한 것보다 더 큰 현실이 표현된다. 큰 사람이 되는 일은 단순히 희망이나 높은 기대에 기반을 두어서는 안 된다. 큰 사람이 되는 일은 이상이 아니라 실제 체험에 기반을 두어야 한다. 당신이 작다는 것을 받아들이라. 그러면 큰 것이 당신과 함께 있으며, 그 큰 것이 당신의 일부분임을 체험할 것이다.

오늘 두 차례 연습에서 당신에게 한계가 있음을 받아들이라. 하지만 판단하지는 말라. 한계가 있다는 것에 비난받을 일이란 없다. 적극 마음을 써서 당신이 가진 한계들에 주목하라. 비난하는 일 없이 주목하라. 객관적으로 바라보라. 당신은 큰 현실이 이 세상에서 그 자신을 표현하는 데, 그 매개체가 되기로 되어 있다. 표현하는 데 당신의 매개체는 꽤 제한되어 있지만, 당신이 성취해야 할 일을 성취하는 데는 아주 적절하다. 매개체의 한계를 받아들임으로써 당신은 그 매개체의 메커니즘을 이해할 수 있고 그 매개체와 건설적으로 일하는 법을 배울 수 있다. 그러면 그 매개체는 더 이상 한계가 아니라, 당신에게 기쁨을 주는 표현의 한 형태이다.

연습 46: *15분 연습 두 차례*

제 47계단

나에게 왜 교사가 필요한가?

당신은 조만간, 어쩌면 그것도 많은 경우에서 이렇게 물을 것이다. 당신이 이렇게 묻는 것은 당신 혼자서도 할 수 있다는 기대가 있기 때문이다. 그러나 당신 삶을 주의 깊게 바라보면, 당신이 배운 모든 것에는 가르침이 필요했음을 알 것이다. 어쩌면 당신이 내면에서 느낀 것은 자신이 창안한 것처럼 보였겠지만, 그것들 역시 가르침을 받은 결과이다. 실생활의 기술이든 깊은 통찰이든, 당신이 배운 것은 모두 관계를 통해 마련되었다. 이를 깨달으면, 관계에 깊이 감사하게 되고, 세상에 공헌하는 힘이 있음을 깊이 확신하게 된다.

만약 당신이 어떤 기술을 배우는 것에 정직하게 접근하려고 하면, 먼저 모르는 것이 얼마나 많은지 알아야 하고, 그다음에 얼마나 많이 배워야 하는지 알아야 하며, 그런 다음 되도록 최상의 가르침을 찾아야 한다. 이 방식이 앎을 회복하는 일에도 적용되어야 한다. 당신이 얼마나 조금밖에 모르는지 또 얼마나 많이 알아야 하는지를 깨닫고, 그런 다음 제공되는 가르침을 받아야 한다. 교사가 필요하다는 것이 약점인가? 결코 그렇지 않다. 오히려 정직한 평가를 기반으로 정직하게 인지한 것이다. 당신이 얼마나 조금밖에 모르는지, 또 얼마나 많이 알아야 하고 얼마나 많이 앎의 힘이 필요한지 깨달으면, 이것이 얼마나 당연한 말인지 이해할 것이다. 실제로는 가난하면서도 자신이 이미 많이 가졌다고 생각하는 사람에게 어떻게 줄 수 있겠는가? 그런 사람에게는 줄 수 없다. 그래서 그들은 가난을 스스로 불러들여 계속 유지할 것이다.

교사가 당신에게 왜 필요한가? 당신이 배워야 하기 때문이고, 배운 것 중에서 당신을 가로막고 있는 것을 버려야 하기 때문이다. 오늘 두 차례 묵상에서 눈을 감고 왜 교사가 필요한지 숙고해보라. 만약 당신이 아주 똑똑하거나 강하거나 달리 어떤 자질을 갖춘다면, 혼자서도 해낼 수 있을 거라는 생각이 당신에게 있는지 살펴보라. 이런 기대가 있다면, 어떤 것인지 보라. 그 기대는 당신 자신을 합당한 선생으로 주장함으로써 무지한 채로 남아 있겠다는 고집이다. 당신은 자신이 알지 못한 것을 혼자서 배울 수 없다. 그러니 그런 시도는 단지 묵은 정보를 다시 돌리면서 현재 당신이 있는 곳에 더욱 자신을 묶어둘 뿐이다.

그러므로 오늘 연습에서, 당신에게 참된 가르침이 필요하다는 것을 인식하는 한편, 당신이 지금 바로 받을 수 있는 참된 가르침이 있다는 것에 혹시 저항감이 없는지도 보라.

연습 47: *30분 연습 두 차례*

제 48계단

내가 받을 수 있는 참된 가르침이 있다.

당신이 받을 수 있는 참된 가르침이 있다. 그 가르침은 당신이 삶에서 그 가르침의 필요성을 깨달을 만큼 성숙해지기를 기다려 왔다. 진정으로 배우고자 하는 마음은 이 필요성에서 나온다. 이 필요성은 당신에게 절실히 필요한 것에서 당신의 한계를 알 때 생긴다. 앎의 학생이 되려면, 당신은 자신을 사랑해야 하고, 계속 전진하려면, 끊임없이 자신을 사랑해야 한다. 이것 말고 배움에 다른 장애란 없다. 사랑이 없는 곳에는 두려움이 있다. 왜냐하면 다른 어떤 것도 사랑을 대신할 수 없기 때문이다. 그러나 사랑은 두려움에 자리를 내주지 않았으니, 당신은 참된 도움을 받을 수 있다.

오늘 두 차례 명상에서 그 참된 도움이 현존하는 것을 느껴보라. 고요와 침묵 속에서, 당신 주위와 당신 삶 속에 이 도움이 현존하는 것을 느껴보라. 이 명상에서 완전히 새로운 감각인, 내면의 큰 민감성이 열리기 시작할 것이다. 비록 눈으로 볼 수는 없어도, 당신은 현존하는 것들을 알아차리기 시작할 것이다. 비록 당신이 메시지의 원천에서 하는 말을 아직 들을 수는 없어도, 그 아이디어와 정보에 응답할 수는 있을 것이다. 이것이 창조적 사고의 실제 과정이다. 왜냐하면 사람들은 아이디어를 받지, 아이디어를 창조하지 않기 때문이다. 당신은 큰 삶의 일부분이며, 당신 개인의 삶은 큰 삶을 표현하는 매개체이다. 그래서 당신의 개체성은 더욱 잘 자라게 되고, 더욱 기쁜 것이 되며, 더 이상 당신에게 감옥이 아니라, 기쁨을 주는 표현의 한 형태가 된다.

당신은 참된 도움을 받을 수 있다. 오늘 연습에서, 당신 삶에 참된 도움이 항상 현존하는 것을 느껴보라.

연습 48: *30분 연습 두 차례*

제 49계단

복습

오늘로써 당신의 일곱 번째 주 연습이 끝난다. 이 복습에서 지난 7주간의 모든 가르침을 다시 읽어보고, 각 계단을 공부하면서 체험했던 것을 상기해보라. 7주간 연습한 것을 모두 복습하려면, 긴 연습 시간을 몇 차례 가져야 할지도 모른다. 하지만 학생이 된다는 것이 무엇을 뜻하고, 배움이 실제로 어떻게 이루어지는지 당신이 이해하려면, 이번 7주간의 전 과정 복습은 꼭 필요하다.

학생으로서의 자신을 판단하지 않도록 매우 주의하라. 당신은 학생으로서의 자신을 판단할 위치에 있지 않다. 당신은 자기 앎, 즉 참자아 알기를 가르치는 교사가 아니니, 그 판단 기준이 없다. 당신은 앞으로 나아가면서, 어떤 실패는 더 큰 성공으로 이끌고, 성공이라 여겼던 것은 실패로 이끌 수도 있다는 것을 알게 될 것이다. 그럼으로써 자신의 전반적 평가체계를 새로운 눈으로 보게 되고, 더 큰 것을 인지할 것이다. 그럼으로써 당신은 자신에게도 자비롭고, 지금 당신의 판단으로 성공하거나 실패한 남들에게도 자비로울 수 있을 것이다.

그러니 첫 48과까지 수업에서 연습한 것들을 모두 되돌아보라. 각 계단에서 당신이 어떻게 응답했고, 얼마나 깊이 참여했는지, 상기해보려고 노력하라. 성공한 것, 성취한 것, 장애가 된 것들을 보려고 노력하라. 여기까지 온 것을 축하한다. 당신은 첫 시험을 통과했다. 앎이 당신과 함께 있으니, 용기를 갖고 앞으로 나아가라.

연습 49: 긴 연습 몇 차례

제 50계단

나는 오늘 앎과 함께 있을 것이다.

당신이 이용할 수 있는 앎의 확실성과 힘을 얻을 수 있도록 오늘 앎과 함께 있으라. 앎이 당신에게 고요를 주도록 허용하라. 앎이 당신에게 힘과 능력을 주도록 허용하라. 앎이 당신을 가르치도록 허용하라. 당신이 판단한 대로가 아닌, 실제 존재하는 대로 앎이 우주를 드러내도록 허용하라.

두 차례 연습 시간에, 고요 속에서 앎의 힘을 느끼는 연습을 하라. 질문하지 말라. 지금은 묻는 것이 필요하지 않다. 당신이 추구하는 것의 본질을 놓고 자신과 논쟁하지 말라. 그것은 시간 낭비이며 의미 없는 일이다. 당신은 받기 전까지 알 수 없으며, 받으려면 알고자 하는 자신의 성향을 신뢰해야 한다.

오늘 앎과 함께 있으라. 연습 시간 동안, 무슨 일이 있더라도 그 일로 연습을 그만두는 일이 없도록 하라. 당신은 그저 긴장을 풀고 현존하기만 하면 된다. 이 연습들에서부터 더 큰 현존이 인식될 것이며, 그럼으로써 당신의 두려움이 가라앉기 시작할 것이다.

연습 50: *30분 연습 두 차례*

제 51계단

두려움 너머에 있는 진실을 볼 수 있도록
나의 두려움들을 알아차릴 것이다.

장애물 너머를 보려면, 당신은 장애물이 무엇인지 알아야 한다. 그 장애물을 무시하거나 거부한다면, 또는 보호하거나 다른 이름으로 부른다면, 자신을 속박하는 본질을 깨닫지도, 억압하는 것을 이해하지도 못할 것이다. 당신 삶은 두려움에서 태어나지 않았다. 당신의 근원은 두려움에서 태어나지 않았다. 자신의 두려움을 인식할 수 있다는 것은 당신이 더 큰 어떤 것의 일부임을 자각해야 한다는 뜻이다. 이것을 자각할 때, 당신은 자신의 삶에 객관적이 되는 법을 배울 수 있고, 자신을 비난하는 일 없이 자신의 현재 상황을 이해하는 법을 배울 수 있다. 왜냐하면 당신은 바로 현재 상황 속에서 자신을 연마해야 하기 때문이다. 당신은 지금 서 있는 곳에서 출발해야 한다. 그러려면 자신의 강점과 약점을 하나하나 조사해야 한다.

오늘 두 차례 연습 시간에, 당신에게 있는 두려움들을 평가하고, 당신 현실은 두려움 너머에 있지만, 당신 삶에서 두려움의 폐해를 이해하려면 두려움을 인식해야 한다는 점을 상기하라. 눈을 감고 오늘 주제를 반복하고 나서 마음에 떠오르는 두려움을 하나하나 살펴보라. 진실은 그런 두려움 너머에 있음을 상기하라. 모든 두려움이 떠오르도록 허용하여 이런 식으로 평가될 수 있게 하라.

두려움 없이 지내려면, 두려움의 메커니즘을 이해하고 두려움이 사람들에게 미치는 영향과 세상에 미치는 결과를 이해해야 한다. 자신을 속이거나 어떤 것을 선호하는 일 없이 이러한 것을 인식해야 한다. 당신은 제한된 상황, 제한된 환경 속에서 일하는 큰 존재이다. 당신 환경의 제약을 이해하고, 당신 매개체의 한계를 이해하라. 그러면 제약받는 것 때문에 자신을 더 이상 미워하지 않을 것이다.

연습 51: *30분 연습 두 차례*

제 52계단

나는 앎의 근원을 찾는 데 자유롭다.

당신 앎의 근원은 당신 내면에도 존재하고 당신 밖에도 존재한다. 앎의 근원은 모든 곳에 두루 존재하니, 그 근원이 어디에 존재하든 아무런 차이가 없다. 신이 당신 내면에 앎을 심어놓았으니, 당신 삶은 구원받았다. 하지만 앎이 드러나 당신에게 그 선물들을 주도록 허용될 때까지는 당신은 자신의 구원을 깨닫지 못할 것이다. 당신의 참된 삶을 선물로 받을 수 있게 해주는 것 말고, 다른 어떤 자유가 자유이겠는가? 다른 자유는 모두 혼란으로 가는 자유이며, 당신 자신을 해치는 자유이다. 큰 자유는 당신의 앎을 찾는 것이고, 그 앎이 당신을 통해 그 자신을 표현하게 하는 것이다. 오늘 당신은 앎의 근원을 찾는 데 자유롭다.

두 차례 연습 시간에 고요 속에서 당신 앎의 근원을 받아들이라. 당신은 이 근원을 받아들이는 데 자유롭다는 것을 상기하라. 어떤 두려움이나 불안, 죄책감이나 수치심이 있다 하더라도 상관하지 말고 당신 앎의 근원을 받아들이라. 오늘 당신은 앎의 근원을 받아들이는 데 자유롭다.

연습 52: *30분 연습 두 차례*

제 53계단

나의 선물은 다른 사람들을 위한 것이다.

당신의 선물은 다른 사람들에게 주도록 되어 있다. 하지만 당신은 먼저 그 선물을 인식해야 하고, 그 선물을 억제하거나 바꾸거나 부인하는 생각과 그 선물을 분리해야 한다. 다른 사람들에게 공헌하는 맥락에서 보지 않는다면, 당신은 자신을 어떻게 이해할 수 있겠는가? 당신 혼자서는 아무것도 할 수 없다. 혼자는 아무런 의미가 없다. 이것은 당신이 혼자가 아니기 때문이다. 혼자서는 아무것도 할 수 없다는 말에 얼마나 큰 의미가 담겨 있고 또 이것이 실제로 얼마나 큰 선물인지 이해할 때까지는, 이것이 짐으로 보이고 위협으로 보일 것이다. 그러나 이것은 당신 삶의 구원이다. 삶이 당신을 회복할 때, 당신은 삶을 회복하고, 삶이 주는 모든 보상을 받는다. 이 보상은 당신이 자신에게 줄 수 있는 어떤 것보다도 훨씬 더 크다. 당신 삶의 가치는 당신이 다른 사람들에게 공헌하는 것으로 완성되고 온전히 표현된다. 왜냐하면 공헌이 있기 전까지는 당신은 자신의 가치, 자신의 목적, 자신의 의미, 자신의 방향을 부분적으로밖에 깨달을 수 없기 때문이다.

　오늘 두 차례 연습 시간에, 다른 사람들에게 공헌하려는 자신의 소망을 느껴보라. 지금은 당신이 무엇을 공헌하고 싶은지 결정하지 않아도 된다. 지금은 무엇을 공헌하느냐보다 공헌하겠다는 당신의 소망이 중요하다. 왜냐하면 공헌의 표현 방식은 때가 되면 당신에게 분명해질 것이고, 또 발전할 것이기 때문이다. 오늘 당신에게 기쁨을 주는 것은 다름 아닌 참된 동기에서 비롯된 공헌하려는 당신의 소망이 될 것이다.

연습 53: 30분 연습 두 차례

제 54계단

나는 이상주의로 살지 않을 것이다.

이상주의란 무엇인가? 실망에 바탕을 두고 희망한 것의 관념들 아닌가? 당신의 이상주의에는 당신 자신, 사람들과의 관계, 당신이 사는 세상이 포함된다. 또한 신과 삶이 포함되고, 당신이 상상할 수 있는 모든 체험 영역이 포함된다. 체험이 없으면 이상주의가 있다. 이상주의가 당신을 참된 방향으로 출발시킬 수 있으니, 처음에는 도움이 될 수도 있지만, 당신은 자신의 결론이나 정체성을 이상주의에 두지 않아야 한다. 왜냐하면 오직 체험만이 당신에게 참된 것을 줄 수 있고, 당신이 온전히 받아들일 수 있는 것을 줄 수 있기 때문이다. 앎이 당신을 안내하려고 여기 있으니, 이상주의가 당신을 안내하게 하지 말라.

오늘 두 차례 연습 시간에, 당신의 이상주의가 어느 정도인지 알아보라. 자신이 어떤 사람이기를 원하는지, 세상이 어떤 것이기를 원하는지, 당신의 관계들이 어떤 것이기를 원하는지 주의 깊게 살펴보라. 오늘의 주제를 반복하고 나서, 눈을 감고 당신의 이상을 하나하나 검토하라. 비록 당신의 이상이 유익해 보이고 사랑과 조화를 바라는 당신 소망을 나타내는 것처럼 보일지라도, 그 이상은 당신이 찾는 선물을 당신에게 진실로 주려는 것을 대신하므로, 실제로는 당신을 방해한다.

연습 54: *30분 연습 두 차례*

제 55계단

나는 세상을 있는 그대로 받아들일 것이다.

이상주의는 세상을 있는 그대로 받아들이지 않으려는 시도이다. 그래서 세상을 탓하고 비난하는 것을 정당화한다. 이상주의는 아직 존재하지 않는 삶에 어떤 기대치를 정하는 것이므로 당신을 깊은 실망에 쉽게 빠지게 한다. 당신의 이상주의는 당신의 비난에 힘을 실어준다.

오늘 세상을 당신이 원하는 대로가 아니라, 있는 그대로 받아들이라. 사랑은 받아들일 때 온다. 왜냐하면 다른 모습이었으면 하고 바라는 세상을 당신은 사랑할 수 없기 때문이다. 당신은 오직 있는 그대로 존재하는 세상만을 사랑할 수 있다. 이제 존재하는 그대로 자신을 받아들이라. 그러면 변화와 진보에 대한 진정한 소망이 당신 내면에서 자연스레 떠오를 것이다. 이상주의는 비난을 정당화한다. 이 큰 진리를 인식하라. 그러면 당신은 희망이나 기대가 아닌 참된 결합에 바탕을 둔 진정한 삶을 더욱더 즉각적이고 깊이 있게 체험하기 시작할 것이다.

그러므로 오늘 30분씩 두 차례 연습 시간에, 모든 것을 정확히 있는 그대로 받아들이는 데 집중하라. 이때 당신은 폭력·갈등·무지를 묵인하는 것이 아니며, 단지 현재 상황에서 건설적으로 일할 수 있도록 현재 상황을 받아들일 뿐이다. 받아들이는 이런 마음이 없으면, 당신에게는 참된 결합을 위한 출발점이 없다. 세상을 정확히 지금 있는 그대로 받아들이라. 왜냐하면 당신이 봉사하러 온 곳이 바로 이 세상이기 때문이다.

연습 55: *30분 연습 두 차례*

제 56계단

복 습

오늘 복습에서, 지난주 수업한 과들과 그 수업에 참여한 것을 되돌아보라. 처음에는 진척이 느린 것처럼 보이더라도, 느리고 한결같이 가는 것이 크게 진척된다는 점을 이해하라. 끊임없이 적용하여 참여함으로써, 당신은 성취로 가는 가장 빠른 길을 따라 걸을 것이다.

다시 한번 당신에게 상기시켜주노니, 당신이 자신의 기대치에 충족하지 못했다 하더라도, 자신을 판단하는 것을 삼가라. 다만, 여기에 적힌 대로 가르침을 따르려면 무엇이 필요한지 깨닫고, 가능한 한 온전히 그 가르침을 따르는 일에만 열중하라. 당신은 배우는 법을 배우고 있음을 잊지 말라. 또한 자신의 가치와 참된 능력을 회복하는 법을 배우고 있음을 잊지 말라.

연습 56: *긴 연습 한 차례*

제 67계단

자유는 나와 함께 있다.
───────────

자유는 당신 내면에 있다. 그곳에서 태어나기를 기다리고, 당신이 요청하여 받아들이기를 기다리며, 삶에 적용하기를 기다리고, 존중하고 따르기를 기다린다. 스스로 만든 상상에 짓눌려 살아온 당신, 자신의 생각이나 남들의 생각에 포로가 된 당신, 이 세상의 겉모습에 위협받고 겁먹은 당신에게 이제 희망이 있다. 왜냐하면 진정한 자유가 당신 내면에 살면서 당신을 기다리기 때문이다. 당신은 그 자유를 고향에서 가지고 왔으며, 날마다 어느 한순간도 빠짐없이 그 자유를 지니고 있다.

이 성장 프로그램 안에서 당신은 이제, 혼자서 상상으로 만든 두려움과 어둠에서 벗어나, 자유를 향해 되돌아가는 법을 배우고 있다. 자유 안에서 당신은 안정과 일관성을 찾을 것이다. 이때 당신에게 사랑과 자기가치감를 키울 수 있는 기반이 생길 것이다. 그리고 이 기반은 세상보다 더 굳건하므로, 세상에 흔들리지 않는다. 이 기반은 분리의 불안감에서 생긴 것이 아니라, 삶에 온전히 포함된 진실에서 생긴다.

정각마다, 오늘의 말을 반복하고, 잠깐 짬을 내어 자유가 당신과 함께 있음을 느껴보라. 오늘 하루 자유에 다가가면 갈수록, 당신은 자신을 가로막는 것이 무엇인지 점점 더 분명하게 알아볼 수 있을 것이다. 그리하여 당신을 가로막는 것은 다름 아닌 자신의 생각에 대한 집착이며, 자신의 상상에 기울이는 관심임을 깨달을 것이다. 이때 당신의 짐은 가벼워질 것이고, 당신은 자신에게 진짜 선택권이 있음을 깨달을 것이다. 이것을 깨달으면, 당신은 오늘 자유를 향해 가는 데 힘을 얻을 것이다.

두 차례 깊은 명상에서, 오늘의 말을 반복한 다음, 당신 마음이 고요히 있는 것을 허용하고자 노력하라. 고요히 있는 것에서 마음의 자유가 시작된다. 고요 속에서 이렇게 연습하면, 과거를 용서하지 못하고 미래에 대해 불안해하며 현재를 회피하는, 마음을 묶는 사슬들을 풀 수 있을 것이다. 고요 속에서, 당신 마음은 스스로 만든 어둠 속에 자신을 작게 만들고, 감추고, 고립시키는 모든 것 위로 떠오른다. 당신은 자유를 받아들이기 위해 그저 고요히 있기만 하면 되니, 오늘 당신에게 자유가 얼마나 가까운가! 자유는 당신과 함께 있으니, 이 세상에 온 당신에게 그 보상이 얼마나 큰가!

연습 57: *30분 연습 두 차례 & 시간연습*

제 58계단

앎은 나와 함께 있다.

오늘 우리는 당신 삶에 앎이 현존함을 확언한다. 정각마다, 이 확언을 말하고 나서, 잠깐 짬을 내어 앎의 현존을 느껴보고자 하라. 당신은 이 현존을 느껴야 하지, 마음속으로 상상만 해서는 안 된다. 왜냐하면 앎은 체험되어야 하기 때문이다. 오늘 당신이 어떤 상황에 있든, 정각마다, 이 확언을 반복하고 나서, 그 의미를 느껴보고자 하라. 연습할 수 있는 데도, 연습하기에 부적절하다고 생각한 상황들이 많았음을 알게 될 것이다. 그럼으로써 당신은 자신의 참된 성향에 맞게 체험을 통제하는 힘이 자신에게 있음을 알게 될 것이고, 어떤 상황이든 참된 준비를 하고 자신을 적용해보는 데 적절한 환경임을 알게 될 것이다.

시간마다 연습하려고 노력하라. 시간을 계속 의식하라. 혹시 한 시간 빼먹었다 하더라도 마음 졸이지는 말라. 하지만 그 이후 남은 시간에는 다시 연습에 헌신하라. 앎은 오늘 당신과 함께 있다. 그러니 오늘 앎과 함께 있으라.

연습 58: *시간연습*

제 59계단

나는 오늘 인내를 배울 것이다.

괴로워하는 마음이 인내하기란 매우 어렵다. 침착하지 못한 마음이 인내하기란 매우 어렵다. 일시적인 것들에서 모든 가치를 찾았던 마음이 인내하기란 매우 어렵다. 오로지 큰 어떤 것을 추구할 때만 인내가 필요하다. 왜냐하면 큰 것에는 큰 적용이 필요하기 때문이다. 순간적 기분이나 이득의 측면이 아니라, 장기적 성장의 측면에서 삶을 생각하라. 앎은 단순한 자극이 아니다. 앎은 깊은 곳에 있는, 우주적이고 영원한 힘이며, 앎의 위대함은 당신이 받아서 줄 수 있도록 당신에게 주어졌다.

인내하는 법을 배울 것을 확언하고, 당신 삶에 비판적이 되기보다는 관찰자가 될 것을 확언하면서, 오늘 시간마다 연습하라. 당신의 능력이나 상황에 더 큰 확실성을 적용할 수 있도록 그 능력과 상황에 객관적이 될 것을 확언하라.

오늘 인내를 배우며, 인내심을 가지고 배우라. 그럼으로써 당신은 더 빨리, 더 확실히, 더 부드럽게 나아갈 것이다.

연습 59: *시간연습*

제 60계단

나는 오늘 세상을 판단하지 않을 것이다.

당신이 판단하지 않으면, 앎은 당신이 무엇을 해야 하고 무엇을 이해해야 하는지 알려줄 수 있다. 앎은 큰 판단이지만, 당신이 하는 판단과는 매우 다르다. 왜냐하면 이 판단은 두려움에서 나오지 않기 때문이다. 이 판단은 분노를 품지 않으며, 항상 도움을 주고 영양을 주도록 되어 있다. 이 판단은 공정하여, 사람마다 지닌 의미나 운명을 경시하는 일 없이, 그들의 현재 상태를 제대로 알아볼 수 있게 해준다.

오늘 당신이 세상을 있는 그대로 볼 수 있도록 세상을 판단하지 말라. 오늘 당신이 세상을 있는 그대로 받아들일 수 있도록 세상을 판단하지 말라. 당신이 세상을 알아볼 수 있도록 세상이 정확히 지금 상태 그대로 있는 것을 허용하라. 일단 세상이 제대로 인식되면, 당신이 세상에 얼마나 필요한지, 또 당신이 세상에 얼마나 주기를 바라는지 깨달을 것이다. 세상에는 비난이 필요한 것이 아니라, 도움이 필요하고 진실이 필요하다. 그리고 무엇보다도 앎이 필요하다.

오늘 시간마다, 잠깐 짬을 내어 판단 없이 세상을 바라보라. 오늘 확언을 반복하고 나서, 잠깐 판단 없이 세상을 바라보라. 어떤 모습이 보이든 상관하지 말고, 즉 그 모습이 당신을 즐겁게 하든 불쾌하게 하든, 아름답게 보이든 추하게 보이든, 가치 있다고 생각되든 가치 없다고 생각되든, 판단 없이 세상을 바라보라.

연습 60: *시간연습*

제 61계단

사랑은 나를 통해 자연스럽게 준다.

당신이 사랑을 표현하는 매개체로 준비되면, 사랑은 당신을 통해 자연스럽게 준다. 당신은 무능감이나 죄책감을 무마하기 위해 사랑하려고 애쓰지 않아도 된다. 또한 남들에게 인정받기 위해 사랑하려고 애쓰지 않아도 된다. 남들에게 행복한 느낌이나 호의적인 인상을 주려고 애씀으로써 무력감이나 무가치감만 더 키우지 말라. 당신 안에 있는 사랑이 그 자신을 표현할 것이다. 왜냐하면 사랑은 당신 안에 있는 앎에서 생기며, 앎의 일부분이기 때문이다.

오늘 시간마다 세상을 바라보면서, 당신 안에 있는 사랑이 그 자신을 말할 것임을 알라. 만약 당신이 판단하지 않고, 있는 그대로의 세상과 함께 있을 수 있고, 있는 그대로의 남들과 함께 있을 수 있다면, 당신 안에 있는 사랑은 그 자신을 말할 것이다. 사랑이 당신을 대변하게 하지 말라. 사랑이 당신의 소망이나 당신에게 필요한 것을 표현하게 하지 말라. 왜냐하면 사랑 자신이 당신을 통해 말할 것이기 때문이다. 당신이 사랑에 현존하면, 당신은 세상에 현존할 것이고, 사랑은 당신을 통해 말할 것이다.

연습 61: *시간연습*

제 62계단

오늘 나는 삶이 하는 말에
귀 기울이는 법을 배울 것이다.

당신이 세상에 현존하면 세상이 하는 말을 들을 수 있고, 삶에 현존하면 삶이 하는 말을 들을 수 있으며, 신에게 현존하면 신이 하는 말을 들을 수 있고, 당신 자신에게 현존하면 자신이 하는 말을 들을 수 있을 것이다.

그러므로 오늘 귀 기울이기를 연습하라. 정각마다, 당신 주위 세상에 귀 기울이고, 또 당신 내면세계에 귀 기울이라. 먼저 오늘의 말을 확언하고 나서, 귀 기울이기를 연습하라. 연습은 잠깐이면 된다. 어떤 상황에 놓여 있다 하더라도 오늘 이것을 연습할 수 있는 길이 있음을 당신은 알게 될 것이다. 상황이 당신을 지배하도록 허용하지 말라. 당신은 어떤 상황에서도 연습할 수 있다. 남들을 당황스럽게 하거나 분위기에 어울리지 않는 행동을 하지 않고도 연습할 수 있다. 오늘 혼자 있든 남들과 함께 있든, 당신은 연습할 수 있다. 정각마다, 연습하라. 귀 기울이기를 연습하고, 현존하기를 연습하라. 진실로 귀 기울인다는 것은 당신이 판단하지 않고, 지켜본다는 뜻이다. 잊지 말라. 당신은 지금 앎의 위대함을 주고받는 데 필요한 정신 능력을 개발하고 있다.

연습 62: *시간연습*

제 63 계단

복습

이전처럼, 복습에서 지난주 연습을 되돌아보고, 당신이 얼마나 깊이 참여했는지, 또 어떻게 하면 이 참여의 양과 질을 높일 수 있는지 알아보라. 이번 주, 당신의 연습은 더 확장되었다. 당신의 감정 상태와 상관없이, 또 당신에게 영향을 주는 사람의 감정 상태와도 상관없이, 당신이 어디에 있든 무엇을 하든 상관없이, 모든 상황에 다 적용될 수 있도록, 당신은 이 연습을 세상 속으로 가져갔다. 이런 식으로 이제 모든 것이 당신 연습의 일부가 된다. 그래서 세상은 당신을 억압하는 두려운 곳이기보다는 앎을 기르기에 유용한 곳이 된다.

당신이 자신의 감정 상태와 상관없이 연습할 수 있을 때, 당신에게 주어지는 힘을 깨달으라. 당신은 자신의 감정보다 더 크다. 그러니 그 힘을 깨달으려고 감정을 억누르지 않아도 된다. 당신이 자신의 내적 상태에 객관적이 되려면, 그 내적 상태를 지켜볼 수 있는 위치, 그 내적 상태에 지배당하지 않는 위치에서 바라보아야 한다. 그럼으로써 당신은 자신에게 현존할 수 있게 되며, 또 진정한 연민과 이해를 갖게 될 것이다. 그러면 당신은 자신에게 폭군이 되지 않을 것이고, 당신 삶에 폭정이 사라질 것이다.

한 차례 긴 연습에서, 비난하지 말고 가능한 한 조심스럽게 지난 한 주를 평가하라. 당신은 지금 연습하는 법을 배우고 있음을 잊지 말라. 당신은 지금 기량을 향상시키는 법을 배우고 있음을 잊지 말라. 당신이 학생임을 잊지 말라. 초보 학생은 거의 가정하는 일 없이 모든 것을 배우고자 하니, 초보 학생이 되라.

연습 63: 긴 연습 한 차례

제 64계단

나는 오늘 남의 말을 경청할 것이다.

오늘 각각 따로 세 번, 다른 사람 말에 귀 기울이기를 연습하라. 평가하거나 판단하지 말고 경청하라. 다른 어떤 것에도 마음을 빼앗기지 말고 경청하라. 그저 귀 기울여 듣기만 하라. 오늘 서로 다른 세 사람을 상대로 연습하라. 귀 기울이기를 연습하라. 귀 기울일 때 고요히 있으라. 그들이 하는 말 너머를 듣고자 하라. 그들의 겉모습 너머를 보고자 하라. 그들에게 이미지를 투사하지 말고, 그저 경청하라.

오늘 남의 말에 귀 기울이기를 연습하라. 그들이 하는 말에 끼어들지 말라. 다른 사람들이 당신에게 직접 말한다면, 그 상황에서 연습할 수 있도록 부적절하게 응대하지 않아야 한다. 당신은 대화에 온 마음을 다 기울여야 한다. 그러므로 시간을 들여 말없이 경청하는 연습을 하라. 다른 사람들이 그들 자신의 이야기를 당신에게 하게 하라. 당신이 처음 기대했을법한 것보다 그들이 당신에게 훨씬 더 깊은 것을 전할 것이다. 이 말이 무슨 뜻인지 몰라도 된다. 오늘 앎의 현존이 들려주는 것을 들을 수 있도록 그저 경청하는 연습을 하라.

연습 64: *세 차례 연습*

제 65계단

나는 세상에 일하러 왔다.

당신은 세상에 일하러 왔으며, 배우고 공헌하려고 왔다. 당신은 쉬는 곳에서 일하는 곳으로 왔으며, 일을 마치면 쉬는 곳인 고향으로 간다. 이것은 오로지 알 수만 있으며, 당신이 준비되면 앎이 당신에게 이것을 드러낼 것이다.

지금은 그저 정각마다 연습하라. 자신에게 세상에 일하러 왔다고 말하고 나서, 잠깐 짬을 내어 이러한 현실을 느껴보라. 당신의 일은 당신의 현재 직업보다 더 크다. 그리고 지금 당신이 사람들과 함께 하려는 일이나 사람들을 위해서 하려는 일보다 더 크다. 또한 지금 당신이 자신을 위해서 하려는 일보다 더 크다. 당신은 아직 그 일이 무엇인지 모른다는 것을 이해하라. 그 일은 당신에게 드러날 것이고, 당신을 위해 서서히 전개되겠지만, 오늘은 당신이 세상에 일하러 왔다는 것만 알고 있으라. 그럼으로써 당신은 자신에게 힘·목적·운명이 있음을 알 것이고, 당신이 선물을 가져온 참고향이 있음을 확신할 것이다.

연습 65: *시간연습*

제 66계단

나는 더 이상 세상에 대해 불평하지 않을 것이다.

세상에 대해 불평하는 것은 세상이 당신의 이상에 맞지 않는다는 뜻이다. 세상에 대해 불평하는 것은 당신이 여기에 일하러 왔음을 알아차리지 못한다는 뜻이다. 세상에 대해 불평하는 것은 당신이 세상의 곤경을 이해하는 데 도움이 되지 않는다. 세상에 대해 불평하는 것은 당신이 세상을 있는 그대로 이해하지 못한다는 뜻이다. 불평은 당신이 기대한 어떤 것에 실망했음을 나타낸다. 당신이 세상을 있는 그대로 이해하고 자신을 정말 있는 그대로 이해하려면, 이런 실망은 꼭 필요하다.

정각마다, 이 확언을 하고 나서 연습하라. 시간마다 일 분 정도 세상에 대해 불평하는 일 없이 보내라. 시간마다 그냥 지나치는 일 없이 연습을 위해 현존하라. 다른 사람들이 세상에 대해 얼마나 많이 불평하는지 보라. 그리고 그 불평이 그들 자신에게 주는 것이 얼마나 적은지, 또 세상에 주는 것이 얼마나 적은지 보라. 세상은 이미 세상 사람들에게 충분히 비난받았다. 세상이 사랑받고 성장하려면, 사람들은 세상이 처한 곤경을 인식해야 하고, 세상이 주는 기회를 받아들여야 한다. 앎이 회복되고 공헌될 수 있는 환경이 세상에 제공될 때, 어느 누가 불평할 수 있겠는가? 세상에는 오직 앎과 앎의 표현만이 필요하다. 그런데 어떻게 비난이 세상에 어울릴 수 있겠는가?

연습 66: *시간연습*

제 67계단

나는 세상을 위해 내가 무엇을 원하는지 모른다.

당신은 세상을 위해 자신이 무엇을 원하는지 모른다. 왜냐하면 당신은 세상을 이해하지 못하며, 아직 세상의 곤경을 제대로 볼 수 없었기 때문이다. 당신이 세상을 위해 무엇을 원하는지 모른다는 것을 깨달았을 때, 세상을 관찰하고 다시 보려는 동기와 기회를 얻는다. 이 깨달음은 당신의 이해에도 필수이고, 당신의 안녕에도 필수이다. 세상을 잘못 이해하면, 당신은 세상에 실망만 할 것이다. 자신을 잘못 이해하면, 당신은 자신에게 실망만 할 것이다. 당신은 세상에 일하러 왔다. 그러니 이 사실이 당신에게 주는 기회를 알아차리라.

어떤 상황에서든 오늘 정각마다 연습하라. 오늘 확언을 말하고 나서 이 말이 진실임을 느껴보라. 당신은 세상을 위해 자신이 무엇을 원하는지 모르지만, 당신 앎은 무엇을 공헌해야 하는지 안다. 당신이 세상을 위한 자신의 계획으로 앎을 대체하려고 하지 않는다면, 앎은 방해받지 않고 그 자신을 자유롭게 표현할 것이고, 당신과 세상은 앎이 주는 선물의 큰 수혜자가 될 것이다.

연습 67: *시간연습*

제 68계단

나는 오늘 나 자신에 대한 신뢰를 잃지 않을 것이다.

오늘 당신 자신에 대한 신뢰를 잃지 말라. 연습을 멈추지 말라. 배우겠다는 마음을 항상 유지하라. 결론을 내리지 않은 채로 있으라. 이런 열린 마음을 갖고, 이때 오는 취약성을 받아들이라. 자신을 굳게 지키려 하지 않을 때, 진실이 찾아온다. 진실을 받아들이는 이가 되라.

오늘 정각마다 연습에서, 자신에 대한 신뢰를 잃지 않겠다고 다짐하라. 앎, 교사들의 현존, 삶의 은혜, 세상에서의 당신 사명, 이 모든 것에 대한 신뢰를 잃지 말라. 이 모든 것이 제때에 당신에게 온전히 드러날 수 있도록 이것들이 확언되는 것을 허용하라. 만약 당신이 이것들에 현존하면, 이것들은 당신이 모든 상황에서 보고 느낄 만큼 분명해질 것이다. 그래서 세상을 보는 당신 눈이 바뀌고, 세상에 대한 당신 체험도 바뀔 것이다. 그리고 당신의 모든 힘과 에너지는 스스로를 표현하기 위해 결합할 것이다.

오늘 당신 자신에 대한 신뢰를 잃지 말라.

연습 68: *시간연습*

제 69 계단

나는 오늘 고요를 연습할 것이다.

오늘 30분간씩 두 차례 고요를 연습하라. 당신의 명상이 깊어지는 것을 받아들이라. 명상에 자신을 내주라. 부탁이나 요구 사항을 가지고 명상 속에 들어가지 말라. 명상에 자신을 내주기 위해 들어가라. 명상은 당신 내면에 있는 참된 영의 사원으로 당신 자신을 데리고 가는 것이다. 그러므로 연습 시간에 현존하고 고요히 있으라. 텅 빈 것의 호사 속에 자신이 감싸이는 것을 허용하라. 왜냐하면 신의 현존은 움직임이 없으니, 처음에는 텅 빈 것으로 체험되기 때문이다. 그런 다음 이 텅 빈 것 속에서, 당신은 모든 것에 스며 있고 삶에 모든 의미를 주는 현존을 느끼기 시작한다.

오늘 당신이 알 수 있도록 고요를 연습하라.

연습 69: *30분 연습 두 차례*

제 70계단

복습

오늘로 10주간의 연습이 끝난다. 여기까지 온 것을 축하한다. 진정한 학생이 된다는 것은 여기에서 가르쳐준 대로 이 계단을 따른다는 뜻이다. 그러기 위해서는 자신을 존중하는 법과 이 가르침의 원천을 존중하는 법을 배워야 하고, 자신의 한계를 인식하는 법과 자신의 큰 부분을 소중히 여기는 법을 배워야 한다. 그래서 오늘은 당신을 위해 존중하는 날이며 인정하는 날이다.

지난 3주간의 연습을 복습하라. 가르침을 다시 읽고 연습했던 시간을 모두 상기하라. 연습에서 당신이 무엇을 했고 무엇을 하지 못했는지 상기하라. 참여한 것을 존중하고 오늘 그것을 더 굳건히 하라. 앎과 함께 있겠다고 더욱 굳게 다짐하라. 장래 참된 지도자가 되는 법을 배울 수 있도록 참된 추종자가 되는 체험이 더욱 깊어지게 하라. 진정한 공헌자가 될 수 있도록 진심으로 받아들이는 이가 되는 것을 더욱 깊이 체험하라.

그래서 복습하는 오늘 하루가 당신을 존중하는 날이 되게 하고, 당신의 헌신을 굳건히 하는 날이 되게 하라. 당신의 참여를 정직하게 평가하라. 분명하게 드러난 성공과 실패를 평가하라. 성공은 당신에게 용기를 북돋아 줄 것이고, 실패는 더 깊이 체험하기 위해 무엇을 해야 하는지 가르쳐줄 것이다. 당신은 존중받고 있으니, 오늘은 그런 당신을 존중하는 날이다.

연습 70: *긴 연습 몇 차례*

제 71계단

나는 큰 목적에 봉사하려고 여기 있다.

당신은 단순한 생존을 넘어, 또 자신이 원한다고 생각하는 것들에 대한 단순한 욕구 충족을 넘어, 큰 목적에 봉사하려고 여기 있다. 당신에게 영적 본성이 있으니, 이것은 진실이다. 당신에게는 영적 기원과 영적 운명이 있다. 이 삶에서 당신의 실패라고 하면, 그것은 자신의 영적 본성에 응답하지 않는 것이다. 그 영적 본성을 세상 종교들은 왜곡하고 비방하였으며, 세상 과학은 무시하고 부정하였다. 하지만 여전히 당신에게는 영적 본성이 있으며, 봉사해야 할 큰 목적이 있다. 당신이 이 목적을 향한 자신의 성향들을 신뢰할 때, 그 목적에 더 가까이 다가갈 수 있을 것이다. 또 그 목적이 사랑의 진짜 근원임을 확신할 때, 당신은 그 목적에 자신을 열기 시작할 것이며 이것이 당신에게는 멋진 귀향길이 될 것이다.

오늘 두 차례 명상시간에는 당신 삶에 있는 사랑의 현존에 당신 마음이 열리는 것을 허용하라. 조용히 앉아 깊이 호흡하면서 사랑의 현존을 진실로 느껴보라. 사랑의 현존은 당신 삶에 있는 큰 목적의 현존을 뜻한다.

연습 71: *30분 연습 두 차례*

제 72 계단

나는 오늘 나의 가장 깊은 성향들을 신뢰할 것이다.

당신의 가장 깊은 성향들은 신뢰할 수 있으니 그 성향들을 신뢰하라. 하지만 당신은 그 성향들을 당신이 느끼거나 당신에게 영향을 주는 다른 많은 욕망·충동·소망들과 분별하고 구별하는 법을 배워야 한다. 당신은 오직 체험을 통해서만 이것을 배울 수 있다. 당신은 이것을 배울 수 있다. 왜냐하면 당신의 가장 깊은 성향들은 당신을 항상 의미 있는 관계로 이끌고, 고립된 상태나 불화를 일으키는 관계에서 멀어지게 하기 때문이다. 이것을 배우려면 연습해야 하며, 여기에는 시간이 걸린다. 하지만 이 방향으로 한 계단씩 밟아 갈 때마다, 당신 삶 속에 있는 사랑의 원천에 더 가까워질 것이고, 당신과 함께 있는 큰 힘이 당신에게 드러내 보여줄 것이다. 당신은 그 큰 힘을 섬겨야 하고, 또 그 힘을 받아들이는 법을 배워야 한다.

오늘 침묵과 고요 속에서 하는 두 차례 연습 시간에, 이 큰 힘을 받아들이라. 그리고 이때 당신의 가장 깊은 성향들을 신뢰하라. 다른 것은 모두 나중에 생각해볼 수 있도록 한쪽으로 제쳐놓고, 이 시간에는 연습에만 온 주의를 기울이라. 당신이 신뢰하는 법을 배워야 하는 자신의 가장 깊은 성향들을 당신 자신이 알아보는 것을 허용하라.

연습 72: *30분 연습 두 차례*

제 73계단

나는 나의 잘못이 나를 가르치도록 허용할 것이다.

당신의 잘못들이 당신을 가르치도록 허용할 때, 잘못에 가치가 있다. 잘못은 이것 말고 다른 가치가 없을 것이며, 당신 눈에는 자신의 오점으로만 보일 것이다. 그래서 잘못을 활용하여 교훈을 얻는 것은 자신의 한계가 위대함으로 가는 길을 가리키도록 이용하는 것이다. 신은 당신이 신의 위대함에 대해 배울 수 있도록 잘못에서 배우기를 바란다. 이 배움은 당신을 작아 보이게 하려는 것이 아니라, 끌어 올리려는 것이다. 당신은 많은 잘못을 저질렀으며 여전히 어떤 잘못을 저지를 것이다. 우리가 지금 당신에게 가르치고자 하는 것은 해로운 잘못을 반복하지 않게 하고 잘못에서 배우도록 하는 것이다.

오늘 정각마다 잘못에서 배우고 싶다고 반복해서 말하고, 그 의미가 무엇인지 잠깐 느껴보라. 이런 식으로, 오늘 많은 연습을 통해, 당신이 하는 말을 이해하기 시작할 것이며, 어쩌면 이때 잘못에서 배우는 법을 알게 될 수도 있을 것이다. 당신이 잘못에서 기꺼이 배우고자 하면, 잘못을 인지하는 일이 그리 두렵지 않을 것이다. 그러면 당신은 잘못을 부정하지도, 다른 이름으로 부르지도, 잘못에 대해 거짓말하지도 않을 것이며, 그저 잘못을 인정하여 자신에게 보탬이 되도록 이해하고 싶을 것이다. 이런 인지에서, 당신은 앎을 회복하는 일에서 남들을 도울 수 있을 것이다. 왜냐하면 그들도 그들의 잘못에서 배우는 법을 배워야 하기 때문이다.

연습 73: *시간연습*

제 74 계단

오늘 평화는 나와 함께 있다.

오늘 평화는 당신과 함께 있다. 평화와 함께 있으면서, 평화가 주는 축복을 받으라. 당신을 괴롭히는 것을 모두 가지고 평화에 다가가라. 당신의 무거운 짐을 가지고 다가가라. 답을 구하려고 다가가지 말라. 이해를 구하려고 다가가지 말라. 평화가 주는 축복을 구하러 다가가라. 평화는 갈등이 있는 삶에 끼어들 수 없지만, 당신은 평화로운 삶에 들어갈 수 있다. 당신을 기다리는 평화에 다가가면, 이때 당신이 짐에서 해방될 것이다.

오늘 두 차례 긴 연습에서 고요한 가운데 평화를 받아들이는 연습을 하라. 자신이 이 평화의 선물을 받아들이는 것을 허용하라. 방해하는 생각이 일어나면 당신의 큰 가치, 즉 앎의 가치와 당신 자신의 가치를 상기하라. 당신은 이제 잘못에서 기꺼이 배우려 한다는 것을 알라. 그리고 잘못과 동일시하지 않아도 되며, 잘못을 당신 성장에 소중한 자원으로만 쓰면 된다는 것을 알라. 왜냐하면 잘못은 그런 자원이 될 수 있기 때문이다.

그러니 받아들이는 연습을 하라. 오늘 좀 더 마음을 열라. 당신 마음을 사로잡고 있는 것을 모두 옆으로 제쳐 두고, 필요하면 나중에 살펴보도록 하라. 오늘 평화는 당신과 함께 있다. 그러니 오늘 평화와 함께 있으라.

연습 74: *30분 연습 두 차례*

제 75계단

나는 오늘 나의 참자아가 하는 말에 귀 기울일 것이다.

당신의 참자아가 하는 말에 귀 기울이라. 불평하고 걱정하고 궁금해 하고 요구하는 작은 자아가 하는 말에 귀 기울이지 말고, 당신 내면에 있는 큰 자아가 하는 말에 귀 기울이라. 큰 자아는 앎이며, 당신의 영적 교사들과 결합하여 있고, 당신의 영적 가족과 결합하여 있으며, 삶에서 당신의 목적과 부름을 담고 있다. 묻기 위해 귀 기울이지 말고, 듣는 법을 배우기 위해 귀 기울이라. 그래서 당신이 결국 더 깊이 귀 기울이게 되면, 당신의 참자아는 필요할 때마다 당신에게 말할 것이고, 그때 당신은 혼동하는 일 없이 듣고 응답할 수 있을 것이다.

오늘 두 차례 연습 시간에 당신의 참자아가 하는 말에 귀 기울이기를 연습하라. 여기에서 물어야 할 질문은 없다. 질문은 필요하지 않다. 듣는 능력을 개발하는 일만 있다. 신이 알고 사랑하는 것에 대해 배울 수 있도록 오늘 당신의 참자아가 하는 말에 귀 기울이라.

연습 75: *30분 연습 두 차례*

제 76계단

나는 오늘 다른 사람을 판단하지 않을 것이다.

판단하지 않으면 당신은 볼 수 있다. 판단하지 않으면 당신은 배울 수 있다. 판단하지 않으면 당신 마음은 열리게 된다. 판단하지 않으면 당신은 자신을 이해한다. 판단하지 않으면 당신은 다른 사람을 이해할 수 있다.

오늘 정각마다 자신과 주위 세상을 보면서 오늘의 주제를 반복하라. 그런 다음, 그 영향을 느껴보라. 잠시 판단을 내려놓고 나서, 이때 당신에게 다가오는 차이와 체험을 느껴보라. 오늘 다른 사람을 판단하지 말라. 다른 사람들이 당신에게 그들 자신을 드러내게 하라. 판단하지 않으면 당신 스스로 만든 가시 면류관 아래서 괴로워하지 않을 것이다. 판단하지 않으면 당신을 돕는 교사들의 현존을 느낄 것이다.

시간연습을 꾸준히 하라. 연습을 한 차례 빠뜨렸다면, 자신을 용서하고 다시 연습에 전념하라. 잘못은 당신을 가르치고 강하게 해주어야 하며, 당신이 배워야 할 것을 알려주어야 한다.

오늘 다른 사람이 무엇을 하든, 또 당신의 민감한 곳, 관념, 가치관을 어떻게 건드리든 상관하지 말고, 다른 사람을 판단하지 말라.

연습 76: *시간연습*

제 77계단

복 습

오늘 복습에서, 지난주 연습과 가르침을 다시 되돌아보라. 이 준비를 돕는 당신의 자질과 이 준비를 더욱 어렵게 하는 당신의 자질을 다시 한번 살펴보라. 이 자질들을 객관적으로 관찰하라. 앎의 회복에 더욱 참여하도록 북돋아주는 당신의 특질을 강화하는 법을 배우고, 방해가 되는 당신의 특질을 조정하거나 바로잡는 법을 배우라. 지혜를 얻으려면 둘 다 알아야 한다. 당신은 진실도 알아야 하고, 잘못도 알아야 한다. 앞으로 나아가기 위해서도 이것들을 알아야 하고, 다른 사람들을 돕기 위해서도 이것들을 알아야 한다. 잘못을 알지 못해, 객관적으로 바라볼 수 없고, 어떻게 해서 범하게 됐는지도 모르며, 어떻게 잘못에서 빠져나올 수 있는지도 모른다면, 당신은 이런 것들을 알 때까지 다른 사람들을 어떻게 돕는지 모를 것이며, 그들의 잘못에 화나고 좌절할 것이다. 앎과 함께 있으면, 당신의 기대치는 다른 사람의 성품과 조화를 이룰 것이다. 앎과 함께 있으면, 당신은 돕는 법은 알게 되고, 비난하는 법은 잊을 것이다.

연습 77: 긴 연습 한 차례

제 78계단

나 혼자서는 아무것도 할 수 없다.

당신 혼자서는 아무것도 할 수 없다. 왜냐하면 당신은 혼자가 아니기 때문이다. 큰 진실은 당신이 우연히 찾아내지 못할 것이다. 더 깊이 생각하고 면밀히 살펴보아야 할 진실은 당신이 아직 찾아내지 못할 것이다. 진실을 단순히 글로만 받아들이지 말라. 왜냐하면 이 진실은 매우 크기 때문이다. 당신은 공부해야 한다.

정각마다, 오늘의 주제를 반복하고 나서 이 말이 주는 영향을 살펴보라. 모든 상황에서 이 연습을 하라. 때가 되면 당신은 모든 상황에서 어떻게 배우고, 모든 상황에서 어떻게 연습하는지 알아낼 것이며, 모든 상황이 당신 연습에 어떻게 이로움을 주고, 당신 연습이 모든 상황에 어떻게 이로움을 주는지 알아낼 것이다.

당신 혼자서는 아무것도 할 수 없다. 당신은 오늘 연습에서 영적 교사들의 도움을 받을 것이다. 그들은 당신에게 그들의 힘을 내줄 것이다. 당신이 자신의 힘을 내줄 때, 이것을 느낄 것이다. 당신은 자신의 힘보다 더 큰 힘이 있으므로 앞으로 나아갈 수 있고, 오해의 큰 장막을 뚫을 수 있으며, 자신의 앎의 근원과 삶에서의 관계들의 근원을 깨달을 수 있다. 당신의 한계를 받아들이라. 왜냐하면 당신 혼자서는 아무것도 할 수 없기 때문이다. 하지만 삶과 함께하면 모든 것이 당신을 돕는다. 삶과 함께하면 당신의 참된 본성은 남을 도움으로써 가치를 발하고 찬양받을 것이다.

연습 78: *시간연습*

제 79계단

오늘 나는 불확실성이 있는 것을 허용할 것이다.

불확실성이 있는 것을 허용하는 것은 큰 신뢰가 있다는 뜻이다. 이것은 다른 형태의 확실성이 생기고 있다는 뜻이다. 불확실성이 있는 것을 허용할 때, 그것은 당신이 정직해지고 있다는 뜻이다. 왜냐하면 실제로 당신은 확신이 없기 때문이다. 불확실성이 있는 것을 허용할 때, 당신은 인내하게 될 것이다. 왜냐하면 확실성을 다시 얻기 위해서는 당신에게 인내심이 필요하기 때문이다. 불확실성이 있는 것을 허용할 때, 당신은 관대해질 것이다. 당신은 판단에서 한 걸음 물러나 자신의 내적 삶이나 주변 삶의 목격자가 될 것이다. 오늘 불확실성을 받아들여, 당신이 배울 수 있게 하라. 가정하지 않을 때, 당신은 앎을 구할 것이다. 판단하지 않을 때, 당신은 무엇이 자신에게 정말 필요한지 알 것이다.

정각마다, 오늘의 주제를 반복하고 나서 이 말이 무엇을 의미하는지 면밀히 살펴보라. 당신이 느끼고 있는 것들에서도 살펴보고, 주위 세상에서 보이는 것들에 비추어서도 살펴보라. 불확실성은 당신이 확실히 알 때까지 존재한다. 불확실성이 있는 것을 받아들이면, 당신은 신이 당신에게 봉사하는 것을 허용할 수 있다.

연습 79: *시간연습*

제 80계단

나는 연습할 수밖에 없다.

당신은 연습할 수밖에 없다. 삶은 연습이다. 우리는 단지 당신의 연습이 자신을 돕고 다른 사람들을 돕는 데 쓰이도록 연습의 방향을 바꾸어 줄 뿐이다. 당신은 항상 끝없이 되풀이하여 연습한다. 당신은 혼란에 빠지는 연습, 판단하는 연습, 남 탓하는 연습, 죄책감에 빠지는 연습, 관계에서 분리되는 연습, 일관성을 잃는 연습을 한다. 당신은 판단을 되풀이함으로써 당신의 판단을 더욱 굳히고, 불확실한 것들을 계속 우김으로써 불확실성을 더욱 굳힌다. 또한 자신을 계속 미워함으로써 자기혐오를 연습한다.

잠깐만이라도 삶을 객관적으로 바라보면, 당신 삶 전체가 연습임을 알 것이다. 그러므로 당신에게 유익한 교육과정이 있든 없든 상관없이, 당신은 연습할 것이다. 그래서 당신이 지금 연습할 수 있는 교육과정을 우리가 준다. 당신을 혼란스럽게 했고 하찮게 만든 연습들, 또 갈등 속에 빠뜨렸고 잘못과 위험 속으로 빠뜨린 연습들을 이 교육과정이 바꾸어 놓을 것이다. 이제 당신이 자신의 가치와 확실성을 해치는 그런 연습들을 하지 않도록 우리가 당신에게 큰 연습을 준다.

오늘 두 차례 명상시간에, 당신은 연습할 수밖에 없다는 오늘의 주제를 반복하고 나서 고요와 받아들임을 연습하라. 더욱 열심히 연습하라. 그러면 우리가 하는 말을 확신할 것이다. 당신은 연습할 수밖에 없다. 그러니 선을 위해 연습하라.

연습 80: *30분 연습 두 차례*

제 81계단

나는 오늘 자신을 속이지 않을 것이다.

정각마다, 오늘의 주제를 말하고 나서, 그 영향을 느껴보라. 앎에 더 깊이 헌신하라. 자기기만이 주는 외견상 편안함에 빠지지 말라. 그저 남들의 가정이나 믿음을 따르면서 편안해하지 말라. 일반론을 진실로 받아들이지 말라. 다른 사람의 겉모습을 그 사람의 본질로 받아들이지 말라. 단순히 자신의 겉모습만을 받아들이지 말라. 당신이 이렇게 받아들인다면, 그것은 자신과 자신의 삶을 소중히 여기지 않는다는 증거이며, 자신을 위해 노력하기에는 너무 게으르다는 표시이다.

앎을 찾으려면, 불확실성 안으로 들어가야 한다. 이 말은 무슨 뜻인가? 이 말은 단지 잘못된 가정, 자신을 안심시키는 생각, 자신을 비난하는 호사를 포기한다는 뜻이다. 자신을 비난하는 것이 왜 호사인가? 왜냐하면 자신을 비난하는 것은 쉽고, 당신이 진실을 따져보지 않아도 되기 때문이다. 당신이 자신을 비난하는 것은 세상에서 괜찮게 보기 때문이고, 친구들과 나눌 이야깃거리가 많기 때문이다. 자신을 비난하는 것은 동정심을 불러일으킨다. 그래서 쉽고도 나약하다.

오늘 자신을 속이지 말라. 당신 삶의 신비와 진실을 살펴보라. 정각마다, 오늘의 말을 반복하고 그것이 뜻하는 바를 느껴보라. 두 차례 긴 연습에서도 오늘의 주제를 반복하고 나서, 고요와 받아들임에 자신을 바치라. 지금쯤은 당신이 고요 속으로 들어가기 위해 준비하는 법, 즉 호흡을 이용하고, 마음을 한 곳에 모으고, 생각을 포기하고, 이런 노력을 기울일만한 가치가 있음을 상기하면서, 준비하는 법을 어느 정도 알았을 것이다. 도달하려는 목표를 상기하라. 오늘 자신을 속이지 말라. 쉬우면서 고통스러운 것에 굴복하지 말라.

연습 81: *30분 연습 두 차례 & 시간연습*

제 82계단

나는 오늘 다른 사람을 판단하지 않을 것이다.

우리는 다시 이 수업을 하며, 앞으로 적당한 간격을 두고 되풀이할 것이다. 판단은 알지 않겠다는 결심이고, 보지 않겠다는 결심이다. 판단은 듣지 않겠다는 결심이며, 고요히 있지 않겠다는 결심이다. 판단은 편리한 사고방식을 따르겠다는 결심으로, 당신 마음을 계속 잠들어 있게 하고 세상 속에서 계속 헤매게 한다. 세상은 잘못으로 가득 차 있다. 세상이 어떻게 잘못 없이 있을 수 있겠는가? 그러므로 세상은 비난이 아니라, 당신의 건설적인 도움이 필요하다.

오늘 다른 사람을 판단하지 말라. 정각마다, 이 말을 상기하고 잠깐 곰곰이 생각해보라. 두 차례 명상에서도 오늘의 주제를 상기하고 나서, 고요와 받아들임 속으로 들어가라. 오늘 당신이 행복할 수 있도록 다른 사람을 판단하지 말라.

연습 82: *30분 연습 두 차례 & 시간연습*

제 83계단

나는 무엇보다도 앎을 소중히 한다.

이 말의 깊이와 힘을 체험할 수 있다면, 당신은 온갖 속박에서 벗어날 것이고, 갈등상태에 있는 모든 생각에서 빠져나올 것이며, 자신을 곤란하게 하고 당황스럽게 하는 모든 것에서 완전히 벗어날 것이다. 당신은 다른 사람들과의 관계를 지배나 처벌의 관점에서 바라보지 않을 것이다. 그래서 다른 사람들과 함께 참여하는 데, 전혀 새로운 이해 기반을 갖게 될 것이다. 또한 당신이 심신을 수양할 때, 훨씬 더 큰 안목을 가지고 할 수 있는 기준틀을 갖게 될 것이다. 당신 능력을 오용한 것 말고, 무엇이 당신을 실망하게 하였는가? 다른 사람의 능력을 오용하는 것 말고, 무엇이 당신을 비통하게 하고 화나게 하는가?

앎을 소중히 하라. 앎은 당신의 이해 너머에 있다. 앎을 따르라. 앎은 당신이 지금껏 체험해보지 못한 방식으로 당신을 안내한다. 앎을 신뢰하라. 앎은 당신을 당신 자신에게 되돌아가게 한다. 신뢰는 항상 이해보다 먼저 오며, 참여는 항상 신뢰보다 먼저 온다. 그러므로 앎과 함께 참여하라.

정각마다, 오늘의 확언을 상기하라. 일관되게 연습하려고 노력하라. 오늘, 잊지 말고 다른 무엇보다도 앎을 소중히 하는 데 온 힘을 쏟으라. 두 차례 명상에서는 확언으로써 오늘의 주제를 말한 다음, 고요 속에서 자신이 받아들이는 것을 허용하라. 이 연습에서 답이나 정보를 얻으려 하지 말고, 다만 당신 마음이 조용해지는 것을 허용하라. 왜냐하면 마음이 조용하면 모든 것을 배울 수 있고, 모든 것을 알 수 있기 때문이다. 말은 의사소통의 한 방식일 뿐이다. 당신은 지금 소통하는 법을 배우고 있다. 왜냐하면 당신은 지금 더 큰 연합에 마음을 열고 있기 때문이다.

연습 83: *30분 연습 두 차례 & 시간연습*

제 84계단

복습

지난주의 연습과 가르침을 복습하라. 당신의 진척을 객관적으로 되돌아보라. 당신의 배움이 얼마나 대단한지 알아차리라. 당신이 지금 밟는 계단들은 작지만, 실질적이다. 작은 계단들이 줄곧 당신을 이끈다. 당신이 한 번에 크게 도약하지는 못할 것이다. 물론 작은 계단 하나하나가 당신이 이전에 얻었던 어떤 것보다도 훨씬 더 많은 것을 줄 것이므로 큰 도약처럼 보일 수는 있을 것이다. 당신의 내적 삶이 드러나 당신에게 그 빛을 비추기 시작할 때, 당신의 외적 삶이 새롭게 다시 정돈되는 것을 받아들이라. 이 변화는 당신에게 이로우니, 계속 관심을 두고 외적 삶의 변화를 받아들이라. 오로지 앎을 거스를 때만, 잘못의 조짐이 당신에게 분명히 드러날 것이다. 그리하여 당신이 적절히 행동하도록 이끌 것이다. 앎이 주위 변화에 화내지 않는다면, 당신도 화낼 필요가 없다. 때가 되면 당신은 앎이 주는 평화를 얻을 것이고, 그리하여 앎의 평화와 확실성, 앎의 진정한 선물을 앎과 공유할 것이다.

그러므로 오늘 한 차례 긴 연습에서 이 복습을 행하라. 이 복습을 대단히 중히 여기면서 깊은 안목을 가지고 하라. 당신의 학습 과정이 어떻게 진척되는지 알아보는 일을 놓치지 않도록 하라.

연습 84: 긴 연습 한 차례

제 85계단

나는 오늘 작은 것들에서 행복을 발견한다.

행복이 당신과 함께 있으니, 당신은 작은 것들에서 행복을 발견할 것이다. 당신이 고요히 있는 법, 지켜보는 법을 배우고 있으니, 작은 것들에서 행복을 발견할 것이다. 당신 마음이 점점 잘 받아들이니, 당신은 작은 것들에서 행복을 발견할 것이다. 당신이 현재 상황에 현존하고 있으니, 작은 것들에서 행복을 체험할 것이다. 당신이 작은 것들에 주의를 기울이면, 그 작은 것들이 큰 메시지를 전할 수 있다. 그때 작은 것들이 당신을 화나게 하지 않을 것이다.

고요한 마음은 알아차리는 마음이다. 고요한 마음은 평화로이 있는 법을 배우는 마음이다. 평화는 수동적 상태가 아니라 가장 왕성한 활동 상태이다. 왜냐하면 평화는 당신의 모든 힘을 활성화하여 한 방향으로 나아가도록 하면서, 큰 목적과 열정을 가지고 삶을 살아가게 하기 때문이다. 평화로울 때, 이런 일이 일어난다. 신은 고요하지만, 신에게서 나온 것은 모두 건설적이고 일관된 행동을 낳는다. 그리하여 모든 의미 있는 관계에 형태와 방향을 준다. 그래서 교사들이 당신과 함께 있다. 왜냐하면 계획이 있기 때문이다.

오늘 두 차례 깊은 명상 속에서 고요를 연습하라. 정각마다, 오늘 수업의 확언을 말하고 나서, 잠시 생각하는 시간을 가지라. 오늘 하루를 연습에 바치라. 그러면 연습이 당신의 다른 모든 활동 속에 녹아들 수 있다.

연습 85: *30분 연습 두 차례 & 시간연습*

제 86계단

나는 나에게 베푼 이들을 존중한다.

당신에게 베푼 이들을 존중할 때 감사하는 마음이 생길 것이고, 이때 참사랑이 시작되고 그들에 대한 올바른 이해가 시작된다. 오늘 두 차례 깊은 연습 시간에 당신에게 베푼 이들을 생각하라. 연습 시간 동안 그들 말고는 다른 것을 생각하지 말라. 그들이 당신에게 무엇을 했는지 매우 깊이 살펴보라. 생각하면 화가 나고 짜증나는 이들을 떠올리며, 그들마저도 당신이 앎을 회복하는 데 어떤 도움을 주었는지 보려고 노력하라. 당신 안에 있는 감정을 없는 것처럼 꾸미지 말라. 하지만 당신이 그들에게 악감정을 품고 있다 하더라도, 이때도 그들이 당신에게 봉사한 것을 알아보려고 노력하라. 왜냐하면 당신이 자신을 도운 사람이라는 것을 알고 있어도 실제로 그 사람 때문에 화나고 짜증날 수 있으며, 이런 경우가 흔하기 때문이다. 오직 당신을 돕기만 바라는 이 교육과정에조차 당신은 어쩌면 화낼지도 모른다. 당신이 이 교육과정에 왜 화내겠는가? 왜냐하면 앎은 가는 길에 방해되는 것을 모두 쓸어내기 때문이다. 그래서 때때로 당신은 화가 나면서도 왜 화나는지조차 모른다.

두 차례 연습 시간에 깊이 집중하라. 마음의 힘을 이용하라. 당신을 도운 사람들을 생각하라. 당신을 도왔다고 여겨지지 않은 사람들이 마음 속에 떠오르면, 그들 역시 당신을 어떻게 도왔는지 생각해보라. 오늘 하루가 제대로 인지하는 날이 되게 하고, 원래대로 회복하는 날이 되게 하라.

연습 86: *30분 연습 두 차례*

제 87계단

나는 내가 아는 것을 두려워하지 않을 것이다.

오늘 정각마다, 이 말을 반복하고 그 뜻을 곰곰이 생각해보라. 당신은 정각마다 당신 삶에서 두려움을 떨쳐내는 법을 배울 것이다. 왜냐하면 앎이 모든 두려움을 몰아낼 것이고, 당신 또한 앎에게 그 자신을 표현할 권리를 주려고 두려움을 몰아낼 것이기 때문이다. 당신이 아는 것을 신뢰하라. 당신이 아는 것은 궁극의 선을 위한 것이다. 당신은 자신에게 엄청난 분노와 불신을 품을 수 있다. 하지만 이것은 앎을 향한 것이 아니라, 당신 개인적 마음을 향한 것이다. 이 개인적 마음은 당신의 큰 목적을 도저히 이해할 수 없고, 당신의 가장 큰 물음에 도저히 답해줄 수 없으며, 삶에 확실성·목적·의미·방향을 도저히 줄 수 없다. 오류를 범하기 쉬운 것을 용서하고, 오류를 범할 수 없는 것을 존중하라. 그리고 이 둘을 구분하는 법을 배우라.

오늘 두 차례 긴 연습 시간에, 당신이 알 수 있도록 두려움을 떨쳐내는 연습을 하라. 아무것도 요구하지 않은 채, 마음이 고요히 있으며 받아들이도록 허용하는 것은 당신이 앎을 신뢰한다는 증표이다. 이렇게 고요히 받아들일 때, 당신은 이 세상의 고통과 적대감에서 빠져나와 잠깐 휴식을 취할 것이다. 이때 당신은 다른 세상을 보기 시작할 것이다.

연습 87: *30분 연습 두 차례 & 시간연습*

제 88계단

나의 높은 자아는 한 개인이 아니다.

자신의 높은 자아와 영적 교사들에 관해 가끔 혼동이 있다. 분리의 관점에서 보면, 이것을 이해하기가 매우 어렵다. 그러나 진화하는 관계들이 이루는 포함의 그물망으로 삶을 생각할 때, 높은 자아가 관계라는 큰 조직의 일부로 체험되고 인식되기 시작한다. 높은 자아는 분리가 아니라, 다른 이들과 의미 있게 결합한 당신의 일부이다. 그래서 당신의 높은 자아는 교사들의 높은 자아와 한데 결합하여 있다. 교사들은 이제 이원성이 없다. 왜냐하면 그들에게는 또 다른 자아가 없기 때문이다. 당신은 자아가 둘이다. 하나는 창조된 참자아이고, 또 하나는 당신이 창조한 자아이다. 당신은 자신이 창조한 자아를 참자아에 봉사하게 함으로써 이 둘을 목적과 봉사로 의미 있게 결합시키고 내적 갈등을 영원히 종식시킨다.

정각마다, 오늘의 확언을 반복하고 그 효과를 느껴보라. 두 차례 긴 연습 시간에는 먼저 이 확언을 반복하고 나서 고요와 받아들임 속으로 들어가라.

연습 88: *30분 연습 두 차례 & 시간연습*

제 89계단

감정은 앎을 설득할 수 없다.

감정은 강한 바람처럼 당신을 끌어당긴다. 그리하여 당신을 이리저리 끌고 다닌다. 아마 때가 되면 당신은 감정이 일어나는 과정을 훨씬 더 깊이 이해할 수 있을 것이다. 오늘 우리의 연습은 감정이 앎을 조종하지 못한다는 점을 강조하는 것이다. 앎은 당신 감정을 죽일 필요가 없으며, 단지 그 감정에 공헌하기만 바란다. 때가 되면 당신은 감정을 훨씬 많이 이해하게 될 것이며, 몸과 마음처럼 감정도 큰 목적에 봉사할 수 있음을 깨달을 것이다. 고통·불안·단절감의 원천이었던 모든 것들이 하나의 힘, 즉 유일한 힘에 봉사할 때, 모두 큰 목적에 봉사하는 표현의 매개체가 될 것이다. 심지어 분노마저 큰 목적에 봉사한다. 왜냐하면 분노는 당신이 앎을 거슬렀다고 알려주기 때문이다. 비록 당신 분노가 다른 사람에게 직접 향하지 않았어도, 분노는 다만 무언가 잘못되었으니 고쳐야 한다는 표시일 뿐이다. 당신은 때가 되면 슬픔의 원천을 이해할 것이고, 모든 감정의 원천을 이해할 것이다.

정각마다, 연습하라. 두 차례 긴 명상시간에는 먼저 오늘의 주제를 반복한 다음, 고요 속으로 들어가라. 오늘, 확실한 것을 소중히 하는 법과 불확실한 것을 이해하는 법을 배우라. 또한 생성의 근원인 것과 그 근원을 가로막는 것을 알아보는 법을 배우라. 물론 가로막는 것도 때가 되면 그 근원 자체에 봉사할 수 있다.

연습 89: *30분 연습 두 차례 & 시간연습*

제 90계단

나는 오늘 어떤 가정도 하지 않을 것이다.

앎을 회복하는 일에 또 하루를 바치면서, 오늘 어떤 가정도 하지 말라. 당신 배움의 진척에 대해 가정하지 말라. 세상에 대해 가정하지 말라. 오늘 하루 모든 상황을 있는 그대로 보는 열린 마음, 배우고자 하는 열린 마음을 갖도록 연습하라. 가정하지 않을 때 오는 자유를 만끽하라. 왜냐하면 당신이 신비를 받아들이는 법을 배울 때, 신비는 두려움과 불안의 원천이 아니라 은총의 원천이 될 것이기 때문이다.

당신은 오늘, 이 가르침의 가치와 힘을 시간연습에서도 체험할 수 있고, 고요와 받아들임을 연습하는 두 차례 긴 명상에서도 체험할 수 있다. 오늘 하루 어떤 가정도 하지 말라. 하루 내내 오늘의 주제를 상기하라. 왜냐하면 가정하는 것은 단순히 습관일 뿐이며, 그 습관에서 벗어났을 때 마음은 과거 속박에서 벗어나 자연스럽게 제 기능을 수행할 수 있기 때문이다.

연습 90: *30분 연습 두 차례 & 시간연습*

제 91 계단

복 습

오늘 우리의 연습은 지난주 가르침과 연습에 집중할 것이다. 이 시간을 이용하여 그동안 연습에서 일어났던 일을 다시 느껴보고, 그 느낌이 지금은 어떻게 느껴지는지도 보라. 배우는 법을 배우고, 배움의 과정을 배우라. 배움을 멋있어 보이게 하는 데 이용하지 말라. 또한 당신에게 자신의 가치를 증명하는 데 이용하지 말라. 당신은 자신의 가치를 증명할 수 없다. 이것은 당신의 노력으로 되는 것이 아니다. 당신이 자신의 가치를 받아들일 때, 당신의 가치가 저절로 드러날 것이다. 지금 당신이 배우고 있는 것이 바로 이것이다. 연습하는 것을 연습하라. 연습하기 쉬운 날도 있을 것이고, 어려운 날도 있을 것이다. 연습하고 싶은 날도 있을 것이고, 하기 싫은 날도 있을 것이다. 그러나 당신은 큰 뜻을 대변하고 있으므로 날마다 연습한다. 이렇게 하는 것이 힘의 표현인 일관성을 보여주는 것이고, 큰 헌신을 보여주는 것이다. 이때 당신은 확실성과 안정을 찾게 되고, 훨씬 적은 힘으로 모든 일을 자비롭게 처리하게 된다.

오늘 복습은 당신의 학습 과정을 자세히 살펴보는 일이다. 배우려면, 자신을 판단하지 말아야 한다는 것을 잊지 말라.

연습 91: *긴 연습 한 차례*

제 92 계단

세상에서 내가 해야 할 역할이 있다.

당신은 중대한 시기에 세상에 왔다. 당신은 지금 세상에 필요한 것들에서 세상에 봉사하려고 왔고, 또 후세를 위해 준비하려고 왔다. 이 모든 것이 개인적으로 지금 당신에게 의미가 있는가? 어쩌면 아닐지도 모른다. 왜냐하면 당신은 현재와 미래를 위해 일하고 있기 때문이다. 당신은 자신이 앞으로 살아갈 삶과 뒤따라오는 이들의 삶을 위해 일하고 있다. 이 일이 지금 당신에게 실현되고 있다. 왜냐하면 당신이 와서 주려는 선물이 바로 이 일이기 때문이다. 가식이 없고 불확실성이 없다면, 이 일은 당신에게서 자연스레 드러나 저절로 세상에 베풀어질 것이다. 이 일은 당신의 삶과 다른 사람들의 삶을 매우 특정 방식으로 엮으므로, 당신과 당신이 접촉하는 이들 모두를 끌어올리게 되어 있다. 이 계획은 당신의 개인적 야심보다 더 크다. 그리고 오로지 개인적 야심만이 당신이 해야 할 일을 알아보는 당신 눈을 흐리게 할 수 있다. 그러니 오늘 세상에서 당신이 완수해야 할 역할이 있는 것에 감사하라. 당신은 자신의 성취를 위해서, 그리고 세상의 진보를 위하고 또 영적 가족에게 봉사하기 위해서, 이 역할을 완수하러 세상에 왔다.

오늘 두 차례 연습 시간에, 마음을 집중하여 당신에게 해야 할 역할이 있음을 확언하라. 그 역할을 당신 생각이나 소망에 따라 이루려 하지 말고, 그 역할이 스스로 이루어지게 하라. 왜냐하면 당신이 준비되고 나면 내면의 앎이 그 역할을 해낼 것이기 때문이다. 고요와 받아들임 속에서, 당신이 세상에서 해야 할 역할이 있음을 확언하고, 이처럼 큰 생각에서 나오는 힘과 진실을 느껴보라.

연습 92: *30분 연습 두 차례*

제 93 계단

나는 목적을 위해 이곳에 파견된다.

당신은 목적을 위해, 앎에서 나올 선물을 주기 위해 세상에 파견된다. 당신은 목적이 있어 이곳에 왔으며, 세상에 있는 동안 참고향을 기억하기 위해 왔다. 당신이 지닌 큰 목적은 이 순간에도 당신과 함께 있으며, 우리가 당신을 위해 마련한 준비를 당신이 해나감에 따라 차차 드러날 것이다. 이 목적은 당신이 혼자 상상한 어떤 목적보다 더 크고, 또한 혼자 힘으로 살아가려고 시도했던 어떤 목적보다 더 크다. 이 목적은 당신이 상상하거나 만들지 않아도 된다. 왜냐하면 목적 자체가 당신을 통해 실현될 것이며, 그리함으로써 당신을 완전히 하나로 통합할 것이기 때문이다. 당신에게는 이 세상에서 실현해야 할 목적이 있다. 그래서 그 목적이 당신에게 큰 선물을 내줄 수 있도록 당신은 실현해야 할 목적이 있음을 체험하고 받아들이는 법을 배우려고 지금 한 계단씩 준비하고 있다.

두 차례 연습 시간에, 오늘 한 말이 사실임을 확언하라. 고요와 받아들임 속에서, 마음이 제 기능에 자리잡는 것을 허용하라. 자신이 학생이 되는 것을 허용하라. 학생이 된다는 것은 자신에게 제공된 것을 활용하기 위해 받아들여 책임진다는 뜻이다. 오늘 하루를 당신 스스로 만든 삶이 아닌, 당신의 참된 삶이 세상에 있음을 확언하는 날이 되게 하라.

연습 93: *30분 연습 두 차례*

제 94계단

나의 자유는 내 목적을 찾기 위한 것이다.

목적을 찾아 성취할 수 있게 해주는 것이 아니면, 자유에 과연 무슨 가치가 있겠는가? 목적이 없다면, 자유란 그저 무질서하게 사는 권리이고, 외적 속박 없이 살아가는 권리일 뿐이다. 하지만 외적 속박이 없다면, 당신은 내적 속박에서 오는 거친 행동을 실행에 옮길 것이다. 이것이 향상인가? 비록 이것이 자기발견의 기회로 인도해줄 수는 있어도, 전체적으로 볼 때 향상은 아니다.

무질서를 자유라고 부르지 말라. 무질서는 자유가 아니다. 다른 사람들이 당신을 속박하지 않는다고 당신이 높은 상태에 있는 것으로 생각하지 말라. 자유란 당신이 목적을 찾아 성취할 수 있게 해주는 것임을 알라. 자유를 이처럼 이해하면, 당신의 현재 상황은 물론 당신의 관계·참여·성공·잘못·특성·한계 등 당신 삶에 있는 모든 면을 당신 목적을 발견하는 데 활용할 수 있을 것이다. 당신이 인지하고 받아들일 수 있는 방식으로 큰 목적이 당신을 통해 그 자체를 표현하기 시작할 때, 당신은 드디어 자신의 삶이 완전히 하나로 통합되어가는 것을 느낄 것이다. 그래서 당신은 자신의 모든 면을 이 유일한 목적에 봉사하면서, 더 이상 자신 안에서 여러 사람으로 분리되지 않고 완전히 통합된 한 사람이 될 것이다.

잘못을 범하는 자유가 당신을 복원하지는 않을 것이다. 잘못은 어떤 상황에서도 범할 수 있고, 자유 또한 어떤 상황에서도 찾을 수 있다. 그러므로 자유에 관해 배우고자 하라. 앎이 속박에서 벗어나고, 당신이 한 개인으로써 앎의 큰 사명을 세상에서 수행할 만큼 충분히 성장하면, 앎은 자신을 표현할 것이다. 당신 눈에는 보이지 않는 데서 당신과 함께 있는 영적 교사들은 당신을 앎에 입문시키기 위해 여기 있다. 교사들은 당신을 앎에 입문시키는 데 그들 자신의 방법이 있다. 왜냐하면 그들은 세상에서 자유의 참뜻과 참목적을 알기 때문이다.

그러므로 연습 시간에 우리는 오늘 주제의 힘을 다시 확인하면서 그 힘을 내면에서 깊이 체험할 수 있도록 당신에게 기회를 두 차례 준다.

당신은 이 말이 무엇을 뜻하는지 추론해보려고 하지 않아도 되며, 그저 이것을 체험할 수 있도록 편히 긴장만 풀면 된다. 신의 현존은 지금 당신과 함께 있으며 당신 내면에도 있으니, 마음을 온전히 집중하여 마음이 신의 위대한 현존을 체험할 수 있게 하라. 왜냐하면 이렇게 하는 것이 진실로 자유가 존재하는 쪽을 바라보는 것이기 때문이다.

연습 94: *30분 연습 두 차례*

제 95 계단

나는 과연 어떻게 자아를 성취할 수 있겠는가?

자신이 누구인지 알지 못하고, 또 어디서 왔으며 어디로 가는지도 알지 못하고, 누가 자신을 보냈으며 돌아가면 누가 자신을 기다리는지도 알지 못한다면, 당신은 과연 어떻게 자아를 성취할 수 있겠는가? 당신이 삶 자체의 일부인데 어떻게 혼자서 자아를 성취할 수 있겠는가? 당신이 삶과 떨어져서 자아를 성취할 수 있겠는가? 자아성취라는 생각을 품는 것마저도 단지 환상과 상상 속에서만 할 수 있다. 여기에는 혼란만 가중될 뿐, 어떠한 성취도 없다. 해가 갈수록 마치 큰 기회가 상실된 듯, 당신 안에 어둠이 짙어지는 것을 느낄 것이다. 진실로 있는 그대로 삶을 깨닫고 진실로 당신에게 부여된 대로 성취를 받아들일 수 있는 이 기회를 놓치지 말라.

단지 상상 속에서만 당신은 자아를 달리 성취할 수 있으며, 상상은 현실이 아니다. 이 말을 인정하는 것이 처음에는 제약이나 실망스러운 것으로 여겨질 수 있다. 왜냐하면 당신이 의식적으로 느꼈든 느끼지 못했든, 당신에게는 이미 개인적 성취를 위한 계획이나 동기가 있기 때문이다. 당신은 이런 성취를 위한 당신의 모든 의도에 의문을 가져야 한다. 이는 당신에게서 가치 있는 어떤 것을 뺏으려는 것이 아니라, 결국 당신을 속이고 당신에게 실망만을 안겨줄 구속에서 당신을 해방하려는 것이다. 그러므로 당신이 꿈꾸는 자아성취가 절망적인 것을 인정하면, 당신은 드디어 자신이 받을 수 있고 자신을 기다리고 있는 큰 선물을 받아들이기 위해 마음을 열게 된다. 이 큰 선물은 당신을 통해 세상에 베풀어지게 되어 있으며, 당신의 행복은 물론 당신에게 자연스레 이끌릴 사람들의 행복을 위해 특정 방식으로 베풀어질 것이다.

당신은 과연 자아를 어떻게 성취할 수 있겠는가? 오늘 정각마다 주위 상황이 어떠하든, 이 질문을 반복하고 나서 잠깐 이 질문을 진지하게 생각해보라. 시간연습에서 세상을 들여다보고 사람들이 현재 상황이나 희망하는 상황 양쪽 모두에서 자아를 어떻게 성취하려는지 보라. 사람들이 이때, 있는 그대로 삶에서 그들 자신을 얼마나 분리하는지 보라. 또 자신의 생활 속에서 만나는 신비와 매일 매 순간 자유로이 마주치는 삶의 경이에서 그들 자신을 어떻게 분리하는지 보라. 자신이 그런 상태에 빠지는 것을 용인하지 말라. 환상은 항상 당신을 위해 거창한 그림을 그리지만, 현실에서는 아무 기반이 없다. 서로의 환상을 더욱 키우려는 사람들끼리만 그 목적을 위해 서로 관계 맺으려 할 것이다. 이때 생기는 실망은 그들의 합작품이 될 것이며, 그들은 자신들의 실망에 서로 상대를 탓하려는 경향이 있을 것이다. 그러니 자신에게 불행만 가져다주고, 자신에게 올 관계의 큰 기회만 없애는 것을 찾지 말라.

정각마다, 오늘의 주제를 반복하라. 두 차례 연습 시간에는 진실로 있는 그대로 성취를 받아들이는 법을 배울 수 있도록 고요와 받아들임 속으로 들어가라.

연습 95: *30분 연습 두 차례 & 시간연습*

제 96계단

신의 뜻은 나의 짐을 벗기는 것이다.

당신을 복원하고 당신에게 권한을 부여하는 데, 신이 맨 처음 하는 것은 당신 행복에 불필요한 것들에서 당신 짐을 벗기고, 당신을 도저히 만족시킬 수 없는 것들에서 당신 짐을 벗기는 것이다. 또한 당신에게 오직 고통만 주는 것들에서 당신 짐을 벗기고, 세상에서 성취하려는 것을 상징하는 당신의 가시 면류관을 당신 머리에서 벗기는 것이다. 표현되기를 바라는 큰 뜻이 당신 안에 있다. 이것을 체험할 때, 당신은 비로소 자신이 누구인지 아는 것을 느낄 것이다. 그제야 당신은 진정한 행복을 체험할 것이다. 왜냐하면 당신 삶이 드디어 하나로 통합될 것이기 때문이다. 이것을 발견하려면, 당신 짐이 벗겨져야 한다. 이때 당신은 가치 있는 것을 하나도 잃지 않을 것이다. 신의 의도는 당신을 쓸쓸하게 홀로 내버려 두는 것이 아니라, 당신이 참된 의욕을 가지고 힘차게 나아갈 수 있도록 당신의 진정한 가능성을 깨달을 기회를 주는 것이다.

그러므로 이 큰 첫 번째 제의를 받아들여, 당신이 해결하려고 하는 절망적인 갈등, 어디로도 이끌지 못하는 의미 없는 활동, 이 세상의 헛된 약속, 세상이 도저히 받쳐줄 수 없는 그림을 그린 당신의 이상주의에서, 당신 짐을 벗으라. 그러면 단순함과 겸허 속에서 큰 삶이 당신에게 떠오를 것이고, 당신은 가장 가치 있는 것을 얻으면서 아무것도 내주지 않았음을 알 것이다.

정각마다, 오늘의 주제를 반복하고 나서 그 의미를 생각해보라. 당신의 현재 상황에서 이것이 의미하는 바를 보라. 주위 사람들의 삶에서 오늘 가르침의 실례를 살펴보고, 자신의 생활에서도 그 현실을 살펴보라. 당신은 지금 이러한 것을 객관적으로 바라보는 법을 배우고 있다.

오늘 두 차례 긴 연습 시간에, 오늘의 주제에 집중하면서 당신 삶에 구체적으로 이 말을 적용해보라. 마음을 적극 활용하여, 당신의 현재 야심이나 계획 등을 보고 거기에서 이 말이 무엇을 의미하는지 생각해보라. 이때 많은 것이 애매하게 여겨질 수도 있겠지만, 앎은 당신의 의도나 계획, 희망이나 실망에 영향받지 않음을 알라. 앎은 당신 안에서 자연스럽게 드러날 때만을 기다린다. 그리고 당신은 앎의 큰 선물을 첫 번째로 받는 이가 될 것이다.

연습 96: *30분 연습 두 차례 & 시간연습*

제 97계단

나는 성취가 무엇인지 모른다.

─────────────

이 말은 나약함을 시인하는 것인가? 아니면 절망하여 체념하는 것인가? 그렇지 않다. 이 말은 참된 정직의 시작이다. 자신의 이해가 얼마나 부족한지 깨달으면서, 동시에 자신이 받을 수 있는 앎의 큰 제의도 깨달을 때, 당신은 그때서야 비로소 큰 의욕과 헌신으로 이 기회를 붙잡을 것이다. 당신은 성취를 상상할 수밖에 없지만, 성취에 대한 참된 앎은 당신 안에서 살아 불타고 있다. 이 불은 당신이 끌 수 없다. 이 불은 지금 당신 안에 있다. 이 불은 성취하고 결합하고 공헌하려는 당신의 큰 염원을 나타낸다. 당신의 모든 희망·두려움·계획·야심보다 훨씬 아래에서, 이 불은 지금도 타고 있다. 그러니 성취에 관한 당신 관념은 버리되, 절망하지는 말라. 왜냐하면 당신은 자신이 받기로 된 선물을 받을 자리로 옮기고 있기 때문이다. 당신은 이 선물을 세상에 가져 왔다. 이 선물은 당신이 우연히 찾을 수 없는 곳인 당신 내면에 감추어져 있다.

당신은 성취가 무엇인지 모른다. 기분 좋은 자극만으로는 성취가 될 수 없다. 왜냐하면 성취는 고요한 상태이자, 내적 수용 상태이기 때문이다. 또한 온전히 하나인 상태이고, 시간 속에서 표현되는 영원한 상태이기 때문이다. 가장 기분 좋은 자극이라 할지라도, 어떤 상황에도 있을 수 있고 자극이 끝난 뒤에도 그치지 않는 것을 어떻게 당신에게 줄 수 있겠는가? 우리는 당신에게서 기분 좋은 자극을 빼앗고 싶지 않다. 그 자극이 매우 좋을 수 있기 때문이다. 그러나 그것은 일시적이며 큰 가능성을 당신에게 슬쩍 보여줄 수 있을 뿐이다. 여기서 우리는 당신 마음속에 있는 큰 자질을 육성하고, 또 당신이 세상의 참목적을 알 수 있도록 세상 보는 법을 가르침으로써, 큰 가능성으로 당신을 곧바로 데려가고자 한다.

그러므로 정각마다, 오늘의 말을 반복하고 나서, 당신 자신이나 주위 세상의 관점에서 이 말뜻을 진지하게 생각해보라. 오늘 두 차례 긴 연습에서 다시 진지하게 이 말뜻을 생각하는 시간을 가지라. 연습에서 잊지 말고 자신의 삶을 다시 생각해보고, 당신이 성취라고 알고 있던 계획들에 이 말을 적용해보라. 이런 묵상은 정신 활동이 필요하다. 이때 당신은 고요히 있는 것이 아니라, 살펴보고 탐구해야 할 것이다. 당신이 존재한다고 인정한 것들을 꿰뚫어 보려면 마음을 적극 활용해야 할 것이다. 이 시간은 진지하게 내면을 성찰하는 시간이다. 당신이 안다고 생각한 것이 한낱 상상임을 깨달을 때, 당신에게 앎이 절실히 필요함을 깨닫는다.

더 받는 법을 배우려면, 당신이 가진 것을 이해해야 한다. 당신이 실제로 가진 것보다 더 가졌다고 생각하면, 그때 당신은 가난한 줄도 모르고 가난하며, 당신을 위해 만들어 놓은 큰 계획을 이해하지 못할 것이다. 당신은 지금 서 있는 자리에서 출발해야 한다. 왜냐하면 이렇게 할 때, 이전 계단을 기반으로 한 계단씩 확실히 앞으로 나아가기 때문이다. 이때 당신은 앞으로 가는 길에 튼튼히 자리잡을 것이니, 뒤로 물러나는 일이 없을 것이다.

연습 97: *30분 연습 두 차례 & 시간연습*

제 98계단

복습

지난 한 주간 연습에서 수업한 모든 과의 가르침과 그 당시 체험한 것을 모두 다시 복습하라. 이 수업에 얼마나 진지하게 참여했는지 정직하게 평가하고, 이 수업을 통해 당신이 무엇을 이해했는지 보라. 매우 공정하게 평가하려고 노력하라. 자신이 학생임을 잊지 말라. 실제 체험한 것보다 더 많은 것을 깨달았다고 주장하지 말라.

이런 단순 접근방식은 분명하게 여겨질지 모르지만, 많은 사람에게 이런 단순한 것을 해내기가 매우 어렵다. 왜냐하면 사람들은 자신이 체험한 것보다 더 많이 혹은 더 적게 체험했다고 생각하는 것에 너무 익숙하여 그들의 실제 상황이 매우 분명할지라도 그 상황을 제대로 평가하기가 매우 어렵기 때문이다.

그래서 한 차례 긴 연습 시간에, 당신이 그날그날 받는 수업으로 무엇을 했는지 상기해보고 지금은 그것을 어떻게 이해하는지 하나하나를 다시 깊이 살펴보라. 지난주 여섯 계단을 한 계단씩 주의 깊게 되돌아보라. 또 진짜 체험하지 않은 것을 결론짓지 않도록 조심하라. 그릇된 결론을 내리기보다는 불확실한 채로 있는 것이 더 낫다.

연습 98: 긴 연습 한 차례

제 99 계단

나는 오늘 세상을 탓하지 않을 것이다.

오늘, 세상 탓하지 않기를 연습하라. 또 세상의 명백한 잘못들을 판단하지 않기, 이 잘못들의 책임을 다른 사람들에게 묻거나 전가하지 않기를 연습하라. 세상을 조용히 바라보라. 마음이 고요히 있는 것을 허용하라.

정각마다, 이것을 연습하며, 눈을 뜨고 세상을 바라보라. 두 차례 긴 연습에서도, 눈을 뜨고 세상 바라보기를 연습하라. 당신이 보는 것은 모두 똑같으니, 무엇을 바라보느냐는 중요하지 않다. 오늘은 판단 없이 보는 것에 집중할 것이다. 그러면 당신의 실질적인 정신 능력이 개발될 것이다.

그러므로 연습 시간에, 판단하지 말고, 눈을 뜨고 바라보기를 연습하라. 당신 가까이 있는 주위를 둘러보라. 실제로 그 자리에 있는 것만을 바라보라. 상상에 빠지지 말라. 당신 생각이 과거나 미래로 방황하게 놓아두지 말라. 그저 그 자리에 있는 것만을 목격하라. 판단하는 생각이 일어나면, 그 생각을 숙고하지 말고 그냥 떨쳐 버리라. 왜냐하면 당신은 오늘 실제로 그 자리에 있는 것을 볼 수 있도록 판단 없이 보는 것을 연습하기 때문이다.

연습 99: *30분 연습 두 차례 & 시간연습*

제 100계단

나는 오늘 앎의 초보 학생이다.

당신은 앎의 초보 학생이다. 이 출발점을 받아들이라. 자신이 초보를 벗어났다고 주장하지 말라. 왜냐하면 당신은 앎으로 가는 길을 모르기 때문이다. 대단한 가정으로 가는 길에서, 당신은 자신을 위해 많은 보상을 얻었을지 모르나, 그 길은 앎으로 가는 길과는 다른 방향으로 이끈다. 앎으로 가는 길에서는 실재하지 않는 것은 모두 버리고 참된 것은 모두 받아들인다. 앎으로 가는 길은 사람들이 혼자 상상으로 만든 길이 아니다. 왜냐하면 그 길은 상상에서 나오지 않았기 때문이다.

그러니 앎의 초보 학생이 되라. 정각마다, 오늘의 주제를 반복하고 나서, 그 의미를 깊이 숙고해보라. 당신이 자신을 어떻게 보든, 고상하게 보든 하찮게 보든, 전에 무슨 일을 했든, 자신의 업적을 어떻게 여기든, 당신은 앎의 초보 학생이다. 초보 학생으로서, 당신은 배울 수 있는 것을 모두 배우고자 할 것이며, 이미 안다고 생각한 것을 지키려는 짐을 지지 않을 것이다. 그러면 삶에서 당신 짐이 훨씬 가벼워질 것이고, 지금 부족한 참된 의욕과 열정이 솟을 수 있을 것이다.

앎의 초보 학생이 되라. 두 차례 긴 연습을 이 확언으로 시작하라. 그리고 고요히 앉아 자신이 받아들이는 것을 허용하라. 간청하거나 묻는 일 없이, 또 기대를 품거나 요구하는 일 없이, 마음이 조용해지는 것을 허용하라. 왜냐하면 당신은 앎의 초보 학생이므로, 무엇을 요청해야 할지, 어떤 것을 기대해야 할지 아직 모르기 때문이다.

연습 100: *30분 연습 두 차례 & 시간연습*

제 *101*계단

세상에는 내 도움이 필요하지만, 나는 기다릴 것이다.

당신 도움이 세상에 필요한데 왜 기다리는가? 우리가 가르치는 것과 이 말이 달라 보이지 않는가? 당신이 이 말뜻을 이해한다면, 실제로 전혀 모순이 아니다. 당신 도움이 세상에 필요하므로 기다리는 것은 부당하고 무책임하게 보일 것이다. 이것은 우리가 가르치는 것과 다르지 않은가? 그렇지 않다. 당신이 그 뜻을 이해한다면 그것은 다르지 않다. 이 준비 과정에서 우리가 지금까지 말한 것을 진지하게 살펴보았다면, 내면의 앎 자체가 세상에 응답한다는 것을 깨달았을 것이다. 또한 당신이 어떤 곳에서는 베풀고 싶고, 또 어떤 곳에서는 그러고 싶지 않은 것을 느낄 것이다. 내면에서 일어나는 이런 큰 반응은 개인적 나약함이나 불안감, 인정받고 싶은 욕구에서 나오지 않는다. 또한 회피나 죄의식 같은 것도 아니다. 실제로 이런 큰 반응은 당신과 전혀 관계가 없다. 그래서 이 반응이 매우 큰 것이다. 왜냐하면 이 반응은 당신의 왜소함을 교정하려는 것이 아니라, 당신이 앎의 힘을 목격하고 그 표현의 매개체가 될 수 있도록 세상에 있는 앎의 힘을 드러내어 보여주게 되어 있기 때문이다.

당신 도움이 세상에 필요한데 왜 기다리는가? 당신이 아직 베풀 준비가 되어 있지 않기 때문이다. 당신 도움이 세상에 필요한데 왜 기다리는가? 무엇이 세상에 필요한지 당신이 아직 모르기 때문이다. 세상에 당신 도움이 필요한데 왜 기다리는가? 당신은 잘못된 이유로 베풀 것이고, 자신의 딜레마만 더 키울 것이기 때문이다. 베풀 때가 올 것이고, 그때는 당신 삶이 자연스레 베풀 것이다. 그래서 당신은 삶이 베푸는 것을 받아들여 그 베풂에 응답하고, 내면의 앎이 안내하는 것을 따르도록 준비될 것이다. 당신이 세상에 진실로 봉사하려면, 당신은 준비되어야 하며, 우리가 지금 하는 것이 바로 그 일이다.

세상의 고난들을 보고 큰 불안에 휩싸이지 않도록 하라. 파멸의 위협을 보고 두려움에 빠지지 않도록 하라. 세상의 부당함을 보고 화내지 않도록 하라. 이런 일은 모두 당신이 앎 없이 세상을 보기 때문에 일어난다. 당신은 자신의 실패한 이상주의를 보고 있다. 이렇게 보는 것은 보는 것이 아니다. 그래서 베푸는 것이 아니다. 당신은 베풀기 위해 파견되었으니, 베풂은 당신에게 본질적인 것이다. 당신이 준비되면 베풂은 저절로 일어나므로, 당신은 베풂을 통제하지 않아도 된다. 그래서 지금 당신이 세상에 하는 봉사는 공헌자가 되기 위한 준비이다. 비록 이것이 베풀려는 당신 욕구를 곧바로 만족하게 해주지는 않지만, 더 크게 봉사할 수 있도록 길을 닦아줄 것이다.

오늘 두 차례 연습에서, 오늘의 말을 적극적으로 생각해보고, 당신의 습성·성향·관념·믿음에 비추어 그 뜻을 살펴보라.

연습 101: *30분 연습 두 차례*

제 102 계단

나에게는 버려야 할 것이 많다.

당신 삶은 당신 개인의 필수품과 관념들로 가득하고, 당신 개인에게 필요한 것들과 개인적 야심으로 가득하며, 개인적 두려움과 복잡한 문제들로 가득하다. 따라서 베푸는 데 쓰일 당신의 매개체는 무거운 짐을 지고 혼란 속에 있으며, 당신의 에너지는 대체로 잘못 쓰이고 있다. 그래서 신이 맨 처음 하는 일은 당신 짐을 벗기는 것이다. 당신 짐이 벗겨질 때까지, 당신은 무엇을 해야 하는지, 무엇이 어려움인지도 알지 못한 채, 또 자신에게 결국 필요할 도움을 받아들이지도 않은 채, 그저 자신의 상황을 해결해보려고만 할 것이다. 그러니 당신이 잘못 배운 것은 버려야 한다는 것을 받아들이라. 그래야 당신 짐이 벗겨질 것이고, 이곳에 베풀려고 온 자신에게 큰 삶이 가능하고 필연적임을 확신할 것이다.

정각마다, 오늘의 주제를 반복하고 나서 곰곰이 생각해보라. 당신이 세상을 보는 관점에서 이 말이 실제 의미하는 바를 보라. 두 차례 긴 연습 시간에는, 다시 침묵 속에서 마음의 고요를 연습하라, 침묵 속에서는 어떤 것도 시도하지 않고 어떤 것도 회피하지 않는다. 마음이 부름에 스스로 응답하는 법을 배울 수 있도록 당신은 오직 마음을 고요히 하는 데만 열중할 뿐이다. 당신이 잘못 배운 것을 버리며 한 계단씩 나아갈 때마다, 얇은 자신을 대신했던 그곳을 채울 것이다. 이 일은 동시에 일어난다, 왜냐하면 당신의 베풂이 관대하고 진실하고, 또 당신에게 성취감을 주도록 당신은 다만 받아들이는 자리로 옮겨갈 뿐이기 때문이다.

연습 102: *30분 연습 두 차례 & 시간연습*

제 108계단

나는 신의 존중을 받는다.

당신은 신의 존중을 받는다. 하지만 이 말은 당신이 느끼는 불확실성을 부채질할 수 있고, 죄책감을 불러일으킬 수 있으며, 자부심에 혼란을 줄 수 있다. 또한 지금 실제로 당신 내면에 있는 온갖 갈등을 자극할 수도 있다. 당신은 과거에 비현실적인 무언가 되려고 노력했지만 실패했다. 그래서 또 실패할까 봐 무엇인가 되는 것이 지금 두렵다. 따라서 큰 것은 작은 것처럼 보이고, 작은 것은 큰 것처럼 보이며, 모두가 본래 뜻에서 반대로 보이거나 뒷걸음질하는 것처럼 보인다.

당신은 신의 존중을 받는다. 당신이 이 말을 받아들일 수 있든 없든, 이 말은 참이다. 이 말의 진실성은 인간의 평가와는 무관하다. 왜냐하면 평가 범주를 넘어선 것만이 참이기 때문이다. 우리는 평가 범주를 넘어선 곳으로 당신을 데려가고 있으며, 그곳에 가는 일이야말로 현생은 물론이고 어느 생에서도 당신이 할 수 있는 가장 위대한 발견이 될 것이다.

정각마다, 오늘 주제를 반복하고 나서, 진지하게 생각해보라. 두 차례 연습에서, 당신이 신의 존중을 받아들이는 법을 배울 수 있도록 또다시 마음이 고요해지고 받아들이는 것을 허용하라. 물론, 신의 존중은 틀림없이 당신이 거의 알아차리지 못하는 당신의 어느 한 부분을 향할 것이다. 존중받는 것은 당신의 행동이나 이상주의가 아니다. 존중받는 것은 당신의 믿음도 가정도 아니며, 당신의 요구나 두려움도 아니다. 이런 것들이 좋을 수도 있고 나쁠 수도 있으며, 또 당신에게 도움이 될 수도 있고 해가 될 수도 있다. 하지만 존중은 더 큰 어떤 것을 위해 마련되어 있으며, 당신은 지금 그것을 알아보는 법을 배우고 있다.

연습 103: *30분 연습 두 차례 & 시간연습*

제 104계단

신은 나보다 나를 더 많이 안다.

신은 당신보다 당신을 더 많이 안다. 자신을 정직하게 살펴보았다면, 이것이 분명할 것이다. 그래도 이 말에 담긴 뜻을 깊이 살펴보라. 신이 당신보다 당신을 더 많이 안다면, 신의 평가가 무엇인지 자세히 알아보는 법을 배우고 싶지 않은가? 물론 그럴 것이다. 게다가 당신이 자신을 평가하면, 잘못은 불가피한 일이 아닌가? 이 점만을 놓고 보면 당신은 죄를 지었다. 죄란 단지 잘못일 뿐이기 때문이다. 잘못은 비난이 아니라 교정이 필요하다. 당신은 자신을 비난하고서, 신도 당신처럼 당신을 크게 비난할 것으로 생각할 것이다. 그래서 사람들이 자신의 이미지에 맞추어 신을 만들었으며, 그래서 당신은 자신이 만든 것을 버려야 한다. 그리함으로써 자신이 아는 것을 발견할 수 있고, 이 세상에서 당신이 해낸 일들이 이로울 수 있으며, 영속적인 가치를 지닐 수 있다.

신은 당신보다 당신을 더 많이 안다. 당신이 자신을 창조할 수 있다고 주장하지 말라. 왜냐하면 당신은 이미 창조되었으며, 진정으로 창조된 것은 지금까지 당신이 알았던 삶보다 훨씬 더 크고 행복하기 때문이다. 당신을 진실에 데려다 주는 것은 바로 당신의 불행이다. 왜냐하면 불행이 진정한 해답으로 당신을 몰고 가기 때문이다. 이것은 아주 당연한 사실이다.

정각마다, 오늘의 주제를 반복하고 나서 진지하게 생각해보라. 또한 오늘의 말뜻을 세상에서 배울 수 있도록 주변 세상을 관찰하라. 고요 속에서 하는 긴 연습 시간에, 마음이 자신의 대단함을 즐기는 법을 알 수 있도록 조용해지는 것을 허용하라. 마음에게 자유의 기회를 주라. 그러면 마음도 보답으로 당신에게 자유를 줄 것이다.

연습 104: *30분 연습 두 차례 & 시간연습*

제 105계단

복습

이 복습에서, 과거 예를 따라 지난주의 가르침과 연습을 되돌아보라. 우리가 제시한 개념들에 오늘 특별히 주의를 기울여 생각해보라. 그 개념들은 여러 성장 단계를 거치면서 마음에 간직되어야 하고 체험되어야 한다는 것을 알라. 그 의미가 지금 당신에게 완전히 명백해지기에는 너무 깊고 너무 크지만, 그래도 그 개념들은 앎이 당신과 함께 있고 당신은 세상에 앎을 베풀기 위해 왔음을 상기시키는 것으로 당신에게 도움을 줄 것이다.

그래서 우리의 가르침은 모든 것을 단순하게 하여, 당신의 현재 갈등을 풀어줄 것이며, 미래의 갈등을 불필요한 것으로 만들 것이다. 왜냐하면 당신이 앎과 함께 있는 한, 갈등은 존재하지 않기 때문이다. 갈등 없는 삶이야말로 세상에 베풀 수 있는 가장 큰 공헌이다. 왜냐하면 이것은 모든 사람 안에 있는 앎을 발화시킬 삶이며, 개인 삶을 훨씬 뛰어넘어 미래까지 가져갈 수 있는 불꽃이기 때문이다. 당신이 세상 속에 주기로 한 것이 바로 이 위대한 불꽃이다. 왜냐하면 이때 당신이 베푼 것은 끝없이 뻗어나갈 것이고, 현세대와 미래세대 모두에 봉사할 것이기 때문이다.

당신이 지금 세상에서 체험하는 축복은 앎이 세상에 계속 살아 유지됨으로써 대대로 전해지는 반향의 결과이다. 당신이 앎과 함께하는 기회는 선대들이 베푼 것에서 나왔으며, 마찬가지로 당신이 베푼 것도 후대들에게 자유를 누릴 기회를 줄 것이다. 이 베풂은 당신 삶의 큰 목적으로 앎이 세상에 계속 살아 유지하게 하는 것이다. 하지만 먼저 당신은 앎에 대해 배워야 한다. 앎을 어떻게 알아보는지 배워야 하고 어떻게 받아들이는지 배워야 한다. 또한 마음의 다른 충동과 앎을 어떻게 구별하는지 배워야 하고, 큰 성취를 이루기 위해 앎을 따를 때 필요한 많은 성장단계를 배워야 한다. 그래서 당신이 앎의 초보 학생이다.

한 차례 긴 연습에서, 가능한 한 구체적으로 복습하라. 혼란과 불확실성이 존재하는 것을 받아들이라. 지금과 같은 탐구 단계에서는 이것이 필요하기 때문이다. 그러니 제대로 알아볼 수 있게 된 모든 것에 기뻐하라. 그리고 앎이 당신과 함께 있으니, 당신은 자유롭게 불확실한 상태에 있을 수 있다는 것을 알라.

연습 105: *긴 연습 한 차례*

제 106계단

세상에 사는 마스터는 없다.

세상에 사는 마스터는 없다. 왜냐하면 통달은 세상 너머에서 이루어지기 때문이다. 상급 학생은 있다. 위대한 업적을 이룬 학생도 있다. 그러나 마스터는 없다. 이곳에서는 완벽을 찾을 수 없으며, 오직 공헌만 찾을 수 있다. 세상에 남아 있는 사람은 누구든 세상의 가르침을 배우기 위해 남아 있다. 세상의 가르침은 개인 삶에서뿐만 아니라, 공헌하는 삶에서도 배워야 한다. 참된 교육은 당신이 지금까지 알았던 것을 훨씬 뛰어넘는다. 참된 교육은 단순히 잘못을 교정하는 것만이 아니며, 선물을 베푸는 것이다.

세상에 사는 마스터는 없다. 그러니 당신은 스스로 통달해보겠다거나 통달해야 한다는 큰 짐을 벗어도 된다. 당신 자신이 마스터가 될 수는 없다. 왜냐하면 삶이 마스터이기 때문이다. 이것은 큰 차이이며, 당신이 그 차이의 진정한 의미와 혜택을 알게 되면, 모든 것이 달라질 것이다.

오늘 두 차례 연습 시간에 과거 인물이든 현존 인물이든, 당신이 만났든 들었든 상상했든, 마스터라고 여겨지는 사람들을 모두 생각해보라. 그들을 마스터로 여기게 한 특성을 모두 생각하고 나서, 자신을 판단하고 자신의 삶과 행동을 평가하는 데, 당신이 그 특성을 어떻게 이용했는지 생각해보라. 역량이 떨어진 이들이 자신을 비난할 때, 진보한 학생을 기준으로 삼는 것은 상급 학생이 바라는 바가 아니다. 상급 학생들도 그들 선물이 이처럼 잘못 해석되리라는 것을 결국 이해해야 하지만, 그것은 그들이 주고자 하는 선물이 아니다.

세상에 사는 마스터가 없다는 것을 우리가 당신에게 상기시켜주니, 당신 짐이 벗겨지는 것을 받아들이라. 두 차례 긴 연습 시간에, 세상에 사는 마스터가 없다는 것을 깨닫고자 하라. 이때 찾아오는 안도감을 느껴보라. 하지만 이것이 당신을 수동적으로 이끌 것이라고 오해하지 말라. 왜냐하면 당신이 앎의 회복에 어느 때보다 더 깊이 참여하고, 앎의 출현에 어느 때보다 더 깊이 헌신할 것이기 때문이다. 당신의 참여와 헌신은 이제 더욱 빠르게 앞으로 나아갈 수 있다. 왜냐하면 당신의 이상주의에서 그 짐이 벗겨지고 있기 때문이다. 그리고 그 이상주의는 당신을 잘못된 길로 이끌 수밖에 없다.

연습 106: *30분 연습 두 차례*

제 107계단

오늘 나는 행복해지는 법을 배울 것이다.

행복해지는 법을 배우는 것은 단순히 자연스러워지는 법을 배우는 것이다. 행복해지는 법을 배우는 것은 지금 앎을 받아들이는 법을 배우는 것이다. 앎은 지금 행복하다. 당신이 행복하지 않다면, 당신은 앎과 함께 있지 않다. 행복은 당신 얼굴에 미소 짓는 것을 항상 뜻하지는 않는다. 행복은 행동이 아니다. 진정한 행복은 자신을 느끼는 것이고, 일체감과 만족감을 맛보는 것이다. 살면서 사랑하는 사람을 잃었다 하더라도, 당신은 여전히 행복할 수 있다. 이때 눈물을 흘릴 수도 있겠지만, 그것은 괜찮다. 왜냐하면 눈물을 흘리는 것이 내면의 큰 행복을 등지지 않으며, 눈물 또한 행복한 것이 될 수 있기 때문이다. 행복은 행동 양식이 아니다. 그래서 우리는 당신에게 "행복은 내면에서 오는 만족감"이라는 것을 일깨워준다. 앎이 이 만족감을 당신에게 줄 것이다. 왜냐하면 앎은 당신 삶을 단순화하고, 당신 마음을 현실에서 주어진 일에 집중하게 할 것이기 때문이다. 그럼으로써 당신에게 권한을 부여하고, 당신을 단순하게 하여, 당신이 전에는 알 수 없었던 큰 조화를 안겨줄 것이다.

그러므로 오늘 두 차례 연습 시간에, 또다시 마음이 고요 속으로 들어가는 것을 허용하라. 오늘은 침묵시간을 가진다. 이번에는 마음이 탐구하는 것이 아니며, 고요히 있는 연습이다.

연습 107: *30분 연습 두 차례*

제 108계단

행복은 내가 다시 배워야 하는 어떤 것이다.

이제 모든 것을 재평가해야 한다. 이제 모든 것을 새로운 눈으로 보아야 한다. 왜냐하면 앎으로 보는 것이 있고, 앎 없이 보는 것이 있기 때문이다. 어떻게 보느냐에 따라 다른 결과를 보여주고, 다른 평가와 다른 반응을 낳는다. 거듭 말하건대, 행복은 행동 양식이 아니다. 왜냐하면 행복은 행동 양식보다 훨씬 더 깊기 때문이다. 그러므로 다른 사람의 호감을 사거나, 실제보다 당신이 더 행복한 것처럼 자신에게 증명하기 위해 행동 양식을 이용하려고 하지 말라. 우리는 당신의 현재 체험에다 행동으로 치장만 하는 것을 바라지 않는다. 당신의 본성에 참된 체험, 당신의 본성을 표현하며 당신의 본성을 삶에 공헌하는 체험으로 우리는 당신을 안내하고자 한다.

그러니 행복이 무엇인지 다시 배우라. 두 차례 연습 시간에는 탐구하는 데 마음을 쓰라. 당신은 행복이 무엇이라고 생각하는지, 어떤 행동 양식으로 표현되어야 한다고 생각하는지 잘 살펴보라. 지금보다 더 행복해지려고 노력한 것을 모두 생각해보라. 행복하기 위해, 또 당신의 가치를 자신이나 다른 사람들에게 입증하기 위해 자신에게 부과한 기대나 요구사항을 모두 생각해보라. 이러한 것들을 알아차리면서, 이런 시도가 없다면, 행복은 저절로 찾아올 것임을 깨달으라. 왜냐하면 당신은 본래 행복하기 때문이다. 속박이 없다면, 몸과 마음에 행복의 부담을 주는 일 없이, 행복은 저절로 찾아올 것이다. 당신이 부담을 주지 않으면, 행복은 저절로 찾아올 것이다. 오늘은 이 점을 생각하라. 그러나 쉽게 내린 결론에 만족하지 말라. 왜냐하면 당신은 앎의 초보 학생이고 큰 결론은 나중에 오기 때문이다.

연습 108: *30분 연습 두 차례*

제 109 계단

오늘 나는 서두르지 않을 것이다.

한 계단씩 품위 있게 밟아 나아가라. 서두르지 말라. 당신은 앎과 함께 있으므로 서두르지 않아도 된다. 세상 약속들을 지켜도 되고, 그 약속들을 일정대로 해나가도 되지만, 내면에서는 서두르지 말라. 앎을 찾고 성취와 공헌을 추구해도 되지만, 서두르지는 말라. 서두를 때, 당신은 마음에 드는 계단을 위해 지금 계단을 무시한다. 앞에 놓인 계단을 무시하지 않았다면, 어떻게 더 마음에 드는 계단이 있을 수 있겠는가? 당신은 앞에 놓인 계단을 밟기만 하면 된다. 그러면 자연스럽게 다음 계단이 올 것이다. 서두르지 말라. 당신은 자신이 갈 수 있는 것보다 더 빨리 갈 수 없다. 우리가 당신에게 연습하도록 제공하고 있는 것을 하나도 빠뜨리지 말라. 그러려면 서두르지 말아야 할 것이다.

오늘 하루 내내 정각마다 서두르지 않을 것을 상기하라. "오늘 서두르지 않을 것이다." 이렇게 말하고 나서 잠시 그 뜻을 생각해보라. 당신은 서두르지 않고도 세속적인 책임들을 다 할 수 있다. 당신은 서두르지 않고도 큰 목표를 달성할 수 있다. 당신이 초보 학생이라는 사실에 위안을 얻으라. 초보 학생은 자신이 가는 곳을 모른다. 왜냐하면 초보 학생은 통제하는 위치가 아닌, 받아들이는 위치에 있기 때문이다. 이 사실이 지금 당신에게는 하나의 큰 축복이며, 때가 되면 당신은 앎과 함께 있는 것으로 자신의 마음과 일상사를 통제하는 힘을 얻을 것이다. 그래서 잘못을 비난하지 않고 죄지은 자를 벌하지 않는 관대한 통치자, 마치 당신 상상에 신이나 행할 수 있는 통치자가 될 것이다.

앎은 서두르지 않는다. 그런데 당신이 왜 서둘러야 하는가? 어쩌면 앎이 당신을 때로는 빠르게 때로는 천천히 움직이게 할지도 모른다. 그러면 당신도 빠르게 혹은 천천히 움직여도 되지만, 내면에서는 서두르지 않는다. 이것이 삶의 신비 영역이며, 당신은 지금 그것을 발견하는 법을 배울 수 있다.

연습 109: *시간연습*

제 110계단

나는 오늘 나 자신에게 정직할 것이다.

"오늘 나는 실제로 아는 것과 단지 믿거나 바랄 뿐인 것을 알아차리면서, 지극히 정직할 것이다. 나는 알지 못한 것을 아는척하지 않을 것이다. 나는 실제보다 더 부자인척하거나 가난한척하지 않을 것이다. 나는 현재 있는 그대로 있고자 노력할 것이다."

현재 있는 그대로 있고자 노력하라. 단순하라. 편히 있으라. 주위 세상을 살펴보라. 세상에서 해야 할 일들을 하라. 자신을 높이지도 말고, 비하하지도 말라. 자신을 통제하려 하거나 조종하려 하지 말고, 오늘 하루 모든 것이 실제 돌아가는 대로 돌아가게 놓아두라. 다만 여기에서 유일한 예외는 당신이 오늘 연습을 실행할 수 있도록 자기단련을 활용하는 것뿐이다.

두 차례 긴 연습 시간에, 오늘의 확언을 반복하고 나서, 고요 속으로 들어가라. 이때 당신은 마음의 힘을 써야 한다. 이때 당신은 자신을 속이는 어떤 일이나 비현실적인 어떤 일을 하려는 것이 아니다. 단지 마음이 평화로운 상태, 즉 자연스러운 상태로 들어가게 하는 것이다.

연습 110: *30분 연습 두 차례 & 시간연습*

제 111계단

나는 오늘 편히 있을 것이다.

앎이 당신과 함께 있고, 교사들이 당신과 함께 있고, 당신의 영적 가족이 당신과 함께 있다는 것을 자각하면서, 오늘 편히 있으라. 걱정이나 근심 때문에 오늘 연습을 빠뜨리는 일이 없도록 하라.

오늘 하루를 보내면서 정각마다 연습할 때, 편히 있겠다고 다짐하라. 왜냐하면 이제는 앎이 당신의 안내자이기 때문이다. 앎이 불안해하지 않으면, 당신도 불안해할 필요가 없다. 습관적으로 매여 있는 일이나, 구속받고 있는 것에서 벗어나라. 이렇게 할 수 있도록 굳게 결심하라. 그러면 시간이 지나면서 점점 더 이렇게 하기가 쉬워질 것이고, 나중에는 아주 자연스럽게 저절로 이렇게 될 것이다. 당신 마음에는 생각하는 습관이 있으며, 또 그 습관이 전부이다. 그 습관이 새롭게 바뀌면, 당신이 마음에 부과한 그 틀을 통해 앎이 빛나기 시작할 것이다. 이때 앎은 차츰 당신 행동을 안내하고, 당신이 통찰력을 얻고 중요한 발견을 하도록 당신을 이끌며, 이전에 알았던 것보다 훨씬 더 큰 힘과 확실성을 당신에게 줄 것이다.

그러므로 시간연습에서 당신 자신을 위해 자기단련을 활용하라. 두 차례 명상에서는 대단히 빈틈없이 주의를 기울이는 채로 있되, 고요한 마음으로 있으라.

연습 111: *30분 연습 두 차례 & 시간연습*

제 112계단

복습

오늘 복습은 약간 다른 방식으로 할 것이다. 정각마다, 앎을 잊지 않겠다고 다짐하라. 앎이 무엇인지 아직 모르지만, 당신과 함께 있음을 여전히 확신한다는 것을 오늘 하루 내내 마음속에 간직하면서, "앎을 잊지 않을 것이다. 앎을 잊지 않을 것이다."라고 되풀이하라. 앎은 신에게서 나왔으며, 당신 내면에 있는 신의 뜻이다. 앎은 당신의 참자아이다. 그래서 당신은 큰 것을 따르는 법을 배운다. 당신은 자신의 제한된 상태에서 제한이 없는 곳에 접속한다. 그래서 당신은 오늘 앎으로 가는 다리가 된다.

그러므로 정각마다, 앎을 잊지 않겠다고 되풀이하라. 자신을 강하게 하고 자신에게 힘을 줄 수 있도록 오늘 연습을 잊지 말라.

연습 112: *시간연습*

제 113계단

나는 다른 이들에게 설득당하지 않을 것이다.

누구든지 당신보다 더 단호한 사람은 당신을 설득할 수 있고 당신에게 영향을 줄 수 있다. 여기에 그다지 신비한 것은 없다. 이것은 단지 한 사람이 다른 사람보다 더 집중한 데서 생긴 결과일 뿐이다. 얼마나 집중하느냐, 어떤 영향력을 행사하느냐에 따라, 마음은 상대적으로 서로에게 영향력을 가진다. 앎이 당신을 설득하게 하라. 왜냐하면 앎의 설득은 당신이 지닌 위대함이기 때문이다. 다른 사람의 의견이나 뜻에 설득당하지 말라. 그들 앎만이 당신 앎에 영향을 줄 수 있으니, 그들 앎만이 당신에게 영향을 주게 하라. 이 영향은 다른 이들에게 지배·조종·설득당하는 느낌과는 사뭇 다르다.

그러니 당신 자신에게 집중하라. 앎을 따르라. 누가 당신 앎을 자극하면, 그때는 참된 설득력에 대해 배울 수 있도록 당신의 관심을 그 사람에게 기울이라. 그러나 세상의 불만·이상·도덕·요구·타협 같은 설득에는 영향받지 말라. 왜냐하면 당신은 앎을 따르고 있으니, 세상의 설득을 따를 필요가 없기 때문이다.

정각마다, 오늘의 말을 상기하라. 오늘 두 차례 명상시간에는 고요를 깊이 연습하라. 오로지 앎만이 당신을 설득하게 하라. 왜냐하면 세상에서 당신이 따라야 할 것은 앎의 설득뿐이기 때문이다.

연습 113: *30분 연습 두 차례 & 시간연습*

제 114계단

진정한 친구들이 나와 함께 있다.
나는 혼자가 아니다.

교사들이 당신과 함께 있는데 당신이 어떻게 혼자일 수 있겠는가? 당신 앎과 함께 있는 사람들보다 더 진정한 친구가 어디 있겠는가? 이 교우 관계는 이 세상에서 생겨난 것이 아니다. 이 교우 관계는 저 세상에서 맺어졌고, 지금 당신을 돕기 위해 여기 있다. 당신 마음이 가라앉기만 하면, 당신과 함께 있는 이들의 현존을 느낄 것이다. 당신이 자신의 강렬한 소망이나 두려움에 휩싸이지만 않으면, 참으로 우아하고 부드럽고 안심되는, 이들의 현존을 느끼기 시작할 것이다.

오늘 정각마다, 당신 친구들이 당신과 함께 있음을 상기하라. 두 차례 깊은 연습 시간에는, 당신이 세상에서 관계의 참된 본질을 이해할 수 있도록 그들의 현존을 당신 마음이 받아들이는 것을 허용하라. 당신이 연습함으로써, 이 이해가 더욱 확실해져 자신보다 더 강한 이들에게서 아이디어·격려·교정을 받을 수 있을 것이다. 이들은 당신이 세상에서 진짜 본분을 다하도록 돕기 위해 여기 있다. 이들이 당신을 앎으로 입문시키는 이들이며, 당신 앎과 관계를 맺고 있다, 왜냐하면 당신 앎은 모든 사람의 삶과 참된 관계를 담고 있기 때문이다.

연습 114: *30분 연습 두 차례 & 시간연습*

제 115계단

나는 오늘 앎의 힘에 귀 기울일 것이다.

오늘 앎의 힘에 귀를 기울이라. 여기에는 당신의 주의 집중이 필요하고, 당신의 소망이 필요하다. 또 당신 마음을 사로잡고 당신을 걱정스럽게 하는 것들, 당신이 혼자 해결할 수 없는 것들을 포기하는 것이 필요하다. 앎이 당신을 편안하게 하고 당신과 함께 있을 수 있도록 오늘 앎에 귀를 기울이라. 앎의 침묵 속에서 당신은 깊은 확신은 물론 자신감도 찾을 것이다. 왜냐하면 앎이 조용하면, 당신도 삶에 대해 불안해할 필요가 없고, 앎이 말하면, 당신은 자신을 위해 앎의 힘을 배울 수 있도록 그대로 따르기만 하면 되기 때문이다.

앎이 고요하니, 당신이 고요해지고, 앎이 행동할 수 있으니, 당신이 행동할 수 있게 된다. 또한 앎이 단순하게 말하니, 당신이 단순하게 말하는 법을 배우고, 앎이 편안하니, 당신이 편안히 있는 법을 배우며, 앎이 베푸니, 당신이 베푸는 법을 배운다. 그래서 당신이 지금 이 성장 프로그램에 접속하는 것은 다름 아닌 앎과의 관계에 자신을 재접속하기 위한 것이다.

오늘 정각마다, 앎에 귀 기울이겠다고 상기하고 나서, 어떤 상황에 있든, 잠깐 짬을 내어 앎에 귀 기울이라. 귀 기울이는 데 맨 처음 하는 일은 고요히 있는 것이다. 두 차례 명상에서 더 깊이 고요를 연습하라. 당신은 오늘 앎에 귀 기울이고자 하므로, 이 명상에서 고요와 받아들임을 연습한다.

연습 115: *30분 연습 두 차례 & 시간연습*

제 116계단

나는 오늘 앎에 인내심을 가질 것이다.

당신이 앎을 따를 수 있도록 앎에 인내심을 가지라. 앎은 당신보다 훨씬 더 고요하다. 앎은 당신보다 훨씬 더 강하다. 앎은 당신보다 훨씬 더 확실하며, 앎의 행동은 모두 심오하고 의미가 있다. 당신은 스스로 만든 자아 속에 살면서 앎과의 접촉이 일시적으로 끊어졌으므로, 당신과 앎 사이에는 뚜렷한 차이만 있다. 그러나 앎은 당신과 함께 있다. 왜냐하면 당신은 앎을 결코 떠날 수 없기 때문이다. 앎은 당신을 복원하고 당신을 앎 자신에 복귀시키려고 항상 당신과 함께 있다. 왜냐하면 앎은 당신의 참자아이기 때문이다. 믿음과 가정을 앎인 것처럼 꾸미지 말라. 일상생활을 해나가면서 마음이 점점 더 차분하고 고요해지는 것을 허용하라.

정각마다, 오늘의 말을 반복하라. 두 차례 깊은 명상에서는, 자신이 고요 속으로 들어가고, 또 앎이 당신을 위해 지닌 확실성으로 들어가는 것을 허용하라. 그러면 당신 마음은 우주 마음과 공명할 것이고, 당신은 태곳적 능력과 기억을 점차 회복할 것이다. 바로 이때 영적 가족이라는 말이 당신에게 의미를 갖기 시작할 것이고, 당신이 세상에 봉사하려고 왔음을 깨달을 것이다.

연습 116: *30분 연습 두 차례 & 시간연습*

제 117계단

가난한 것보다 단순한 것이 낫다.

단순성은 매 순간 당신이 삶에 접속할 수 있게 해주고, 삶의 은총을 누릴 수 있게 해준다. 복잡성은 당신이 삶을 즐길 수 없게 하고, 삶에서 자신의 역할을 인식할 수 없게 하는 자기분리 상태이다. 이 자기분리 상태가 모든 큰 가난의 원천이다. 왜냐하면 어떤 세속적 성취나 소유물도 그런 분리에서 생기는 고립감과 결핍감을 떨쳐낼 수 없기 때문이다.

그러니 당신과 함께 있는 앎의 힘을 체험할 수 있도록 전보다 더 깊이 오늘 고요를 연습하라. 자신이 단순해지는 것을 허용하라. 왜냐하면 단순할 때, 모든 것이 당신에게 주어질 수 있기 때문이다. 당신이 자신을 복잡하게 여기거나, 자신의 문제를 복잡하게 여긴다면, 이는 앎 없이 당신 자신과 당신 문제를 보기 때문이다. 그래서 당신은 스스로 내린 평가 속에서 헤매게 된다. 이때 당신은 가치가 아주 높은 것과 훨씬 낮은 것을 혼동하고 있고, 우선순위가 더 높은 것과 우선순위가 더 낮은 것을 혼동하고 있다. 진실은 항상 단순함을 가져올 것이 틀림없다. 왜냐하면 단순할 때, 해결책이 생기고 제대로 이해가 되며, 단순함을 받아들이는 이들 안에 평화와 자신감이 들어서기 때문이다.

오늘 깊이 연습하라. 정각마다, 오늘의 말을 반복하라. 두 차례 깊은 명상에서는 앎이 당신과 함께 있음을 상기하고, 고요 속으로 들어가라. 자신이 단순해지는 것을 허용하라. 앎이 모든 면에서 당신을 안내해 줄 것을 신뢰하라.

연습 117: *30분 연습 두 차례 & 시간연습*

제 118계단

나는 오늘 세상을 피하지 않을 것이다.

앎과 함께 있으면, 세상이 당신을 지배할 수 없으니, 당신은 세상을 피하지 않아도 된다. 앎과 함께 있을 때, 당신은 세상에 봉사하려고 이곳에 있다. 그러면 세상은 더 이상 감옥이 아니며, 끊임없이 불안과 실망을 낳는 원천도 아니다. 세상은 당신에게 베풀 기회를 주고, 참된 이해를 재정립할 기회를 준다. 영적인 것에서 피난처를 찾지 말라. 당신의 목적은 세상에 베푸는 것이다. 세상을 있는 그대로 받아들이라. 그러면 당신은 세상을 비난하는 일로 더 이상 괴로워하지 않을 것이다. 왜냐하면 비난하지 않으면 오직 베풀 기회만 있기 때문이다. 이때 베풂은 앎에서 나올 것이고, 앎은 그 자신을 베풀 것이며, 당신은 그 베풂의 매개체가 될 것이다.

오늘 이것을 생각하라. 두 차례 연습 시간에서, 당신이 자신의 삶에 있는 앎의 현존을 체험하도록 허용하라. 앎의 현존에 어떤 것을 요구하거나, 이의를 제기하지 말라. 다만 당신 자신이 앎의 현존을 체험하도록 허용하기만 하라. 그러면 당신이 애쓰지 않고도, 지금 구하는 모든 것이 당신에게 자연스레 되돌아오기 때문이다. 오직 바른 방향으로 마음을 이끄는 일에만 당신의 자기단련을 활용하라. 일단 마음이 이렇게 접속되고 나면, 마음은 저절로 앎에게 되돌아갈 것이다. 왜냐하면 앎은 마음의 목적지이며, 마음의 사랑이고, 마음의 참된 동반자이며, 삶에서 마음의 진정한 결혼 상대이기 때문이다.

연습 118: *30분 연습 두 차례*

제 119 계단

복습

이 특별한 복습에서, 지난 두 주간의 가르침을 하나하나 다시 음미해 보고 매일 했던 연습을 상기해보라. 그날그날 연습을 얼마나 진지하게 생각했는지, 또 그 연습 하나하나를 얼마나 잘 활용했는지 기억하려고 하라. 당신이 온 힘을 다해 이 준비 프로그램을 활용하고 있지 않는다면, 이 프로그램에 대해 정당하게 불평할 수 있다고 생각하지 말라. 여기서 당신의 역할은 알려준 대로 이 계단을 따르는 것뿐이지, 당신 마음에 맞게 그 계단들을 바꾸는 것이 아니다. 이런 식으로, 당신은 받아들이는 자리에 서게 되며, 그 자리는 당신 자신을 위해 지금 꼭 습득해야 하는 위치이다.

오늘 두 차례 긴 연습에서는, 한 번에 한 주씩, 지난 두 주간 연습한 것을 복습하라. 자신에게 매우 친절하려고 노력하되, 당신이 해야 할 것을 빠뜨리지는 않았는지 알아보라. 이 점에서 자신을 속이지 말라. 당신 삶이 단순해야 함을 상기하고 당신이 받고 있는 참된 가치를 일깨우면서, 더 깊이 연습하고 더 굳게 결심하는 데 다시 헌신하라. 이런 식으로, 당신은 새로운 생활 방식을 배울 것이다. 또한 당신은 받는 법과 주는 법을 배울 것이고, 당신 삶은 복잡성의 어둠에서 자유로워질 것이다. 왜냐하면 단순성은 틀림없이 항상 빛에서 나오고, 항상 선에서 나오기 때문이다.

그러니 당신이 배우는 법을 알 수 있도록 이 복습에 전념하라. 당신은 이 복습에서 당신 개인의 학습 능력과 학습 성향이 있음을 알게 될 것이다. 또한 훗날 다른 사람들이 배우는 것을 당신이 도울 수 있을 때, 꼭 필요한 것을 이 복습에서 알게 될 것이다.

연습 119: *긴 연습 두 차례*

제 120계단

나는 오늘 나의 앎을 잊지 않을 것이다.

오늘 당신의 앎을 잊지 말라. 당신이 어디를 가든, 무엇을 하든, 앎은 당신과 함께 머문다는 것을 잊지 말라. 앎은 당신을 돕고 양육하고, 또 향상시키기 위해 당신에게 주어진다는 것을 잊지 말라. 세상에 화내지 않아도 된다는 것을 잊지 말라. 왜냐하면 당신은 세상을 있는 그대로 받아들일 수 있기 때문이다. 당신이 세상을 있는 그대로 받아들이는 것은 세상에 베풀기 위한 것임을 잊지 말라. 왜냐하면 세상도 당신처럼 성장하기 때문이다. 앎이 당신과 함께 있으며, 당신이 앎의 영향을 온전히 알아차리려면, 앎과 함께 있기만 하면 된다는 것을 잊지 말라.

오늘 정각마다, 앎이 당신과 함께 있다는 것을 상기하고, 이것을 잠깐 생각하는 시간을 가지라. 격한 감정이나 우울한 마음 때문에 연습을 그만두는 일이 없도록 하라. 왜냐하면 당신의 연습이 감정 상태보다 더 중요하고 크기 때문이다. 감정 상태는 바람이나 구름처럼 변하지만, 그 위에 있는 우주를 가릴 수는 없다.

그러므로 감정 상태의 왜소함과 앎의 거대함을 깨달으라. 그러면 앎은 당신 감정 상태에 균형을 잡아줄 것이고, 당신 감정의 원천을 당신에게 드러내 보여줄 것이다. 그 원천은 세상에서 당신 표현의 원천이다. 이것이 바로 당신이 지금 탐구하는 법을 배우고 있는 삶의 신비이다.

연습 120: *시간연습*

제 121 계단

나는 오늘 자유로이 베풀 수 있다.

오늘 당신은 자유로이 베풀 수 있다. 왜냐하면 당신 삶이 단순해지고, 당신에게 필요한 것이 충족되고 있기 때문이다. 그래서 당신은 자유로이 베풀 수 있다. 왜냐하면 일단 당신이 받았으면, 오직 베풀기만 바랄 것이기 때문이다.

오늘 두 차례 특별한 연습에서, 도움이 필요한 이들을 생각하고, 당신 자신이 받고 싶은 품성을 그들에게 주라. 그들 각자에게 필요한 것을 보내라. 사랑, 힘, 신뢰, 격려, 결단, 내맡김, 받아들임, 자기단련 등 무엇이 되었든, 그들이 그들 삶을 해결하는 데 필요한 것을 보내라. 오늘 당신은 이런 품성을 자유로이 베풀 수 있다. 왜냐하면 당신은 자신에게 필요한 것이 충족되고 있기 때문이다.

그러니 두 차례 연습에서 눈을 감고, 사람들을 마음에 떠올리며, 그들에게 필요하다고 여겨지는 것을 주라. 그들을 위해 그들 문제를 해결해 주려고 하지 말라. 당신이 선호하는 결과로 이끌려고 하지 말라. 왜냐하면 당신은 대체로 다른 사람에게 올바른 결과가 무엇인지 알 수 없기 때문이다. 그러나 당신은 항상 그들에게 강인한 품성을 줄 수 있으며, 그리하여 그들의 정신 능력을 강하게 할 수 있다. 그러면 당신은 자신의 목적의식을 갖게 되고, 이런 품성이 당신 내면에 있음을 알게 될 것이다. 왜냐하면 당신이 그 품성을 주기 위해서는 먼저 가지고 있어야 하고, 그들에게 주면서 당신은 자신이 이미 가지고 있었다는 것을 깨닫기 때문이다.

당신이 다른 사람을 위해 애써 한 일은 그들이 그들 자신을 위해 받아들일 것이다. 오늘 연습하면서 이 점을 의심하지 말라.

연습 121: *30분 연습 두 차례*

제 122 계단

오늘 나는 잃는 것 없이 베푼다.

당신이 베풀도록 요청받은 것을 베풀면, 그것은 늘어날 수밖에 없다. 비록 물질적인 것도 이롭게 베풀어질 수 있기는 하지만, 당신이 여기서 베푸는 것은 물질적인 것이 아니다. 당신이 주는 것은 크기를 알 수 없으므로 측정할 수 있는 것이 아니다. 당신은 지금 힘을 주고 용기를 북돋아 주고 있다.

오늘 두 차례 연습 시간에, 다른 사람들에게 베풀기를 계속하라. 이것은 적극적인 방식의 기도이다. 당신이 다른 사람을 위해 마음을 모아 기도할 때, 그들이 그 기도의 힘을 받지 못할 것으로 생각하지 말라. 오늘, 그들의 딜레마나 그들에게 필요한 것에 어떤 결과가 있어야 할지 결정하려는 것이 아니라, 그들의 능력으로 해나갈 수 있도록 격려하고 힘을 주려는 것뿐임을 잊지 말라. 당신은 지금 당신 내면에서 앎이 자극받는 것처럼 그들 내면에서도 앎이 자극받기를 바란다. 그래서 이 베풂은 보답을 기대하지 않는다. 왜냐하면 당신은 다른 사람들이 그들 삶에서 스스로 강해질 수 있는 것을 주고 있기 때문이다. 당신은 지금 그 결과를 판단할 위치에 있지 않다. 왜냐하면 당신이 베푼 결과는 나중에 그들이 선물을 받아 그 선물이 그들 내면에서 제자리를 찾을 때까지 드러나지 않을 것이기 때문이다. 그러니 오늘 아무 기대도 하지 말고 기꺼이 주고, 당신 선물의 힘을 느껴보기 위해 주라.

연습 122: *30분 연습 두 차례*

제 123계단

나는 오늘 나 자신을 불쌍히 여기지 않을 것이다.

앎이 당신과 함께 있는데, 어떻게 자신을 불쌍히 여길 수 있겠는가? 자신을 불쌍히 여기는 것은 자신에 대한 기존 관념을 거듭 옳다고 주장하고 있을 뿐이다. 그 기존 관념에는 진실도 없고, 희망도 없으며, 의미 있는 기반도 없다. 당신은 불쌍하지 않으니, 오늘 자신을 불쌍히 여기지 말라. 오늘 당신이 슬프고 혼란스럽다면, 그것은 단지 앎과의 접촉이 끊어졌기 때문이다. 그 앎을 되찾기 위해 당신은 오늘 연습할 수 있다.

오늘 연습에서, 당신이 품고 있는 자기연민의 미묘하고 다양한 유형들을 알아차리라. 당신이 자신이라고 주장하려는 그 모습에 맞추어 다른 사람들이 당신을 좋아하거나 받아들이게 만들려고 할 때, 다른 사람들을 조종하려는, 미묘하고 다양한 유형들을 알아차리라. 앎과 함께 있으면, 당신은 자신을 알리지 않아도 되고, 자랑하지 않아도 되며, 다른 사람들이 당신을 좋아하거나 받아들이게 하려고 그들을 조종하지 않아도 된다. 왜냐하면 앎이 당신과 함께 있기 때문이다.

그러므로 오늘 자신을 불쌍히 여기지 말라. 왜냐하면 당신은 불쌍하지 않기 때문이다. 오늘 앎의 초보 학생이 되라. 이는 불쌍한 것과는 완전히 다르다. 오히려 당신이 상상할 수 없을 만큼 대단히 좋은 위치이다.

그러니 정각마다, 오늘의 말을 반복하라. 이 말뜻을 마음에 새기고 나서, 잠깐 진지하게 생각해보라. 두 차례 연습 시간에는 오늘 확언을 반복하고 나서, 고요 속으로 들어가라. 불쌍한 이는 결코 침묵 속으로 들어갈 수 없다. 침묵은 심오한 관계를 체험하는 것이고, 고요는 심오한 사랑을 받아들이는 것이기 때문이다. 그런 상황에서 누가 불쌍할 수 있겠는가?

연습 123: *30분 연습 두 차례 & 시간연습*

제 124계단

오늘 나는 행복한척하지 않을 것이다.

당신은 행복한척하지 않아도 된다. 왜냐하면 행복한척하는 것은 그저 자신을 불쌍히 여기는 느낌을 감추고, 혼란을 가중시키며, 곤경을 더 키울 뿐이기 때문이다. 오늘 본연의 당신 모습으로 있으라. 다만 자신을 관찰하라. 이때 앎은 당신이 갈팡질팡하며 앎으로 향했다 앎에서 멀어졌다 하는 순간에도 당신과 함께 있음을 명심하라. 왜냐하면 앎은 흔들리지 않으며, 당신에게 확실성·일관성·안정성을 주는 원천이기 때문이다. 앎은 세상을 겁내지 않으며, 당신에게 담대함을 주는 원천이다. 당신은 불쌍하지 않다. 그러니 행복한척하지 않아도 된다.

오늘 행복한척하지 말라. 왜냐하면 진실로 만족하는 사람은 세상에 어떤 표현도 할 수 있지만, 그 표현 안에는 앎의 힘이 있기 때문이다. 가장 중요한 점은 바로 이것이다. 앎은 행동 양식이 아니다. 앎은 삶의 강렬한 체험이다. 그러니 행동으로 본을 보여 자신이나 남들을 설득하려고 하지 말라. 왜냐하면 그런 노력은 불필요하기 때문이다.

정각마다, 이 말을 반복하고 나서 여기서 오는 힘과 자유를 느껴보라. 오늘 정확히 있는 그대로의 자신이 되는 것을 허용하라. 두 차례 깊은 명상시간에서, 고요 속으로 들어가는 것을 허용하라. 왜냐하면 당신이 다른 어떤 사람이 되려고 하지 않을 때, 당신은 고요의 호사, 즉 사랑의 호사를 누릴 수 있기 때문이다.

연습 124: *30분 연습 두 차례 & 시간연습*

제 125계단

나는 오늘 다른 어떤 사람이 되지 않아도 된다.

당신은 이미 어떤 사람인데, 왜 다른 어떤 사람이 되려고 하는가? 본래 당신으로 있는 것이 더 낫다. 본래 당신은 개인의 본성을 띤 매개체 안에 담긴 앎의 힘이다. 이 힘은 이미 내재되어 있으며, 지금 커지고 있다. 당신은 이미 어떤 것인데 왜 오늘 다른 어떤 것이 되려 하는가? 왜 본래 당신으로 있지 않는가? 무엇이 본래 당신인지 알아보라. 당신이 누구인지 알아보는 일은 대단한 용기가 필요하다. 왜냐하면 당신이 자신과 세상에 품은 당신 자신의 이상주의적 관점에 실망할 것을 각오해야 하기 때문이다. 이 일은 또한 격려도 필요하다. 왜냐하면 자신을 미워하는 일을 포기할 것을 각오해야 하기 때문이다. 자신을 미워하는 것은 삶에서 자신을 분리하는 것이다.

그러므로 오늘 정확히 본연의 당신으로 있으라. 정각마다, 이것을 상기하라. 두 차례 명상시간에는 고요히 있으면서 받아들이라. 왜냐하면 당신은 오늘 다른 어떤 사람이 되려 하지 않을 것이기 때문이다.

연습 125: *30분 연습 두 차례 & 시간연습*

제 126계단

복습

오늘 복습은 지난주 훈련에 집중한다. 이 복습에서는 지금 당신이 배우는 법을 배우고 있음을 또다시 강조한다. 당신은 배우는 법을 알려고 배우고 있으며, 자신의 강점과 약점을 알려고 배우고 있다. 그리고 당신 성향 중에 길러야 하는 특성과 제지하고 의식적으로 제어해야 하는 특성을 알려고 배우고 있다. 당신은 자신을 관찰하는 법을 배우고 있다. 이런 식으로, 자신에게 마침내 객관적이 되는 법을 배우고 있다. 이 객관성은 특히 중요하다. 왜냐하면 당신은 이 객관성을 통해, 비난하는 일 없이, 자신에게 봉사하기 위해 있는 것을 활용할 수 있기 때문이다. 이렇게 활용할 때, 당신 자신에게 봉사하는 일이 즉각적이고 효과적이 된다.

당신이 자신에게 객관적이 되는 법을 배울 수 있다면, 세상에 객관적이 되는 법도 배울 수 있다. 그러면 앎이 당신을 통해 빛을 발할 것이다. 왜냐하면 당신은 세상을 자신이 바라는 대로 만들려고 하지 않을 것이고, 당신 자신을 자신이 바라는 대로 만들려고 하지 않을 것이기 때문이다. 참된 해결과 참된 행복이 여기서 시작되며, 더 대단한 것은 진정한 공헌이 여기서 시작된다.

이러한 것을 유념하면서, 오늘 한 차례 긴 연습 시간에, 지난주를 복습하라. 앎이 외부로 발현된 것들을 지지하는 것으로 오늘 앎을 더욱 깊이 체험하라. 이 준비에서 나온 힘이 앎 그 자체로 당신을 데려갈 것을 의심하지 말라.

연습 126: 긴 연습 한 차례

제 127계단

나는 오늘 신에게 앙갚음하려고 하지 않을 것이다.

신은 당신을 오직 창조물의 일부로만 알고 있으니, 비참한 사람이 되는 것으로 신에게 앙갚음하려고 하지 말라. 신은 아름다운 세상, 기회가 있는 세상을 창조하였으니, 세상을 궁핍한 것으로 만들어 신에게 앙갚음하려고 하지 말라. 신은 여전히 당신을 본래 그대로 알고 있으니, 자신을 사랑하지 않거나 받아들이지 않는 것으로 신에게 앙갚음하려고 하지 말라. 신은 당신의 관계를 실로 존재하는 그대로 알고 있으며, 그 관계에서 오는 큰 가능성도 알고 있으니, 오늘 이기적인 목적으로 당신 관계를 망쳐 신에게 앙갚음하려고 하지 말라. 당신은 신에게 앙갚음할 수 없으며, 그저 자신만 해칠 뿐이다.

그러니 신과의 싸움에서 당신이 졌다는 것을 받아들이라. 당신의 가장 위대한 승리는 패배하는 데 있다. 왜냐하면 비록 당신은 상상 속에서 잠시 신을 잃었지만, 신은 결코 당신을 잃어 본 적이 없기 때문이다. 신을 향한 당신의 사랑은 당신이 아직 그 사랑을 두려워할 만큼 심오하다. 왜냐하면 그 사랑은 당신이 지닐 수 있는 당신 내면의 가장 큰 힘이기 때문이다. 당신은 직접 체험을 통해 이것을 알아야 한다. 그러므로 오로지 잘못과 가정에만 기반을 둔, 자신에 대한 관념을 더 굳히는 것으로 오늘 신에게 앙갚음하려고 하지 말라. 왜냐하면 앎이 당신과 함께 있기 때문이다. 당신은 자신의 패배에서 행복한 승리자이다.

오늘 두 차례 연습 시간에 이 말을 반복하고 나서, 그 뜻을 생각해 보라. 오늘 연습은 탐구하고 분석하는 데 마음을 쓴다. 이렇게 마음을 쓰는 것은 유익하다. 이 메시지와 여기에 관련된 당신의 관념들을 모두 생각해보라. 그러면 자신의 현재 믿음체계를 이해하기 시작할 것이며, 그것도 객관적으로 이해할 수 있을 것이다. 그러면 당신은 마음을 가지고 일할 수 있다. 왜냐하면 마음은 다른 목적에 활용될 때까지는 어떤 틀에 고착되어 있기 때문이다. 이 틀을 당신의 현실로 받아들이지 말라. 왜냐하면 당신 마음이 밖으로 발현된 것은 당신이 마음에 부과한 틀이기 때문이다. 그러나 내면으로 향한 마음의 참된 조화와 본성은 여전히 표현되기만을 바라고 있다. 이런 일이 일어나려면, 마음에 적절한 틀이 있어야 하며, 그래서 속박이나 왜곡 없이 물질세상에서 마음이 자신을 표현할 수 있어야 한다. 그래서 이 방향으로 나아가는 것이 우리가 오늘 할 일이다.

연습 127: *30분 연습 두 차례*

제 128계단

교사들이 나와 함께 있다.
나는 두려워하지 않아도 된다.

내면의 교사들이 당신과 함께 있으니, 당신은 두려워하지 않아도 된다. 당신이 실제 체험을 근거로 앎을 충분히 믿는다면, 그리고 실제 체험을 근거로 교사들의 현존을 충분히 믿는다면, 불필요한 모든 두려움을 해소할, 삶에 대한 확실성과 신뢰를 갖게 될 것이다. 그럼으로써 당신 마음이 편해질 것이다.

당신이 앎을 거스르고 있다는 염려만이 앎에서 나올 것이며, 염려가 앎에서 나올 때만, 염려는 당신이 자신의 행동이나 관념들을 재검토해볼 필요성이 있음을 가리킬 수 있다. 앎에는 자기교정 원리가 있다. 그래서 앎이 당신에게 내적 길잡이가 된다. 만약 당신이 앎을 거스르면, 불편해질 것이고 이 때문에 불안감이 들 것이다. 당신이 순간순간 경험하는 두려움은 대부분 단순히 당신 스스로 만든 것으로 당신의 부정적인 상상에서 나온 것이다. 그러나 앎을 따르지 않고 거스른 데서 생긴 두려움도 있다. 이것은 두려움이라기보다는 불편함에 가깝다. 왜냐하면 앎은 어떤 이미지를 동반하는 일이 거의 없기 때문이다. 그러나 물론 당신이 위험하거나 파괴적인 생각이나 행동들을 하려고 하면, 경고의 일환으로 생각이 마음속에 들어올 수도 있다.

당신이 품은 두려움은 대부분 부정적인 상상에서 나온다. 당신은 상상에서 나온 두려움을 상쇄하는 법을 배워야 한다. 왜냐하면 그 두려움은 마음을 잘못 사용한 것이기 때문이다. 당신은 스스로 만든 것을 체험하고 나서, 그 체험을 현실이라 부른다. 이때 당신은 전혀 삶에 현존하지 않았고, 그저 자신의 환상에만 빠져 있었다. 부정적으로 상상하면, 당신은 감정적·육체적·정신적으로 맥이 빠지며, 그 상상은 당신 생각을 완전히 지배할 만큼 커지기도 한다. 자신의 생각 속에서 말고 달리 당신이 어떻게 우주에서 분리될 수 있겠는가? 당신은 실제로 신에게서 분리될 수 없다. 당신은 실제로 앎에서 분리될 수 없다. 당신은 단지 자신의 생각

속에 숨을 수만 있고, 제법 그럴듯하게 보이지만 사실은 완전히 착각인 그 생각들을 서로 엮어 분리된 존재를 만든 다음, 혼자서 체험할 수만 있다.

오늘 두 차례 명상시간에 다시 고요 속으로 들어가라. 오늘은 마음이 자신의 현실을 체험할 수 있도록 다시 고요히 있을 것이므로 어떤 정신활동이나 정신적 고찰도 없을 것이다. 두려움이나 불안에 설복당하지 말라. 두려움이나 불안은 당신의 부정적인 상상일 뿐임을 잊지 말라. 당신이 어떤 일을 부적절하게 하면, 앎만이 그것을 알려줄 수 있으며, 그것도 그 일이 일어나는 바로 그 자리에서만 알려줄 것이다. 이것은 부정적인 상상과는 사뭇 다르니, 당신은 다르게 반응해야 할 것이다.

연습 128: *30분 연습 두 차례*

제 129 계단

교사들이 나와 함께 있다.
나도 그들과 함께 있을 것이다.

당신의 교사들은 당신과 함께 있다. 교사들은 매우 드문 경우를 제외하고는 당신에게 말하지 않으며, 그것도 오직 당신이 들을 수 있을 경우에만 한정된다. 때때로 교사들은 당신 마음속에 그들의 생각을 보낼 것이다. 그러면 당신은 이것을 당신 자신의 영감이 번쩍인 것으로 체험할 것이다. 당신은 아직 당신 마음이 다른 모든 마음과 어떻게 결합하여 있는지 알지 못하지만, 때가 되면 이곳 지구와 관련된 맥락 속에서 이것을 점차 체험할 것이다. 모든 마음이 결합하여 있다는 증거는 당신이 어떻게 여태 의심할 수 있었을까 의아해할 만큼 명백해질 것이다.

교사들은 당신과 함께 있다. 그러니 오늘 두 차례 긴 연습 시간에, 교사들과 함께 있는 것을 연습하라. 함께 있는 것을 체험하려고 교사들의 형상을 만들지 않아도 된다. 또 음성을 듣거나 얼굴을 보지 않아도 된다. 왜냐하면 교사들의 현존만으로 실제 함께 있다는 것을 완벽하게 체험할 수 있기 때문이다. 기쁜 환상이든 무서운 환상이든 어떤 환상도 지어내지 않고 당신이 고요히 있으면서 깊이 호흡하면, 당신은 실제 있는 것을 점차 체험할 것이다. 거기에 실제 있는 것은 바로 당신의 교사들이다. 그래서 오늘 당신은 교사와 함께 있는 연습을 할 수 있다.

연습 129: *30분 연습 두 차례*

제 130계단

내가 준비되면,
나와 관계를 맺어야 할 사람들이 내게 올 것이다.

당신이 준비되면, 당신과 참된 관계를 맺어야 할 사람들이 당신에게 찾아올 터인데, 왜 세상에서 관계를 맺으려고 애쓰는가? 이 말을 이해하려면, 자신과 다른 사람들 안에 있는 앎의 힘을 깊이 신뢰해야 한다. 이 자각이 커지면, 필사적으로 추구하는 일들의 기반이 떨어져 나갈 것이고, 참된 평화와 성취가 당신에게 가능해질 것이다.

당신이 앎을 기르고 있으니, 사람들이 신비로운 수단을 통해 당신에게 올 것이다. 당신은 개인적 수준에서 서로 관계를 맺듯이, 앎의 수준에서도 관계를 맺는다. 당신이 점차 체험해나갈 것이 바로 이 앎의 수준이다. 처음엔 조금씩 체험하겠지만, 적절히 준비하면, 이 체험은 결국 커지고 매우 심오해질 것이다.

당신은 사람들과 관계를 구하려고 하지 않아도 된다. 사람들이 필요할 때 당신에게 올 거라 믿고, 이 준비에 헌신하기만 하면 된다. 여기서 당신은 필요한 것과 바라는 것의 차이를 알아야 할 것이다. 바라는 것이 진짜 필요한 것과 다를 때, 당신 삶은 몹시 혼란스러울 것이다. 당신은 자신은 물론 관계 맺은 사람들 모두를 압박할 수밖에 없는 부담을 자신과 그들 모두에게 줄 것이다. 이런 압박이 없다면, 당신에게 정말 필요할 때 그들은 마음놓고 찾아올 것이다.

오늘 정각마다, 오늘 주제를 상기하라. 두 차례 긴 연습 시간에는 당신 마음이 받아들이는 상태가 되는 것을 허용하라. 자신이 교사들의 현존을 느끼는 것을 허용하라. 사람들과 관계를 맺고 싶은 마음, 그리고 그들이 갖출 수 있고 또 갖추어야 한다고 당신이 정한 요건들로 문제만 더 키우지 말라. 당신에게 정말 필요할 때, 앎이 필요한 사람들을 모두 끌어당길 것을 오늘 확신하라.

연습 130: *30분 연습 두 차례 & 시간연습*

제 131계단

나는 오늘 삶의 참목적을 체험하고자 할 것이다.

참목적을 체험하고자 하라. 이 체험에서 의미 있는 모든 관계의 기반이 생긴다. 이 맥락 밖에서 관계를 구하지 말라. 왜냐하면 그런 관계는 기반이 없으며, 대단히 매혹적일 수는 있어도, 당신을 끝내 매우 곤란하게 할 것이기 때문이다. 반려자를 찾든, 진정한 친구를 찾든, 당신 일을 도울 누군가를 찾든, 당신에게 정말 필요할 때, 앎이 필요한 사람들을 모두 끌어당길 것임을 잊지 말라.

그러므로 오늘 관계에 집중하지 말고, 목적에 집중하라. 당신이 목적을 더 깊이 체험하면 할수록, 관계를 더 깊이 이해한다. 사람들이 즐거움을 얻거나, 자극을 받으려고 서로 만나지만, 그 만남에는 훨씬 더 큰 다른 요소가 있다. 이것을 알아차리는 이가 거의 없지만, 연습과 체험을 통해 당신이 알아차릴 수 있도록 이것이 여기 제공된다. 확실한 것은 만약 당신이 개인적으로 생각한 목적에 사람들을 맞추려 하지 않는다면, 목적 자체에서 나온 참된 체험에 당신 마음이 열릴 것이라는 점이다. 객관적으로 자신을 지켜보기 시작할 때, 당신은 앎과는 다른, 자신의 개인적 의지가 표현되는 것들을 보기 시작할 것이다. 이것을 알아차리는 일은 당신 배움에 매우 중요할 것이다.

오늘 정각마다, 자신의 목적을 깨달으려는 당신의 의도를 상기하라. 오늘 하루가 이 방향으로 나아가는 한 계단이 되게 하라. 당신에게 기나긴 세월을 절약해주는 계단, 당신의 목표인 앎을 향해 영원히 나아갈 수 있게 해주는 계단이 되게 하라. 왜냐하면 앎이 당신을 끌어당기고 있기 때문이다. 두 차례 깊은 연습 시간에는 앎이 당신을 끌게 하라. 당신 내면의 큰 끌림을 느껴보라. 당신이 사소한 것들에 사로잡히지 않는다면, 자연스레 그 끌림을 느낄 것이다.

연습 131: *30분 연습 두 차례 & 시간연습*

제 132계단

나는 합류할 수 있도록 자유로워지는 법을 배울 것이다.

과거에서 독립할 때, 즉 과거의 판단, 과거의 관계, 과거의 아픔과 상처, 과거의 어려움 등에서 독립할 때, 당신은 현재 독립한다. 과거에서 독립한다는 것은 당신의 분리를 굳히거나 더욱 완벽하게 하는 것이 아니라, 오히려 당신이 관계에서 의미 있게 합류할 수 있도록 해준다. 다음 말을 무언의 이해로 삼으라. "함께하는 관계가 없다면, 당신은 세상에서 아무것도 할 수 없고, 어떤 것도 성취할 수 없으며, 어느 방향으로도 나아갈 수 없다. 또 어떤 진리도 깨달을 수 없으며, 가치 있는 어떤 것에도 공헌할 수 없다." 그래서 당신이 과거에서 점점 더 독립되는 것과 마찬가지로, 현재와 미래에 참된 관계 안에 점점 더 포함될 수 있다. 왜냐하면 자유는 당신이 합류할 수 있게 힘을 주도록 되어 있기 때문이다.

정각마다, 오늘의 말을 잊지 말고, 당신이 체험한 모든 것에 비추어 오늘 이것을 숙고해보라. 두 차례 명상에서는 앎이 당신을 내면으로 더욱 깊숙이 끌어당기는 것을 허용하라. 자신이 자유를 체험하도록 허용하라.

연습 132: *30분 연습 두 차례 & 시간연습*

제 133계단

복습

우리는 오늘 지난주에 준비한 것을 복습한다. 다시 한번 당신의 진보와 한계를 깨닫고, 결심을 굳건히 다지면서, 비난하지 말고 객관적으로 지난주를 복습하라. 우리는 당신이 앎을 받아들이는 역량뿐만 아니라, 앎을 염원하는 소망도 키우기를 바란다. 당신이 가기로 되어 있는 방향으로 자연스럽게 당신을 나아가게 해주는 것은 바로 바른 생각과 바른 행동, 참된 의욕이다. 한 계단씩 나아갈 때마다, 당신은 삶의 목적·의미·방향이 또렷해질 것이고, 해결하지 않아도 되는 문제들을 해결하려고 애쓰지 않아도 될 것이며, 두려움과 불안에서 나온 것들을 이해하려고 애쓰지 않아도 될 것이다. 당신이 자신의 본성과 화합하면 할수록 당신의 본성은 당신이 가져온 그 위대함을 더 잘 표현할 수 있다. 그래서 당신은 주위 모든 것에 빛이 될 것이고, 자신의 삶에서 일어나는 일들에 놀랄 것이며, 삶 자체가 기적이 될 것이다.

오늘 긴 연습 시간에 진지하고 성실하게 복습하라. 오늘 어떤 것도 당신 연습을 방해하지 못하게 하라. 신에게 주는 당신의 선물이 바로 이 연습이다. 왜냐하면 당신은 연습에 자신을 내주면서, 당신도 당신의 선물을 받기 때문이다.

연습 133: *긴 연습 한 차례*

제 134계단

나는 내 목적을 혼자 규정하지 않을 것이다.

당신의 목적은 때가 되면 그냥 떠올라 당신이 알게 되니, 당신이 규정하지 않아도 된다. 규정한 것에 따라 살지 말라. 체험하고 이해한 것에 따라 살라. 당신은 목적을 규정하지 않아도 된다. 혹시 목적을 규정하려 한다면, 그저 임시방편임을 항상 잊지 말고, 그것을 크게 신뢰하지 말라. 그러면 세상은 당신을 화나게 할 수 없다. 당신이 자신에 대해 규정한 것을 세상이 무너뜨리는 일 말고, 당신에게 무엇을 해줄 수 있겠는가? 당신이 규정한 것을 바탕으로 살지 않는다면, 세상은 당신을 해칠 수 없다. 왜냐하면 세상은 당신 내면에 있는 앎을 접촉할 수 없기 때문이다. 오로지 앎만이 앎을 접촉할 수 있다. 오직 다른 사람 안에 있는 앎만이 당신 안에 있는 앎을 접촉할 수 있고, 오직 당신 안에 있는 앎만이 다른 사람 안에 있는 앎을 접촉할 수 있다.

그러므로 오늘 당신의 목적을 규정하지 말라. 목적에 대한 체험이 깊어질 수 있도록 규정하는 일 없이 지내라. 목적에 대한 체험이 깊어지면, 왜곡하거나 기만하는 일 없이 당신의 목적에 담긴 내용이 무엇인지 알게 될 것이다. 당신은 세상에서 그 목적을 방어하지 않아도 될 것이며, 다만 가슴속에 보물처럼 지니고만 다니면 될 것이다.

정각마다, 목적을 규정하지 않겠다고 다짐하고, 과거 경험에 미루어 목적을 규정했을 때 어떤 대가를 치렀는지 생각해보라. 두 차례 명상에서는 마음을 고요히 하고, 숨을 내쉴 때마다 '란, 란, 란'을 말하라. 숨을 내쉬는 동안 '란~'하고 말하기만 하면 된다. 마음을 온통 이 소리에만 두라. 이 소리는 당신 내면에 있는 태곳적 앎을 자극할 것이고, 이 시점에서 가장 필요한 힘을 당신에게 줄 것이다.

연습 134: *30분 연습 두 차례 & 시간연습*

제 135계단

나는 오늘 내 운명을 규정하지 않을 것이다.

당신의 목적과 마찬가지로 당신의 운명도 당신이 규정할 수 없는 곳에 있다. 당신 삶에서 앎의 현존을 더 깊이 느끼려면, 당신은 그 방향으로 한 발 더 나아가기만 하면 된다. 당신이 앎에 가까워지면 가까워질수록, 앎을 더 깊이 체험할 것이다. 앎을 깊이 체험하면 체험할수록, 당신은 앎에 더 가까워지기를 원할 것이다. 왜냐하면 이것이 자연스러운 끌림이기 때문이다. 이것은 유유상종인 참사랑의 끌림이고, 우주가 가진 모든 의미를 우주에 부여하는 것이며, 삶을 서로 완벽하게 결합하는 것이다. 규정한 것에서 오늘 자유를 찾으라. 그리고 마음이 본래 형태를 취하는 것을 허용하고, 가슴이 본래 길을 따르는 것을 허용하라. 지금 외부 체계가 열리며 자유로워지고 있는 당신 마음을 통해 앎이 그 자신을 표현하는 것을 허용하라.

정각마다, 연습을 상기하라. 오늘 두 차례 깊은 명상에서는 숨을 내쉴 때마다 '란'을 말하면서 어제처럼 '란' 명상을 계속하라. 당신 삶의 현존, 교사들의 현존, 당신 앎의 깊이를 자신이 느끼는 것을 허용하라. 이런 식으로 당신 마음을 쓸 수 있도록 오늘 의미 있게 자기단련이 발휘될 수 있게 하라. 왜냐하면 마음이 자신의 진짜 목적지에 가까워질 때, 마음은 거기에 맞게 반응할 것이고 모든 것은 자연스러운 길을 따를 것이기 때문이다. 그때 당신은 은총이 당신과 함께 있음을 느낄 것이다.

연습 135: *30분 연습 두 차례 & 시간연습*

제 186계단

나의 목적은 나의 앎을 회복하여
앎이 세상에서 그 자신을 표현하도록 허용하는 것이다.

이것이 당신 목적에 대한 당신 물음에 답이다. 이 목적을 따를 때, 삶에서 당신이 맡도록 요청받게 될 특정 역할인 부름이 자연스럽게 차차 드러날 것이다. 그 부름은 당신의 규정이 필요하지 않을 것이다. 그 부름은 그냥 드러날 것이고, 당신이 한 계단씩 오를 때마다 그 부름을 더 깊이 그리고 더 완벽하게 이해할 것이다. 왜냐하면 한 계단씩 오를 때마다 그 부름이 더 많이 이행될 것이기 때문이다.

앎이 당신의 목적이다. 정각마다, 이 말을 상기하고, 답을 받은 것에 기뻐하라. 그러나 이 답은 단순히 개념이 아니며, 준비할 기회이다. 왜냐하면 진정한 모든 물음에 참된 답은 모두 일종의 준비이기 때문이다. 당신에게 필요한 것은 바로 이 준비이며, 답만이 아니다. 당신 마음은 이미 답으로 가득 찼지만, 생각해야 하는 부담을 더 가중시키는 것 말고 그 답이 무엇을 하였는가? 그러니 당신 물음에 답을 얻을 수 있도록 이 프로그램 안에서, 오늘 그리고 날마다 주어지는 준비를 따르라. 당신의 목적은 앎을 회복하는 것이고, 오늘 우리가 할 것이 바로 그것이다.

정각마다, 이 확언을 상기하라. 오늘 이 확언이 유일하게 이해해야 할 관심사가 되도록 하루 내내 이 확언을 생각하라. 두 차례 긴 명상에서는 당신 내면의 태곳적 앎을 자극할 '란'을 계속 반복해서 말하라. 당신은 이 연습의 혜택을 제대로 받으려고 이 연습에 담긴 영향력까지 이해할 필요는 없다. 혜택을 제대로 받으려면, 당신은 단지 여기에서 알려준 대로 연습만 하면 된다.

연습 136: *30분 연습 두 차례 & 시간연습*

제 137계단

나는 내 삶의 신비를 받아들일 것이다.

당신 삶은 신비이다. 당신의 기원, 이곳에 온 목적, 이곳을 떠나면 가는 곳, 이 모두가 매우 신비롭다. 이것들을 이해하려면 오직 체험하는 수밖에 없다. 당신이 지금 당장 삶의 신비를 어떻게 이해할 수 있겠는가? 지금까지 일어난 일을 이해하려면 당신은 삶의 끝에 있어야 하는데, 당신은 세상 삶의 끝에 와있지 않다. 세상의 진정한 의미를 이해하려면, 당신은 고향에서 세상을 보아야 할 것이다. 그러나 당신은 지금 세상에 있으니, 세상에 현존해야 한다. 하지만 이 신비는 여전히 체험될 수 있으며 또한 체험되어야 한다. 당신은 이 신비를 지금 이해할 수는 없지만, 이 순간 온전히 체험할 수는 있다. 이 체험에서 신비는 당신이 필수 단계를 지금 밟아야 할 것들을 모두 당신에게 내놓을 것이다. 당신이 밟도록 그 필수 단계가 지금 기다리고 있다.

그러니 신비를 이해해야 한다는 생각으로 마음에 부담을 주지 말라. 왜냐하면 당신은 불가능한 것을 구함으로써, 혼란에 빠질 뿐이고, 생각해야 하는 부담만 더 커질 것이기 때문이다. 그러니 차라리 자신을 내맡겨 세상과 삶에 대한 감탄과 경이로 삶의 신비를 체험하라. 세상은 당신이 감각기관을 통해 지금껏 안 것보다 훨씬 더 크며, 삶은 당신이 판단한 것보다 훨씬 더 위대하다.

정각마다, 오늘의 말을 반복하라. 오늘 두 차례 온 정성을 다해 진심으로 '란' 명상을 연습하라. 오늘 연습이 당신이 앎에 헌신하는 것을 다시 확인해주는 것이 되게 하라. 왜냐하면 당신은 여기에서 알려준 대로 이 계단을 따르기만 하면 되기 때문이다.

연습 137: *30분 연습 두 차례 & 시간연습*

제 138계단

나는 여기에서 알려준 대로
이 계단을 따르기만 하면 된다.

당신이 이 준비 프로그램에 있는 계단들을 단순히 따름으로써 배운 많은 것을 생각해보면, 이 말이 옳다는 것은 매우 분명하다. 참여 없이 이해하려고 하는 것은 아무 소득도 없고 좌절감만 들며, 전혀 만족스럽거나 좋은 결과가 없다. 삶을 판단하도록 하는 것이 아니라, 삶에 참여하도록 우리는 당신을 준비시키고 있다. 왜냐하면 삶은 당신이 판단하여 알아낼 수 있는 것보다 훨씬 더 큰 가능성을 담고 있기 때문이다. 당신의 이해는 참여에서 생겨나고, 참여해서 얻은 결과이다. 그러니 먼저 참여하는 법을 배우고 나서 이해하는 법을 배우라. 왜냐하면 이것이 일의 옳은 순서이기 때문이다.

오늘 하루, 시간연습을 잊지 말라. 그리고 고요 속에서 하는 두 차례 명상이 더 깊어지게 하라. 두려움·불안·의심에서 오는 생각들 때문에 당신의 더 큰 활동이 방해받는 것을 허용하지 말라. 당신의 감정 상태와 무관하게 당신이 연습할 수 있다는 것은 앎의 현존이 당신과 함께 있다는 증거이다. 왜냐하면 앎은 모든 감정 상태 너머에 있어 감정에 구속받지 않기 때문이다. 별을 보고 싶다면, 구름 너머를 보아야 한다. 당신 마음속을 통과하는 구름 말고, 무엇이 두려움이겠는가? 두려움은 단지 마음의 표층 성격을 바꿀 뿐이다. 하지만 마음 깊은 곳은 영원히 변치 않은 채로 있다.

연습 138: *30분 연습 두 차례 & 시간연습*

제 189 계단

나는 봉사하려고 세상에 왔다.

당신은 봉사하려고 세상에 왔지만, 먼저 받아야 한다. 당신은 가져온 것을 회복할 수 있도록 먼저 혼자 배운 것을 버려야 한다. 이 준비는 성공은 물론 행복을 위해서도 필수이다. 이해하는 것만으로 당신이 참된 선물을 알아보고 베풀 수 있다고 생각하지 말라. 당신의 참여는 당신의 준비이다. 왜냐하면 당신은 지금 삶에 참여하도록 준비 중에 있기 때문이다. 그래서 우리는 당신을 더욱더 신비의 삶과 발현된 삶 속으로 끌어당긴다. 이렇게 해서 당신은 경이롭고 신비스럽게 신비를 다루고, 객관성과 현실성을 가지고 발현된 삶을 다룰 수 있다. 그리하여 당신은 고향과 발현된 세계를 잇는 다리가 될 수 있다. 이 다리를 넘어서, 앎의 지혜가 표현될 수 있고, 당신은 자신의 가장 큰 성취를 찾을 수 있다.

    오늘 깊이 집중하여 '란' 명상을 두 차례 연습하라. 오늘 일어나는 일을 모두 당신 자신을 위해 이롭게 활용할 수 있도록 정각마다 오늘의 말을 기억하라.

연습 139: *30분 연습 두 차례 & 시간연습*

제 140계단

복습

당신은 오늘로써 이십 주째 연습을 마친다. 당신은 여기까지 왔으며, 이제부터 더욱더 큰 힘과 확실성을 가지고 나아갈 것이다. 왜냐하면 당신이 앎에 주의를 기울이게 됨으로써, 앎이 당신을 안내하기 시작하며 당신에게 점점 더 많은 동기를 부여할 것이기 때문이다. 당신은 종이 되기를 바라면서, 또 마스터가 되는 것도 바란다. 왜냐하면 종이 당신 안에 있고, 마스터도 당신 안에 있기 때문이다. 당신은 개인적으로 마스터가 아니지만, 마스터가 당신 안에 있다. 당신은 개인적으로 종이지만, 마스터와 관계를 맺고 있으므로 당신의 결합이 완전하다. 그리하여 당신의 모든 면이 제자리를 찾고, 모든 것이 유일한 목적, 유일한 목표에 맞추어져 조화를 이룬다. 당신 삶은 조화와 균형을 이루니, 단순하다. 앎은 당신이 현재 상황에서 이 균형을 맞추고 유지하도록 육체적·정서적·정신적으로 당신을 위해 행해져야 할 것을 모두 알려줄 것이다. 당신에게 필수적인 부분들이 하나라도 간과되거나 버려진 채로 있을 것으로 생각하지 말라.

당신이 지금까지 해낸 것을 축하한다. 지난 엿새 동안의 연습을 복습하고, 당신의 진척을 적절히 측정해보라. 최상의 것을 받아들일 수 있도록 앎의 초보 학생이 되라. 당신은 모든 것을 이롭게 활용하는 법을 배울 뿐만 아니라, 이제부터 더 깊이 확신하고 더 깊이 참여하면서 더욱 빠르게 나아갈 것이다.

연습 140: *긴 연습 한 차례*

제 141계단

나는 오늘 확신할 것이다.

당신이 앞으로 가는 길에서 준비하고 있음을 오늘 확신하라. 앎은 당신과 함께 있고 함께 살고 있으며, 당신은 앎이 주는 은총·확실성·지시를 받는 법을 지금 한 계단씩 배우고 있음을 오늘 확신하라. 당신은 신의 사랑으로 태어났음을 확신하고, 짧은 방문인 이 세상에서의 당신 삶은 자신의 참된 정체성이 잊혀진 곳에서 그 정체성을 다시 확립하는 기회일 뿐임을 오늘 확신하라. 당신이 자신을 위해 지금 하는 노력이 이곳에서 찾으려 했던 큰 목표로 당신을 인도할 것을 오늘 확신하라. 왜냐하면 이 준비는 당신이 세상에 있는 동안 당신을 도우려고 고향에서 오기 때문이다. 당신은 세상에 봉사하러 왔다.

정각마다, 이 확언을 반복하고 나서, 오늘 일어난 모든 일에 비추어 그 뜻을 깊이 생각해보라. 두 차례 긴 연습 시간에는, 이 말을 반복하고 나서, 평화와 고요 속으로 들어가라. 당신의 자신감이 두려움·의심·불안을 모두 몰아내는 것을 허용하라. 오늘 당신의 노력에 더욱 힘을 실어주라. 왜냐하면 당신은 지금 큰 확실성을 받아들이는 법을 배우고 있는데, 그 확실성을 얻으려면 당신의 노력에 더 많은 힘이 필요하기 때문이다.

연습 141: *30분 연습 두 차례 & 시간연습*

제 142 계단

나는 오늘 일관성을 유지할 것이다.

당신 안팎에서 무슨 일이 일어나든, 오늘 일관되게 연습하라. 이 일관성은 당신 내면에 있는 큰 힘을 나타낸다. 이 일관성을 유지하면, 온갖 소란이나 온갖 세상일, 모든 내면의 감정 상태에도 불구하고, 당신은 확실성을 얻고 안정을 찾을 것이다. 또한 당신은 안정과 균형을 찾을 것이며, 결국 모든 것이 당신 내면에서 제자리를 잡을 것이다. 당신은 일관성을 배우고 또 체험하려고, 일관성을 연습한다. 이렇게 연습함으로써 당신에게 권한이 부여될 것이다. 이 세상에서 공헌하는 사람이 되려면, 당신에게는 이런 권한이 있어야 한다.

그러므로 오늘 일관되게 연습하라. 정각마다, 일관성을 유지하겠다고 다짐하면서 연습하라. 두 차례 명상에서는, 마음이 그 내면에 자리잡도록 허용하여 한결같이 집중된 마음을 유지하는 것을 연습하라. 그리하여 마음이 그 자체 본성을 체험할 수 있게 하라. 안에서 일어나는 것을 억누르지 말라. 밖에서 일어나는 일을 통제하지 말라. 그저 일관성만을 유지하라. 그러면 모든 것이 여기에 맞추어 알맞은 균형과 관계를 찾을 것이다. 이렇게 하여 당신은 세상에 앎을 가져올 것이다. 왜냐하면 앎은 항상 일관되기 때문이다. 이 일관성으로 당신은 큰 현존과 힘을 지닌 사람이 될 것이다. 당신이 더욱 일관성을 받아들이고 개발함으로써, 때가 되면 다른 사람들이 당신의 일관성을 체험하려고 찾아올 것이다. 그들은 당신의 일관성에서 피난처를 찾을 것이며, 이때 발견되기만 기다리는 그들의 목적도 그들 마음속에 떠오를 것이다.

연습 142: *30분 연습 두 차례 & 시간연습*

제 143계단

나는 오늘 고요히 있을 것이다.

오늘 두 차례 명상에서, 내면에 있는 앎의 현존을 받아들일 수 있도록 고요히 있으라. 시간연습에서, 당신이 어디에 있는지, 무엇을 하고 있는지 알아차릴 수 있도록 잠깐 고요히 있는 시간을 가지라. 그러면 당신은 정각마다, 큰 마음이 당신을 도울 수 있도록 큰 마음에 접근할 수 있을 것이다. 그리하여 당신은 큰 마음을 세상에 가져갈 수 있을 것이다. 오늘 세상을 관찰할 수 있도록 고요히 있으라. 오늘 세상이 보이도록 고요히 있으라. 오늘 세상 소리가 들리도록 고요히 있으라. 일상 업무는 그대로 하지만, 내면에서는 고요히 있으라. 그러면 앎이 자신을 드러내어, 예정된 대로 당신을 안내하기 시작할 것이다.

연습 143: *30분 연습 두 차례 & 시간연습*

제 144계단

나는 오늘 나 자신을 존중할 것이다.

당신에게는 가문이 있고 운명과 목적이 있으니, 자신을 존중하라. 삶이 당신을 존중하니, 자신을 존중하라. 당신 내면에 있는 신의 창조물 안에서 신이 존중받으니, 자신을 존중하라. 당신이 이런 사실들을 안다면, 당신 스스로 자신을 평가한 것은 모두 의미 없어질 것이다. 이런 사실들은 당신이 자신에게 내린 어떤 비평보다도 더 크며, 자신의 고통을 없애려고 이용한 어떤 자부심보다도 더 크다.

정각마다, 단순하고 겸허한 마음으로 자신을 존중하겠다고 다짐하라. 오늘 두 차례 깊은 연습에서, 자신이 앎의 현존을 체험하는 것을 허용하라. 왜냐하면 그럼으로써 자신을 존중하고, 동시에 앎을 존중하기 때문이다. 앎이 존중받을 수 있도록 오늘 자신을 존중하라. 왜냐하면 실제로는 당신이 앎이기 때문이다. 앎은 당신이 이제 막 회복하기 시작한 참자아이다.

연습 144: *30분 연습 두 차례 & 시간연습*

제 145 계단

나는 오늘 세상을 존중할 것이다.

오늘 세상을 존중하라. 왜냐하면 세상은 당신이 앎을 회복하여 앎의 선물들을 주려고 온 곳이기 때문이다. 따라서 아름다움과 고난을 모두 담고 있는 세상은 당신이 목적을 이룰 수 있도록 적절한 환경을 제공한다. 신은 세상을 존중하면서 세상에 있으니, 세상을 존중하라. 앎은 세상을 존중하면서 세상에 있으니, 세상을 존중하라. 당신이 판단하지 않는다면, 세상은 은총과 아름다움이 있는 곳이고, 당신이 세상을 축복하는 법을 알 때 당신을 축복해주는 곳이니, 세상을 존중하라.

정각마다, 오늘 수업의 주제를 반복하라. 두 차례 긴 연습 시간에는, 세상에 대한 사랑을 느껴보라. 앎이 은총을 베푸는 것을 허용하라. 당신은 이때 사랑하려고 애쓰지 않아도 되며, 그저 마음을 열고 앎이 큰 애정을 표현하도록 허용하기만 하면 된다.

당신이 세상에서 사는 것이 존중받을 수 있도록 오늘 세상을 존중하라. 왜냐하면 당신이 자신을 존중할 때, 세상이 당신을 존중하기 때문이다. 당신이 자신을 인정할 때, 세상이 인정받는다. 세상은 당신의 사랑과 축복이 필요하며, 당신의 선행 또한 필요하다. 이렇게 하여 당신은 존중받는다. 왜냐하면 당신은 베풀려고 세상에 왔기 때문이다.

연습 145: *30분 연습 두 차례 & 시간연습*

제 146계단

나는 오늘 나의 교사들을 존중할 것이다.

불가시 영역에 사는 신비한 교사들은 당신이 세상에 있는 동안 당신과 함께 머문다. 당신이 앎을 회복하려고 계단을 밟기 시작했으니, 당신 삶에서 교사들의 활동은 더 강력해지고 분명해질 것이다. 당신이 여기에 주의를 기울이기 시작할 것이므로, 당신의 성장이 교사들에게 더 절실히 필요할 것이다. 마찬가지로 당신에게도 교사들이 더 절실히 필요할 것이다.

오늘 시간연습과 두 차례 긴 연습에서, 교사들을 기억하고 적극적으로 생각해보라. 교사들을 존중하라. 왜냐하면 당신이 교사들을 존중하는 것은 당신의 태곳적 관계들이 실제로 존속하며, 당신에게 희망·확실성·권한을 주기 위해 지금 세상에 현존함을 선언하는 일이기 때문이다. 교사들과의 깊은 관계를 체험할 수 있도록 교사들을 존중하라. 교사들과의 관계 속에는 당신의 고향과 참된 운명을 상기시켜주는 기억의 불꽃이 담겨 있다. 당신이 존중받을 수 있도록 교사들을 존중하라. 왜냐하면 당신이 회복해야 하는 것은 자기존중이기 때문이다. 당신이 어떤 잘못을 저질렀든, 당신이 회복해야 하는 것은 자기존중이다. 자기존중이 진실로 회복된다면, 그것은 겸허와 단순함 속에서 회복될 것이다. 왜냐하면 자신을 존중할 때, 당신은 큰 삶을 존중하기 때문이다. 그리고 이 큰 삶에서 당신은 작지만 없어서는 안 되는 부분이다.

연습 146: *30분 연습 두 차례 & 시간연습*

제 147계단

복습

이번 주 복습에서, 당신에게 제시되는 수업들을 명확히 파악하라. 당신이 선善을 위해 마음을 쓸 때, 당신에게 제공되는 권한을 자각하는 데 특별히 주의를 기울이라. 또한 당신의 현재 이해를 넘어 자신을 받아들이는 데 무엇이 필요한지 알아보라. 자신에 대한 당신의 현재 평가를 넘어 자신을 존중하는 데 무엇이 필요하고, 자신의 생각과 편견을 넘어 삶을 체험하는 데 무엇이 필요한지도 알아보라. 당신에게 주어지는 기회를 알아차리라. 진지하게 적용하면서 보내는 순간마다 당신이 크게 진보하게 되고 그 진보가 당신에게 영구히 자리잡게 됨을 깨달으라. 세상에 무언가 베풀기를 바란다면, 당신의 진보를 베풀라. 이 베풂에서, 당신의 본성과 설계에 따라 여기 와서 베풀기로 한 선한 일이 모두 완벽하게 베풀어질 것이다. 그래서 지금 세상에 베푸는 당신의 선물은 당신이 베푸는 법을 배울 수 있도록 준비하는 일이다.

긴 연습에서, 지난주 수업·연습·체험·성취·어려움 등을 모두 되돌아보라. 객관적으로 이 모두를 되돌아보면서, 앞으로 어떻게 하면 연습에 더 철저히 전념할 수 있는지 알아보라.

연습 147: *긴 연습 한 차례*

제 148계단

연습은 신에게 바치는 나의 선물이다.

연습은 신에게 바치는 당신의 선물이다. 왜냐하면 신은 당신이 앎을 세상에 줄 수 있도록 먼저 받기를 바라기 때문이다. 이렇게 하여 당신은 앎을 받는 사람이자 나르는 매개체로서 존중받고, 신은 앎의 근원으로서 존중받으며, 앎을 받는 이들 또한 모두 존중받을 것이다. 당신이 지금 참여하는 이 참된 준비를 하는 것, 지금은 이것이 당신의 선물이다.

그러므로 오늘 하는 연습을 모두 일종의 베풂으로 여기라. 정각마다, 그때 처한 상황에서 자신을 내주라. 두 차례 깊은 명상시간에서도, 자신을 고스란히 내주라. 아이디어나 정보를 구걸하려고 명상하지 말고, 받아들이려고 명상하고, 주려고 명상하라. 자신을 줄 때, 당신은 받을 것이고, 이때 주는 것이 받는 것이라는 태곳적 법칙을 배울 것이다. 이 법칙의 의미를 제대로 파악하여 세상에 어떻게 적용하는지 이해할 수 있도록 당신은 온전히 체험을 통해서 이 법칙을 배워야 한다.

연습은 신에게 바치는 당신의 선물이다. 연습은 자신에게 주는 당신의 선물이다. 오늘은 주는 연습을 하라. 왜냐하면 당신은 베푸는 가운데 당신 자질의 깊이를 깨달을 것이기 때문이다.

연습 148: *30분 연습 두 차례 & 시간연습*

제 149계단

연습은 세상에 주는 나의 선물이다.

당신은 지금 이 시기에 당신 자신의 성장을 통해 세상에 준다. 왜냐하면 당신은 지금까지 준 것보다 더 큰 선물을 주려고 준비하고 있기 때문이다. 그래서 여기에 제공된 계단에 따라 연습하는 날마다, 당신은 세상에 선물을 준다. 이 연습이 왜 선물이 되는가? 그 까닭은 당신이 자신의 중요성과 가치를 인정하고, 자신의 태곳적 고향과 태곳적 운명을 인정하며, 자신을 보낸 이들, 또 이 세상을 떠나면 맞이할 이들을 인정하기 때문이다. 당신이 매일 매시간 진지하게 연습할 때마다, 이처럼 인정하는 모든 것을 세상에 베푼다. 연습을 통해 세상에 베푸는 것은 당신이 지금 이해할 수 있는 것보다 더 큰 선물이지만, 때가 되어야 당신은 그 선물이 실현하는 전체적인 필요성을 알 것이다.

그러므로 연습은 당신이 세상에 주는 선물이다. 왜냐하면 연습은 당신 내면에서 옳다고 단언하는 것을 주기 때문이다. 당신은 모든 상황, 모든 행성, 모든 차원에서, 모든 개개인을 위해 당신 내면에서 옳다고 단언하는 것을 단언한다. 그래서 당신은 앎이 실재함을 단언하고, 당신이 세상에 있는 동안에도 고향이 존재함을 단언한다.

정각마다, 주는 연습을 통해 세상에 주라. 이 연습을 잊지 말라. 두 차례 긴 연습 시간에는, 고요와 침묵에 자신을 고스란히 내주라. 가슴에서 우러나서 주고, 마음에서 우러나서 주라. 당신이 줄 수 있다고 느끼는 것을 모두 주라. 왜냐하면 이것이 당신이 세상에 주는 선물이기 때문이다. 아직은 당신이 이렇게 준 그 결과를 볼 수 없지만, 실상에서는 모든 마음이 실제로 서로 연결되어 있으니, 이 베풂이 당신 마음 너머로 뻗어 나가 우주 모든 이들의 마음에 가닿을 것을 확신하라.

연습 149: *30분 연습 두 차례 & 시간연습*

제 150계단

오늘 나는 배우는 법을 배울 것이다.

오늘 당신은 배우는 법을 배운다. 당신은 배울 필요가 있으므로 배우는 법을 배운다. 당신은 자신의 배움이 효과적이고 시의적절하며, 깊이와 일관성을 가질 수 있도록, 또한 장래 어떤 상황에서도 의지할 수 있는 견실한 진보를 낳을 수 있도록 배우는 법을 배울 필요가 있다. 배움의 과정을 이미 이해하고 있다고 생각하지 말라. 왜냐하면 당신은 지금 진보의 의미, 실패의 의미, 격려의 의미, 낙담의 의미, 열정의 의미, 의욕 상실의 의미를 이해하면서, 배움의 과정을 배우고 있기 때문이다. 그래서 당신은 자신의 진척과 배움의 과정을 이해할 수 있도록 매주 끝 부분에서 연습한 것을 되돌아본다. 이런 복습은 당신이 이해하는 데 꼭 필요하다. 왜냐하면 당신이 이해할 때까지는 이 계단들을 잘못 해석할 것이고, 당신이 여기서 하는 것들을 오해할 것이며, 교육과정을 어떻게 따를지 이해하지 못할 것이고, 당신 자신이 교육과정을 어떻게 가르칠지 결코 배우지 못할 것이기 때문이다.

그러므로 오늘 당신은 배우는 법을 배운다. 그럼으로써 당신은 앎의 초보 학생이 된다. 앎의 초보 학생이 되면, 당신은 가정이나 자만, 거부나 어떤 거짓도 없이 필요한 것을 모두 배우는 모든 권리와 격려를 얻게 된다. 배우는 법을 배울 때, 당신은 배움의 과정을 깨달을 것이다. 그럼으로써 당신은 사람들을 대할 때, 지혜와 연민을 갖게 될 것이다. 당신은 이상주의로 사람들을 가르칠 수 없다. 이상주의로 사람들을 가르치면, 당신은 자신의 기대에 맞추려고 사람들에게 부담을 주기 때문이다. 그래서 삶조차도 제공할 수 없는 것을 그들에게 요구하게 된다. 그러나 체험과 앎에서 나온 확실성을 그들에게 주면, 탈이 없을 것이고 그들은 그들 방식으로 그것을 받아들여 활용할 수 있을 것이다. 그때 당신은 그들 배움에서 그들에게 어떤 개인적 요구도 하지 않을 것이며, 다만 당신 내면에 있는 앎이 그들 내면에 있는 앎에게 주는 것을 허용할 것이다. 그래서 당신은 가르침뿐만 아니라 배움도 목격자가 될 것이다.

그러므로 오늘 자신의 배움을 목격하고, 배우는 법을 배우라. 정각마다, 배우는 법을 배우고 있음을 상기하라. 두 차례 명상시간에는 고요와 평화 속으로 들어가라. 앞으로 나아갈 때도, 뒤로 물러설 때도 자신을 지켜보라. 자애로우면서도 확고하게 자신을 위해 뜻을 세우라. 당신은 판단할 위치에 있지 않으니, 당신의 진보를 판단하지 말라. 왜냐하면 당신은 지금 배우는 법을 배우고 있기 때문이다.

연습 150: *30분 연습 두 차례 & 시간연습*

제 151계단

나는 내 판단이 옳다는 것을 주장하려고 두려움을 이용하지 않을 것이다.

당신 자신과 세상에 대한 당신의 판단이 옳다는 것을 주장하려고 두려움을 이용하지 말라. 왜냐하면 그 판단은 당신의 불확실성과 불안에서 나오기 때문이다. 그래서 그 판단은 앎의 기반이 없다. 그래서 앎만이 줄 수 있는 의미와 가치가 없다. 당신 자신과 세상에 대한 당신의 판단에 의존하지 말라. 당신이 판단에서 물러설 때, 그 판단이 두려움에서 나왔음을 깨달을 것이다. 왜냐하면 당신은 자신에게 부족하다고 느끼는 안전과 안정, 정체성을 거짓으로 얻으려고, 당신 판단으로 위안을 받으려고만 했기 때문이다. 그러므로 지혜와 앎의 대체물 없이 지내라. 그래서 지혜와 앎이 자연스럽게 떠오르는 것을 허용하라.

정각마다, 오늘의 말을 반복하고 나서 오늘 일어나는 모든 일에 비추어 그 뜻을 헤아려 보라. 두 차례 깊은 연습에서는, 오늘의 말을 주의 깊게 생각하면서 그 뜻을 헤아려 보라. 오늘 수업의 의미를 통찰하려 할 때, 마음을 적극 이용하라. 성급히 내린 결론에 만족하지 말라. 연습 시간에 마음을 써서 깊이 탐구하라. 마음을 적극 활용하라. 오늘 말의 의미에 계속 집중하면서 당신 내면에 있는 많은 것을 살펴보라. 이렇게 하면 당신은 지혜와 무지에 관해 많은 것을 이해할 것이며, 당신의 이해는 연민에서 나오고 진정으로 자기가치를 인정하는 데서 나올 것이다. 왜냐하면 당신은 오직 자기사랑이 머무는 곳에서만 자신과 다른 사람들을 바로잡아 줄 수 있기 때문이다.

연습 151: *30분 연습 두 차례 & 시간연습*

제 152 계단

나는 세상에 있는 두려움을 따르지 않을 것이다.

인간은 사람들을 이리저리 잡아끄는 두려움의 파동, 사람들의 행동·생각·결론·믿음·가정을 지배하는 두려움의 파동에 지배받는다. 세상을 관통하는 두려움의 파동을 따르지 말라. 그 대신 앎 안에서 계속 꿋꿋하게 고요히 있으라. 고요하고 확실한 이 지점에서 세상을 지켜보라. 두려움의 파동에 흔들리지 말라. 그러면 당신은 단순히 세상의 희생자가 되는 것이 아니라, 세상에 공헌할 수 있을 것이다. 당신은 이곳에 판단하려고 온 것이 아니라, 베풀려고 왔다. 고요 속에 있을 때, 당신은 세상을 판단하지 않는다. 그러니 두려움의 파동을 알아차리되, 그 파동이 당신을 건드리지 못하게 하라. 왜냐하면 앎은 모든 두려움 너머에 있으므로, 앎 안에 있으면 두려움의 파동이 당신을 건드릴 수 없기 때문이다.

정각마다, 오늘의 말을 반복하고 나서, 오늘 겪는 모든 것에 비추어 그 뜻을 헤아려 보라. 두 차례 긴 연습 시간에는, 오늘 수업을 이해하려는 것에 마음을 적극 활용하라. 오늘도 마음을 활용하는 연습이다. 우리는 오늘 고요와 침묵이 아니라, 당신이 건설적으로 생각하는 법을 배울 수 있도록 마음을 쓰는 연습을 한다. 왜냐하면 마음이 고요히 있지 않을 때는, 건설적으로 생각하고 탐구해야 하기 때문이다. 성급한 결론에 의존하지 말라. 자기위안의 생각에 의존하지 말라. 오늘 당신이 무방비 상태에 있는 것을 허용하라. 왜냐하면 당신은 오직 앎에만 무방비 상태로 있기 때문이다. 그래도 여전히 앎은 이 세상에 있는 모든 해로운 것에서 당신을 보호해줄 것이고, 세상이 결코 바꿀 수 없는 위안과 안정감을 줄 것이다. 당신이 세상에서 앎의 원천이 될 수 있도록 오늘 이 점을 배우라. 그리하여 당신의 근원이 당신을 통해 그 자신을 표현할 수 있게 하라.

연습 152: *30분 연습 두 차례 & 시간연습*

제 153계단

나의 근원은 나를 통해 그 자신을 표현하고자 한다.

당신은 당신 근원의 한 표현으로 창조되었다. 당신은 당신 근원의 한 연장선으로 창조되었다. 당신은 당신 근원의 일부분으로 창조되었다. 당신 삶은 소통이다. 왜냐하면 소통이 삶이기 때문이다. 소통은 앎의 연장선이다. 소통은 분리된 마음이 다른 분리된 마음과 사소한 생각을 단순히 공유하는 것이 아니다. 소통은 훨씬 더 큰 것이다. 왜냐하면 소통이 삶을 창조하고 확장하며, 모든 기쁨과 성취가 소통 안에 있기 때문이다. 깊이 있는 모든 의미가 소통 안에 있다. 소통 안에서 어둠과 빛이 한데 어우러져 분리가 끝나며, 이때 상반되는 것이 모두 서로 섞여 녹아든다. 이렇게 하여 모든 사람의 삶이 통합된다.

그러니 자신을 소통의 매개체로 체험하라. 또한 당신이 정말 소통하고 싶은 것이 온전히 표현될 것이라는 점도 알라. 왜냐하면 진짜 당신인 자아는 삶 자체인 참자아의 연장선이기 때문이다. 여기에서 당신이 온전히 확인될 것이고, 삶이 당신 주변에서 확인될 것이다. 또한 당신이 베푸는 선물들이 받아들여져 삶에 의해 통합될 것이다. 왜냐하면 이런 특성의 베풂은 인간의 이해 범주를 넘어, 큰 결과를 내놓을 수밖에 없기 때문이다.

당신은 근원의 뜻을 표현하기로 되어 있음을 정각마다 상기하라. 오늘 두 차례 연습 시간에는 고요와 평화 속으로 당신이 다시 들어가는 것을 허용하라. 오늘 당신이 열린 매개체가 되는 것을 허용하라. 그리하여 삶이 이 매개체를 통해 자유롭게 흐를 수 있게 하고, 이 매개체를 통해 자신을 표현할 수 있게 하라.

연습 153: *30분 연습 두 차례 & 시간연습*

제 154계단

복 습

지난주 연습을 복습하라. 여기에 알려준 모든 가르침과 당신이 연습한 것을 함께 되돌아보라. 얼마나 깊이 평화 속으로 들어갔는지 보라. 탐구에 마음을 얼마나 깊이 썼는지 보라. 당신의 연습이 베풂의 일종임을 잊지 말라. 그러므로 당신의 연습을 되돌아보는 일에 전념하라. 당신이 자신과 세상을 위해 더욱더 많은 보상을 받을 수 있도록 어떻게 하면 당신의 베풂이 더 완전해지고 깊어질 수 있는지 보라.

오늘 한 차례 긴 연습 시간에서, 이제 막 끝마친 지난주 연습을 되돌아보라. 자신을 판단하지 말아야 함을 명심하라. 당신 배움의 목격자가 될 것을 명심하라. 당신의 연습이 베풂의 일종임을 잊지 말라.

연습 154: *긴 연습 한 차례*

제 155계단

내가 받아들일 때, 세상은 나를 축복한다.

당신은 지금 받아들이는 법을 배우고 있다. 당신이 받아들이는 법을 알게 될 때, 세상은 당신을 축복한다. 왜냐하면 당신이 앎에 열린 그릇이 될 때, 앎은 당신에게 흘러들어 갈 것이기 때문이다. 그리고 당신은 자신 안으로 삶을 끌어당길 것이다. 왜냐하면 삶은 언제나 주는 이들에게 끌리기 때문이다.

당신이 고요히 있을 때 삶이 당신에게 준다는 것을 정각마다 상기하면서, 오늘의 말을 깊이 이해하라. 두 차례 명상연습에서는, 다시 고요 속으로 들어가 당신에게 끌리는 삶을 느껴보라. 이것은 자연스러운 끌림이다. 당신의 베풂과 고요가 더 깊어질수록, 당신은 자신에게 끌리는 삶을 느낄 것이다. 왜냐하면 당신은 결국 삶에 양식을 공급하는 원천이 될 것이기 때문이다.

연습 155: *30분 연습 두 차례 & 시간연습*

제 156계단

나는 오늘 나 자신을 걱정하지 않을 것이다.

자신을 걱정하는 것은 부정적인 상상이나 교정되지 않은 잘못에서 나온, 일종의 습관적인 생각이다. 이러한 생각은 실패했다는 느낌을 키우므로, 자기신뢰와 자기존중이 결여되도록 영향을 준다. 그래서 오늘 우리 수업은 당신 내면에 있는 참된 것을 강화하는 것이다. 당신이 앎과 함께 있으면, 앎은 당신이 보살펴야 할 모든 것을 돌볼 것이다. 당신을 위한 어떤 것도 보살핌을 받지 않은 채로 있을 것으로 생각하지 말라. 더 큰 영적인 것에서부터 가장 세속적인 것까지, 필요한 모든 것이 당신에게 충족되고 이해될 것이다. 왜냐하면 앎에는 소홀함이 없기 때문이다. 당신은 매사를 소홀히 다루는 데 익숙하고, 이전에 마음을 적절히 쓰지 않았으며, 세상을 볼 수도 들을 수도 없었지만, 이제 안심할 수 있다. 왜냐하면 오늘 당신은 자신을 걱정하지 않아도 되기 때문이다.

걱정하지 않으려면, 당신은 먼저 앎이 당신에게 제공해줄 신뢰와 신임을 확장해야 한다. 그러면 당신은 결국 모든 의심과 혼란을 몰아낼 앎을 선물로 받을 것이다. 당신은 이것을 체험하도록 준비해야 한다. 당신은 이 체험 안에서 신뢰와 신임을 확장해야 한다. 그러니 오늘 자신감을 가지라. 세속적인 것까지 포함해서 당신이 보살펴야 할 것들이 무엇인지 알아보고 그것들을 잘 보살피라. 왜냐하면 당신은 여기 베풀려고 왔으니, 앎은 당신을 세상 밖으로 끌어내려는 것이 아니라, 세상 속으로 끌어들이려 하기 때문이다.

정각마다, 오늘의 말을 반복하고 잠깐 깊이 생각해봄으로써 그 뜻을 더욱 깊이 이해하라. 고요와 침묵으로 들어가는 깊은 연습에서는, 오늘의 말을 활용하여 더욱 깊이 들어가라. 당신이 자신을 걱정하지 않으면, 고요와 침묵으로 들어갈 수밖에 없다. 그래서 연습에 자신을 내주는 헌신은 안전과 확실성이 당신과 함께 있다는 확언이다.

연습 156: *30분 연습 두 차례 & 시간연습*

제 157계단

나는 우주에서 혼자가 아니다.

당신은 우주의 일부분이므로 우주에서 혼자가 아니다. 당신 마음은 모든 이들의 마음과 결합하여 있으니 당신은 우주에서 혼자가 아니다. 우주가 당신과 함께 있으니 당신은 우주에서 혼자가 아니다. 삶과 당신의 관계가 온전히 회복되어 지구에서 표현될 수 있도록 당신은 지금 우주와 함께하는 법을 배우고 있다. 지구는 당신이 이것을 배우는 데, 좋은 본보기가 되지 못한다. 왜냐하면 지금 인류는 삶과의 관계를 잃고서 그 잃은 것을 찾아내려고 상상과 환상의 영역 안에서 필사적으로 노력하고 있기 때문이다. 그러니 당신의 연습과 운명에 당신 자신을 내줄 수 있도록 삶을 회복하는 수단이 당신에게 제공된 것을 오늘 기뻐하라. 당신은 이처럼 자신을 내줌으로써 확인받는다. 당신은 우주에서 혼자가 아니다. 이 말에 담긴 뜻은 언뜻 보기보다 훨씬 더 깊다. 이 말은 의심의 여지가 없는 진실이지만, 이해되려면 체험되어야 한다.

그러므로 정각마다, 오늘의 주제를 상기하고, 당신이 어떤 상황에 있든 이 말뜻을 느껴보라. 두 차례 긴 명상에서는 당신이 삶에 완전히 포함되었음을 체험해보라. 당신은 관념들을 생각하거나 이미지를 그리지 않아도 되며, 다만 당신이 포함된 삶의 현존을 느끼기만 하면 된다. 당신은 삶 속에 있다. 삶이 온통 당신 속에 스며 있다. 삶이 당신을 껴안고 있다. 세상에 펼쳐지는 모든 이미지나 세상에서 일어나는 모든 행위를 넘어서, 당신은 삶의 사랑스러운 포용 속에 있다.

연습 157: *30분 연습 두 차례 & 시간연습*

제 158계단

나는 부자이다. 그러므로 줄 수 있다.

오직 부자만 줄 수 있다. 부자는 궁핍하지 않기 때문이다. 부자만 줄 수 있다. 부자는 가진 것을 주지 않으면 가진 것에 불편하기 때문이다. 부자만 줄 수 있다. 부자는 줄 때까지 자신이 가진 것을 알 수 없기 때문이다. 부자만 줄 수 있다. 부자는 베풂의 유일한 답례로 고마움을 체험하고 싶기 때문이다.

당신은 부자이므로 줄 수 있다. 당신은 이미 앎을 풍부하게 지녔으며, 이는 당신이 줄 수 있는 가장 큰 선물이다. 어떤 행위나 친절, 어떤 물질적 선물도 앎으로 채워져 있을 때만 의미가 있다. 앎은 모든 참된 선물, 모든 참된 베풂에 스며 있는, 보이지 않는 본질이다. 당신에게 이 본질을 담은 큰 창고가 있으니, 당신은 이 본질을 받아들이는 법을 배워야 한다. 당신은 자신이 알고 있는 것보다 훨씬 더 부자이다. 당신이 경제적으로 가난하든, 자신이 혼자라고 생각하든, 당신은 부자이다. 오늘 당신의 베풂이 이것을 증명할 것이다. 당신의 베풂은 부의 근원·깊이·의미를 증명할 것이고, 베푸는 모든 것에 베풂 자체의 본질이 스며들게 할 것이다. 때가 되면 당신은 애쓰지 않고 베풀 것이며, 삶 자체가 선물임을 알게 될 것이다. 그때 당신 삶은 모든 개개인이 가지고는 있지만, 아직 받는 법을 배우지 않은 부를 증명할 것이다.

정각마다, 오늘의 말을 반복하라. 두 차례 긴 명상연습에서는, 자신에게 있는 부를 체험하라. 앎의 현존과 깊이를 체험하라. 앎을 받아들이는 이가 되고, 앎에 자신을 내주라. 왜냐하면 당신이 연습에 자신을 내줄 때, 당신은 자신의 부를 이미 확언한 것이며, 그 부를 제대로 느껴보려면 이처럼 확언만 하면 되기 때문이다.

연습 158: *30분 연습 두 차례 & 시간연습*

제 159 계단

가난한 자는 줄 수 없다. 나는 가난하지 않다.

가난한 자는 궁핍하므로 줄 수 없다. 가난한 자는 받아야 한다. 당신은 궁핍하지 않다. 왜냐하면 앎이라는 선물이 당신과 함께 있기 때문이다. 그래서 당신은 베푸는 자리에 있으며, 베푸는 가운데 당신 가치를 깨달을 것이고 어떤 궁핍감에서도 벗어날 것이다. 당신에게 꼭 필요한 물질적인 것들은 앎이 모두 제공할 것으로 믿으라. 비록 당신이 바라는 것을 제공하지 않을지라도, 앎은 당신에게 필요한 것을 필요한 만큼 제공할 것이다. 그래서 당신은 세상에서의 당신 본성과 부름에 맞게 공헌하는 데 필요한 것을 갖게 될 것이다. 그러나 당신에게 짐만 되는 것들로 부담을 주지는 않을 것이다. 당신은 정확히 필요한 만큼 가질 것이고, 세상은 지나치게 많거나 적은 것으로 당신에게 부담 주지 않을 것이다. 이리하여 모든 것이 완벽한 균형을 이룰 것이다. 앎은 당신에게 필요한 것을 줄 것이며, 이때 필요한 것은 당신이 정말 원하는 것이다. 당신은 아직 자신에게 필요한 것을 가늠할 수 없다. 왜냐하면 당신은 자신이 원하는 것에 빠져 있기 때문이다. 그러나 당신에게 필요한 것은 앎을 통해 드러날 것이고, 당신은 결국 필요한 것이 진정 무엇이고 어떻게 충족될 것인지 이해하게 될 것이다.

당신은 가난하지 않다. 왜냐하면 앎이라는 선물이 당신과 함께 있기 때문이다. 정각마다, 오늘의 말을 반복하고 나서, 당신이 지금까지 다른 사람들을 관찰한 것에 비추어 그 뜻을 살펴보라. 깊은 연습에서, 지금 당신이 가진 앎의 부를 자신이 체험하는 것을 허용하라.

연습 159: *30분 연습 두 차례 & 시간연습*

제 160계단

세상은 가난하지만, 나는 가난하지 않다.

세상은 가난하지만, 당신은 가난하지 않다. 당신 상황이 어떠하든, 이것은 사실이다. 왜냐하면 당신은 앎의 부를 회복하고 있기 때문이다. 그러니 빈곤의 의미를 이해하고, 부의 의미를 이해하라. 당신보다 물질을 더 많이 소유한 사람이 어쨌든 당신보다 더 부자라고 생각하지 말라. 왜냐하면 앎이 없다면 그들은 가난하며, 오직 괴로움과 불확실성을 상쇄하려고 물건을 취할 것이기 때문이다. 그리하여 그들의 가난은 그들이 취한 것 때문에 더 악화된다.

세상은 가난하지만, 당신은 가난하지 않다. 왜냐하면 앎이 잊혀지고 거부된 세상에 당신이 앎을 가져왔기 때문이다. 그래서 당신이 자신의 부를 회복할 때, 세상도 마찬가지로 부를 회복할 것이다. 왜냐하면 당신이 모든 이의 내면에 있는 앎을 자극할 것이고, 그러면 그들의 부는 당신의 현존, 그리고 당신을 안내하는 앎의 현존 안에서 그 모습을 드러내기 시작할 것이기 때문이다.

그러므로 당신이 자신의 본분을 다하는 데 필요한 약간의 물건을 제외하고는 세상에 어떤 것도 요구하지 말라. 당신이 여기 와서 주려고 한 것에 비추어보면 이것은 작은 요구이다. 당신의 요구가 당신이 필요한 것을 과도하게 넘지 않으면, 세상은 당신이 가진 큰 선물을 받으려고 기꺼이 당신 요구를 들어줄 것이다.

정각마다, 오늘 말의 의미를 깊이 생각해보라. 시간연습을 알아차리지 못하고 지나치는 일이 없게 하라. 당신 삶에서 일어나는 모든 일에서 삶이 의미 있도록 오늘 모든 상황에서 연습하겠다고 굳게 결심하라. 두 차례 긴 연습 시간에는 당신이 가진 부를 더 많이 알게 되도록 고요와 평화 속으로 들어가라.

연습 160: *30분 연습 두 차례 & 시간연습*

제 161계단

복 습

오늘 복습에서 지난주 수업과 연습 하나하나를 되돌아보라. 배움의 과정에 대해 더 많은 것을 배우라. 배움의 과정을 배우려면, 당신은 자신의 삶을 비난하는 마음으로 보지 않아야 함을 깨달으라. 왜냐하면 당신은 배우는 법을 배우고 있기 때문이다. 지금 하는 이 연습이 있기 때문에 부가 당신 삶에 분명해진다는 것을 깨달으라. 이 연습은 당신이 앎과 함께 있지 않으면 할 수 없을 것이다. 당신은 앎이 있기 때문에 이 준비를 하고, 앎이 있기 때문에 날마다 이 연습에 전념하며, 앎이 있기 때문에 날마다 이 연습을 해낸다. 이처럼 당신의 거부나 방해가 없다면, 앎은 이 준비에서 당신을 안내할 것이고, 당신이 계단을 밟을 때마다 드러날 것이다. 그러니 성공이 얼마나 쉬운가! 당신이 거부하거나 고집하지 않는다면, 받아들이는 일이 얼마나 단순한가! 상상 속에 빠지지만 않으면, 삶은 분명하기 때문이다. 삶의 아름다움이 분명하고, 삶의 은총이 분명하며, 삶의 목적이 분명하다. 또한 삶에 필요한 일이 분명하고, 삶의 보상이 분명하다. 심지어 이 세상의 어려움마저 분명하다. 당신 마음이 고요하고 맑으면, 모든 것이 분명해진다.

그러므로 한 차례 긴 연습 시간에, 지난주 연습을 되돌아보라. 당신의 모든 주의를 여기에 기울이라. 이 연습에 헌신하라. 당신 내면의 앎이 당신에게 동기를 부여하고 있음을 알라.

연습 161: *긴 연습 한 차례*

제 162 계단

나는 오늘 두려워하지 않을 것이다.

오늘 두려움이 당신 마음을 사로잡게 놓아두지 말라. 부정적으로 상상하는 습관이 당신의 관심이나 감정을 사로잡게 놓아두지 말라. 비난하지 않으면, 인지할 수 있는 삶, 진실로 있는 그대로의 삶과 함께하라. 두려움은 당신에게 다가와 당신을 엄습하는 질병과 같다. 하지만 당신은 두려움에 굴복하지 않아도 된다. 왜냐하면 당신의 근원과 뿌리는 앎에 깊이 심어져 있고, 당신은 지금 앎 안에서 더욱 강해지고 있기 때문이다.

정각마다, 두려움이 당신을 사로잡게 놓아두지 않도록 하는 것을 상기하라. 어떤 식으로든 두려움이 당신에게 영향을 주고 있고, 당신이 그 영향을 느끼기 시작하면, 두려움에서 한발 물러나 앎에 충성하겠다고 다짐하라. 당신의 신뢰를 앎에 두라. 오늘 두 차례 깊은 연습에서는, 자신을 앎에 내주라. 두려움이 결코 파고들 수 없는 확실성 안에서 당신이 강해질 수 있도록 당신 마음과 가슴을 앎에 내주라. 앞으로 당신의 대담함은 가식에서 나와서는 안 되며, 앎의 확실성에서 나와야 한다. 그러면 당신은 다른 사람들에게 평화의 안식처가 되고 부의 원천이 될 것이다. 이것이 바로 당신이 되기로 한 것이고, 당신이 세상에 온 이유이다.

연습 162: *30분 연습 두 차례 & 시간연습*

제 163 계단

나는 오늘 앎을 느낄 것이다.

자신의 생각이나 집착을 벗어나 항상 이용할 수 있는 앎의 영속적인 특질을 느껴보라. 오늘 정각마다, 앎을 느껴보라. 오늘의 말을 반복하고 나서, 잠깐 앎의 현존을 느껴보라. 앎의 현존은 당신이 어디를 가든, 모든 만남, 모든 상황에서 함께 있을 수 있는 어떤 것이다. 앎의 현존은 모든 곳에서 적절하다. 앎의 현존 안에서 당신은 모든 상황과 사건을 볼 수 있다. 또한 들을 수 있고, 베풀 수 있으며, 이해할 수 있다. 이런 불변성이 바로 세상에 간절히 필요한 어떤 것이며, 앎으로 부자인 당신은 이 불변성이 있어 베풀 수 있다.

오늘 깊은 연습 시간에 앎을 느껴보라. 이 연습에 당신 자신을 내주라. 왜냐하면 이 연습이 신과 세상에 주는 당신의 선물이기 때문이다. 오늘 하루가 강해지는 날이 되게 하고 확인받는 날이 되게 하라. 오늘 혹시 연습을 잠시 하지 못했다 하더라도 그로 인해 이 중요한 일을 그만두지 않도록 하라. 그만두면 당신은 멈출 수밖에 없으며, 계속하려면 앞으로 계속 가기만 하면 된다는 것을 깨달으라. 그래서 연습을 얼마나 많이 빼먹었든, 그것에 대한 대응은 그저 계속하겠다는 결심뿐이다. 왜냐하면 당신을 위해 마련된 이 준비의 결과를 얻으려면 당신은 여기에 제공된 계단을 따르기만 하면 되기 때문이다. 앞으로 가는 길이 이 얼마나 단순한가! 여기에 제공된 계단을 하나하나 따를 때, 앞으로 가는 길이 이 얼마나 명쾌한가!

연습 163: *30분 연습 두 차례 & 시간연습*

제 164계단

오늘 나는 내가 아는 것을 존중할 것이다.

오늘 당신이 아는 것을 존중하라. 당신이 아는 것을 고수하라. 당신의 앎이 당신을 구체적으로 안내하는 것을 허용하라. 자아를 성취하기 위해 앎을 이용하지 말라. 왜냐하면 이때는 당신이 앎이라고 여겨지는 것을 이용할 뿐, 자신을 옭아매어 삶·열정·확실성을 고갈시키는 환상을 다시 혼자서 그릴 것이기 때문이다. 오늘 앎이 당신을 움직이게 하라. 평상시 하던 일들을 계속하라. 당신이 삶에서 맡은 의무는 모두 절차에 맞게 행하라. 하지만 당신이 가는 곳마다 앎이 신비한 선물을 주고, 정말 필요할 때 당신에게 확실한 방향을 알려줄 수 있도록, 앎이 당신과 함께 머무르게 하라.

정각마다, 이 말을 반복하고 나서, 그 당시 상황에 비추어 그 말뜻을 헤아려 보라. 깊은 연습 시간에는 다시 고요와 평화에 자신을 내주라. 앎에 자신을 내주고 앎과 함께 머무는 것으로 오늘 앎을 존중하라.

연습 164: *30분 연습 두 차례 & 시간연습*

제 165 계단

나의 의무는 작다. 나의 사명은 크다.

세상에서 당신이 맡은 의무는 작다. 의무는 본디 육체적으로 당신에게 필요한 것들을 확실히 제공하고, 당신의 안녕은 물론 상대방의 안녕에도 이로운 그런 이들과 결연관계를 유지하는 일을 하도록 되어 있다. 이런 의무도 중요하지만, 당신의 사명은 더 중요하다. 의무를 다하지 못함으로써 사명을 받아들일 수 없게 만들지 말라. 그렇게 하는 것은 한낱 자기도피일 뿐이다. 오늘 직장이나 다른 사람들과 함께하는 업무에서 당신의 의무를 명확히 실행하라. 그러나 이것을 사명과 혼동하지는 말라. 사명은 훨씬 더 큰 것이며, 당신은 그 사명을 이제 겨우 받아들여 체험하기 시작했다. 이처럼 당신의 의무는 당신이 앎을 회복하고 공헌하도록 준비하는 동안 당신에게 기반을 제공할 것이다.

모든 혼동은 서로 다른 수준을 혼동하는 데서 온다는 것을 잊지 말라. 의무와 사명을 혼동하지 말라. 당신이 이 차이를 아는 것은 매우 중요하다. 세상에서 당신이 맡은 일들은 특정 목적을 가지지만, 당신 사명은 훨씬 더 크다. 사명을 받아들이는 법을 배우고 있는 당신 안에서 사명이 표현되기 시작할 때, 사명은 당신의 의무에도 더 특별하게 영향을 줄 것이다. 이것은 점진적으로 일어나며, 당신에게 지극히 자연스럽다. 당신은 이때 밟아야 할 계단을 따를 만큼 충분히 자제하고 꾸준하고 신뢰하기만 하면 된다.

그러므로 앎의 초보 학생이 될 수 있도록 오늘 당신의 의무를 수행하라. 정각마다, 이 연습을 상기하라. 두 차례 긴 연습 시간에는 오늘 말의 의미를 살펴보는데 마음을 적극 쓰라. 이 말의 참뜻은 피상적이지 않으니, 그 가치를 온전히 알려면 깊이 탐구해야 한다. 성급히 내린 결론에 흡족해하지 말라. 앎과 동떨어져 혼자 판단하려 하지 말라. 오늘 학생이 될 수 있도록 앎으로 들어가라. 왜냐하면 이제 당신은 앎의 학생이기 때문이다. 당신은 지금 이 준비에서 자신을 세상에 내주고 있다.

연습 165: *30분 연습 두 차례 & 시간연습*

제 166계단

나의 사명은 크다.
그러므로 나는 작은 일들을 하는 데 자유롭다.

세상에서 해야 하는 작은 일들을 피하려 하는 것은 당신이 오직 두려움·불안·절망의 위장인 자신의 거창한 관념 속에 있을 때뿐이다. 거듭 말하지만, 사명은 크고 의무는 작으니, 이 둘을 혼동하지 말라. 큰 것은 가장 작은 일, 가장 하찮은 행위, 순간적으로 스치는 생각, 가장 단순한 몸짓, 가장 일상적인 상황에서 자신을 표현한다. 그러니 앎이 때맞추어 그 작은 행위들을 통해 자신을 표현할 수 있도록 세상에서 작은 행위들을 계속하라. 앎이 큰 것에 반해, 세상에서 하는 행위들은 작다. 당신이 이 준비를 하기 전에는, 세상이 크고 앎이 작은 것으로 여겼지만, 이제 그 반대인 앎이 크고 세상이 작다는 것이 진실임을 배우고 있다. 이 말은 또한 당신이 세상에서 하는 활동들은 작지만, 그 활동들은 앎이 그 자신을 표현하는 데 매개체가 된다는 것을 의미하기도 한다.

그러므로 세상에서 기꺼이 작은 일들을 하라. 큰 것이 막힘없이 당신을 통해 흐를 수 있도록 세상에서 단순하고 겸손하라.

이 연습은 정각마다 반복이 필요하고, 두 차례 긴 연습 시간에는 마음을 적극 이용하여 오늘 말의 의미를 이해하도록 곰곰이 생각해보는 것이 필요할 것이다. 탐구하는 일에 마음을 쓰라. 오늘의 말을 깊이 숙고하라. 결론을 내리지 말고 계속 탐구하라. 이것이 당신을 더 깊은 이해로 이끄는 마음의 바른 사용법이다. 이때 마음은 그저 스스로 만든 불안에서 벗어나려고 환상이나 환영을 만들지 않을 것이다. 이때 마음은 자신 안에 담긴 것을 고찰할 것이다. 이때 마음은 본래 의도된 대로 앎을 위해 일할 것이다.

연습 166: *30분 연습 두 차례 & 시간연습*

제 167계단

앎과 함께 있으면, 나는 세상에서 자유롭다.

앎과 함께 있으면, 당신은 세상에서 자유롭다. 합류하는 것도 자유롭고, 떠나는 것도 자유롭다. 계약을 맺는 것도 자유롭고, 계약을 바꾸거나 매듭짓는 것도 자유롭다. 자신을 내맡기는 것도 자유롭고, 빠져나오는 것도 자유롭다. 앎 안에서 당신은 자유롭다.

이 말의 참뜻을 이해하여 당신의 현재 상황에서 자신에게 곧바로 미치는 가치를 깨달으려면, 앎을 자아성취에 쓸 수 없음을 이해해야 한다. 이것이 무언의 이해가 되어야 한다. 이 말을 결코 잊지 말라. 왜냐하면 당신이 앎을 자아성취에 쓰려고 하면, 앎을 곡해하여 체험하지 못할 것이기 때문이다. 당신은 단지 자신의 환상을 더욱 키워 더 멀리 도망가려고만 할 것이다. 그럼으로써 지금 당신을 덮고 있는 먹구름만 더 짙어질 수밖에 없다. 그럼으로써 고독하고 비참한 느낌만 커질 수밖에 없으며, 일시적인 자극일 뿐인 것에 당신이 실망할 수밖에 없다.

앎 안에서 당신은 자유롭다. 여기에는 아무런 속박이 없다. 왜냐하면 앎은 단지 당신이 본래 받기로 한 데서 당신에게 줄 뿐이고, 앎이 본래 표현되기로 한 데서 당신을 통해 자신을 표현할 뿐이기 때문이다. 그럼으로써 당신은 모든 부적절한 관계나 결합에서 해방되어 당신을 기다리는 사람들에게 인도될 것이다. 또한 당신에게도 가장 이롭고 당신과 관련된 사람들에게도 가장 이로운 상황으로 인도될 것이다. 이때 앎이 당신의 안내자이다. 이때 당신은 받아들이는 자가 되고, 그리하여 공헌하는 자가 된다. 이보다 더 큰 자유는 없다. 왜냐하면 이 안에서 당신이 자유롭기 때문이다.

정각마다, 오늘 주제를 상기하라. 두 차례 깊은 명상에서는 다시 고요와 침묵 속으로 들어가라. 다시 마음이 고요해지는 것을 허용하라. 고요 속에서 당신이 자유롭기 때문이다. 오늘의 말을 반복하고 연습에 전념하겠다고 다짐하고 나서 연습에 들어가라. 당신이 지배하지 않으면, 당신 마음은 자유로울 것이며, 앎 안에서 본래 마음의 깊이를 체험할 것이다.

연습 167: *30분 연습 두 차례 & 시간연습*

제 168계단

복습

지난주 연습한 것을 복습하라. 지난주 당신이 받은 수업과 체험한 연습을 모두 복습하라. 지금 배우는 것을 더욱 튼튼히 할 수 있도록 지난주 전체를 복습하라. 당신은 지금, 배우는 법을 배우고 있음을 잊지 말라. 당신은 앎의 초보 학생임을 잊지 말라. 당신의 평가가 앎에서 나오지 않았다면, 그 평가는 도움이 되지 않을 것임을 잊지 말라. 이런 평가를 하지 않을 때, 어떻게 연습에 더 깊이 참여할 수 있는지, 어떻게 준비를 더 튼튼히 할 수 있는지, 당신의 노력에 힘이 실리도록 어떻게 외적 삶을 조정할 수 있는지, 그 방법이 분명해질 것이다. 이 모든 일은 당신이 자신을 비난하지 않고 할 수 있다. 이 모든 일은 필요하므로 그리할 수 있으며, 당신은 자신이나 세상을 벌하지 않고 필요한 것에 응답할 수 있다. 이 준비는 필요하다. 왜냐하면 이 준비는 당신의 뜻을 표현하기 때문이다.

오늘 한 차례 긴 연습에서, 성실하고 깊이 있게 한 주를 복습하라. 당신이 받기 위해 지금 준비하는 그 선물을 받을 수 있도록 이 복습에 전념하라.

연습 168: *긴 연습 한 차례*

제 169 계단

세상은 내 안에 있다. 나는 이것을 안다.

세상은 당신 안에 있다. 당신은 그것을 느낄 수 있다. 앎을 통해 당신은 모든 관계의 현존을 느낄 수 있다. 이것이 신의 체험이다. 그래서 다른 사람들과의 의미 있는 관계가 그처럼 큰 가능성을 품는다. 왜냐하면 당신은 어느 한 사람과의 참된 결합에서 모든 생명체와 결합을 체험하기 시작할 수 있기 때문이다. 그래서 당신이 관계를 진정으로 갈구한다. 관계 안에서 결합을 체험하고 목적을 표현하려는 진정한 동기가 이것이다. 사람들은 그들의 관계가 자신의 환상을 실현하고 불안감에서 자신을 튼튼히 보호하기 위한 것으로 생각한다. 이런 생각은 관계의 참 목적이 드러나 이해될 수 있도록 버려야 한다. 그래서 배움의 과정에서 버리는 일이 가장 먼저이다. 여기에서 당신은 배우는 법을 배운다. 여기에서 당신은 받아들이는 법을 배운다.

정각마다, 오늘의 말을 기억하라. 깊은 명상에서는 앎으로 더 깊이 들어가도록 다시 '란'을 말하라. 내면으로 들어가기 전에 먼저 오늘의 말을 반복하고 나서, 숨을 내쉴 때마다 조용히 '란'을 말하라. 마음이 이 명상에만 집중하게 하라. 이 명상이 당신을 앎에 깊이 연결하게 하라. 그러면 당신은 전보다 더 깊이 들어갈 것이다. 이때 당신은 구하는 것을 모두 찾을 것이며, 세상에 대해 혼란스럽지 않을 것이다.

연습 169: *30분 연습 두 차례 & 시간연습*

제 170계단

오늘 내가 하는 준비는
태곳적 의식儀式을 따르고 있다.

당신이 하는 이 준비는 그 기원이 아주 오래 됐다. 그래서 지구는 물론 다른 별의 행성에서도 수 세기 동안 이용되었다. 단지 시대에 맞게 언어와 그 밖의 관련된 것이 조정되었지만, 그런데도 이 준비 과정은 여전히 앎길에서 항상 해온 방식으로 마음을 준비시킨다. 왜냐하면 앎은 바뀌지 않으며, 받아들이는 이들에게 적절하도록, 준비만 현재 상황과 이해 정도에 맞출 뿐이기 때문이다. 물론 이때도 준비의 진정한 원리는 바뀌지 않는다.

당신은 앎을 회복하는 데, 태곳적 의식을 따르고 있다. 우주의 큰 뜻에서 나온 이 준비는 앎의 학생들의 성장을 위해 설계되었다. 당신은 지금, 지구는 물론 다른 별의 행성에 있는 많은 이들과 함께 공부하고 있다. 왜냐하면 앎은 지적 생명체가 사는 모든 행성에서 배우고 있기 때문이다. 그래서 당신의 노력은 함께 준비하는 다른 이들의 노력으로 힘을 얻고 빛나게 된다. 이런 점에서 당신은 학습자 공동체를 대표한다. 그러니 당신 노력을 개별적인 것으로 생각하지 말라. 세상에서 당신 혼자 앎을 회복하고 있다고 생각하지 말라. 또한 당신이 학습자 공동체 소속이 아니라고 생각하지 말라. 머지않아, 당신이 함께 준비하는 이들을 알아보기 시작하면, 이 말이 당신에게 훨씬 더 분명해질 것이다. 머지않아, 당신이 교사들의 현존을 더욱 깊이 체험하면, 이 말이 훨씬 더 분명해질 것이다. 머지않아, 앎에서 나온 결실들이 당신에게조차 분명해지면, 이 말이 훨씬 더 분명해질 것이다. 머지않아, 당신이 자신의 삶을 다세계 큰 공동체 일부로 여기면, 이 말이 훨씬 더 분명해질 것이다.

정각마다, 잊지 말고 연습하라. 고요 속에서 하는 깊은 연습에서, 당신과 함께 연습하는 모든 이들의 혜택을 받아들이라. 당신이 혼자가 아니라는 것, 그리고 당신의 보상을 그들이 받듯이 그들의 보상을 당신이 받는다는 것을 상기하라. 이처럼 당신들은 자신이 이룬 것들을 서로 공유한다. 당신이 연습하는 힘은 다른 이들이 노력하고 베풂으로써 당신 능력을 훨씬 뛰어넘을 만큼 엄청나게 커진다. 이것을 깨달을 때, 당신에게 의욕이 넘칠 것이고, 당신에게 주어진 일에 자신이 부적당하다는 생각을 영원히 하지 않을 것이다. 왜냐하면 당신의 베풂은 다른 이들의 베풂으로 힘이 더 커지며, 이것이 우주에서 신의 뜻을 나타내기 때문이다.

연습 170: *30분 연습 두 차례 & 시간연습*

제 171계단

나의 베풂은 내가 부자임을 확언하는 것이다.

당신은 자신의 부에서 나온 것을 베풀므로, 당신의 베풂은 당신이 부자임을 확언하는 것이다. 우리는 여기서 물질의 베풂을 말하는 것이 아니다. 당신이 자신의 소유물을 모두 주고 나면, 당신에게 아무것도 남지 않을 수 있기 때문이다. 그러나 당신이 앎을 주면, 앎은 불어난다. 당신이 물질을 선물할 때도 거기에 앎이 스며들게 하면, 앎은 불어난다. 그래서 당신은 앎을 받으면 주고 싶어 한다. 왜냐하면 이것이 당신이 받은 것에 대한 자연스러운 표현이기 때문이다.

앎이 우주의 뜻이자 힘이라면, 당신이 앎을 어떻게 소모할 수 있겠는가? 당신의 매개체는 작지만, 당신을 통해 그 자신을 표현하는 실체는 크다. 삶과 당신의 관계는 참으로 크다. 그래서 삶과 함께하는 당신이 그처럼 크다. 여기에는 어떤 우쭐함도 없고, 자만심도 없다. 왜냐하면 당신은 자신이 작으면서 동시에 크다는 것을 알며, 작은 것의 원천과 큰 것의 원천을 인정하기 때문이다. 당신은 작은 것의 가치와 큰 것의 가치를 인정한다. 그래서 당신은 모든 사람의 삶을 인정하며, 사랑과 참된 이해에서 나온, 자신에 대한 깊은 평가에서 아무것도 누락되지 않는다. 그래서 이것은 당신이 오랫동안 연마해야 하는 이해이며, 이때 당신은 자신의 이런 노력이 지구에서 앎을 공부하는 다른 학생들의 노력으로 빛나게 된다는 것을 알아야 한다. 앎은 시공을 초월하므로 심지어 다른 별 행성의 학생들조차 당신 노력을 빛나게 한다. 이처럼 당신은 지금 큰 도움을 받을 수 있으며, 이 도움 안에서 삶과 당신의 참된 관계를 깨닫는다.

정각마다, 연습하라. 깊은 명상에서는 '란'이란 말이 당신을 앎 안으로 깊이 데려가게 하라. 조용하고 고요한 가운데 앎 안으로 깊이 침잠하면서, 당신의 타고난 권리인 평화와 확인을 받아들이라.

연습 171: *30분 연습 두 차례 & 시간연습*

제 172 계단

나는 내 앎을 회복해야 한다.

당신은 당신 앎을 회복해야 한다. 앎은 단순히 당신이 선호하는 다른 것들과 경쟁 관계에서 선택하는 것이 아니다. 앎은 삶에서 꼭 필요하다는 사실이 참으로 합당한 필요성과 중요성을 앎에 부여한다. 그래도 이 필요성 때문에 어쨌든 당신의 자유가 방해받는다고 생각하지 말라. 왜냐하면 당신의 자유는 이 필요성의 결과이며, 이 필요성에서 나올 것이기 때문이다. 이때 당신은 우연의 선택이 아닌 필연의 세계로 들어간다. 이때 당신은 삶과 동떨어져 자신의 관념만을 볼 수밖에 없는 방청객이 되기보다는 진심으로 삶에 참여하게 된다.

그래서 앎의 필요성은 앎이 당신과 세상을 위해 지닌 중요성이다. 그러니 필요성을 기꺼이 받아들이라. 필요성은 양가성에서 생기는 악화나 장애에서 당신을 해방하고, 의미 없는 선택에서 당신을 구해주며, 당신과 세상의 안녕을 위해 꼭 가야 하는 방향으로 당신을 인도한다. 앎은 필요한 것이며, 당신 삶도 필요한 것이다. 여기서 필요성이 지닌 중요성은 단순히 당신 혼자만을 위한 것이 아니며 세상을 위한 것이기도 하다.

당신이 진실로 이 뜻을 이해하면, 혹시 아직도 자신을 가치 없고 나태한 사람으로 느끼고 있더라도 이것을 극복할 것이다. 당신 삶이 필요한 것이면 그 삶에는 목적·의미·방향이 있기 때문이다. 또 당신 삶이 필요한 것이면, 다른 모든 이의 삶도 필요한 것이다. 이것을 이해하면 당신은 누구도 해치고 싶지 않을 뿐만 아니라, 오히려 모든 사람 안에 있는 앎을 확인하려고 할 것이다. 그래서 이 필요성이 당신에게 필요한 힘과 방향을 지니고 있으며, 자신을 위해 받아들여야 하는 은총과 깊이를 당신에게 준다. 필요한 삶은 의미 있는 삶이다. 앎은 필요한 것이다. 필요한 것에 헌신하라. 그러면 당신 자신이 필요한 존재로 느껴질 것이다. 그럼으로써 당신은 죄책감이나 무가치감에서 벗어나 삶과의 관계 속으로 돌아올 것이다.

정각마다, 연습하라. 두 차례 명상에서는 '**란**'이란 말이 당신을 앎의 현존 속으로 깊이 데려가는 것을 허용하라. 당신 언어로는 알 수 없는 말이지만, 이 말의 힘은 당신 앎과 공명할 것이고 앎을 자극할 것이다. 이처럼 수단은 신비롭지만, 그 결과는 확실하다.

연습 172: *30분 연습 두 차례 & 시간연습*

제 178계단

오늘 나는 필요한 것을 할 것이다.

필요한 것을 할 때, 당신은 활기차게 삶에 참여할 것이다. 온갖 형태의 세상 삶은 필요한 것과 맞물려 있기 때문이다. 처음에는 이 말이 사람들에게 중압감으로 느껴질 수 있다. 왜냐하면 사람들은 모든 것을 선호에 따라 선택할 뿐, 정말로 필요한 것은 전혀 없는 환상 속에 사는 데 익숙하기 때문이다.

하지만 사람들이 환상에서 잠시 해방될 수 있고, 목적·의미·방향을 느낄 수 있는 것은 다름 아닌 삶에서 어떤 것이 꼭 필요할 때이며, 심지어 심각한 상황일지라도 마찬가지이다. 그래서 필요성은 인간에게 선물이다. 그러나 사람들은 보통 심각한 상황에서만 이 선물을 받는다.

그런데 당신은 이제 행복한 상황에서, 이 선물을 받는 법을 배워야 하고, 삶에서 구원의 은총으로 필요성을 기꺼이 받아들여야 한다. 왜냐하면 당신은 필요한 사람이기를 바라고, 포함되기를 바라고, 활력이 넘치기를 바라고, 사회에 필수 구성원이 되기를 바라기 때문이다. 이것은 모두 필요한 것이며, 단순히 당신의 선호만은 아니다. 이것은 우연한 선택에서 나와서는 안 되며, 깊은 확신에서 나와야 한다. 왜냐하면 당신의 큰 베풂이 훌륭하고 완전하려면, 깊은 확신에서 나와야 하기 때문이다. 그렇지 않으면 당신은 역경이나 실망을 처음 대하자마자 정신을 잃고 다시 환상과 착각 속으로 돌아갈 것이다.

그러니 오늘 필요한 일들을 환영하라. 작은 일들은 작으니, 불평하지 말고 하라. 오늘 준비에서 순서를 따르는 것은 필요하고 크니, 그 순서를 따르라. 큰 것과 작은 것을 혼동하지 말라. 작은 것은 단지 큰 것을 표현하기 위한 것이기 때문이다. 작은 것을 크게, 혹은 큰 것을 작게 만들려고 하지 말라. 둘 사이의 진정한 관계를 이해하라. 당신 내면에 큰 것과 작은 것이 모두 있기 때문이다. 당신 내면에서 큰 것은 작은 것을 통해 자신을 표현하고자 한다.

그러니 오늘 당신의 일상 활동들을 하라. 오늘 필요한 것을 하라. 정각마다, 오늘의 말을 상기하고, 오늘 하루가 주는 날이자 받는 날이 되도록 연습에 자신을 내주라. 깊은 명상에서는 '란'을 말하며 고요 속으로 깊이 들어가라. 이 명상은 필요한 것이니, 이것을 하라. 필요성을 느끼며 이 명상을 하라. 그러면 당신은 자신의 의지에서 나온 힘을 느낄 것이다.

연습 173: *30분 연습 두 차례 & 시간연습*

제 174계단

나의 삶은 필요하다.

당신 삶은 필요하며, 단순히 생물학적 우연이 아니다. 당신이 이 세상에 태어난 것은 그저 우연히 일어난 상황이 아니다. 당신 삶은 필요하다. 당신이 이곳에 오려고 한 일을 상기할 수 있고, 이곳에 모습을 드러내려고 이세상과 저세상 양쪽에서 필요한 준비를 상기할 수만 있다면, 당신은 이곳에 있는 것이 얼마나 중요하고 당신 내면에 있는 앎이 얼마나 중요한지 깨달을 것이다. 당신 삶은 필요하다. 여기에는 어떤 자만도 없다. 이는 단지 진실을 인지한 것뿐이다. 당신이 자신을 평가하면, 당신 삶은 애처롭거나 거창하다. 하지만 당신 삶의 필요성은 당신 평가와는 전혀 무관하다. 물론 당신은 그 평가를 통해, 당신 삶이 필요하다는 이 참된 인지에 더 가까워지거나, 더 멀어질 수는 있다.

당신 삶은 필요하다. 이것을 이해하라. 그러면 자신을 판단하거나 비난하는 마음이 사라질 것이다. 이것을 이해하라. 그러면 우쭐대던 마음에 겸손이 깃들 것이다. 이것을 이해하라. 그러면 머지않아 당신 계획들이 앎 자체에 맞추어질 수 있다. 왜냐하면 당신 삶은 필요하기 때문이다.

정각마다, 오늘의 주제를 반복하고 나서, 당신 감정이나 상황이 어떠하든, 어떤 생각이 마음속을 지배하든 상관하지 말고 그 뜻을 생각해보라. 왜냐하면 앎은 생각보다 더 크며, 생각을 다스리도록 되어 있기 때문이다. 두 차례 깊은 명상에서는 '**란**'이란 말이 당신을 연습 안으로 깊이 데려가게 하라. 당신 삶의 필요성, 삶의 가치와 중요성을 느껴보라. 이 필요성은 당신이 직접 체험할 수 있는 어떤 것이며, 당신의 평가를 요구하지 않는다. 또한 자신을 남들보다 더 훌륭하게 여겨야 하는 것도 아니다. 이것은 단순히 현실을 깊이 체험하는 것이다. 왜냐하면 당신 삶은 필요하기 때문이다. 당신 삶은 당신을 위해 필요하고, 세상을 위해 필요하며, 삶 자체를 위해 필요하다.

연습 174: *30분 연습 두 차례 & 시간연습*

제 175계단

복습

지난주 연습을 복습하면서, 연습에 자신을 내주는 일의 가치를 다시 한번 자각하라. 그 가치 때문에 연습에 자신을 내주는 일은 베풂의 진정한 의미, 세상에 온 목적의 진정한 의미를 이해하는 첫 단계이다.

한 차례 긴 연습에서 지난주 연습한 것을 되돌아보라. 날마다 연습에 얼마나 깊이 참여했는지 되돌아보고, 그날 주제의 의미를 숙고해보라. 연습 시간에 주의를 온통 이 연습에만 집중하라. 당신의 성장을 보면서, 당신은 지금 다른 사람들에게 베풀려고 준비한다는 것을 깨달으라.

연습 175: *긴 연습 한 차례*

제 176계단

나는 오늘 앎을 따를 것이다.

오늘 정각마다, 앎을 따르는 자신을 체험하라. 작은 일에 작은 결정을 내리는 것은 필요하니, 그리하라. 하지만 앎 없이 큰 결정은 내리지 말라. 당신에게는 작고 하찮은 결정을 할 수 있도록 개인적 마음이 있다. 그러나 큰 결정은 앎과 함께 해야 한다.

오늘 정각마다, 앎을 따르라. 앎에서 나온 평화와 확실성이 당신과 함께 있게 하라. 앎의 총체적 방향을 당신이 알아차릴 수 있게 하라. 앎의 영향력이 당신에게 미치게 하라. 당신이 지금 앎에 자신을 내주는 법을 배우고 있으니, 앎이 당신에게 앎 자신을 내주는 것을 받아들이라.

오늘 두 차례 긴 명상에서, '란'을 말하며 앎으로 깊이 들어가라. 삶의 현존으로 깊이 들어가라. 이 체험 안으로 깊이 들어가라. 이 성취를 향해 당신 마음을 끊임없이 다스리라. 당신에게 나쁜 영향을 주거나 당신을 가로막는 것들을 끊임없이 옆으로 제쳐놓으라. 이런 식으로 당신은 마음에 가장 자연스러운 일이 일어나도록 마음을 훈련하고 준비시킨다.

오늘 앎을 따르라. 만약 앎이 어떤 것을 가리키고 당신이 그 점을 확신한다면, 앎이 가리킨 것을 따르고 주의 깊게 지켜보라. 무슨 일이 일어나는지 보라. 당신의 충동·바람·두려움·회피를 앎과 구별하는 법을 배우려고 노력하라. 이것은 체험을 통해 배워야 한다. 이렇게 배움으로써 앎처럼 가장한 것과 진짜 앎의 차이가 분명해진다. 이때 당신에게 큰 확실성과 자신감이 생길 것이며, 이 확실성과 자신감은 다가오는 시대에 당신에게 필요할 것이다.

연습 176: *30분 연습 두 차례 & 시간연습*

제 177계단

오늘 나는 정직해지는 법을 배울 것이다.

당신이 발견하기를 기다리는 큰 정직이 있다. 당신이 자신을 위해 활용해야 하는 큰 정직이 있다. 자신이 느끼는 것을 단순히 아는 것만으로는 충분하지 않으며, 자신이 아는 것을 느끼는 것이 더 큰 요건이다. 이것이 큰 정직이며, 삶 자체와 조화를 이루는 정직, 세상 모든 존재의 참된 진보를 반영하는 정직이다. 이 정직은 단순히 자신의 개인적 의지가 실행되어야 한다는 것을 나타내거나 요구하는 것이 아니며, 그보다는 당신 내면에서 삶의 필요성이 삶 자체에 진실한 방식으로 표현되는 것을 요구한다. 이 표현의 형태나 방식은 당신이 다른 사람들에게 전해야 하는 일이 생길 때, 그 메시지 안에 담겨 있을 것이다.

그러니 당신이 아는 것을 느끼는 법을 배우라. 이것이 큰 정직이다. 큰 정직에는 열린 마음과 억제, 양쪽 모두가 필요하다. 또한 자기 점검이 필요하고, 자신의 삶에 대해 객관성이 필요하며, 탐구에 마음을 적극 이용하는 능력뿐만 아니라, 고요와 평화도 필요하다. 그래서 지금까지 배운 것이 모두 오늘 연습에 도움되고 활용된다.

정각마다, 오늘의 연습을 상기하고, 자신이 처한 상황에서 그 순간에 오늘의 연습을 진지하게 숙고하라. 오늘 긴 연습에서는, 다시 고요 안으로 들어가 당신 마음이 이 의미 있는 활동에 참여하게 하라. 마음이 위안과 평화를 찾으려면, 고향 가까이에 다가가야 한다. 그러려면 처음에는 자기단련이 필요하나, 일단 접속되고 나면, 그다음은 그 안에서 저절로 자연스럽게 진행된다.

오늘 더 정직해지는 법을 배우라. 더 높은 수준의 정직, 즉 당신의 진짜 본성을 확인해주고 가장 큰 목적을 저버리지 않는 참된 수준의 정직을 분별하는 법을 배우라.

연습 177: *30분 연습 두 차례 & 시간연습*

제 178계단

오늘 나는 나에게 베푼 이들을 기억할 것이다.

오늘은 당신 삶에 참된 관계가 있음을 인정하는 특별한 날이며, 당신에게 주어진 선물을 인정하는 특별한 날이다. 오늘은 감사하는 날이다.

그러므로 정각마다, 오늘의 주제를 반복하고 나서, 잠깐 시간을 내어 당신에게 베푼 이들을 생각하라. 지혜를 보여주거나 잘못을 보여줌으로써, 당신에게 혜택을 준 사람들을 대단히 주의 깊게 생각해보고자 하라. 가야 할 길과 가지 말아야 할 길을 알 수 있도록 실례를 보여준 이들을 생각해보라. 오늘 두 차례 긴 연습에서, 이것에 대해 더 깊이 알아보고자 할 때, 더욱 주의 깊게 생각해보려고 노력하며, 마음속에 떠오르는 사람을 탐구 대상으로 받아들이라. 오늘 긴 연습 시간은 마음을 적극 활용한다.

긴 연습에서는, 먼저 오늘의 주제를 반복하고, 사람들이 마음속에 떠오르게 하라. 앎을 회복하는 일에 그들이 무엇을 공헌했는지 알아보는 법을 배우라. 당신의 육체적·정서적 건강에 그들이 공헌한 것을 알아보는 법을 배우라. 그들이 당신에게 어떻게 봉사했는지 알아보는 법을 배우라. 그럼으로써 주고받는 것과 세상에 봉사하는 것에 대한 당신의 총체적 개념이 확장되고 성장할 수 있다. 그러면 당신은 세상을 제대로 볼 수 있는 안목을 갖게 되어, 자신이나 다른 사람들을 어떻게 하면 자비롭게 대할 수 있는지 알게 될 것이다.

그래서 오늘은 확언하는 날이자, 감사하는 날이다. 당신이 연습에서 보상을 받을 수 있도록 당신 연습이 뜻있고 효과적이 되게 하라.

연습 178: *30분 연습 두 차례 & 시간연습*

제 129계단

오늘 나는 무엇이 참인지 나에게 가르쳐주는
세상에 감사할 것이다.

장대함과 어리석음을 모두 품고 있는 세상은 당신에게 무엇에 가치를 두어야 하는지 가르치고, 참된 것을 알아보는 법을 가르친다. 당신이 이 구분을 할 수 있으려면, 배우는 데 그 차이가 분명해야 한다. 당신이 참인 것과 거짓인 것, 의미 있는 것과 의미 없는 것을 분별하려면, 배우는 데 그 차이가 당신에게 뚜렷해야 한다. 의미 없는 것의 본질과 그 안에 담긴 것을 알려면, 의미 없는 것을 맛보아야 하고, 의미 있는 것의 본질과 그 안에 담긴 것을 알려면, 의미 있는 것을 맛보아야 한다. 세상은 끊임없이 당신에게 이 둘을 맛볼 기회를 준다.

지금 당신에게 필요한 것은 참을 점차 더 많이 맛보는 것이다. 그래서 우리는 당신의 일일연습에서 이것을 강조한다. 당신은 이미 거짓이 당신 마음과 관심을 지배할 만큼 거짓에 빠져 있다. 그래서 이제 우리가 당신에게 참을 알려주지만, 당신은 거짓이 보여준 것을 이롭게 활용하는 법도 배워야 한다. 그러면 더 이상 거짓을 탐구하지 않아도 될 것이다. 거짓은 이미 당신에게 그 모습을 보여주었다. 이제 당신은 그 거짓이 내놓는 것을 알아보는 법과 거짓이 줄 수 있는 혜택을 활용하는 법을 배우고 있다. 거짓에서 얻을 수 있는 유일한 혜택은 당신이 참인 것을 알고자 하고, 참인 것을 받아들이는 더 큰 역량을 가질 수 있도록, 거짓에 실체가 없음을 알아차리는 법을 배우는 것이다.

그러므로 세상이 그 장대함과 어리석음으로, 또 영감을 주는 순간과 거창한 환상을 펼치는 것으로 당신을 도와주는 것에 오늘 감사하라. 지금까지 당신이 본 세상은 대체로 사람들의 환상으로 이루어졌다. 하지만 당신이 보아야 하는 더 큰 세상, 실제로 존재하는 세상, 당신 내면의 앎을 깨우는 세상, 당신 안에서 감사하는 마음, 진정으로 자신을 적용해보고 싶은 마음을 불러일으키는 세상이 있다. 왜냐하면 이 세상의 진화를 돕는 것이 당신의 목적이듯, 당신의 진화를 돕는 것이 세상의 목적이기 때문이다.

오늘 두 차례 긴 연습 시간에 마음을 적극 이용하여 이 말뜻을 살펴보라. 세상이 어떻게 당신을 도왔는지 이해하는 데 전념하라. 매우 주의 깊게 생각하라. 이것은 가볍게 한 번 해보는 탐구가 아니다. 진지한 마음으로 필요성을 느끼며 탐구해야 한다. 왜냐하면 현재와 미래 모두 당신 삶의 체험이 이 탐구에 따라 달라지기 때문이다.

정각마다, 오늘의 주제를 기억하고, 세상을 바라보며 그 뜻을 마음에 간직하라. 오늘 하루를 헛되이 보내지 말라. 오늘은 인지하는 날이고, 감사하는 날이며, 지혜를 얻는 날이다.

연습 179: *30분 연습 두 차례 & 시간연습*

제 180계단

나는 앎이 결여되어 있으므로 불평한다.

당신이 삶을 불평할 때, 당신은 앎을 요청하고 있다. 앎은 삶에 대해 자신의 표현이 있지만, 그것은 당신 내면이나 주위 사람들에게서 들을 수 있는 한탄과는 매우 다르다. 그러므로 오늘 앎에 다가갈 때, 불평의 속성이 무엇인지 보라. 불평하는 것이 당신의 나약함과 당신에 대한 세상의 지배권을 얼마나 강조하는지, 또 지금 당신이 배우는 것과 얼마나 많이 상반되는지 보라. 당신은 이제 당신의 큰 부분을 발견하는 법, 세상에 대한 당신의 지배권을 발견하는 법을 배우고 있다. 당신은 세상과 관계를 맺고 있다. 이 관계를 건강하고 의미 있게 하라. 세상이 당신에게 공헌하는 것을 받아들이라. 그리고 당신도 세상에 공헌하는 사람이 되라.

그러므로 오늘 세상이 당신에게 베푼 것에 다시 한번 감사하라. 깊은 명상시간에는 고요와 침묵 속으로 들어가라. '란'을 말하며 안으로 깊이 들어가라. '란'이란 말을 이용하여 당신 마음이 고향 언어인 이 소리와 하나가 될 수 있도록 당신 마음과 생각을 이 소리에만 집중하라.

오늘은 중요한 공헌의 날이다. 그러니 오늘 불평하지 말라. 일어나는 모든 일은 당신이 연습해볼 기회이며, 당신의 진정한 정신 능력을 개발할 기회임을 알라. 불평은 세상이 당신에게 하는 공헌을 거부하는 것일 뿐이다. 그러므로 세상의 공헌을 거부하지 말라. 오늘 세상의 선물을 받을 수 있도록 세상을 불평하지 말라.

연습 180: *30분 연습 두 차례*

제 181 계단

나는 오늘 앎의 사랑을 받아들인다.

앎은 사랑의 진짜 씨앗을 지니고 있다. 단순한 감정이 아닌 사랑, 두려움 때문에 간절히 바라는 데서 나온 일종의 도취가 아닌 사랑의 진짜 씨앗을 지니고 있다. 앎은 참사랑의 씨앗이다. 정복하고 소유하고 지배하기 위한 사랑이 아니라, 다른 사람에게 봉사하고 힘과 자유를 주고자 하는 사랑의 씨앗이다. 오늘 사랑이 당신을 통해 세상으로 흐를 수 있도록 이 사랑을 받아들이는 이가 되라. 당신이 거부하지 않으면, 사랑은 분명히 그리할 것이다.

정각마다, 당신이 어떤 상황에 있든, 오늘의 주제를 반복하고 나서, 그 영향을 온전히 느껴보라. 모든 상황이 당신의 연습을 돕는 것을 허용하라. 그러면 연습이 당신의 외적 삶에 점점 더 강한 영향을 미치는 것을 알 것이다. 오늘 두 차례 깊은 연습에서는, 앎의 현존으로 들어가 그 사랑을 받아들이라. 당신의 가치를 인정하고, 앎의 사랑을 받아들이겠다고 확언하라. 당신 자신이나 세상에 대해 추정하는 것을 포기하라. 당신 자신이 모든 가정 너머에 있는 진실을 입증할 체험을 하는 것을 허용하라. 이것이 오늘 당신의 연습이며, 당신 자신은 물론 세상과 창조주에게 주는 당신 선물이다. 이렇게 해서 당신이 사랑을 선물로 받아들일 수 있다.

연습 181: *30분 연습 두 차례 & 시간연습*

제 182계단

복 습
───

오늘은 당신의 준비에 중요한 전환점이 되는 날이다. 오늘은 당신 준비에서 첫 단계가 끝나고, 새로운 단계가 시작되는 날이다. 한 차례 긴 연습 시간에 지난주를 복습하고 나서, 당신이 얼마나 왔고 얼마나 더 가야 하는지 잠깐 생각해보라. 당신 안에서 커지는 힘을 느껴보라. 당신의 외적 삶을 생각해보고, 자신은 물론 다른 사람들의 안녕을 위해 얼마나 더 많은 것이 삶에서 이루어져야 하는지 보라. 당신이 얼마나 조금밖에 모르고, 또 얼마나 많이 이용할 수 있는지 보라. 자신을 의심하는 버릇 때문에 이 준비를 그만두는 일이 없도록 하라. 왜냐하면 삶이 줄 수 있는 가장 큰 선물을 받는 데 당신은 참여하기만 하면 되기 때문이다.

지난주를 되돌아보고, 지금까지 준비하면서 일어난 것을 생각해보라. 지난 몇 달 동안 당신 내면에서 성장한 것을 보라. 커지는 현존의 느낌, 커지는 내적 확신의 느낌, 커지는 내적 힘의 느낌을 보라. 당신의 외적 삶이 열리기 시작했다는 점을 감안하라. 전에는 고착된 어떤 것들이 당신을 위해 재조정될 수 있도록 이제는 느슨하게 풀어져 있다. 당신은 이제 자신을 개인적으로 방어하려고 자신의 외적 삶을 지배하고 싶지 않을 것이니, 외적 삶이 바뀌는 것을 허용하라. 당신 내면에서 큰 확신이 일어날 때, 외부 상황은 당신에게 맞게 재조정되어야 한다. 그래서 당신은 단순히 변화를 받아들이는 사람만 되는 것이 아니라, 변화의 원천이 된다.

당신이 지금까지 이룬 것을 인정하되, 앎의 초보 학생임을 잊지 말라. 당신이 가정하는 일이 거의 없이 많이 받아들일 수 있도록 초보 학생이 당신의 출발점이 되게 하라. 초보 학생이라는 큰 기준점에서, 당신은 인간의 편견과 비난 너머를 볼 수 있고, 개인적 관점 너머를 볼 수 있으며, 세상이 절실히 받아들여야 하는 세계관을 가질 수 있다.

연습 182: *긴 연습 한 차례*

앎으로 가는 계단

제 2 부

준비 프로그램 후반부에서 우리는 새로운 영역들을 탐구할 것이다. 그래서 당신이 앎을 더 깊이 체험하고, 세상에서 앎의 공헌자가 되도록 준비하게 할 것이다. 이제부터 우리는 당신에게 익숙한 것은 물론 익숙하지 않은 것도 탐구할 것이고, 당신이 전에 알았던 것은 물론 전에 전혀 들어본 적이 없는 것도 탐구할 것이다. 당신 삶의 신비가 당신을 부르고 있다. 왜냐하면 세상에서 정말 가치 있는 것은 모두 이 신비에서 오기 때문이다.

그러므로 앞으로 맞이하는 계단에서 더욱더 헌신적으로 자신을 내주라. 의심을 떨쳐버리라. 큰 확신을 가지고 나아가라. 당신은 참여하기만 하면 된다. 당신이 앎을 자극하면 앎은 스스로 일어날 것이기 때문이다. 정신적·육체적 조건들이 당신 삶에서 적절히 준비되고 맞추어지면, 앎은 스스로 일어날 것이다.

자, 그러면 이제 이 준비의 다음 단계로 나아가자.

제 183계단

나는 답이 아니라 체험을 구한다.

오늘 체험을 구하라. 왜냐하면 체험은 모든 물음에 답하여 물음이 필요 없도록 하기 때문이다. 체험이 점점 더 깊은 체험으로 이끌 수 있도록 오늘 체험을 구하라. 앎에게 묻고 나서, 앎이 당신에게 줄 수 있는 체험을 받아들이는 편이 더 낫다. 당신은 자신의 물음에 응답으로 매우 작은 것을 받는 데 익숙해 있다. 답은 아주 대단히 작다. 참된 답은 큰 준비에 참여하라는 초청이어야 하며, 그 준비는 당신이 직접 마련한 것이 아니라, 당신을 위해 마련된 것이어야 한다. 그러므로 순간적인 편안함과 위안을 주는 그런 작은 것을 구하지 말라. 당신 삶에 기반이 되는 것, 이전에는 당신에게 결코 제공되지 않은 삶을 제공할 수 있는 것을 구하라.

오늘 두 차례 깊은 연습에서는, 이 체험을 받아들이는 사람이 되라. 도움이 된다고 여겨지면 '란'을 말해도 되지만, 앎의 체험 속으로 깊이 들어가라. 답을 구하지 말라. 아이디어는 필요할 때 형편에 맞게 때맞추어 당신에게 찾아올 것이다. 이 점은 확신해도 된다. 당신 마음은 준비되면 진실로 받아들일 것이고, 또 그렇게 받아들인 것을 실제로 실행에 옮길 수 있을 것이다. 이 실행이 당신에게 필요한, 받아들였다는 표시이다. 이것은 큰 체험에서 나와야 한다.

정각마다, 연습을 잊지 말라. 당신이 구하는 것은 진짜 체험이지, 답만 달랑 구하는 것이 아님을 알라. 당신 마음은 온갖 답으로 이미 가득 찼으며, 그 답들은 지금까지 당신 물음에 답해주지 못했다.

연습 183: *30분 연습 두 차례 & 시간연습*

제 184계단

나의 물음들은 내가 이전에 인식한 것보다 더 크다.

당신이 실제로 묻고 있는 것은 당신이 이전에 품은 것보다 더 크다. 당신 물음들이 당장 눈앞에 있는 상황에서 나올 수도 있지만, 당신은 눈앞에 있는 일에 대한 즉각적인 해답보다 훨씬 더 큰 것을 묻고 있다. 즉각적인 해답은 오직 큰 근원에서만 제공될 것이다. 바로 이 큰 근원을 당신이 지금 구하고 있다. 왜냐하면 당신은 세상에서 자신의 본성을 깨닫기를 구하고 있고, 큰 준비를 발견하기를 구하고 있기 때문이다. 이 큰 준비는 당신 일이 세상에서 마무리될 수 있도록 당신이 선물을 내줄 수 있게 할 것이다. 그러므로 당신은 여기 봉사하러 왔음을 알라. 당신은 여기 베풀기 위해 왔다. 그리고 봉사하고 베푸는 가운데, 당신의 성취를 발견할 것이다. 이때 당신은 행복을 느낄 것이다.

오늘 두 차례 긴 연습에서, 고요히 있을 때 마음이 더 잘 받아들일 수 있게 된다는 것을 명심하며 다시 고요와 침묵으로 들어가라. 고요 속에 있을 때, 당신은 자신이 이미 알고 있었지만, 지금까지 무시한 것들을 발견한다. 이 연습을 통해 당신 마음은 삶의 모든 면에서 더 섬세해지고, 더 깊어지고, 더 큰 집중과 초점을 가질 것이다.

오늘 당신이 구하고 있는 것은 이전에 당신이 생각한 것보다 더 큰 어떤 것이다. 당신은 실제 증거를 통해 당신 앎의 의미를 알고자 한다.

연습 184: *30분 연습 두 차례*

제 185계단

나는 목적이 있어 세상에 왔다.

우리는 다시 이 큰 진실을 확언한다. 앎과 함께 있으면, 당신은 이 말이 진실임을 알 것이다. 당신의 개인적 성장이 현재 어느 단계에 있든, 당신 삶의 목적은 여전히 본연의 상태로 남아 있다. 그러므로 우리는 당신의 안녕과 성장에 필수적인 어떤 가르침들을 가끔 반복한다. 당신이 그 가르침들을 점점 더 깊이 체험할 수 있도록 우리는 이따금 말을 바꾸어 가르친다. 이렇게 함으로써 당신 가슴이 당신 의식 속으로 들어가는 길을 찾을 수 있도록 그 가르침이 당신 가슴속으로 들어가는 자신의 길을 찾을 것이다.

당신은 이곳에 봉사하려고 왔다. 당신은 이곳에 베풀려고 왔다. 당신이 이곳에 온 것은 앎으로 부자이기 때문이다. 삶에서 당신 상황이 어떠하든, 앎이 당신 내면에서 일어나면, 당신의 빈곤감은 영원히 사라질 것이다. 왜냐하면 앎이 체험되고 표현될 때, 궁핍감이 있을 수 없기 때문이다. 이것이 이 준비 프로그램의 가능성이고, 당신 삶의 가능성이며, 이곳에서 당신의 운명이자 사명이다. 여기에서 당신은 세상에서의 특정 부름을 받을 것이다. 이 부름에는 당신이 해야 할 활동들이 꽤 구체적으로 담겨 있을 것이다. 이 부름이 있기 전에, 당신 마음이 연마되어야 하고, 당신 삶이 그저 두려움이나 소망이 아닌 앎을 반영할 수 있도록, 삶은 다시 정돈되고 진정한 균형을 이루어야 한다. 큰 삶은 당신 내면의 큰 근원에서 나와야 한다. 그 큰 삶이 바로 지금 당신에게 가능하다.

당신은 봉사하려고 이곳에 왔지만, 봉사하려면 먼저 당신이 받아야 한다. 오늘 긴 연습 시간에 받는 것을 연습하라. 고요의 연습에서 더 깊이 들어가라. 이 연습을 연마하라. 당신은 고요 연습을 하도록 도와줄 구체적인 요령들을 지금 배우고 있다. 배우고자 하는 당신의 뜻이 분명하면, 방법은 자연스레 뒤따를 것이다. 우리는 당신 마음이 방향을 제대로

잡도록 필요한 만큼만 방법을 알려준다. 여기서부터는 당신이 이 과정에서 알려준 지침을 저버리는 일 없이 자신에 맞게 연습을 미세하게 조정해도 된다.

그러므로 여기서 알려준 지침을 따르되, 필요한 만큼 미세하게 조정하라. 당신이 본성에 맞게 일하는 법을 배울 때, 자신을 위해 그 본성을 활용하는 법을 배울 것이다. 정각마다 연습하여 어디서나 연습할 수 있도록 하고, 오늘 당신에게 일어나는 모든 일이 연습의 일부분이 되도록 하라.

연습 185: *30분 연습 두 차례 & 시간연습*

제 186계단

나는 유서 깊은 가문 출신이다.

당신은 유서 깊은 가문 출신이다. 비록 이것이 말로는 설명될 수 없는 것이지만, 당신 마음속에 자연스레 떠오를 것이다. 이는 본질적으로 순수하게 삶과 포함을 체험하는 것이다. 이 체험에서 기억되는 것은 지금까지 진화과정에서 당신이 쭉 쌓아온 관계들이다. 오직 관계 회복만이 이 세상 삶 너머로 가져갈 수 있다. 그리고 지금까지 이렇게 영적 가족으로서 당신이 회복한 이들이 현재 당신의 영적 가족으로서 존재한다. 이들이 점점 더 커지는 앎을 형성하고, 지금 당신이 체험할 수 있는 삶의 포함을 이룬다.

당신은 소규모 학습 단체인 자신의 영적 가족에 봉사하려고 여기 왔다. 이 무리는 다른 무리들과 계속해서 합류할 수 있도록 그 구성원 사이를 돈독히 하며 나아가기 위해 많은 시대와 상황에서 함께 일해 왔다. 마치 개울이 점점 더 큰 강물로 합류하여 바다로 가는 것처럼, 당신은 필연적인 과정을 따라 삶의 근원으로 간다. 이렇게 가는 길이 자연스러운 길이자 참된 길이며, 모든 추론과 철학을 넘고 인류의 모든 두려움과 야심을 넘어 존재하는 방식이다. 이것이 세상 이치이며, 당신이 이해할 수 없는 영원한 신비이다. 그런데도 이 길은 현재 바로 앞에 있는 당신 삶의 상황 속에서 당신을 온전히 도울 수 있다. 당신 삶의 신비가 위대한 것이 이런 것이며, 당신 삶의 가장 세세한 부분에까지 그 신비가 적용되는 것이 이런 것이다. 그리하여 이곳에서 당신 삶이 마무리된다.

당신은 위대한 가문 출신이다. 따라서 위대함이 당신과 함께 있는 것은 당신의 관계 때문이다. 오늘 두 차례 깊은 명상에서 고요 속으로 들어가 이 가문을 받아들이라. 그리고 정각마다, 이 가문을 인정하라. 오늘 세상에서 이 큰 진실의 현실과 이 큰 진실을 부정하는 것 모두가 드러나는 것을 허용하라. 왜냐하면 세상이 다른 것을 앎이라고 하면서 앎을 부정할 때, 당신은 앎을 소중히 여기는 법, 앎이 이미 세상에 있음을 깨닫는 법을 배울 것이기 때문이다.

연습 186: *30분 연습 두 차례 & 시간연습*

제 187계단

나는 다세계 큰 공동체 시민이다.

당신은 오직 지구 한 세계에만 국한된 인간이 아니다. 당신은 다세계 큰 공동체 시민이다. 다세계 큰 공동체란 감각을 통해 보는 물질 우주를 말한다. 이 큰 공동체는 당신이 지금 이해할 수 있는 것보다 훨씬 더 크다. 큰 공동체의 관계 범위는 당신이 상상할 수 있는 것보다 훨씬 더 크다. 왜냐하면 현실은 항상 상상보다 더 크기 때문이다.

당신은 광활한 물질 우주의 시민이다. 이것을 확언할 때, 당신은 자신의 계보와 가문을 인정할 뿐만 아니라, 이 시기 당신 삶에 목적이 있음도 인정한다. 왜냐하면 인간 세계는 지금 다세계 큰 공동체 삶으로 성장해 나가기 때문이다. 비록 당신 믿음으로는 이 말을 아직 이해할 수 없겠지만, 이것은 당신에게 이미 알려져 있다.

오늘 정각마다, 당신이 다세계 큰 공동체 시민임을 확언하라. 그러면 당신은 지금 발견하기 시작하는 큰 삶을 확언하는 것이 된다. 두 차례 명상연습에서는, 다시 고요와 침묵 속으로 들어가라. 이처럼 고요를 더 깊이 체험하면, 당신은 모든 것을 이해할 수 있을 것이다. 왜냐하면 마음은 앎에 동화하도록 창조되었고, 여기서 이해가 생기기 때문이다. 개념이나 이론을 많이 안다고 해서 앎과 이해가 생기지는 않는다. 왜냐하면 이해는 진정한 친밀감과 체험에서 생기기 때문이다. 이때, 그 이해는 세상에서 견줄만한 것이 없으며, 따라서 당신은 그 이해로 당신이 지각하는 이 세상에 봉사할 수 있다.

연습 187: *30분 연습 두 차례 & 시간연습*

제 188계단

이 세상에서의 내 삶은
내가 이전에 알고 있었던 것보다 훨씬 더 중요하다.

이것은 너무 과장된 말 아닌가? 그렇지 않다. 이런 생각은 당신이 겸손해야 할 필요를 저버리지 않는가? 그렇지 않다. 당신은 더 큰 목적 때문에 이곳에 왔으며, 그 목적은 당신이 상상한 것보다 더 크다. 왜냐하면 당신의 상상은 삶의 목적이 의미하는 바를 담고 있지 않기 때문이다. 삶에는 오직 목적과 이 목적을 대신하는 다른 모든 것이 있을 뿐이며, 이 다른 모든 것은 두려운 상상에서 나온다. 당신은 지금까지 안 것보다 더 큰 삶을 살려고 이곳에 왔으며, 당신 내면에 지니고 있는 것이 바로 이 큰 것이다. 이 큰 것은 지극히 단순한 생활 방식이나 지극히 단순한 일상 활동에서 표현될 수도 있다. 일상 활동이 중요한 것은 그것이 전하는 본질 때문이지, 다른 사람들을 자극하는 것 때문이 아니다.

이 둘의 차이를 매우 주의 깊게 이해하라. 그러면 당신은 큰 것과 작은 것을 분별하는 법과 작은 것이 큰 것을 섬기는 법을 차츰 배울 것이다. 그럼으로써 일부는 작고 일부는 큰, 당신의 모든 부분이 통합될 것이다. 개인적 마음과 육체는 작으며, 큰 앎을 섬기기로 되어 있다. 이때 당신이 통합되고 삶도 통합된다. 여기에 불평등이란 없다. 왜냐하면 당신의 모든 면은 큰 목적에 봉사하려고 함께 일하며, 당신은 그 큰 목적에 봉사하려고 왔기 때문이다.

오늘 긴 연습 시간에 이것들을 이해하고자 하는 데 마음을 적극 쓰라. 이해는 단순히 자신에게 위안이 되거나 개인적으로 동의하는 생각에서 나오는 것이 아니라, 당신의 탐구에서 나올 것이다. 탐구를 위해 마음을 쓰라. 눈을 감고 이러한 것들을 생각해보라. 매우 정성 들여 집중하고, 집중이 끝나면, 모든 생각을 내려놓고 고요와 침묵으로 들어가라. 이처럼 당신은 마음을 의도적으로 쓰고 나서, 고요 속으로 들어간다. 이것이 마음의 두 기능이며, 당신은 오늘 이것을 연습할 것이다.

정각마다, 연습을 상기하고, 당신의 성장에 오늘 하루를 활용하라. 이것이 세상에 주는 당신 선물이다.

연습 188: *30분 연습 두 차례 & 시간연습*

제 189계단

나의 영적 가족은 모든 곳에 있다.

당신의 영적 가족은 당신이 아는 것보다 더 크다. 당신의 영적 가족은 많은 세계에 있으며, 그 영향력은 모든 곳에 미친다. 그래서 자신을 혼자라고 여기는 것은 정말 무의미하다. 모든 목적 중에 가장 큰 것을 섬길 만큼 대단히 큰 어떤 것의 일부분이 바로 당신이기 때문이다. 이것을 알려면, 당신은 자신을 비난하거나 왜소하게 보지 않아야 한다. 당신은 자신이 세상에서 한 행동과 동일시해왔고, 그 행동은 작다. 또한 개인적 마음이나 육체를 자신과 동일시해왔으며, 이것들은 작다. 하지만 이제 앎을 통해 삶 자체와의 관계를 깨닫기 시작했으며, 그 관계는 크다. 이런 깨달음은 개인적 마음이나 육체를 벌하는 일 없이 이루어진다. 왜냐하면 몸과 마음은 큰 목적을 섬기는 법을 배움으로써 쓸모 있고 즐길 수 있는 것이 되기 때문이다. 이때 몸과 마음에 지금까지 없었던 의미를 주며, 몸은 건강을 얻고 개인적 마음은 활용된다.

신체적 욕구는 건강을 위한 것이지만, 건강은 큰 목적을 섬기기 위한 것이다. 개인적 마음은 바르게 활용되어야 하며, 이때 의미와 가치가 있을 것이다. 왜냐하면 개인적 마음은 의미 있는 것에 포함되기만 바라기 때문이다. 개인적 마음과 육체가 삶에서 제자리를 찾을 수 있도록 해주는 것은 앎이며, 앎이 당신에게 목적·의미·방향을 제공한다.

이것은 모든 세계에서 진실이며, 당신이 한 시민으로 있는 물질 우주 전반에 걸쳐 진실이다. 이 세상에 객관적이 되는 법을 배울 수 있도록 자신을 더 넓은 시각에서 바라보라. 인간들의 가치관·가정·목표만으로 세상을 보지 말라. 그러지 않으면 당신은 세상의 목적과 진화를 보지 못하고, 자신이 훨씬 넓은 세계의 한 시민임을 알아보기가 더욱더 어려워진다.

두 차례 긴 연습에서는, 오늘 말의 의미를 적극적으로 탐구하는데 마음을 쓰라. 긴 연습 두 차례 모두, 탐구하는 데 15분을 먼저 쓰라. 진지하게 오늘 말의 의미를 탐구하라. 그런 다음 탐구가 끝나면, 마음이 다시 고요 속으로 들어가는 것을 허용하라. 마음이 적극 참여하는 것과 고요히 있는 것 사이에 어떤 차이가 있는지 보라. 둘 다 중요하며 서로 보완한다는 점을 이해하라. 정각마다, 오늘의 말을 반복하고 주위 세상을 보면서 그 뜻을 곰곰이 생각해보라.

연습 189: *30분 연습 두 차례 & 시간연습*

제 190계단

지구는 다세계 큰 공동체에 출현하고 있다.
그래서 내가 여기 왔다.

당신은 큰 전환점에 세상에 왔으며, 당신의 생애에서는 그 전환점의 일부만을 볼 것이다. 전환점이란 지구가 주변에 있는 세계들과 접촉하는 것을 말한다. 이것은 인류의 자연스러운 진화이며, 지적 생명체가 사는 세계라면 어디에서나 자연스럽게 거치는 진화이다. 지구는 지금 큰 공동체를 추구하고 있다. 그러려면 지구 공동체가 먼저 통합되어야 할 것이다. 이 또한 지적 생명체가 사는 행성은 모두 거쳐야 하는 진화의 한 부분이다. 당신은 이 일에 봉사하려고 여기 왔다. 봉사해야 할 일이 많으며, 다양한 차원에서 봉사할 수 있다. 개인 차원에서도 할 일이 있고, 지역 사회나 지구 차원에서도 할 일이 있다. 당신은 이처럼 삶의 큰 수레바퀴의 일부분이다. 왜냐하면 개인 목적만으로 여기 온 것이 아니기 때문이다. 당신은 세상에 봉사하러 여기 왔고, 그래서 그 보답으로 도움을 받는다.

오늘 두 차례 긴 연습에서는, 오늘의 말을 탐구하라. 여기에 동조하는 생각, 반대하는 생각을 모두 살펴보면서 진지하게 생각하라. 여기에 찬성하는 느낌, 거부하는 느낌을 모두 살펴보라. 당신이 가진 선호·편견·믿음·희망·두려움 등을 살펴보라. 이 연습 시간의 처음 절반은 이처럼 탐구하라. 나머지 절반은 고요와 침묵 속으로 들어가라. 이때 '란'을 말하는 것이 도움 되면 그리하라. 이처럼 마음의 두 가지 활동은 모두 필요하며 서로 보완한다는 점을 명심하라. 당신은 앞으로 이것을 배울 것이다. 정각마다, 오늘의 말을 반복하라. 그래서 오늘의 말을 통해, 당신이 새로운 방식으로 세상을 볼 필요성이 있음을 인식하라.

연습 190: *30분 연습 두 차례 & 시간연습*

제 191계단

나의 앎은 나의 인간성보다 더 크다.

당신 앎은 삶의 보편적 실체에서 태어난다. 앎은 인간성을 가리지만, 인간성에 진정한 의미를 준다. 큰 삶은 이 세상과 이 시대에서, 그리고 지금 실제 존재하는 상황에서 자신을 표현하고자 한다. 그래서 큰 것은 작은 것을 통해 표현하고, 작은 것은 자신을 큰 것으로 체험한다. 이것이 모든 삶의 이치이다. 큰 맥락에 봉사하지 않거나, 큰 현실의 일부분이 아니라면, 당신의 인간성은 의미가 없다. 또한 당신의 본성을 확언하는 것이라기보다는 오히려 억누르고 가두고 제한하는 속박일 뿐이다.

앎은 인간성보다 더 크다. 그래서 인간성이 의미를 가질 수 있다. 왜냐하면 봉사할 것이 있기 때문이다. 봉사할 것이 없다면, 인간성은 당신을 제한하고 가두는 한낱 구속일 뿐이다. 하지만 인간성은 지금 당신 안에 있는 큰 현실에 봉사하기로 되어 있다. 이 현실은 당신 안에 있지만, 당신이 소유하고 있는 것은 아니다. 또 당신이 개인적 성취에 쓸 수도 없다. 당신은 오직 그 현실을 받아들여, 그 현실이 스스로 표현하는 것을 허용할 수만 있다. 그러면 그 현실은 당신의 인간성을 통해 그 자신을 표현할 것이고, 이때 당신은 자신을 더 깊이 체험하게 될 것이다.

오늘 긴 연습 시간에 다시 고요 속으로 들어가라. 정각마다, 오늘의 말을 반복하여 그 참뜻을 살펴보라. 단순한 가정이나 성급한 결론을 받아들이지 말라. 오늘의 말을 이해하려면, 당신의 깊은 참여가 필요하기 때문이다. 삶은 깊고 깊으니, 당신은 그 속으로 깊이 헤치고 들어가야 한다. 그래서 삶을 받아들이고, 삶 속에서 물어야 한다. 이때 당신이 삶과 자연스러운 관계로 재결합하게 될 것이다.

연습 191: *30분 연습 두 차례 & 시간연습*

제 192계단

나는 오늘 작은 일들에 소홀하지 않을 것이다.

오늘 당신이 해야 하는 작은 일들에 소홀하지 말라. 작은 일을 한다고 해서 당신이 결코 작아지는 것은 아니다. 당신이 자신의 행동이나 활동을 자신과 동일시하지 않으면, 작은 일들을 하는 동안 큰 것이 존재하는 것을 받아들일 수 있다. 큰 사람은 불평 없이 작은 일을 할 수 있다. 앎과 함께 있는 사람은 어떤 수치심도 느끼지 않고, 일상적인 활동들을 해낼 수 있다. 활동은 활동일 뿐이다. 활동이 당신의 참된 본성이나 존재가 될 수는 없다. 당신의 참된 본성이나 존재는 당신 삶의 근원이다. 당신이 그 근원을 받아들이는 법과 바른 관점에서 보는 법을 배우고 있으니, 그 근원은 당신의 작은 활동들을 통해 자신을 표현할 것이다.

작은 일들에 소홀하지 말라. 세상에서 당신 삶이 안정되고 적절히 나아갈 수 있도록 작은 일들을 돌보라. 오늘 깊은 연습에서는, 깊고도 큰 앎으로 다시 들어가라. 당신이 작은 일들을 돌보았기에 지금 헌신하고 베푸는 시간을 보낼 수 있다. 이런 식으로 당신은 일상생활을 적절히 다루면서, 동시에 내적 삶에도 정성을 기울인다. 왜냐하면 당신은 큰 삶과 세상 삶을 이어주는 다리이기 때문이다. 이처럼 당신은 작은 것을 보살피고, 큰 것을 받는다. 이것이 당신의 진정한 본분이다. 왜냐하면 당신은 세상에 앎을 주려고 왔기 때문이다.

이전처럼 정각마다, 연습을 되풀이하라. 잊지 말고 항상 연습과 함께하라.

연습 192: *30분 연습 두 차례 & 시간연습*

제 193계단

오늘 나는 판단하지 않고
남의 말을 경청할 것이다.

오늘 판단하지 말고 남의 말을 경청하라. 그들이 하는 말에 가치가 있는지 없는지는 앎이 알려줄 것이다. 앎은 어떤 비난이나 비교 없이, 또 당신에 대한 그 어떤 평가도 없이, 이것을 알려줄 것이다. 앎은 앎에 끌리며, 앎이 아닌 것에는 끌리지 않는다. 그러므로 당신은 세상을 판단거나 증오하지 않고 바른길을 찾을 수 있다. 이것이 당신을 돕는 내적 안내체계이다. 내적 안내체계는 당신이 있어야 할 곳으로 이끌고, 가장 가치 있게 공헌할 수 있는 곳으로 이끌 것이다. 판단하지 않고 다른 사람들의 말을 경청하면, 앎이 말하는 것과 앎을 요청하는 것이 들릴 것이다. 또한 앎이 존재하는 곳과 거부된 곳이 보일 것이다. 이런 인식은 자연스럽다. 당신은 이런 것을 알아내려고 사람들을 판단하지 않아도 된다. 이런 것은 그냥 알게 된다.

경청하는 자신을 체험할 수 있도록 남의 말을 경청하라. 세상을 판단하는 것이나, 당신 선물이 어디에 어떻게 베풀어져야 할지 결정하는 것은 당신 일이 아니다. 당신이 할 일은 삶에서 자신을 체험하고, 앎이 일어나도록 허용하는 것이다. 때와 장소가 적절하면, 앎이 스스로 자신을 내줄 것이기 때문이다. 이때 당신에게 평화가 온다. 왜냐하면 당신이 세상을 통제하려 하지 않기 때문이다.

당신 연습이 깊어지는 것을 허용하라. 전처럼 정각마다, 연습하라. 오늘 다른 사람들의 말을 경청하라. 그리하여 다른 사람들과의 관계에서 자신을 체험할 수 있게 하고, 그들이 당신에게 진정 말하고자 하는 것이 전해지고 이해될 수 있게 하라. 그럼으로써 당신은 세상에 있는 앎의 현존과 앎의 필요성을 동시에 알게 될 것이다.

연습 193: *시간연습*

제 194계단

오늘 나는 내가 필요한 곳에 갈 것이다.

당신이 필요한 곳, 당신이 가야 할 곳에 가라. 이처럼 필요한 행동을 할 때, 당신이 하는 활동에 가치와 의미가 있으며, 오늘 당신이 하는 모든 일에서 당신의 가치가 확인될 것이다. 당신이 필요한 곳, 당신이 가야 할 곳에 가라. 이때 실질적 동기를 분별하라. 그래서 다른 사람들에게 가진 죄책감이나 의무감에서 오는 것과 이것을 구별하라. 당신이 필요한 곳을 인위적으로 만들지 말라. 당신이 오늘 해야 하는 단순한 일들을 넘어, 당신이 필요한 곳을 다른 사람이 인위적으로 만드는 것을 용인하지 말라. 진실로 당신이 필요한 곳에 가라.

정각마다, 오늘의 말을 상기하라. 왜냐하면 그 의미를 간파해야 체험으로 알 수 있기 때문이다. 당신이 습관처럼 죄책감과 의무감을 느낀다면, 오늘의 말은 당신의 어려움을 더 가중시키는 것처럼 보일 것이다. 하지만 오늘의 말은 사실 당신 내면에 앎이 있다는 확언이다. 그리하여 앎이 당신을 안내하고 앎의 가치를 당신에게 드러내는 기회를 준다. 이것은 의존과는 전혀 관계가 없다. 왜냐하면 당신이 참된 것을 따르려면 거짓된 것에서 독립해야 하기 때문이다. 모든 독립은 참된 것을 따를 때 가치가 있다.

긴 연습 시간에 앎으로 깊이 들어가라. 그리고 당신이 세상에 있는 동안, 오늘의 말이 생생히 살아 있게 하라. 당신이 세상에 나가 일상적인 일을 하고 작은 문제들을 다루는 동안에도 당신 내면의 깊은 현존을 느껴보라. 큰 것은 작은 것에 봉사하기 위해 여기 있다. 이것을 잊지 말라.

연습 194: *30분 연습 두 차례 & 시간연습*

제 195계단

앎은 내가 아는 것보다 더 강하다.

앎은 당신이 아는 것보다 더 강하다. 또 당신이 아는 것보다 더 경이롭다. 당신은 앎이 가진 큰 힘 때문에 아직 앎을 두려워하고 있다. 당신은 앎이 당신을 지배하거나 조종하지는 않을지 의심스러워하고, 당신을 어디로 데려갈지, 당신이 무엇을 하게 될 것인지 확신하지 못하며, 이 모든 것의 결과가 어떻게 될 것인지 확신하지 못한다. 하지만 앎과 멀어지면, 당신은 다시 혼란에 빠지고 상상의 세계로 들어가게 된다. 그리고 앎과 가까워지면, 확실성이 있고 확인을 받는 곳으로 들어가게 되고, 목적이 있는 현실 세계로 들어가게 된다. 멀리 떨어져서 어떻게 앎을 알 수 있겠는가? 앎이 주는 선물을 받지 않고 어떻게 그 의미를 알아낼 수 있겠는가?

오늘 앎에 가까이 다가가라. 당신이 지금 앎과 조용히 함께 머무는 법을 배우고 있으니, 앎이 당신 내면에 조용히 머무는 것을 허용하라. 앎을 체험하는 것보다 더 자연스러운 체험에 가까운 것은 없다. 당신이 앎에 내린 평가는 작았으니, 당신이 아는 것보다 앎이 더 크다는 것에 기뻐하라. 당신의 이해는 앎을 제한하고, 앎이 당신에게 주는 유익함을 제한할 뿐이니, 당신이 아직 앎을 이해할 수 없다는 것에 기뻐하라. 당신의 큰 부분이 오늘 표현되고 체험될 수 있도록 큰 것과 함께 있으라.

오늘의 말을 마음속에 품으며, 정각마다 연습하라. 온종일 오늘의 말을 잊지 말라. 두 차례 긴 연습 시간에는 앎의 깊이를 체험하라. 앎의 힘을 느껴보라. 또 그렇게 하겠다고 다짐하라. 이때 자기단련은 현명하게 쓰이니, 자기단련에 전념하라. 앎은 당신이 아는 것보다 더 크다. 그러므로 당신은 그 큰 힘을 받아들이는 법을 배워야 한다.

연습 195: *30분 연습 두 차례 & 시간연습*

제 196계단

복습

___

지난 두 주간 준비한 것을 복습하라. 그날의 가르침을 읽고 나서, 그날 연습에서 체험한 것을 되돌아보라. 두 주 중 첫째 날부터 시작해서 하루하루 순서대로 하라. 이제부터는 두 주 간격으로 준비 과정을 복습할 것이다. 당신의 인식과 이해가 싹터 자라기 시작했으므로 이제부터는 복습을 이렇게 한다.

그날그날 있었던 것을 기억하라. 하루하루 연습한 것과 체험한 것을 상기하려고 노력하라. 혹시 깜빡 잊었다 하더라도 가르침을 읽다 보면 체험한 것이 생각날 것이다. 배우는 법을 알 수 있도록 배움이 진행되는 과정을 보려고 하라. 당신 성향에 맞게 공부하는 법을 배울 수 있도록 당신 내면에서 앎을 확인해 주는 부분과 앎을 부정하는 부분을 모두 보려고 하라.

앎의 진정한 학생이 되려면, 당신은 지금까지 해왔던 것보다 훨씬 더 강한 자기단련, 훨씬 더 한결같은 적용, 가치 있는 것에 대한 훨씬 더 폭넓은 수용이 필요할 것이다. 따름으로써 당신은 지도자가 되도록 준비한다. 왜냐하면 큰 지도자는 모두 큰 추종자이기 때문이다. 당신 지도력의 근원이 선과 진실을 나타낸다면, 당신은 그 근원을 어떻게 따르는지 반드시 배워야 한다. 근원을 따르려면, 근원에 대해 배우는 법을 배워야 한다. 즉 근원을 받아들이는 법과 근원을 주는 법을 배워야 한다.

오늘 두 시간이 넘게 걸릴지 모르는 긴 복습시간에, 이러한 것들을 모두 마음속에 새기면서 지난 두 주를 되돌아보라. 당신 삶에 객관적이 되라. 이때 비난은 필요 없다. 왜냐하면 당신은 배우는 법을 배우고 있고, 따르는 법을 배우고 있으며, 앎이 당신을 분명히 쓸 것이므로 앎을 쓰는 법을 배우고 있기 때문이다. 이때 앎과 당신이 참된 결혼, 참된 조화 속에서 함께 있게 된다. 그러면 앎도 더 강해지고 당신도 더 강해진다. 여기에 불평등이란 없으며, 모든 것이 각자 표현의 자연스러운 길을 찾는다.

당신이 이 준비 과정을 더 깊이 이해할 수 있도록 이 복습을 이용하라. 이해는 언제나 뒤에 온다는 것을 잊지 말라. 앎길에서 이 말은 큰 진실이다.

연습 196: *긴 연습 한 차례*

제 197 계단

앎을 깨달으려면 체험해야 한다.

───────────

"오늘 나는 앎을 이성으로 이해할 수 있다고 생각하거나, 큰 삶을 개념화할 수 있다고 생각하지 않을 것이다. 또 단순히 개념이나 가정만으로 앎 자체에 온전히 다가갈 수 있다고 생각하지 않을 것이다. 이것을 자각하면서, 나에게 요구되는 것이 무엇이고, 내가 무엇을 나의 연습에 주어야 하는지 이해할 것이다. 왜냐하면 나는 나 자신을 내주어야 하기 때문이다."

당신은 자신을 내주어야 한다. 단순히 개념들을 생각하고서, 그 개념들이 당신에게 가장 절실히 필요한 것을 답해줄 것이라고 기대해서는 안 된다. 오늘 이것을 자각하면서, 정각마다 연습을 반복하고, 깊은 명상에서는 앎을 체험하는 데에 자신을 고스란히 내주라. 고요 속으로 들어가라. 자신이 온전히 포함되는 것을 허용하라. 이렇게 할 때, 당신은 마음의 힘을 자신에게 이롭게 쓸 것이다. 이때 당신은 잡념을 떨쳐 버릴 힘, 두려움을 떨쳐 버릴 힘, 장애물을 뛰어넘을 힘이 자신에게 있다는 것을 깨달을 것이다. 왜냐하면 당신의 뜻은 앎을 아는 것이기 때문이다.

연습 197: *30분 연습 두 차례 & 시간연습*

제 198계단

오늘 나는 강해질 것이다.

오늘 강해지라. 여기에서 알려준 계획을 따르라. 뒤로 물러서거나, 가르침을 어떤 식으로도 변경하지 말라. 여기에 지름길이란 없으며, 곧은길만 있을 뿐이다. 당신에게는 계단이 주어졌으니, 그 계단을 따르라. 오늘 강해지라. 당신의 생각만이 당신이 약하다고 말한다. 당신의 평가만이 당신이 불쌍하고 무능하며 부적격자라고 말한다. 당신은 자신이 강하다는 것을 신뢰해야 하며, 자신이 강하다는 것을 깨달으려면 이 신뢰를 활용해야 한다.

정각마다, 이 말을 반복하고, 당신이 어떤 상황에 있든 당신의 강함을 느껴보라. 오늘 두 차례 깊은 연습 시간에는 당신의 강함을 이용하여 온전히 고요와 함께 있으라. 당신 마음이 혼자서 품은 생각의 족쇄에서 해방되는 것을 허용하라. 당신 몸이 고뇌에 찬 마음에서 해방되는 것을 허용하라. 그러면 마음과 몸이 각각 본연의 기능에 자리잡을 것이고, 당신 안에서 모든 것이 제자리에 설 것이다. 그래서 앎이 마음과 몸을 통해 표현할 것이다. 이때 당신은 세상보다 더 큰 것을 세상에 가져올 수 있으며, 그 결과로 당신 삶이 확인될 것이다.

연습 198: *30분 연습 두 차례 & 시간연습*

제 199 계단

내가 보는 이 세상은
지금 다세계 큰 공동체에 출현하고 있다.

순전히 인간적 관점으로만 보는 제약에서 벗어난다면, 당신은 큰 맥락에서 지구 진화를 볼 수 있을 것이다. 개인적 소망이나 두려움으로 왜곡하는 일 없이, 세상을 본다면, 세상의 큰 흐름을 볼 수 있고, 총체적으로 흘러가는 방향을 알아차릴 수 있을 것이다. 세상이 흘러가는 방향은 당신이 이곳에 와 있는 동안 당신의 목적과 당신의 특별한 부름에 의미를 주는 맥락이므로 당신은 반드시 알아야 한다. 왜냐하면 당신은 지구의 현재 진화에 봉사하려고 이곳에 왔으며, 당신의 선물은 지구의 미래 삶에 봉사하게 되어 있기 때문이다.

지구는 큰 공동체로 진입하려고 준비하고 있다. 당신이 보려고만 하면, 그 증거는 곳곳에 있다. 거부하거나 기존 믿음을 고수하지 않는다면, 모든 것을 쉽게 알아볼 수 있다. 여기에서 삶이 드러내 보여주는 것은 분명하므로, 복잡한 것들에서 분별하지 않아도 된다. 삶을 복잡하게 만드는 것은 사람들이 삶을 삶이 아닌 것이 되기를 바라고, 자기 자신을 자신이 아닌 것이 되기를 바라며, 자신의 운명을 자신의 운명이 아닌 것이 되기를 바라기 때문이다. 그리하여 삶에서 자신의 이상을 확인해주는 것을 얻으려 하지만, 삶은 이것을 확인해줄 수 없으니, 모든 것이 괴롭고 모순되고 복잡해진다. 삶이 돌아가는 구조는 아주 세세한 부분에서 복잡할 수도 있겠지만, 판단이나 선호로 왜곡하지만 않으면, 삶의 의미는 누구에게나 곧바로 분명하다.

지구가 큰 공동체에 출현하려고 준비하고 있음을 인지하라. 이때 당신의 인지에 상상력을 가미하여 멋지게 꾸미려 하지 말라. 당신은 미래에다 어떤 모습을 그려 넣지 않아도 된다. 그저 세상이 지금 가는 과정만 이해하라. 그러면 당신이 어떤 능력들을 왜 타고났는지, 그 능력이 앞으로 어떻게 적용될 것인지 당신에게 점점 더 분명해질 것이다.

정각마다, 오늘의 주제를 반복하고 그 뜻을 진지하게 생각해보라. 왜냐하면 이 주제는 당신 삶의 절대적 기반이며, 당신이 꼭 이해해야 하기 때문이다. 오늘 주제는 단순한 믿음에 관한 것이 아니라, 지구 진화를 말한다. 오늘 두 차례 깊은 묵상에서는 오늘 말의 의미를 살펴보는데 마음을 적극 쓰라. 이 말을 긍정하거나 부정하는 당신의 믿음들을 보라. 오늘의 주제에 대해 당신이 어떻게 느끼는지 보라. 당신이 강한 영향력을 지닌 주제를 다루려고 하는 동안, 자신을 객관적으로 살펴보라. 지금은 마음이 참여하는 시간이다. 깊이 헌신하는 마음으로 연습 시간을 활용하며, 연습에 온전히 몰입하라. 당신 마음이 표층에 있는 피상적인 생각들을 꿰뚫고 들어가는 것을 허용하라.

앎 안에서는 모든 것이 고요해지고, 모든 것을 알게 된다. 이때 당신은 아는 것과 생각하는 것의 차이를 분별하기 시작한다. 또한 앎을 준비하는 데 생각이 어떻게 오직 봉사만 할 수 있는지도 깨닫지만, 동시에 앎이 사람들 개인의 생각 범주를 훨씬 넘어선다는 것도 깨닫는다. 이때 당신은 마음이 어떻게 당신의 영적 본성을 섬길 수 있는지 이해할 것이다. 그리고 이때 지구 진화를 이해할 것이다.

연습 199: *30분 연습 두 차례 & 시간연습*

제 200계단

나의 생각은 앎을 담기에는 너무 작다.

당신 생각은 너무 작다. 앎이 더 크기 때문이다. 당신 믿음은 너무 좁다. 앎이 더 넓기 때문이다. 그러므로 앎을 신비스럽게 다루고, 앎에 형태를 부여하려고 하지 말라. 왜냐하면 형태를 부여하기에는 앎이 더 커서 당신의 예상을 뛰어넘을 것이기 때문이다. 그러니 앎이 아무런 제지를 받지 않고 당신에게 선물을 내줄 수 있도록 앎이 신비로운 채로 있는 것을 받아들이라. 당신의 생각이나 관념이 눈에 보이는 세계에 적용되는 것을 허용하라. 왜냐하면 당신이 물질적 삶의 메커니즘이나 다른 사람들과 관련된 메커니즘을 이해함으로써, 당신 생각이 유용한 방식으로 성장할 수 있기 때문이다. 하지만 기계적으로 적용되는 당신 마음 너머에 앎이 있도록 허용하라. 그리하여 앎이 모든 상황에 흘러들어가 축복하고, 거기에 목적·의미·방향을 줄 수 있게 하라.

당신이 어떤 상황에 있든, 정각마다, 오늘의 말을 상기하고 그 뜻을 진지하게 생각해보라. 오늘 두 차례 명상시간에는, 다시 당신 자신이 고요 속으로 들어가는 것을 허용하라. 도움이 된다고 생각되면 '란' 명상을 이용하라. 관념을 넘어서고, 틀에 박힌 생각을 넘어서라. 당신 마음이 본래의 모습이 되는 것을 허용하라. 마음은 앎을 섬기도록 만들어졌기 때문이다.

연습 200: *30분 연습 두 차례 & 시간연습*

제 201계단

마음은 앎을 섬기도록 만들어졌다.

이것을 이해함으로써, 당신은 마음의 가치를 깨닫고 마음을 경시하지 않을 것이다. 이것을 깨달음으로써, 몸의 가치를 이해하고 몸을 경시하지 않을 것이다. 왜냐하면 몸과 마음은 단지 앎을 표현하는 매개체일 뿐이기 때문이다. 이때 당신은 앎을 받아들이는 이가 된다. 이때 당신은 자신의 위대한 가문을 기억한다. 이때 당신의 큰 운명을 확신하면서 편안해진다.

여기에는 어떠한 환상도 없고, 어떠한 자기기만도 없다. 이때 모든 것이 제자리를 찾는다. 이때 당신은 모든 것의 참된 몫을 이해한다. 이때 당신은 마음의 가치를 이해하고, 마음이 할 수 없는 일을 마음에게 주고 싶지 않을 것이다. 그래서 당신 마음이 건설적으로 쓰이게 되며, 불가능한 것을 시도하는 부담을 지지 않을 것이다. 이것을 깨달음으로써, 당신은 몸이 마음을 섬기게 되어 있음을 알고, 소통의 수단으로써 몸의 가치와 그 쓰임새를 이해할 것이다. 이때 당신은 몸의 한계를 받아들일 것이다. 몸에는 당연히 한계가 있어야 한다. 당신은 또한 몸의 메커니즘에 감사하고, 이 세상에서 다른 사람들과의 모든 만남에 감사할 것이다. 그래서 앎의 힘과 본질을 전할 수 있도록 몸과 마음을 가진 것에 기뻐할 것이다.

정각마다, 오늘의 말을 반복하고 나서, 그 뜻을 생각해보라. 두 차례 깊은 명상시간에는, 당신 마음이 섬기는 법을 배울 수 있도록 고요해지는 것을 허용하라. 당신은 자신에게 자연스러운 것을 다시 배워야 한다. 왜냐하면 지금까지 부자연스러운 것을 배웠고 이제 그것들을 버려야 하기 때문이다. 그러면 그 자리에서 자연스러운 것이 자극받을 것이다. 이렇게 자극받을 때, 자연스러운 것이 표현되기 때문이다. 그러면 마음이 제 기능을 다시 하게 되고, 모든 것이 저마다 참된 가치를 찾게 된다.

연습 201: *30분 연습 두 차례 & 시간연습*

제 202 계단

나는 오늘 큰 공동체를 본다.

당신은 큰 공동체 한가운데 살고 있으니, 큰 공동체를 볼 수 있다. 당신이 인간의 활동에만 골몰하고 시공의 제약을 받은 채, 지구 표면에 살고 있다고 해서, 큰 공동체의 장엄함을 볼 수 없는 것이 아니다. 당신은 위로는 하늘을 쳐다보고 아래로는 땅을 내려다보는 것으로, 그 장엄함을 볼 수 있다. 그리고 인류가 우주와 폭넓게 관계 맺고 있는 것을 이해하는 것으로, 또 인류가 큰 공동체에 출현하면서 큰 공동체에 진정으로 포함된 것을 발견할 수 있도록 지성과 앎을 개발하려고 진화하는 여러 종족 가운데 하나일 뿐임을 깨닫는 것으로, 그 장엄함을 느낄 수 있다. 당신은 이런 식으로 바라봄으로써, 보는 시야가 훨씬 더 넓어지고 세상 변화의 본질을 이해하게 된다. 또한 자신이나 다른 사람들에게 동정심을 갖게 된다. 왜냐하면 동정심은 앎에서 나오고, 앎은 일어나는 일을 경시하는 것이 아니라, 그 일에 이로운 영향을 주려 하기 때문이다.

정각마다, 오늘 말의 중요성을 깊이 생각해보라. 세상을 들여다보고 자신을 큰 공동체의 목격자로 여기라. 비슷한 진화 단계에 있는 수많은 행성 중 하나로 지구를 생각하라. 당신의 인지 범위를 벗어난 것에 형태를 부여하려 하면서 마음을 괴롭히지 말라. 당신이 이제 겨우 이해하기 시작한 엄청나고 신비한 우주에 살고 있음을 받아들이라.

두 차례 깊은 묵상에서는, 이 말뜻을 살펴보는 일에 마음을 적극 이용하라. 순전히 인간적 관점만으로 보는 것을 넘어서 당신 삶을 바라보려고 하라. 왜냐하면 전적으로 인간의 관점에서만 보면, 인간의 삶, 인간의 세계, 인간의 우주만을 볼 것이기 때문이다. 당신은 인간의 우주에서 사는 것이 아니다. 당신은 인간의 세계에서 사는 것이 아니다. 당신은 전적으로 인간의 삶만을 사는 것이 아니다. 이때 당신의 인간성은 부정되는 것이 아니라, 훨씬 더 큰 삶에 포함된다는 것을 이해하라. 그래서 인간성은 당신이 자신에게 부과한 한계라기보다는 표현의 원천이며 수단이 된다. 두 차례 깊은 연습 시간에 마음을 매우 적극 쓰라. 마음을 건설적으로 쓰고, 객관적으로 쓰라. 당신이 품은 관념들을 보라. 그 관념들에 쉽게 흔들리지 말라. 당신이 품은 믿음들을 보라. 그 믿음들을 쉽게 따르거나 거부하지 말라. 이런 객관성을 배우라. 그러면 당신은 앎으로 보는 법을 배울 것이다. 왜냐하면 앎은 정신적인 것이든 물질적인 것이든, 모든 것을 차분하게 보기 때문이다.

연습 202: *30분 연습 두 차례 & 시간연습*

제 203계단

큰 공동체는 지구에 영향을 주고 있다.

당신이 보려고만 하면 지구가 큰 공동체의 일부분이라는 것은 그야말로 분명한데, 당신이 이 사실을 받아들일 수 있다면, 지구가 큰 공동체의 영향을 받고 있다는 것도 받아들여야 한다. 왜냐하면 지구가 큰 공동체의 일부분으로 따로 독립해서 있을 수 없기 때문이다. 큰 공동체가 어떻게 지구에 영향을 주는지는 현재 당신 이해 능력 범주를 벗어나 있다. 그러나 지구가 영향받고 있다는 것을 알면, 순전히 인간적 관점만으로는 볼 수 없는 훨씬 더 폭넓은 관점에서 세상을 볼 수 있다. 왜냐하면 순전히 인간적 관점에서만 보면, 다른 지적 생명체가 존재한다는 것을 받아들이지 못하기 때문이다. 당신이 우주를 객관적으로 보기 시작하면, 이런 인간적 관점이 터무니없음은 제법 명백해진다. 그리고 당신 안에 경이감과 깊은 흥미가 생길 것이고, 동시에 대단히 조심해야 한다는 느낌도 들 것이다. 이런 느낌은 매우 중요하다. 왜냐하면 지구는 큰 공동체의 영향을 받고 있고, 당신은 그렇게 영향받고 있는 지구의 일부분이기 때문이다.

당신이 사는 물질계가 가시 영역 밖에 있는 더 강한 물리력에 영향을 받듯이, 지구는 지구와 연관된 지적 생명체에 정신적으로 영향을 받는다. 여기서 지적 생명체란 선한 세력뿐만 아니라 무지 세력까지 모두를 나타낸다. 여기에서 당신은 다음과 같은 근본적인 진실을 이해해야 한다. "약한 마음은 강한 마음에 영향을 받는다." 이 말은 지구에서도 사실이고, 다른 모든 세계에서도 사실이다. 물질계를 벗어나면 사실이 아니지만, 물질계 삶에서는 사실이다. 그래서 지금, 당신이 마음을 강하게 하는 일에 열중하고, 우주 전역에서 선한 힘을 표현하는 앎에 응답하는 법을 배우는 일에 열중하고 있다. 당신이 강해지면 강해질수록, 당신은 점점 더 많이 이해하게 된다. 따라서 당신 마음이 참된 일에 봉사할 수 있도록 당신이 더 강해지려면, 마음은 앎 안에서 자라야 한다.

정각마다, 오늘의 말을 반복하라. 두 차례 깊은 연습 시간에는, 우리가 여기 말한 것에 집중하고자 하라. 마음을 적극 이용하라. 마음이 방황하며 의미 없고 하찮은 것에서 피난처를 찾도록 놓아두지 말라. 오늘 말에 담긴 큰 것을 생각해보되, 두려움으로 보지는 말라. 여기서는 두려움을 청하는 것이 아니다. 여기서 청하는 것은 객관성이다. 그래서 당신이 지구와 우주의 거대함을 이해하고, 또 그 안에 담긴 기회를 이해할 수 있도록 하는 것이다.

연습 203: *30분 연습 두 차례 & 시간연습*

제 204계단

나는 오늘 평화로이 있을 것이다.

오늘 평화로이 있으라. 부정적인 상상으로 손실과 파멸의 모습을 그리지 말라. 당신이 앎에 집중하지 못할 만큼 당신의 불안이 당신을 지배하게 놓아두지 말라. 당신이 사는 큰 공동체와 지구를 객관적으로 살펴보면, 두려움이 아니라 존경심이 일어날 것이다. 당신이 사는 현시대의 힘과 미래에 그 힘의 중요성에 대한 존경심, 당신에게 새로 생기는 능력과 이 세상에서 그 능력의 유용함에 대한 존경심, 물질 우주의 광활함에 대한 존경심, 당신이 보는 우주보다도 더 큰 앎의 힘에 대한 존경심이 일어날 것이다.

정각마다, 평화로이 있겠다고 다짐하라. 평화로이 있는 일에 당신의 온 정성을 쏟으라. 여기에 자신을 내주라. 깊은 명상 연습에서는, 도움이 되면 '란'을 말하면서, 마음이 섬기기로 되어 있는 앎의 위대함 속으로 들어갈 수 있도록 고요해지는 것을 허용하라. 오늘 평화로이 있으라. 왜냐하면 앎이 당신과 함께 있기 때문이다. 오늘 평화로이 있으라. 왜냐하면 당신은 앎과 함께 있는 법을 배우고 있기 때문이다.

연습 204: *30분 연습 두 차례 & 시간연습*

제 205 계단

나는 오늘 세상을 판단하지 않을 것이다.

세상을 탓함으로써 마음이 자신을 경시하는 일이 없도록 하라. 세상을 탓하면, 당신은 세상을 오해하게 되고, 당신 마음은 당신에게 자산이 되기보다 짐이 된다. 오늘의 주제는 연습과 단련과 적용이 필요하다. 왜냐하면 당신 마음을 비롯하여 세상 모든 마음이 잘못 이해되었고, 잘못 사용되었으며, 엉뚱한 방향으로 이끌리었기 때문이다. 그래서 당신은 앎을 섬기는 참된 기능을 마음에 부여하는 것으로, 마음을 긍정적으로 활용하는 법을 지금 배우고 있다.

오늘 세상을 탓하지 말라. 오늘 세상을 판단하지 말라. 세상을 바라보면서 마음이 고요히 있는 것을 허용하라. 세상에 대한 앎은 점차적으로 일어나고, 자연스럽게 일어난다. 앎을 개념으로 말할 수는 있지만, 개념에 담을 수는 없다. 앎은 당신 관점의 총체적 전환과 당신 체험의 총체적 변화, 당신 주안점의 총체적 전환, 당신 가치체계의 총체적 변화를 나타낸다. 이것이 앎의 증거이다.

오늘 세상을 탓하지 말라. 세상은 책임이 없다. 왜냐하면 세상은 그저 앎에 충실하지 않고 있다는 것을 보여줄 뿐이기 때문이다. 세상이 잘못과 어리석은 행동을 하는 것 말고 달리 무엇을 할 수 있겠는가? 세상이 소중한 자원을 허비하는 것 말고 달리 무엇을 할 수 있겠는가? 앎이 없다면, 인류는 잘못할 수밖에 없다. 환상을 만들 수밖에 없고, 손해 보는 짓을 할 수밖에 없다. 그러므로 인류에게 비난은 적절하지 않으며, 앎을 적용하는 것이 적절하다.

정각마다, 세상을 탓하지 않는 것을 연습하라. 연습하지 않고 보내는 시간이 없게 하라. 이런 식으로 세상에 봉사하는 데, 오늘 하루를 바치라. 비난하지 않으면, 세상을 향한 당신 사랑은 자연스레 일어나 표현될 것이다. 두 차례 긴 연습 시간에는, 마음이 고요 속으로 들어가는 것을 허용하라. 비난이나 판단이 없으면, 고요는 자연스러운 것이니 쉽게 고요해질 수 있다. 비난으로 부담을 주지 않으면, 당신 마음은 고요해지게 된다. 고요 안에서는 아무런 비난도 판단도 없다. 고요히 있을 때, 사랑은 당신에게서 나와 사방으로 흘러나갈 것이고, 그 사랑은 감각기관으로 인지할 수 있는 것을 훨씬 넘어 계속 흐를 것이다.

연습 205: *30분 연습 두 차례 & 시간연습*

제 206계단

사랑이 지금 나에게서 흘러나간다.

사랑이 당신에게서 흘러나가며, 당신은 오늘 이것을 체험하려고, 또 이것을 가로막는 것들을 내려놓으려고 시도해볼 수 있다. 판단하지 않는다면, 또 착각이나 환상 속에 빠지지 않고, 순전히 인간적 관점에서만 보는 제약이 없다면, 당신은 사랑이 당신에게서 흘러나가는 것을 알 것이다. 또한 삶에서 겪는 모든 좌절은 당신에게서 흘러나가고자 하는 이 사랑을 당신이 체험할 수도, 표현할 수도 없는 것임을 알 것이다. 당신의 좌절이 어떤 상황에서 일어나든, 그 좌절은 항상 당신이 사랑을 표현할 수 없으므로 생긴다. 당신이 어려움이나 곤경을 다른 식으로 평가하여 이 사실을 확실히 숨길 수는 있지만, 그 사실 자체를 부정할 수는 없다.

정각마다, 사랑이 당신에게서 흘러나가는 것을 허용하라. 이때 당신은 그 어떤 행동도 취할 필요가 없다는 것을 알라. 왜냐하면 사랑은 꽃향기처럼 당신에게서 자연스레 발산될 것이기 때문이다. 깊은 연습에서는, 사랑이 당신에게서 흘러나갈 수 있도록 마음이 고요해지는 것을 허용하라. 여기서 당신은 마음의 본래 기능을 깨달을 것이고, 또한 당신 내면에 있지만 당신 소유물이 아닌 앎, 이 앎의 위대함을 깨달을 것이다.

자신을 경시하거나 불신함으로써 오늘 이 기회를 놓치지 말라. 당신이 간섭하지 않으면, 사랑은 자연스레 당신에게서 흘러나갈 것이다. 당신은 일부러 사랑하는 척하지 않아도 된다. 이런 일이 일어나도록 어떤 행동 양식을 습득해야 하는 것도 아니다. 때가 되면 당신의 행동은 당신에게서 자연스레 흘러나오는 것을 나타낼 것이다. 오늘 사랑이 당신에게서 자연스레 흘러나가는 것을 허용하라.

연습 206: *30분 연습 두 차례 & 시간연습*

제 207계단

나에게 상처를 주었다고 여겨지는 이들을
나는 용서한다.

오늘의 주제는 앎과 함께 있겠다는 당신의 의도를 나타낸다. 왜냐하면 용서하지 않는 것은 당신이 이해하지 못했거나 앎을 적용하지 못한 상황에 그저 비난을 적용한 것일 뿐이기 때문이다. 이런 점에서 볼 때, 당신이 용서하지 않는 것은 모두 당신 잘못이다. 처음에는 이것이 비난처럼 들리겠지만, 당신은 결국 자신에게 온 큰 기회임을 깨달을 것이다. 용서하지 않는 것이 모두 당신 잘못이라면, 바로잡을 힘이 모두 당신에게 있음을 깨달을 것이기 때문이다. 다른 사람이 용서하지 않는 것은 당신 잘못이 아니지만, 그들 잘못을 비난하는 것은 당신 잘못이다. 그러므로 당신이 용서하지 않는 그 어떤 것도 모두 당신 잘못이다. 왜냐하면 다른 사람이 용서하지 않는다고 해서 당신이 그 사람을 용서하지 않거나 비난할 필요가 없기 때문이다. 실제, 앞으로는 다른 사람이 용서하지 않는 것을 보면, 당신 안에서 비난이 일거나 불행을 느끼기보다는 동정심이 생기고, 앎을 적용해보려는 마음이 들 것이다.

앎은 세상을 바라보며, 놀라거나 실망하지 않는다. 또한 낙담하거나 상처받지도 않는다. 앎은 세상의 왜소함과 세상의 잘못들을 인식한다. 앎이 이런 것들을 인식하는 것은 앎은 오직 앎 자신만을 알며, 앎이 아닌 것은 모두 앎이 다시 적용될 기회일 뿐이기 때문이다. 따라서 당신이 용서하지 않은 것도 단순히 앎을 다시 적용해볼 기회일 뿐이다.

정각마다, 오늘의 말을 반복하라. 슬픔과 괴로움의 짐에서 이제 벗어나고자 하는 당신에게 오늘 말이 지닌 가치를 과소평가하지 말라. 두 차례 깊은 연습에서는, 당신이 용서하지 못했다고 느끼는 사람들을 하나하나 생각해보라. 개인적으로 알았던 사람이든, 그저 들었거나 생각해보았던 사람이든, 당신이 용서하지 못한 것과 관련된 사람들을 모두 생각해보라. 그들은 모두 당신에게서 용서받기를 기다리고 있으니, 당신이 부르면 마음속에 떠오를 것이다. 이제 한 사람씩 마음속에 떠오르는 것을 허용하라. 그들이 떠오르면, 앎을 적용하지 않은 당신 자신을 용서하라. 그들이 당신에게 나타나면, 당신은 이제 앎을 적용하는 법을 배우고 있으며, 그들을 대신해서 괴로워하지 않을 것이니, 그들도 당신을 대신해서 괴로워하지 않아도 된다는 것을 일러주라. 이처럼 용서에 헌신하는 것은 앎을 깨닫고 적용하는 일에 헌신하는 것이다. 왜냐하면 빛이 어둠을 몰아내듯, 앎은 용서하지 못하는 것을 몰아내기 때문이다. 왜냐하면 우주에서 당신이 볼 수 있는 것이라고는, 오직 앎과 앎의 필요성만 있기 때문이다.

그러므로 오늘 두 차례 연습은 당신이 비난했던 이들을 대면하면서, 그들을 이해하는 일이나, 그들과 관계 맺는 일에서, 앎을 적용하지 못한 자신을 용서하는 일에 바친다. 어떤 식으로도 죄의식을 갖거나 자신을 비하하는 일 없이, 이 연습을 하라. 당신이 앎을 이용할 수 없었거나, 앎이 당신을 이용할 수 없었다면, 당신이 어떻게 잘못하지 않을 수 있겠는가! 그러니 이전의 당신 한계들을 받아들이라. 그런 다음 비난하지 말고, 앎의 위대함과 함께 있으면서, 이제 세상을 새롭게 보는 데 자신을 바치라.

연습 207: *30분 연습 두 차례 & 시간연습*

제 208계단

내가 정말 가치 있게 여기는 것은
모두 앎에서 표현될 것이다.

인간 삶에서 가장 가치 있게 여겨지는 것들, 즉 사랑, 인내, 헌신, 관용, 용서, 진정한 성취, 용기, 신뢰 등은 모두 앎에서 자연스레 생긴다. 왜냐하면 앎이 이 모든 것의 근원이기 때문이다. 이 모든 것은 앎을 섬기는 마음의 외적 표현일 뿐이다. 그래서 고된 자기단련을 통해 자신에게 이것들을 강요하지 않아도 된다. 이것들은 자연스럽게 생긴다. 마음이 앎을 섬기면, 마음은 자신의 위대함과 역량만을 보여줄 수밖에 없기 때문이다. 자기단련이 필요한 것은 당신의 관심을 새로운 방향으로 돌리는 것, 당신의 헌신을 새로운 방향으로 돌리는 것, 당신의 섬김을 새로운 방향으로 돌리는 것이다. 당신은 모든 일에서 무언가를 섬겨야 하므로, 앎을 섬기지 않으면, 앎을 대신하는 다른 것을 섬긴다.

정각마다, 오늘 주제를 반복하며, 온종일 숙고해볼 수 있도록 하라. 두 차례 깊은 연습에서는, 마음을 적극 사용하여 이 말에 담긴 깊은 뜻을 숙고하라. 당신은 이때 건설적으로 생각해야 한다. 단순히 자신을 위해 기분 좋은 이미지만을 그리지 말라. 단순히 당신 자신이나 다른 사람들에게 너무 혹독한 판단만을 내리지 말라. 마음을 쓰는 데 객관적이 되도록 연습을 통해 다시 배우라. 마음이 깊이 참여하도록 허용하라. 위안이 되는 쉬운 답에 만족하지 말라.

우리가 오늘 말한 사례들에는 당신이 알 수 있는 것이 있을 것이니, 그 사례들을 생각해보라. 당신이 정말 가치 있게 여기는 것은 모두 앎에서 발산될 것이다. 왜냐하면 앎이 그 모든 것의 근원이기 때문이다.

연습 208: *30분 연습 두 차례 & 시간연습*

제 209 계단

나는 오늘 나 자신을 무자비하게 대하지 않을 것이다.

당신의 가시 면류관을 쓰려고 시도하는 것으로 자신에게 무자비하게 굴지 말라. 여기서 가시 면류관이란 당신의 믿음과 가정으로 이루어진 체계를 상징한다. 비난하고 용서하지 않는 무거운 짐을 자신에게 투영하지 말라. 당신이 소중히 여기는 자질들을 예시하라고 당신 마음에 강요하려 하지 말라. 왜냐하면 그런 자질들은 앎에서 자연스레 나올 것이기 때문이다.

이처럼 강요하려 하기보다는, 두 차례 깊은 연습 시간에 고요 속으로 들어가라. 이때 당신이 가장 가치 있게 여기는 것은 모두 앎을 통해 자연스레 예시될 것임을 다시 한번 자각하라. 당신이 정말 싫어하는 것은 모두 자연스레 사라질 것이다. 그리고 이처럼 자유로워진 마음이 세상에 가장 큰 선물을 줄 수 있다.

정각마다, 오늘의 말을 깊이 생각해보고, 당신이 보고·듣고·행하는 것에 모두 이 말을 적용해보려고 하라. 오늘 자신을 무자비하게 대하지 말라. 여기에는 어떤 정당한 이유도 없기 때문이다. 당신이 세상을 축복할 수 있도록 자신이 축복받는 것을 받아들이라. 당신 자신이 축복받을 수 있도록 세상을 축복하라.

연습 209: *30분 연습 두 차례 & 시간연습*

제 210계단

복습

각 계단에서 알려준 가르침을 읽고 그날그날 연습한 것을 상기하면서, 지난 두 주간의 준비 과정을 복습하라. 오늘 긴 연습에서, 일어난 일들의 경과와 모든 연습을 다시 평가하라. 당신이 마음을 쓰는 방식과 그 결과로 당신이 체험한 것 사이에 연관성이 있음을 보라. 당신 삶이 진실로 어떻게 드러나는지 이해할 수 있도록 죄의식이나 비난 없이 당신 삶을 객관적으로 보라.

오늘 긴 연습에서는 마음에 도움이 되도록 마음을 적극 참여시킨다. 당신은 학생으로서 자신의 진척에 대해 객관적이 되는 법을 배우고 있으며, 배움 자체의 본질에 대해 객관적이 되는 법을 배우고 있다. 당신은 스스로 볼 수 있도록 이처럼 객관적이 되는 법을 배우고 있다. 그러므로 이 복습을 통해, 세상에서 앎이 하는 일, 그리고 당신 삶에서 앎의 현존에 대해 더 깊은 안목을 기르라.

연습 210: *긴 연습 한 차례*

제 211계단

나에게는 이 세상 너머에 위대한 친구들이 있다.

당신에게는 이 세상 너머에 위대한 친구들이 있다. 그래서 인류가 큰 공동체에 합류하고자 한다. 왜냐하면 큰 공동체란 인류가 맺고 있는 참된 관계의 더 넓은 범위를 나타내기 때문이다. 당신에게는 이 세상 너머에 진정한 친구들이 있다. 왜냐하면 당신은 이 세상에서도 혼자가 아니고, 다세계 큰 공동체에서도 혼자가 아니기 때문이다. 당신에게는 이 세상 너머에 친구들이 있다. 왜냐하면 당신의 영적 가족은 곳곳에 가족의 대표를 두고 있기 때문이다. 당신에게는 이 세상 너머에 친구들이 있다. 왜냐하면 당신은 지구 진화뿐만 아니라, 우주 진화를 위해서도 일하고 있기 때문이다. 당신의 상상이나 구상력을 뛰어넘으면, 이것은 모두 틀림없는 사실이다.

그러니 당신이 사는 우주가 얼마나 웅대한지 느껴보라. 또한 지구가 속한 큰 공동체에 당신이 봉사할 기회를 느껴보라. 당신은 지구에 있는 위대한 친구뿐만 아니라 지구 밖에 있는 위대한 친구들에게까지 봉사한다. 왜냐하면 앎이 하는 일은 모든 곳에 두루 미치기 때문이다. 앎이 하는 일은 신의 끌림이며, 선善의 적용이다. 또한 모든 분리된 마음을 복원하는 힘이고, 우주에 목적·의미·방향을 주는 힘이다. 앎이 하는 일의 가치는 물질적 삶의 메커니즘과는 무관하게 그 일이 생성된 기원과 그 일을 정한 운명에 의해 결정된다. 그리고 이런 기원과 운명은 당신이 이해할 수 있는 것이 아니다. 앎이 참된 방향으로 세상을 몰고 가는 수단임을 자각함으로써, 당신은 삶에 목적·의미·방향을 주는 것을 가치 있게 여기고 받아들일 수 있다.

오늘 정각마다, 당신에게 이 세상 너머에 친구가 있다는 것, 다른 별의 행성뿐만 아니라 불가시 영역까지 친구가 있다는 것을 생각해보라. 당신에게 이처럼 큰 연합이 있음을 생각해보라. 오늘 두 차례 깊은 연습에서는, 이러한 것들을 체험해볼 수 있도록 마음이 고요 속에 들어가는 것을 허용하라. 이러한 것들을 상상 속에서 숙고하지 말고, 그 대신 당신 마음이 고요해지는 것을 허용하라. 그리하여 당신의 의식과 체험 안으로 앎이 스며들게 하라. 당신에게는 이 세상 너머에 친구들이 있으며, 그들은 오늘 당신과 함께 연습하고 있다.

연습 211: *30분 연습 두 차례 & 시간연습*

제 212계단

나와 함께 연습하는 이들 모두에게서 나는 힘을 얻는다.

당신과 함께 연습하는 이들 모두에게서 당신은 힘을 얻는다. 왜냐하면 앎과 결합하려는 이들은 그렇게 하면서 다른 모든 이들까지 강하게 해주기 때문이다. 그래서 당신은 세상에 영향을 주며, 참목적에 봉사하고자 하는 다른 모든 이들도 당신에게 영향을 준다. 이것이 세상에 있는 무지 세력의 힘을 상쇄한다. 또 이것이 세상에 있는 파괴 세력의 힘을 상쇄하며, 모든 이들에게 영향을 주어 그들이 차츰 깨어날 수 있게 한다.

그러니 오늘의 말에서 오는 신뢰를 받아들이라. 왜냐하면 다른 이들이 연습에 열중함으로써 당신이 연습에 열중하는 것에 큰 힘이 된다는 것을 깨달을 때, 오늘의 말이 당신에게 신뢰를 줄 것이기 때문이다. 그럼으로써 당신에게 어떤 무능감이 있더라도 그것을 뛰어넘을 것이다. 그럼으로써 참된 준비에 어떤 양가성을 가졌더라도 그것을 극복하도록 도와줄 것이다. 왜냐하면 앎을 회복하는 과정에서 결합된 모든 이들이 지금 바로 당신에게 도움을 줄 수 있기 때문이다.

그래서 앎의 위대함과 앎을 회복하고자 하는 이들의 위대함이 당신과 함께 있다. 당신은 그들과 함께 참목적을 공유한다. 왜냐하면 당신의 참목적은 세상에 앎이 살아 있게 하는 것이기 때문이다. 영적인 것이든 물질적인 것이든, 좋은 것은 모두 앎에서 나와 그것들을 받기로 된 종족들에게 전해진다.

정각마다, 오늘의 말을 반복하라. 깊은 연습에서는, 앎을 회복하려는 모든 이들의 영향을 받아들이려고 노력하라. 당신이 앎의 학생으로서, 삶에 정말 감사하고 당신 노력의 의미와 효능을 차츰 이해할 수 있도록 그들의 선물이 당신 마음으로 들어오는 것을 허용하라.

연습 212: *30분 연습 두 차례 & 시간연습*

제 213계단

나는 세상을 이해하지 못한다.

───────────────

당신은 세상을 이해하지 못한다. 당신은 단지 세상을 먼저 판단하고 나서, 그 판단을 이해하려 할 뿐이다. 당신이 이런 제약이나 제한 없이 세상을 보면, 세상은 당신에게 그 모습을 드러낼 것이다. 이때 당신은 삶에서 각각의 다음 단계를 밟도록 허용하는 데, 당신 믿음이 유익해질 수 있다는 것을 알 것이다. 우주에 대한 당신의 인식이 믿음 때문에 제약받을 필요는 없다. 당신은 믿음이나 가정 없이 세상을 살아갈 수는 없다. 하지만 믿음과 가정의 본래 역할은 도구로써, 마음에 봉사하고, 마음에 임시 틀을 제공하며, 마음이 긍정적인 방식으로 자신의 타고난 능력에 접속되도록 허용하는 것이다.

당신은 지금 세상을 이해하지 못한다. 당신이 이해하지 못한다는 것에 기뻐하라. 왜냐하면 이때 당신의 비난에 바탕이 없어지기 때문이다. 당신은 지금 세상을 이해하지 못한다. 이 사실을 받아들이면, 당신은 비난 없이 세상을 직접 볼 기회를 얻는다.

정각마다, 세상을 바라보면서 이 말을 반복하라. 당신이 보는 것을 이해하지 못한다는 것을 상기하라. 그럼으로써 당신은 자유롭게 다시 볼 수 있다. 보는 데 자유롭지 않다면, 그것은 단지 당신이 자신의 판단을 정당화하려 하고 있다는 것을 의미할 뿐이다. 이것은 보는 것이 아니며, 자신의 환상만을 품을 뿐이다. 오늘 두 차례 깊은 연습에서는, 마음이 고요 속으로 들어가는 것을 허용하라. 자신의 환상을 정당화하려는 부담에서 벗어나면, 마음은 앎을 섬기는 본래 자리를 자연스레 찾을 것이기 때문이다. 당신은 지금 세상을 이해하지 못한다. 그래서 당신은 자신을 이해하지 못한다.

연습 213: *30분 연습 두 차례 & 시간연습*

제 214 계단

나는 나 자신을 이해하지 못한다.

───────────────

이것은 실패나 한계를 말하는 것이 아니다. 이것은 그저 당신이 장애에서 벗어나도록 해주는 말일 뿐이다. 앎이 당신에게 모든 것을 드러내 보여주지 않는다면, 도대체 당신이 자신을 어떻게 이해할 수 있겠는가? 앎이 당신에게 세상을 드러내 보여주지 않는다면, 도대체 당신이 세상을 어떻게 이해할 수 있겠는가? 앎이 드러내 보여줄 때, 당신은 모든 개념과 믿음 너머에 있는 순수한 체험을 한다. 왜냐하면 개념과 믿음은 체험 뒤에 올 수밖에 없으며, 그런 다음 그 체험이 다시 일어날 수 있도록 틀을 마련해주려고 시도할 수 있을 뿐이기 때문이다. 믿음이나 가정, 관념은 어떤 경우에도 앎 자체를 흉내 낼 수 없다.

물론 당신은 당신 자신이나 세상을 이해하지 못한다. 왜냐하면 당신은 자신의 관념밖에 이해하지 못하며, 그 관념은 영원하지 않기 때문이다. 그러므로 당신의 관념은 당신이 튼튼한 기반 위에 서는 법을 배워야 하는데도, 그 튼튼한 기반을 마련해줄 수 없다. 따라서 앎이 당신에게 당신 자신과 세상을 드러내 보여주도록 하는 대신, 당신이 관념에 의존한다면, 당신은 자신의 관념에 실망할 수밖에 없고, 속을 수밖에 없다.

정각마다, 자신을 이해하지 못한다는 것을 상기하라. 자신의 판단을 정당화하려는 부담에서 벗어나라. 깊은 명상에서는 자신을 바라보면서 당신이 자신을 이해하지 못한다는 것을 상기하라. 그러면 당신은 고요 속으로 자유로이 들어갈 수 있다. 왜냐하면 당신은 자신에 대한 당신의 환상을 정당화하는 데 체험을 쓰려고 하지 않을 것이기 때문이다. 이때 마음은 본연의 마음이 되는 데 자유롭게 되고, 당신 또한 자신을 제대로 인식하는 데 자유롭게 된다.

연습 214: *30분 연습 두 차례 & 시간연습*

제 215계단

교사들이 나와 함께 있다. 나는 혼자가 아니다.

교사들은 드러내지 않은 채로 당신과 함께 있다. 교사들은 그들의 영향이 당신에게 너무 강하게 뻗치지 않도록 매우 주의한다. 왜냐하면 당신은 그들의 영향을 받아들여 자신에게 이롭게 쓸만한 능력이 아직 안 되기 때문이다. 그러니 당신은 삶의 여정 내내 큰 도움을 받으며 살아간다는 것을 알라. 왜냐하면 교사들은 당신이 앎을 깨닫고 기르도록 도우려고 당신과 함께 있기 때문이다.

먼저, 교사들은 당신이 앎의 필요성을 깨닫도록 도와야 한다. 왜냐하면 앎의 필요성이 당신에게 충분히 자리잡아야 당신이 앎의 회복에 참여할 수 있기 때문이다. 앎이 없다면, 삶이 절망적임을 깨달아야 한다. 왜냐하면 당신 삶에 목적·의미·방향이 없기 때문이다. 그러면 이때는 당신 잘못만이 당신을 가르칠 수 있고, 당신 잘못만이 당신이 용서하지 않는 것을 합리화할 수 있다.

당신은 자신의 관념이 앎을 대신할 수 없다는 것을 깨달을 때, 앎에 눈을 돌려 앎의 참된 선물을 기쁘게 받아들이는 이가 될 수 있다. 이때 당신이 진심으로 추구한 모든 것이 의미 있게 충족될 것이다. 이때 당신은 삶에 참된 기반을 가질 것이다. 이때 하늘과 땅이 당신 안에서 만나게 되고, 모든 분리가 끝날 것이다. 이때 당신은 육체적 삶의 한계와 영적 삶의 위대함을 받아들일 수 있다. 그러므로 앎에 눈을 돌리는 것이야말로 당신에게 가장 이로운 일이다.

정각마다, 오늘의 말을 상기하라. 오늘 두 차례 깊은 연습에서는, 고요 속으로 들어가라. 도움이 되면, '란' 명상을 이용하라. 당신을 자유롭게 하는 것을 오늘 받아들일 수 있게 된 것에 기뻐하라.

연습 215: *30분 연습 두 차례 & 시간연습*

제 216계단

내 삶에 영적 현존이 있다.

당신 삶에 있는 영적 현존은 항상 당신과 함께 있고, 항상 당신이 이용할 수 있으며, 당신의 판단 너머를 보도록 항상 당신을 일깨워준다. 이 현존은 끊임없이 당신에게 지원과 도움을 제공하고 있으며, 당신 마음이 당신 내면에서 앎이 일어나는 것을 허용하도록, 마음이 잘못 쓰이는 것을 최소화하고 바르게 쓰이는 것을 강화하는 데 필요한 안내를 제공하고 있다.

당신은 지금 이 영적 현존을 받아들여 존중하는 법을 배우고 있으니, 때가 되면 이 현존이 당신과 세상에 얼마나 중요한지 깨달을 것이다. 그러면 당신은 내면에서 위대함과 겸허함을 동시에 느낄 것이다. 왜냐하면 당신은 위대함의 원천이 아니라, 위대함을 표현하는 매개체임을 깨달을 것이기 때문이다. 그리하여 당신은 자신이 섬기는 것과 참된 균형을 이루고 관계를 유지할 것이다. 이 관계에서 당신은 당신 몫에 해당하는 모든 혜택을 누린다. 그런데도 앎과 함께 있으면, 자신을 과장하지 않을 것이다. 왜냐하면 당신은 자신의 한계와 앎의 필요성을 절실히 깨달을 것이기 때문이다. 이런 이해와 함께, 당신은 삶의 원천을 깨닫고 받아들일 것이다. 그리하여 당신은 앎을 섬기려고 세상에 있고, 세상은 앎을 받기로 되어 있음을 깨달을 것이다.

당신 삶에 영적 현존이 있다. 정각마다, 이 말을 반복하면서 함께 있는 현존을 느껴보라. 두 차례 깊은 연습에서는, 이 현존 안으로 깊이 들어가라. 왜냐하면 이 현존은 분명히 당신과 함께 있으며, 오늘 당신에게 그 자신을 내주고자 하기 때문이다.

연습 216: *30분 연습 두 차례 & 시간연습*

제 217계단

나는 오늘 앎에 나 자신을 내준다.

잘못된 관념이나 자신을 제약하는 관념이 당신의 진정한 추구를 방해하지 못하도록 하면서, 온 마음과 정성을 다하여 오늘 연습에 임하는 것으로, 오늘 앎에 당신 자신을 내주라. 당신은 이처럼, 앎이 당신에게 앎 자신을 내주는 것을 허용하는 것으로, 앎에 당신 자신을 내준다. 그러니 당신에게 요구되는 것은 얼마나 작고, 당신이 받는 보상은 얼마나 큰가! 왜냐하면 당신이 고요를 체험하거나 마음을 의미 있게 쓸 때마다, 앎은 당신 내면에서 더욱 강해지고 점점 더 현존하게 되기 때문이다. 당신은 어쩌면 "세상에 줄 나의 선물이 무엇일까?"하며 궁금해할지도 모른다. 당신의 선물은 지금 여기서 당신이 받는 것이다. 그러니 앎이 앎 자신을 당신에게 내줄 수 있도록 앎에 당신 자신을 내주라.

정각마다, 오늘의 말을 기억하라. 그리고 두 차례 깊은 연습에서는, 앎으로 들어가라. 오늘 연습 내내 앎에 자신을 내주겠다는 당신의 의지를 실천하라. 그러려면 고요해야 하고 자신을 받아들여야 할 것이다.

연습 217: *30분 연습 두 차례 & 시간연습*

제 218계단

나는 오늘 앎을 내 안에 간직할 것이다.

세상에서 앎을 쓰는 법에 대한 지혜는 앎과 함께 온다. 따라서 앎은 당신 이해의 원천이고, 지혜는 세상에서 앎을 의미 있게 건설적으로 적용하는 법을 배우는 것이다. 당신은 아직 지혜롭지 않으니, 오늘 앎을 내면에 간직하라. 앎이 강해지는 것을 허용하고, 앎이 자라는 것을 허용하라. 당신이 앎을 억지로 표현하려고 하지만 않으면, 앎은 자연스레 그 자신을 내줄 것이다. 당신은 때가 되면, 지혜로워지는 법을 앎이 표현되는 것을 통해서도 배우고, 자신의 잘못을 통해서도 배울 것이다. 그런데 당신은 우리가 말하는 것을 모두 입증할 만큼 이미 잘못을 충분히 범했다.

오늘 앎이 당신 내면에서 강해질 수 있도록 앎을 내면에 간직하라. 앎의 가치를 인정할 수 있을 것으로 보이는 한두 사람에게만 앎이 있다는 것을 알려보라. 이는 앎에 대한 당신의 의식이 여린 새싹과 같아 아직 세상의 변천에 견디어 낼 수 없기 때문이다. 앎에 대한 당신의 의식은 세상을 휩쓸고 있는 극심한 두려움과 증오를 상쇄할 만큼, 당신의 이해에서 충분히 강해지지 않았다. 앎은 어려움 없이 이러한 것을 견디어 낼 수 있지만, 앎을 받아들여 매개체가 되려고 배우고 있는 당신은 아직 그다지 강하지 않다.

오늘 앎이 자랄 수 있도록 당신 내면에 간직되는 것을 허용하라. 가슴속에 이 보물을 지니면서 정각마다 오늘 주제를 상기하라. 제약으로부터 자유로운 시간인 깊은 연습에서는, 당신이 앎과 참된 관계 속으로 들어갈 수 있도록 큰 사랑으로 되돌아가라. 때가 되면, 당신이 세상에서 앎의 소통을 지혜롭게 적용하는 법을 배움으로써, 앎의 표현에 제약이 되는 모든 것이 사라질 것이다. 하지만 지금 당장은 앎이 점점 더 강해질 수 있도록 가슴속에 앎을 간직하라.

연습 218: *30분 연습 두 차례 & 시간연습*

제 219 계단

나는 오늘 나의 야심에 속지 않을 것이다.

앎이 당신 내면에서 이제 싹트기 시작했으니, 자신의 야심에 속지 말라. 야심은 인정받고 싶고, 확인받고 싶은 개인적 욕구에서 생긴다. 야심은 다른 사람의 견해를 조종하여 두려움을 없애보려는 시도이다. 이때 당신의 야심은 해롭지만, 지금 오용되는 당신의 다른 모든 정신 능력처럼 야심도 결국 위대한 앎을 섬길 수 있다. 당신은 아직 이 상태에 도달하지 않았으니, 앎을 가지고 그 어떤 것도 하려고 하지 말라. 왜냐하면 당신은 앎을 이용하려는 것이 아니라, 받아들이려는 것이기 때문이다. 앎이 당신에게 가장 도움이 되고 쓸모 있다는 것을 아는 것은 다름 아닌 당신이 앎을 받아들이는 데에 있다.

야심에 이끌려 당신이 가서는 안 될 곳에 가지 말라. 야심으로 인해 당신의 활력과 정력을 오용하지 말라. 앎은 자신만의 삶의 목표와 방향이 있으며 당신은 지금 그것을 따르는 법을 배우고 있으니, 인내심을 갖고 앎과 함께 조용히 있는 법을 배우라.

시간연습에서나 깊은 명상에서나 하루 내내 야심 없이 지내도록 하라. 왜냐하면 당신은 아직 앎을 가지고 무엇을 해야 할지 모르기 때문이다. 긴 명상에서는 야심 없이 있는 것으로 당신을 자유롭게 하라. 그리하여 당신이 고요 속으로 들어가 물질적인 것들의 세계를 벗어날 수 있게 하라.

연습 219: *30분 연습 두 차례 & 시간연습*

제 220 계단

오늘 나는 큰 것이 내 안에서 자랄 수 있도록
억제력을 발휘할 것이다.

앎의 회복에 해롭거나 저해된다고 여겨지는 능력들에 대해 억제력을 발휘하라. 앎이 당신 안에서 자랄 수 있도록 의도적으로 자신을 억제하라. 이것은 자신에게 가하는 제약이 아니다. 오히려 당신의 마음과 힘을 뜻있게 사용함으로써 당신 내면의 큰 힘을 알아차리는 능력을 기르고, 그 힘을 드러나게 하여 당신을 인도하고 안내하게 한다.

이전 수업들처럼 오늘 수업에서도, 당신은 앎의 근원과 앎의 매개체를 알아보는 법을 배우고, 이 둘을 혼동하지 않는 법을 배우고 있다. 앎이 당신 내면에서 자랄 수 있도록 억제를 배우라. 이 억제가 단순히 내면의 참된 것을 제약한 당신의 과거 행동을 언급하는 것으로 생각하지 말라. 그렇지 않다. 오늘 당신이 집중하는 것은 당신의 힘과 자기단련을 표현하는 것으로써 의도적인 억제를 배우는 것이다. 당신의 힘과 자기단련은 강해지도록 이제 훈련되어야 한다. 왜냐하면 당신의 몸과 마음은 앎의 매개체이며, 이들은 매개체로서 개발되고 강해져야 하기 때문이다.

시간연습에서처럼, 깊은 연습에서도, 당신이 고요와 평화 속에 있는 앎으로 들어갈 수 있도록 앎을 저버리는 생각 방식이나 행동 양식들을 억제하라. 이런 억제가 있을 때, 자유가 발견될 것이다. 왜냐하면 자유는 앎이 주는 선물이므로, 이 세상 너머에서 찾아 이 세상으로 가져오는 것이기 때문이다.

연습 220: *30분 연습 두 차례 & 시간연습*

제 221계단

나는 오늘 자유롭게 혼란 상태에 있을 수 있다.

혼란을 실패로 보지 말라. 또한 당신을 위험에 빠뜨리거나 하찮게 만드는 어떤 것으로 보지 말라. 이때의 혼란은 단순히 당신 자신의 관념과 가정에 한계가 있음을 깨닫고 있다는 표시일 뿐이다. 앎이 당신에게 명백해지는 것을 허용하려면, 당신은 자신의 관념이나 가정을 포기해야 한다. 왜냐하면 지금 당신이 주목해야 할 중요한 결정들에 직면하여, 앎이 이미 그 답을 마련해놓았기 때문이다. 그 답은 당신이 스스로 마련하거나 다른 사람이 당신을 위해 마련해준 것으로 여겨지는 것들에서 찾을 수 있는 그런 답이 아니다.

그러므로 앎을 대신하는 모든 것들이 당신에게서 사라지게 하라. 자신이 혼란 상태에 있는 것을 허용하라. 왜냐하면 당신이 진정으로 혼란 상태에 있을 때, 앎이 자연스레 드러날 수도 있기 때문이다. 그래서 이것이 당신의 자유에 해당된다. 왜냐하면 자유 안에서, 당신은 자유롭게 혼란 상태에 있을 수 있기 때문이다.

정각마다, 오늘의 말을 상기하라. 이 말에 담긴 깊은 뜻을 간단히 해석하고 가정하여, 다 알았다고 흡족해하지 말라. 당신은 심사숙고해야 한다. 그리고 이 말이 당신을 위해 품고 있는 진정한 의미는 때가 되면 드러날 것임을 깨달아야 한다. 자신이 혼란 상태에 있는 것을 허용하라. 왜냐하면 당신은 지금 혼란 상태에 있으며, 시작은 항상 지금 당신이 있는 곳에서 해야 하기 때문이다. 앎이 당신과 함께 있다. 그러니 당신은 자유롭게 혼란 상태에 있을 수 있다. 오늘 긴 연습 시간에는 당신이 혼란스럽든 아니든, 고요 속으로 들어가라. 왜냐하면 고요와 은총과 평화는 항상 당신 곁에 있기 때문이다.

연습 221: *30분 연습 두 차례 & 시간연습*

제 222 계단

세상은 혼란 상태에 있다.
나는 세상을 판단하지 않을 것이다.

당신이 세상에 내릴 수 있는 유일한 판단은 세상이 혼란 상태에 있다는 것이다. 이 판단에는 화·슬픔·상실감·분개·적대감·복수심 등이 동반될 필요가 없다. 그래서 어떤 형태로든 공격이 필요하지 않다. 세상은 혼란 상태에 있다. 세상을 판단하지 말라. 세상이 앎과 함께 있지 않을 때, 세상이 어떻게 확실할 수 있겠는가? 당신이 지금까지 살아온 것을 돌아보면, 얼마나 혼란스러웠는지 알 수 있다. 앎과 함께 있지 않았을 때, 달리 길이 있었겠는가? 앎은 지금 당신과 함께 있으며, 마찬가지로 그때도 당신과 함께 있었다. 당신이 앎을 회복하기 시작했으니, 이제 앎의 확실성은 당신을 통해 점점 더 많이 표현될 수 있다. 이 확실성이야말로 당신이 지금 받아들이는 법을 배우는 큰 선물이자, 세상이 당신을 통해 받아들이는 법을 배울 선물이다.

　시간마다, 세상과 세상의 모든 활동을 바라보면서 세상을 판단하지 말라. 세상은 그저 혼란 상태에 있을 뿐이기 때문이다. 혹여 당신이 오늘 괴로움 속에 있더라도 자신을 판단하지 말라. 당신은 그저 혼란 상태에 있을 뿐이기 때문이다. 오늘 깊은 연습에서는, 고요 속으로 들어가는 자신을 허용하라. 당신은 단순히 고요 속에 들어가기를 바라는 것만으로 고요 속에 들어간다. 고요는 당신이 자신을 위해 허용하는 선물이다. 이처럼 허용하기 위해 당신은 이 선물을 받아들이는 데 자신을 내준다. 이때 선물을 주는 자, 보내는 자가 없다. 왜냐하면 선물이 당신과 당신의 근원 사이에서 울려 퍼지기 때문이다. 앎과 앎의 매개체는 그저 서로를 확인할 뿐이다.

　세상은 혼란스러우며, 앎과 함께 있지 않다. 하지만 당신은 세상에 온 선물이다. 왜냐하면 당신은 지금 앎을 받아들이는 법을 배우고 있기 때문이다.

연습 222: *30분 연습 두 차례 & 시간연습*

제 223계단

나는 오늘 앎을 받아들일 것이다.

정각마다, 앎을 받아들이라. 두 차례 깊은 연습에서도 앎을 받아들이라. 앎을 받아들이는 데 자신을 내주라. 이것이 오늘 연습이다. 그 밖의 것은 모두 일종의 혼란일 뿐이다. 당신의 외적 삶에서 오늘 당신이 연습을 대체해야 하는 일은 아무것도 없다. 왜냐하면 앎이 당신 안팎의 일을 모두 축복해주기 때문이다. 앎은 불필요한 것을 몰아내며, 당신에게 필요한 것이자 진정한 잠재력을 지닌 것과 당신을 의도적으로 결합하게 한다.

그러니 당신의 외적 삶이 어떤 상황에 있든, 앎으로 돌아가라. 당신이 세상에서 확실성을 가질 수 있고, 자신의 의미와 가치를 이해할 수 있도록 앎을 받아들이라.

연습 223: *30분 연습 두 차례 & 시간연습*

제 224계단

복습

지난 두 주간 연습한 것을 돌아보면서, 오늘 객관성을 연습하라. 또다시 그날그날의 가르침을 읽고, 그때 연습한 것을 상기하라. 두 주간의 연습을 첫날부터 시작해서 순서대로 다음 날로 이어가라. 당신의 진척을 객관적으로 바라보는 능력을 키우라. 연습이 잘되는 날과 잘되지 않는 날, 각각 무슨 일이 일어나는지 보라. 이때 잠깐 상상 속으로 들어가, 높은 데서 당신 삶을 지켜보는 교사들의 눈을 통해 자신을 보라. 교사들은 비난하지 않는다. 교사들은 단지 당신의 강점과 약점에 주목하여, 강점을 더 강하게 하고, 약점의 영향을 최소화할 뿐이다. 당신 삶을 객관적으로 바라보는 법을 배움으로써, 당신은 교사들의 눈을 통해 당신 삶을 보는 법을 배울 것이다. 교사의 눈을 통해 삶을 보는 것은 앎으로 보는 것이며, 판단 없이 보는 것이다. 그러면 이때 마음은 앎의 매개체가 되고, 앎은 당신에게 정말 유익한 관념과 활동들을 모두 알려 줄 것이다.

오늘 복습 시간이 당신을 위해서 쓰이게 하라. 마음을 의도적으로 활용하여 방황하지 않게 하라. 넋 놓고 생각하는 습관을 버리라. 어리석고 의미 없는 것들에 빠져 있는 습관을 버리라. 오늘 복습이 당신이 앎의 참된 학생임을 당신에게 실질적으로 보여주게 하라.

연습 224: 긴 연습 한 차례

제 225계단

나는 오늘 진지할 것이고, 동시에 즐거울 것이다.

오늘 당신에게 주는 이 메시지를 제대로 이해한다면, 여기에는 아무런 모순이 없다. 삶을 진지하게 받아들이는 것은 삶이 주는 진정한 은총을 받아들이는 것이며, 이것이 당신을 매우 행복하게 할 것이다. 그러므로 당신은 앎의 매개체가 되는 법을 배우고 있는 지금 자신에게 매우 진지해야 한다. 그러면 당신은 앎과 함께 있다는 사실에 매우 행복하고 즐거울 수 있다. 그래서 당신 마음을 이렇게 쓰는 것이 참되게 쓰는 것이다. 왜냐하면 당신은 즐거운 것에 즐겁고, 진지한 것에 진지하기 때문이다. 밖으로 향할 때 진지하고 내적 기쁨에 즐거운 마음이 온전히 통합된 마음이다. 이때 하늘과 땅이 만나는 마음이 될 것이다.

당신은 오늘 받게 될 은총으로 행복하고, 진정한 고마움을 느끼겠지만, 그 은총이 당신에게 요청하는 것을 따르려면, 진지한 참여와 성실한 헌신, 신체 능력과 정신 능력의 참된 적용이 있어야 할 것이다. 이때 당신의 강점이 당신의 행복이 되며, 당신의 행복은 당신의 참된 능력이 적용됨으로써 더 커진다.

정각마다, 오늘의 말을 반복하고 나서, 그 뜻을 생각해보라. 깊은 명상에서는 마음이 앎의 즐거움과 환희를 체험할 수 있도록 진지하게 명상에 몰입하라. 그러면 당신은 오늘의 말이 그 의미 면에서 조금도 모순되지 않다는 것을 알 것이다. 그리고 이때 당신은 기쁜 것과 진지한 것을 혼동하지 않을 것이다. 그럼으로써 당신은 세상을 더 깊이 이해할 것이다.

연습 225: *30분 연습 두 차례 & 시간연습*

제 226계단

앎은 나와 함께 있다. 나는 두려워하지 않을 것이다.

앎은 당신과 함께 있으니, 당신이 앎과 함께 있으면, 당신은 두렵지 않을 것이다. 당신이 앎과 함께 머무는 법을 배우고 있으니, 두려움은 때가 되면, 당신의 참된 체험과 점점 더 무관해질 것이다. 오늘의 주제는 당신이 앎을 회복하고 앎을 적용하기가 매우 어려워 보일 만큼, 당신 마음이 습관적으로 상당히 두려움에 빠져있다는 관점에서 그 중요성이 인식되어야 한다. 앎을 회복하고 적용하기가 어려워 보이는 것은 오로지 과거에 당신 마음이 습관적으로 두려움에 빠져 있었기 때문일 뿐이다. 습관은 버릴 수 있다. 생각과 습성은 새로운 습관으로 서서히 길들여지고 강화될 수 있다. 생각과 습성은 단지 마음을 써온 결과이며, 반복해서 연습한 결과이다.

오늘, 앎과 함께 있는 것을 연습하라. 그러면 당신이나 세상에 해로운 영향을 준 모든 습관에서 벗어날 것이다. 산다는 것은 연습이며 항상 일종의 봉사이다. 오늘, 진실을 연습하고, 진실에 봉사하라. 그러면 모든 잘못이 줄어든다. 잘못의 기반이 제거되고 나면, 그 자리에서 당신은 새로운 방식으로 세상을 살아가는 법, 새로운 방식으로 세상과 관계 맺는 법을 배우기 시작할 것이고, 정신 능력과 신체 능력을 쓰는 데 있어 훨씬 더 훌륭한 틀을 가질 것이다.

정각마다, 앎과 함께 머무르라. 두려움을 몰아내고, 앎이 당신과 함께 있음을 상기하라. 교사들이 당신과 함께 있음을 상기하라. 앎의 회복에 참여하는 도처의 학생들이 당신과 함께 있음을 상기하라. 이때 세상은 작아지고, 당신은 커질 것이다. 깊은 연습에서는, 당신 자신에게 앎을 체험하는 자유를 허용하라. 마음의 고요 안으로 깊이 들어가라. 그럼으로써 마음이 사랑의 현존 안에 잠긴다.

연습 226: *30분 연습 두 차례 & 시간연습*

제 227계단

오늘 나는 내가 안다고 생각하지 않을 것이다.

초보 학생은 항상 자신이 알지 못한 것을 안다고 생각하고, 또 아는 것을 알지 못한다고 생각한다. 여기에는 상당한 선별력이 필요하다. 참과 거짓을 드러내는 것이 필요하고, 대조를 통해서, 이 둘을 분리하는 법을 배우는 것이 필요하다. 때가 되면 당신은 참과 거짓의 차이를 깨달을 것이고, 거짓이 참을 모방한 겉치레에 속지 않을 것이다.

정각마다, 안다고 생각하지 않겠다고 다짐하라. 당신이 안다고 생각하는 것은 일종의 대용품일 뿐이다. 당신은 알거나, 아니면 모른다. 이때 생각은 당신이 아는 것을 지지하거나 거부할 뿐이다. 하지만 당신이 안다고 생각하는 것은 앎 없이 생각하는 것이므로 항상 어리석고 혼동과 자기의심만 불러일으킨다.

오늘 깊은 연습에서는, 당신이 안다고 생각하는 것에 속지 말라. 또다시 앎 자체의 순수한 체험으로 돌아가라. 고요와 평화 속에서 오늘 연습에 온전히 헌신하라. 앎은 체험이다. 앎은 앎 자신의 생각을 내놓을 것이다. 앎은 당신의 참된 본성에 진실로 도움이 되는 행동 양식들과 적용 방식들을 자극하고 도와줄 것이다. 당신이 안다고 생각하는 것들에 만족하지 말라. 왜냐하면 이는 단순히 당신을 다시 빈곤 상태로 남아 있게 할 다른 형태의 거부일 뿐이기 때문이다.

연습 227: *30분 연습 두 차례 & 시간연습*

제 228계단

나는 오늘 가난하지 않을 것이다.

당신은 가난하지 않아도 된다. 왜냐하면 가난은 당신의 유산도 아니고, 참된 운명도 아니기 때문이다. 오늘 가난하지 말라. 왜냐하면 앎은 큰 부이며, 일단 앎이 누구 마음속에서든 드러나는 것이 허용되면, 앎은 세상에서 그 현존을 자연스레 드러내기 때문이다. 그리하여 앎은 점차 매개체인 마음에 균형과 조화를 주며, 특정 사람들에게 특정 방식으로 베푼다. 이것이 당신에게 있는 재능이다. 당신이 어떻게 이런 재능을 갖고서 가난할 수 있겠는가? 오직 당신의 자기 비하하는 생각이나 행동 양식만이 가난을 빚어낼 수 있다.

그러므로 당신에게 걸림돌이 되는 유형들을 오늘 더 깊이 바라보기 시작하라. 정각마다, 이것을 생각하라. 두 차례 깊은 연습에서는, 자기기만이나 자기파괴의 특정 유형들을 알아보려는 일에 마음을 적극 사용하라. 이때 비난하는 일 없이, 자신을 명확히 바라보는 데 필요한 객관성을 가지고 하라. 자신을 속이는 미묘한 방식이 많다는 것에 놀라지 말라. 그것들은 모두 매우 단순한 주제에 살짝 변형을 준 것일 뿐이다. 외관상 복잡함이나 숫자는 중요하지 않으며, 다만 당신이 그것들을 알아차리기만 하면 된다. 그것들은 모두 두려움에서 나왔으며, 당신이 환상에 빠짐으로써, 또 그 환상을 지지하도록 남들을 끌어들이려 함으로써, 그 두려움을 상쇄하려는 시도에서 나왔다. 앎이 없는 관념은 모두 직간접적으로 이 목적에 쓰인다. 하지만 참목적은 진정한 봉사를 위한, 관념 이면에 있는 큰 힘이며, 동시에 진정한 봉사를 위한, 모든 형태의 행위나 행동 이면에 있는 큰 힘이다.

우리는 오늘 장애를 바라보겠지만, 수치심·죄책감·불안감 없이 바라볼 것이다. 다만 앎의 현존과 적용을 튼튼히 하고, 당신이 세상에서 앎의 큰 매개체가 되도록 준비하기 위해서만 바라보라. 이것이 오늘 연습의 목적이다. 그러므로 참된 의도를 가지고 연습하라. 자신이 인식하는 실패들보다 당신은 더 큰 존재이니, 그 실패들을 객관적으로 바라보면, 거기에 속지 않을 것이다.

연습 228: *30분 연습 두 차례 & 시간연습*

제 229 계단

내가 받는 고통을
다른 사람 탓으로 돌리지 않을 것이다.

오늘의 말은 엄청난 인식 전환이다. 하지만 이 인식 전환이 진정한 효과를 보려면, 앎에서 나와야 한다. 당신은 자신의 고통이 전적으로 다른 사람 때문에 생긴 것으로 보이는 상황이 많다는 것을 금방 알게 될 것이므로, 이 말의 의미가 곧장 분명한 것은 아니다. 당신의 습관적인 생각이나 평상시 가정한 것들의 관점에서 보면, 당신 고통이 실제로 다른 사람들 때문이라는 것을 부정하기가 매우 어려울 것이다. 그러나 앎은 당신을 이렇게 보지 않으니, 당신도 자신을 이처럼 보지 않는 법을 배워야 한다.

고통은 항상 당신이 자신의 상황에서 어떤 자극에 반응하여 내린 결정이다. 몸이 강하게 자극받으면 육체적으로 고통을 느끼지만, 이는 단지 감각 반응에 지나지 않는다. 이는 당신을 아프게 하는 진짜 고통이 아니다. 당신을 정말 아프게 하는 것은 당신의 관념과 가정으로 만든 가시면류관이고, 당신의 걱정과 잘못된 정보이며, 자신과 세상을 용서하지 않는 당신 마음이다. 이것들이 당신 마음뿐만 아니라 몸에까지 고통을 낳는다. 우리가 오늘 덜고자 하는 것이 바로 이 고통이다.

그러므로 오늘의 말을 고통의 치료약과 같은 것으로 여기라. 만약 당신 고통이 다른 사람 탓이라면, 당신은 그 사람을 공격하거나 변화시키는 것 말고 달리 해결 방안이 없다. 당신이 다른 사람을 좋게 변화시키려는 노력마저 일종의 공격이다. 왜냐하면 당신의 이타주의 밑바닥에는 미움과 분노가 있기 때문이다. 그러므로 고통의 원인이 당신 밖에 있다면, 해결할 길이 없다. 하지만 모든 고통에 대한 치유책이 있다. 왜냐하면 앎이 당신과 함께 있기 때문이다.

그러니 모든 고통은 자신이 결정한 결과로 인식되어야 하고, 자신이 해석한 결과로 인식되어야 한다. 당신은 다른 사람이나 세상에 부당한 취급을 받았다고 느낄지도 모른다. 이 느낌은 당신 마음속에 실제로 있는 것이니 부정할 필요는 없지만, 당신은 한 걸음 더 나아가, 이 느낌이 어디에서 생기고, 드러나는 데 어떤 과정을 거치는지 보아야 한다. 그래서 이것을 보려면 당신은 자신의 정신 능력을 활용해야 한다. 그러면 당신은 큰 힘을 얻을 것이다. 당신은 이것을 할 수 있을 것이다. 왜냐하면 앎이 당신과 함께 있기 때문이며, 당신이 앎과 함께 있으면 앎이 요청한 것을 모두 할 수 있기 때문이다.

비난이 없으면, 세상은 스스로 회복해나갈 수 있을 만큼 해방된다. 그러므로 정각마다, 오늘의 말을 반복하고 나서 그 뜻을 생각해보라. 이 말이 당신을 위해 진실로 품고 있는 것이 무엇인지 알 수 있도록 깊이 탐구하라. 긴 연습 시간에는, 고요와 평화 속으로 들어가라. 세상과 자신을 비난하지 않으면, 마음은 이미 평화로울 것이다.

연습 229: *30분 연습 두 차례 & 시간연습*

제 230계단

나의 괴로움은 혼란에서 생긴다.

당신의 괴로움은 혼란에서 생긴다. 참된 회복의 길을 알아볼 수 있도록 당신 자신이 혼란 상태에 있는 것을 허용하라. 이 말이 혼란스러운가? 사람들은 자신의 혼란을 인정하지 않으려 하므로 이 말이 혼란스러울 수 있다. 사람들은 자신을 변명하려고 다른 사람을 탓하거나 다른 사람을 변명해주려고 자신을 탓하면서, 혼란스러운 데도 확실하다고 말하며 자신의 혼란에 대해 거짓말한다. 이 모두가 혼란을 나타낸다.

당신이 혼란스럽다는 것을 알면, 당신의 확실성을 회복할 수단을 요청할 수 있다. 그러나 혼란스럽다는 것을 받아들이지 않으면, 확실성의 대용품을 자신과 세상에 부여하며, 확실성을 받아들일 가능성을 제거해버릴 것이다. 그래서 당신의 혼란이 괴로움의 원인임을 알아야 하며, 당신의 진짜 곤경을 알아볼 수 있도록 자신이 혼란 상태에 있는 것을 허용해야 한다. 진짜 곤경을 알아볼 때, 당신은 앎이 절실히 필요함을 알게 될 것이다. 또한 이때 물려받은 유산을 받아들이는 데 필요한 마음, 즉 헌신하고 자신을 적용해보려는 마음이 당신 안에 생길 것이다.

정각마다, 오늘의 말을 반복하라. 잊지 말고 연습하라. 두 차례 긴 연습에서는, 마음을 적극 활용하여 오늘 말의 의미를 깊이 이해하려고 하라. 이 말에 동조하는 느낌과 생각, 반대하는 느낌과 생각을 모두 객관적으로 보라. 특히 당신에게 어떤 거부감이 없는지 주의 깊게 보라. 그런 다음 오늘 말에 담긴 힘을 당신 내면에서 느껴보라. 그러면 당신은 오늘 말의 참뜻을 인지할 것이고, 현재 당신 마음의 틀을 객관적으로 보는 데도 도움이 될 것이다. 이 모두가 당신이 앎의 학생으로서 공부해야 할 부분이다. 오늘 말의 의미를 살펴보는 데 전념하며, 단순한 답이나 설명에 흡족해하지 말라. 당신이 아직 체험하지 못한 선물이 오늘 말에 담겨 있기 때문이다.

연습 230: *30분 연습 두 차례 & 시간연습*

제 231 계단

나에게는 이 세상에 부름이 있다.

당신에게는 이 세상에 부름이 있다. 그 부름은 당신이 생각하는 그런 것이 아니다. 일단 당신 마음속에서 앎이 드러나도록 허용되면, 부름은 앎에서 드러날 것이다. 당신은 매우 특별한 어떤 일을 하러 이 세상에 왔으므로 이 세상에 부름이 있다. 이 세상에서의 당신 목적은 앎을 회복하여, 앎이 그 자신을 표현하도록 허용하는 것이다. 이것은 당신 목적을 아주 간단히 말한 것이지만, 매우 깊은 뜻과 때가 되면 이루어야 할 많은 것을 담고 있다.

당신은 어떤 일을 하기 위해 세상에 파견되었으므로 이 세상에 부름이 있다. 당신 마음이 지금과 같은 방식이고, 남들과 달리 독특한 특성을 지닌 것이 바로 이 때문이다. 부름이 드러나면 당신이 왜 지금처럼 생각하고 행동하는지 알 것이며, 생각과 행동은 모두 참된 균형과 조화를 이룰 것이다. 그러면 자신을 비난할만한 근거가 모두 사라질 것이다. 왜냐하면 당신의 특성은 당신이 미처 깨닫지 못한 유용성을 나타내기 때문이다. 달리 말하면 당신은 자신이 아직 알지 못한 어떤 일을 위해 특별히 만들어졌다. 이것을 알 때까지 당신은 자신의 특성이 자신을 제한한다고 생각하며 그 특성에 저항할 것이다. 때가 되면 이 특성이 성취를 위해 귀중한 자원임을 깨달을 것이다. 왜냐하면 당신에게는 이 세상에 부름이 있기 때문이다.

정각마다, 오늘의 말을 상기하고, 자신의 부름이 무엇인지 아직 모른다는 것을 상기하라. 추측하지 않는다면, 당신은 진실을 알아내는 자리에 있게 될 것이다. 오늘 깊은 연습에서는, 다시 고요와 침묵 속으로 들어가라. '람'을 말하는 것이 도움 된다고 여기면 그리하라. 오늘은 당신이 세상에서 자신의 참된 부름을 깨달을 수 있도록 준비하는 날이다. 또한 앎에 바치는 날이며, 헛된 가정을 버리고 자신을 속이지 않는 날이다. 앎에 하루를 바치면, 그 날은 당신이 부름을 깨닫는 데 더 가까이 가게 된다. 그 부름은 일단 당신이 준비되고 당신과 함께해야 하는 이들이 준비되면, 추측하지 않아도 자연스레 떠오를 것이다.

연습 231: *30분 연습 두 차례 & 시간연습*

제 232계단

삶에서 내 부름이 드러나려면,
다른 사람들의 성장이 필요하다.

당신 삶에서 부름이 드러나려면, 당신의 성장뿐만 아니라, 당신과 직접 결합할 다른 사람들의 성장도 필요하다. 당신 삶의 목적에는 다른 사람들과 당신의 결합이 포함되어 있으므로, 이것은 한 사람의 추구가 아니며, 개인적인 성취가 아니다. 실상에서는 다른 사람들과 완전히 분리된 개인이란 없다. 왜냐하면 개체성은 모든 사람의 삶을 묶어 하나로 연결하는 것을 표현하는 관점에서만 그 의미가 있기 때문이다.

그러므로 오늘, 당신의 참된 성취는 다른 사람들의 성취에도 의존한다는 지혜와 이해를 넓히라. 여기서 말한 다른 사람들을 당신이 모두 안다고 생각하지 말라. 왜냐하면 당신은 아직 그들을 모두 만나지 않았기 때문이다. 어떤 이는 이 세상에 있고, 어떤 이는 다른 세상에 있다. 당신이 지금 아는 사람 중에 이들이 전혀 없을 수도 있다.

당신의 성취가 다른 사람들에게 일부 의존하는데, 당신은 어떻게 나아갈 수 있는가? 당신 준비에 헌신함으로써 당신은 나아갈 수 있다. 준비할 때 생기는 힘이 삶의 부름에서 당신과 함께해야 할 이들을 강하게 할 것이다. 당신들이 연습에 열중할 때 서로를 강하게 해주므로, 당신들은 이미 관계 속에 있으며, 서로에게 이미 영향을 주고 있다. 앎이 드러나는 지점에 당신이 다가가면 다가갈수록, 그들도 더욱 가까이 올 것이다. 당신이 뒤로 물러서면 물러설수록, 당신은 더욱더 그들을 뒤로 밀쳐낸다. 당신이 세상에 있는 동안에는 그리되는 과정을 알 수 없다. 이것이 어떻게 그리되는지 알려면 당신은 저세상에 있어야 하기 때문이다. 하지만 당신은 모든 사람이 서로 영향을 주고받는다는 것을 이해할 수 있으며, 그중에서도 특히 삶에서 서로 특별히 결합하기로 되어 있는 이들이 더 강하게 영향을 주고받는다는 것을 이해할 수 있다.

그러므로 당신의 진보는 자신의 노력뿐만 아니라 다른 사람들의 노력에도 의존한다. 그런데 다른 사람들의 노력은 당신이 노력할 때, 보완되고 강해진다. 그래서 당신이 달성한 것은 당신이 성취하는 데 당신에게 많은 것을 주기도 하지만, 더 나아가 당신을 삶과 연결해줄 것이고, 당신이 이전에 체험할 수 있었던 것을 뛰어넘어, 관계의 내용과 체험을 더 깊게 해줄 것이다.

시간마다 기억하고, 고요 속에서 긴 명상을 함으로써, 당신의 노력이 다른 사람들의 노력을 보완하게 하라. 그들의 노력은 당신의 노력을 보완할 것이다. 그러니 상호 헌신하는 이 결합이 오늘 당신이 체험할 힘의 원천이 되게 하고, 이번 생에서 당신이 아직 만나지 못한 그들이 체험할 힘의 원천이 되게 하라.

연습 232: *30분 연습 두 차례 & 시간연습*

제 233계단

세상에서 나는 어떤 선한 큰 세력의 일부이다.

오늘의 주제는 분리된 관점에서 보면 이해하기가 매우 어려울 수도 있지만, 전적으로 옳은 말이다. 당신이 오늘의 말을 이해할 것이라고 기대하지는 않지만, 그 힘과 영향력을 체험해보도록 당신에게 이것을 알려준다. 왜냐하면 당신이 진실의 대변자일 때, 오늘의 말이 앎의 체험인 진실로 당신을 이끌 수 있기 때문이다. 이 앎의 체험은 앎에 이르는 관문이 될 수 있는 어떤 개념보다 가장 큰 가능성이다.

그러므로 오늘의 말에는 올바르게 접근해야 한다. 당신은 분리된 관점의 한계를 깨닫고, 오늘 말의 가치를 판단하려고 하지 않아야 한다. 당신은 그 가치를 판단할 수 없다. 다만 그 가치에 응답하거나 그 가치를 거부할 수 있을 뿐이다. 왜냐하면 그 가치에 담긴 진실이 당신의 현재 해석보다 더 크기 때문이다. 이 점에서 당신의 현재 한계를 자각하면, 당신은 큰 것에 접근할 수 있다. 왜냐하면 당신이 자신을 약하게 하는 것을 방어하지 않을 때, 자신을 강하게 하는 것, 자신에게 목적·의미·방향을 알려주는 것으로 가는 길을 찾을 수 있기 때문이다.

당신은 어떤 선한 큰 세력의 일부이다. 왜냐하면 이 세력은 앎이 결합하여 인도하기 때문이다. 여기서는 앎이 어느 한 개인이 소유할 수 있는 것이 아니다. 그러므로 당신 앎, 내 앎이 따로 있는 게 아니라 오직 앎만 있다. 오직 당신 해석, 내 해석만이 있을 뿐이며, 여기서 차이가 생길 수 있지만, 앎은 앎이다. 앎은 사람들을 함께 가게도 하고, 떼어놓기도 한다. 당신이 앎을 고요와 객관성을 통해 제대로 인식한다면, 앎이 알려주는 참된 방향을 분별하고 따를 수 있다.

정각마다, 오늘의 말을 반복하면서 기운을 내라. 당신이 앎을 위해서 하는 모든 노력은 당신과 함께 연습하는 이들 때문에 힘이 더해진다는 것을 알라. 그들 중에는 당신이 볼 수 있는 이들도 있고 볼 수 없는 이들도 있다. 깊은 연습에서, 고요와 평화 속으로 들어가도록 도와주는 당신의 자기단련 또한 당신에게 힘을 실어주게 하라. 이런 식으로 오늘 당신이 성취한 것은, 당신과 함께 거짓을 버리고 참을 배우는 모든 이들의 노력에 힘이 될 것이다.

연습 233: *30분 연습 두 차례 & 시간연습*

제 234계단

앎은 모든 방면에서 인류를 돕는다.

앎은 선을 위해 모든 정신 능력과 신체 능력을 활성화시키며, 인류에게 이로운 온갖 개인적 활동들을 인도한다. 예술이나 과학을 비롯하여 모든 분야에서, 또 가장 단순한 몸짓과 가장 위대한 행동에서, 앎은 큰 삶을 드러내 보여주며, 앎과 함께하는 사람들 안에 있는 가장 훌륭한 특질들을 모두 강하게 한다.

앎이 크다고 해서 큰 것에만 결부시킬 필요는 없다. 왜냐하면 앎의 표현은 아주 사소한 말, 하찮은 몸짓에까지 스며들 수 있기 때문이다. 그래서 이런 사소한 것들도 다른 사람들에게 매우 큰 영향을 줄 수 있다. 한 개인 안에 있는 앎의 힘은 다른 개인 안에 있는 앎의 힘을 움직이게 하며, 그리하여 분리의 환상 속에 사는 사람들 내면에서 삶이 부활하도록 자극하고 돕는다. 당신이 세상 안에서는 그 힘의 전체적인 영향력을 볼 수 없지만, 자신의 삶에서 그 힘을 체험해볼 수 있고, 또 당신이 지금 맺고 있는 관계의 맥락 안에서 그 힘이 표현되는 것을 볼 수 있다.

안다고 생각하지 말라. 당신은 알거나, 아니면 모른다. 이 점을 잊지 말라. 왜냐하면 당신은 자신이 찾으려는 것이 당신을 실망하게 하거나 파멸시키지 않을까 두려워하면서, 온전하게 아직 자신을 기꺼이 직시하려고 하지 않으므로 자신을 기만할 가능성이 여전히 당신에게 있기 때문이다. 그러나 당신이 자신을 온전히 직시하면, 당신이 발견하는 것은 모두 앎이다.

오늘 깊은 연습에서는, 지금까지 배운 방법들을 활용하여, 다시 고요 속으로 들어가라. 당신이 하고자 하는 것에서 당신 주의를 산만하게 하는 다른 어떤 것에도 마음을 내주지 말라. 당신은 어떤 큰 세력의 일부이고, 이 큰 세력이 지금 당신을 돕고 있다.

연습 234: *30분 연습 두 차례*

제 235계단

앎의 힘이 나에게 분명해지고 있다.

앎의 힘을 인식하는 데는 시간이 걸릴 것이다. 왜냐하면 앎의 힘은 당신이 상상한 그 어떤 것보다 훨씬 더 크기 때문이다. 그런데도 그 힘은 당신이 지금껏 이해할 수 있는 그 무엇보다 더 단순하고 더 미묘하다. 그 힘은 어린아이의 순진무구한 눈에서도 볼 수 있고, 은하계의 커다란 움직임에서도 상상해볼 수 있다. 가장 단순한 몸짓에서 가장 큰 움직임에 이르기까지 그 힘은 모든 것에서 자신을 발현할 수 있다.

당신을 포함해서 모든 이의 삶 속에 있는 앎의 현존을 당신이 이제 겨우 실감하기 시작했다는 점을 인정하라. 앎의 현존을 실감하는 것은 앎을 받아들이는 당신의 역량에 의해 결정되며, 당신은 지금 앎을 염원하는 당신의 소망과 함께 그 역량을 기르고 있다. 바로 이 때문에 당신이 날마다 고요와 평화를 연습하고, 단지 큰 목적을 위해 적극 마음을 써서 연습할 때만 이 연습을 중단한다. 이때 당신은 자신의 소망뿐만 아니라 자신의 역량도 키우고 있다. 왜냐하면 앎을 염원하는 소망 때문에 당신은 날마다 틀림없이 연습할 것이고, 연습할 때마다 앎을 체험하는 당신의 능력은 향상되기 때문이다.

당신은 앎의 현존, 앎의 힘, 앎의 증거를 인식하기 시작했다. 정각마다, 잊지 말고 이것을 상기하라. 긴 연습에서는, 다시 고요와 평화 속으로 들어가는 데 자신을 온전히 내주라. 왜냐하면 이리함으로써 당신 안에 있는, 모든 비난과 불용서가 사라질 것이고, 또 지금 당신이 받아들이는 법을 배우고 있는 앎의 힘이 당신에게 드러날 것이기 때문이다.

연습 235: *30분 연습 두 차례 & 시간연습*

제 236계단

앎과 함께 있으면, 나는 무엇을 해야 할지 알 것이다.

앎과 함께 있으면, 당신은 무엇을 해야 할지 알 것이며, 당신의 확실성은 당신이 의심하거나 반박하기 어려울 만큼 매우 강할 것이다. 이때 당신은 행동에 옮길 수 있도록 준비되어 있어야 하며, 대담하게 행동해야 한다. 만약 당신의 주요 관심사가 자신의 관념이나 육신을 보호하는 것이라면, 당신은 앎이 당신에게 위험하거나 해로운 것을 하도록 이끌지나 않을까 겁내면서, 앎을 두려워할 것이다. 앎은 오직 실제 행동으로만 표현될 수 있다. 앎의 은총은 체험되어야 한다. 앎의 은총은 오직 앎의 현존을 받아들이고 앎의 지시를 실행하는 것으로만 체험될 수 있다.

앎과 함께 있으면, 당신은 무엇을 해야 할지 알 것이며, 이때 당신의 확실성은 지금까지 당신이 확실성으로 위장한 모든 것을 훨씬 뛰어넘을 것이다. 의심은 앎 앞에서도 계속 될 수 있지만, 당신의 존재 전체가 행동에 참여할 것이므로 앎이 훨씬 더 강하다. 자신의 헛된 믿음에서 나온 초라한 의심만이 앎을 반박할 수 있다. 하지만 그런 반박은 한심하고 가련하며, 깊이와 확신이 없다.

앎은 특정한 때에 당신 내면에서 움직일 것이다. 왜냐하면 앎은 당장 행동해야 할 때까지 고요 속에서 모든 것을 지켜보다가, 행동해야 할 때, 바로 행동하기 때문이다. 그래서 당신이 세상에서 앎과 함께 평화로이 있는 법을 배우려 한다. 그런데도 당신이 행동할 때는 정말 능률적으로 큰 결과를 낳게 행동할 것이다. 이런 식으로 당신은 행동하면서 동시에 묵상하는 사람이 될 수 있다. 왜냐하면 당신의 묵상이 깊고 의미 있게 될 것이고, 당신의 행동 또한 깊고 의미 있게 될 것이기 때문이다.

앎과 함께 있으면, 당신은 무엇을 해야 할지 알 것이다. 당신이 앎과 함께 있지 않고, 또 앎이 큰 힘으로 당신에게 할 일을 알려주지 않는다면, 무엇을 해야 할지 안다고 생각하지 말라. 당신의 문제를 해결하려고 하찮은 시도를 하지 말라. 앎과 함께 있지 않으면, 당신의 시도는 의미가 없으며, 좌절감을 더 키울 것이기 때문이다.

정각마다, 오늘의 말을 반복하고 그 뜻을 생각해보라. 깊은 긴 연습에서는, 지금까지 터득한 요령을 활용하여 고요 속으로 들어가라. 앎이 고요하면, 당신도 고요할 수 있다. 마찬가지로 앎이 행동하도록 자극할 때, 당신은 행동할 수 있으며, 이때 생기는 해결책은 당신이 상상할 수 있는 그 어느 것보다 더 훌륭할 것이다.

연습 236: *30분 연습 두 차례 & 시간연습*

제 237계단

나는 삶의 의미를 이제 겨우 이해하기 시작했다.

당신은 삶의 의미를 이제 겨우 이해하기 시작했다. 삶의 의미는 당신이 개념화하려고 애쓰지 않아도 당신의 이해 속에 자연스레 드러날 것이다. 당신 삶의 의미와 목적은 그냥 드러나서 오늘도 내일도, 그리고 그 다음 날도 계속해서 표현될 것이다. 왜냐하면 앎이 그만큼 단순하고 근원적이기 때문이다. 따라서 당신의 이성은 당신 삶에서 물질적으로 필요한 것들, 당신 삶에서 일어나는 제반 사항들, 당신 삶의 메커니즘을 다루는 데 쓰일 수 있다. 왜냐하면 이성은 바로 이런 곳에 쓰이는 것이기 때문이다. 하지만 앎의 위대함은 이성이 결코 제공할 수 없는 목적·의미·방향을 제공한다. 그러므로 이성은 세상에서 참된 역할이 있는 하나의 기능이다. 왜냐하면 이성은 앎의 위대함을 섬기는 것이기 때문이다.

당신은 앎의 의미와 본질을 이제 겨우 이해하기 시작했다. 당신이 지금까지 내린 결론들이 당신의 필요에 적절하다고 생각하지 말라. 왜냐하면 당신은 앎의 초보 학생이기 때문이고, 초보 학생은 거의 가정하는 일 없이 자신에게 필요한 모든 것을 열심히 배우려 하므로, 가정에만 의존하는 실수를 범하지 않을 것이기 때문이다. 오늘 초보 학생이 되라. 당신이 얼마나 조금밖에 모르며, 얼마나 많이 배워야 하는지 인식하라. 이것을 배우기 위해 당신에게는 한 생애가 있지만, 당신 생애는 당신이 지금까지 이해한 것을 넘어서 활성화되고 강화되어야 한다. 때가 되면 당신이 지닌 큰 것은 당신을 통해 크고 작은 행동으로 그 자신을 표현할 것이다.

오늘, 고요 속으로 들어가는 깊은 연습에서는 앎을 알아차리는 당신의 힘이 더욱 커지는 것을 허용하라. 인내심 많은 정원사처럼 연습에 임하라. 인내심 많은 정원사는 모든 식물이 오늘 당장 열매 맺기를 바라는 것이 아니라, 성장하고 변화하는 계절이 있다는 것을 이해한다. 당신 자신에게 이런 이해심이 생기도록 허용하라. 왜냐하면 당신은 결국 인간이 어떻게 성장하고 발전하는지, 내면에 무엇을 지니고 있는지 객관적으로 이해할 것이기 때문이다. 만약 당신이 앎을 기르는 데 성공하여, 앎이 세상에 모든 선물을 베풀도록 허용하는 데 성공한 다음, 이 세상을 떠난다면, 당신은 뒤에 남아있는 사람들을 가르치는 교사 중 한 사람이 될 수 있을 것이다. 이런 식으로 당신은 세상에서 얻은 것을 다른 사람들에게 모두 공헌함으로써, 세상에서 당신 배움을 끝마칠 것이다. 이렇게 해서 당신의 선물은 실현되며, 그들의 선물은 한 걸음 더 나아간다.

당신은 이 말들을 이제 겨우 이해하기 시작했다. 이 말들의 의미가 당신 내면 깊숙이 스며들 수 있도록 앎의 체험을 더욱 굳건히 하라. 당신이 어떤 상황에 처해 있든, 자신의 모든 활동이나 참여가 연습에 도움 될 수 있도록 정각마다 오늘의 말을 반복하라. 왜냐하면 앎이 축복하여 조화로움을 줄 수 없는, 그런 경우나 교류는 어떤 것도 없기 때문이다.

연습 237: *30분 연습 두 차례 & 시간연습*

제 238계단

복 습

우리는 지난 두 주간의 복습을 이 기도로 시작한다.

"나는 지구를 포함하여 물질 우주에 있는 모든 세계에 봉사하는 나의 영적 가족에 봉사하려고 이 세상에 파견되었다. 나는 어떤 선한 큰 세력의 일부이며, 앎의 초보 학생이다. 나는 나에게 주어진 선물에 감사하며, 이제 막 그 선물을 이해하기 시작했다. 나는 내 삶의 가치를 알아볼 수 있도록 오늘 온전한 신뢰와 헌신 속에서 내 연습을 계속할 것이다."

이 기도에 이어서, 긴 복습을 시작하라. 두 주간 중 첫 수업부터 시작하여 차례대로 그 다음으로 이어가면서 가르침을 읽고 당신이 연습한 것을 되돌아보라. 복습을 마치면, 다시 오늘 기도를 반복하고 나서, 침묵 속에서 몇 분을 보내라. 이 침묵시간에 지금 당신이 하는 연습에서 오는 힘을 느껴보라. 다음 날부터 이어서, 당신이 받아들여 표현하는 법을 배울 것은 앎의 힘이며, 그 힘이 세상에 내려주는 은총이다.

연습 238: *긴 연습 한 차례*

제 289 계단

자유는 오늘 나의 것이다.

당신은 앎과 함께 살고 있으니, 자유는 당신의 것이다. 당신은 불필요한 생각이나 추측에서 오는 과도한 긴장으로 자신에게 부담을 주지 않아도 되니, 자유는 당신의 것이다. 당신은 자신의 유일한 목적과 이 목적에서 나온 특별한 일들에 헌신할 수 있으니, 자유는 당신의 것이다. 자신의 앎을 활용하여 앎이 정한 운명을 세상에서 실현하는 자유보다 더 큰 자유가 있겠는가? 이것 말고는 다른 어떤 것도 자유라 부를 수 없다. 왜냐하면 다른 것은 모두 그저 혼란에 빠지고 더욱 비참해지는 자유일 뿐이기 때문이다.

당신은 오늘 앎이 함께 있는 것을 받아들이는 데 자유롭다. 오늘 시간연습과 두 차례 깊은 명상에서 당신이 자유롭다는 것을 잊지 말라. 두 차례 명상에서 당신이 앎과 함께 있는 자유를 가질 때, 자신이 고요 속으로 들어가는 것을 허용하라. 그리고 어떤 느낌이나 생각도 당신이 세상에서 빠져나와 앎으로 들어가는 큰 자유를 체험하는 것을 방해하지 못하게 하라.

이 연습 시간은 당신의 총체적 안녕을 위해 매우 중요하다. 당신은 이 연습에 참여하여 앎과 함께 평화 속에 있는 법을 배움으로써, 또한 세상에서 앎이 그 지혜를 펼칠 때 앎을 따르는 법을 배움으로써, 모든 외적 활동에서 앎에 더 깊이 다가갈 것이다. 당신은 오늘 앎과 함께 있는 데 자유롭다. 왜냐하면 당신은 오늘 자유롭기 때문이다.

연습 239: *30분 연습 두 차례 & 시간연습*

제 240계단

작은 관념들은
나에게 필요한 앎을 충족시켜 줄 수 없다.

대단한 관념이나 환상적인 이미지, 놀랄만한 믿음체계도 당신에게 필요한 앎을 충족시켜 줄 수는 없다. 관념만으로는 당신이 길 위에 올라설 수는 있어도, 여행을 떠날 수는 없다. 관념은 당신을 기다리는 큰 것들을 말해줄 수는 있지만, 그곳에 당신을 데려다 줄 수는 없다. 왜냐하면 당신의 운명과 성취로 가는 길에는 앎이 안내자가 되어야 하기 때문이다. 당신은 관념들을 가지고 출발점에 서서 남들에게 길을 가리켜줄 수는 있지만, 정작 당신 자신은 갈 수 없다.

당신이 앎과 함께 여행할 때, 앎은 관념을 통해, 그 자신을 확장할 것이다. 또한 행동이나 몸짓을 포함해 이 세상에서 쓰이는 모든 소통 수단을 통해, 그 자신을 확장할 것이다. 그러니 관념만으로 만족하지 말라. 관념으로 추측하여, 당신이 앎의 본질과 세상에서 앎의 참된 적용을 이해하고 있다고 생각하지 말라. 앎의 본질과 적용은 체험되고 관찰될 수 있지만, 체험하고 관찰하는 이는 자신의 가장 중심부에서 그것을 느껴야 한다.

그러므로 당신의 위대한 참존재를 대신하여, 또 세상에서 당신의 큰 목적을 대신하여, 작은 것들로 만족하지 말라. 앎으로 되돌아가라. 그리고 당신에게 그 방향으로 가도록 길을 가리키는 관념들에 감사하라. 하지만 당신을 움직이는 힘, 당신이 준비하고 참여하도록 활력을 주는 힘은 내면에 있는 큰 지혜와 앎에서 나온다는 것을 자각하라. 앎을 따르려면 앎이 필요하고, 앎을 준비하려면 앎이 필요하다. 그래서 앎은 당신이 앎에 접근할 때조차 활용된다.

그러니 관념만 가지고 여행의 시작점에 서 있지 말라. 당신의 큰 본분을 대신하여 작은 것들을 받아들이지 말라. 정각마다, 오늘 주제를 상기하라. 깊은 명상에서는 다시 고요와 평화 속으로 들어가라. 묻는 일 없이 연습에 임하라. 간청하는 일 없이 연습에 임하라. 앎 안에서, 모든 것이 주어지고, 모든 것이 받아들여지며, 모든 것이 필요한 만큼 적용될 것임을 상기하라. 당신 마음이 더 단순해지고 더 열리면, 앎이 세상에서 그 자신을 표현하도록 마음은 앎의 매개체가 될 것이다.

연습 240: *30분 연습 두 차례 & 시간연습*

제 241계단

나의 화는 정당하지 않다.

당신의 화는 정당하지 않다. 왜냐하면 화 하나만 놓고 보면, 당신이 앎을 적용하지 못한 것에 대한 반응일 뿐이기 때문이다. 이때 화가 그 근원에서 일어난다. 하지만 화는 하나의 반응이므로, 일어나지 않아도 된다. 화는 반응으로써, 다른 사람의 화를 불러일으킬 수 있으며, 화가 적용되는 곳마다 안팎으로 강한 반응을 자극할 수 있다. 그러나 앎은 화가 파괴적인 특질을 갖지 않도록 방향을 바로 잡아줄 것이다. 왜냐하면 당신이 표현하고자 하는 것은 다른 사람들의 앎을 강하게 해주는 것이기 때문이다. 자신이나 다른 사람을 해치고자 하는 마음이 아니라, 당신이 가진 강한 신념의 힘이야말로 화의 핵심인 감정이 진정으로 갖는 효능이다. 따라서 화는 당신이 진실로 전하고자 하는 메시지가 당신의 비난과 두려움이 투사되어 왜곡된 것이라 말할 수 있다. 이 왜곡이 해소되면, 모든 화의 씨앗인 진정한 메시지가 표현될 수 있다. 이렇게 표현되는 것은 오직 이로움만 낳는다.

그래서 화는 정당하지 않다. 진실로 전하고 싶은 메시지를 잘못 해석했기 때문이다. 화는 혼란에서 나왔으므로 정당하지 않다. 그렇지만 혼란은 준비가 필요하고, 앎의 참된 적용이 필요하다. 그러므로 죄지은 자는 벌이 아니라 보살핌을 받으며, 사악한 자는 지옥에 가지 않고 천국이 준비된다. 신이 세상에서 실현하려는 진짜 본질이 이것이다. 그래서 신은 결코 화를 낼 수 없다. 왜냐하면 신은 상처받지 않기 때문이다. 신은 그저 신을 잠시 잊은 상황에다 신을 적용할 뿐이다.

크게 보면, 모든 개인의 분리마저도 매우 일시적인 현상이다. 아직은 당신이 이 수준에서 생각할 수 없으며, 오랫동안 그리할 수 없을 것이다. 왜냐하면 당신은 점점 더 큰 관계와 삶의 체험 속으로 당신 마음을 통합하는 다양한 발전 단계를 거쳐야 하기 때문이다. 하지만 앞으로 나아가면서 당신 시야를 넓히는 주요 단계를 밟을 때마다, 당신은 화가 정당하지 않음을 점차 이해할 것이다. 화는 다만 특정 상황에서 앎을 적용하지 못했음을 나타낼 뿐이다. 여기서 필요한 것은 비난이 아니라 치료이다. 이때 화는 이해되어야 할 어떤 것임을 당신은 깨달을 것이다. 화를 거부해서는 안 된다. 화를 거부하면, 화의 씨앗, 즉 당신이 진실로 전하고 싶은 메시지도 거부하기 때문이다. 그러므로 당신이 진실로 전하고 싶은 메시지가 빛을 발할 수 있도록 우리는 그 메시지를 오염시킨 것을 깨끗이 치우고자 한다. 왜냐하면 당신이 진실로 전하고 싶은 메시지는 항상 앎에서 오기 때문이다.

정각마다, 오늘의 말을 생각하라. 깊은 연습에서는, 마음을 적극 사용하여, 아주 하찮은 특정한 것들에서부터 속상하게 하고 좌절하게 하는 일반적인 것들까지, 화나는 것들을 하나하나 들여다보라. 화나는 것들을 하나하나 점검할 때마다 화가 정당하지 않음을 상기하라. 또한 화는 앎을 적용하라는 요청이며, 당신이 화난 각각의 경험이나 느낌 안에는 참된 씨앗이 있음을 상기하라. 그러므로 화는 거부되어야 하는 것이 아니라, 정화되어야 한다. 화가 정화되면, 당신은 애초에 전하려 했으나 실패한 것을 전할 수 있기 때문이다. 이때 당신의 표현은 완전해질 것이며, 화는 더 이상 일어나지 않을 것이다.

연습 241: *30분 연습 두 차례 & 시간연습*

제 242 계단

내가 세상에 주는 가장 큰 선물은 나의 앎이다.

이것이 당신의 가장 큰 선물이다. 바로 이 선물이 다른 모든 베풂에 배어 있으며, 그 베풂에 의미를 준다. 앎은 인간의 모든 표현과 모든 활동에 가치를 주는 선물이며, 인류의 진화에서 인류의 안녕을 돕도록 의도된 인간의 모든 발명에 가치를 주는 선물이다. 앎은 마치 상자에 넣거나 생각으로 그려볼 수 있는 것처럼, 양을 재보고 줄 수 있는 그런 것이 아니다. 앎은 삶의 가장 핵심으로 삶의 현존이자 본질이다. 앎은 모든 베풂과 공헌에 의미를 준다.

이것이 당신의 가장 큰 선물이며, 당신은 지금 이 선물을 받아들이는 법을 배우고 있다. 당신이 선물을 받아들이면, 그 선물은 자연스레 자신을 내줄 것이다. 왜냐하면 당신은 자신만을 위해 앎을 붙잡아둘 수 없기 때문이다. 앎은 일단 드러나면 사방으로 자신을 표현하기 시작하며, 그중에서도 특히 앎의 설계와 지혜에 따라 특정 방향으로 특정 사람들과 특정 관계 속에서 표현한다. 그래서 당신이 앎을 받아들이면, 앎은 베풀어져야 한다. 앎은 자신을 줄 것이며, 당신도 앎을 주고 싶어 할 것이다. 왜냐하면 당신은 부자이고, 부는 주는 것을 통해서만 늘어날 수 있기 때문이다. 이처럼 삶이란 본질적으로 모두 앎을 주는 것에 관한 것이다. 이런 베풂이 일어나지 않는 곳에서는 어디나 온갖 기만·실망·절망이 있다. 하지만 이런 상황에서도 다시 베풂이 일어나면, 이런 부정적 특질은 사라지고, 앎은 매우 특별한 방식으로 자신을 다시 표현하기 시작할 것이다.

그러므로 정각마다, 이 큰 진실을 상기하라. 깊은 명상에서는 당신 자신이 앎을 체험하는 것을 허용하고, 앎을 받아들이는 것을 허용하라. 당신의 몸과 마음이 온통 여기에 몰두하게 하라. 그러면 앎은 자신을 내줄 것이고, 당신은 줄 수 있는 가장 큰 선물을 삶에 주었으므로, 당신은 성취할 것이다.

연습 242: *30분 연습 두 차례 & 시간연습*

제 248계단

베푸는 데는 내가 특별하지 않아도 된다.

인간의 모든 야심 밑바닥에는 특별하고자 하는 의도가 깔려 있다. 앎에서 나오지 않은 인간의 모든 야심은 분리에서 생긴 큰 실망과 불안감을 없애려는 의도에서 생겨난다. 특별하려는 시도는 분리를 더욱 공고히 하려는 시도이며, 다른 사람들을 희생시켜 자신을 대단한 사람으로 만들려는 시도이다. 그래서 항상 삶과 앎을 거부하고, 항상 혼란과 좌절과 절망으로 이끈다.

당신은 오늘 자신을 특별한 사람으로 만들려는 시도에서 해방된다. 왜냐하면 그럼으로써 자신의 이전 모든 활동에서 찾았던 참된 위안을 찾을 것이기 때문이다. 당신의 특별함은 모든 삶에 내재된 것을 자신의 독특한 방식으로 표현하는 것이다. 이때 삶 자체이자 삶을 결합하는 것이 확인된다. 당신의 개체성 역시 확인되지만, 삶을 다르게 표현하는 것들의 가치가 배제되지 않는다. 여기서 당신은 특별하지 않다. 당신은 그저 당신일 뿐이다. 당신은 삶의 일부분이므로 한 개인보다 더 크지만, 삶을 개인적으로 표현하므로 여전히 한 개인이다. 이때 모순과 혼란이 모두 해소된다. 한정된 것이 무한한 것을 표현하고, 독특한 것이 내재적이고 본질적인 것을 표현한다. 이것이 당신이 찾는 해답이다. 왜냐하면 실제로는 당신이 특별해지기를 바라는 것이 아니라, 다만 당신 개인의 삶에 목적·의미·방향이 있기를 바랄 뿐이기 때문이다.

정각마다, 오늘의 말을 반복하고 나서, 그 뜻을 생각해보라. 깊은 연습에서는, 또다시 고요와 평화 속으로 들어가라. 답을 간청하지 말라. 왜냐하면 명상시간에는 그럴 필요가 없기 때문이다. 이 시간은 앎을 받아들이는 것을 연습한다. 앎 안에서는, 당신의 개체성이 개체성의 참된 목적을 위해 존중되고 확인된다. 또한 당신이 짊어지기에 무겁고 불가능한 짐일 뿐인 당신의 특별함이 당신 어깨에서 조용히 사라진다. 특별해지는 것이 삶의 목적이 아니니, 오늘 특별해지려고 하지 말라. 그러면 죽음과 파멸에서 오는 두려움이 모두 사라질 것이다. 그러면 이때 판단하거나 남들과의 비교하는 버릇도 모두 사라질 것이다. 그리하여 당신은 삶을 존중할 수 있을 것이다. 또한 오늘 수업이 당신에게 가르쳐주는, 모든 것의 표현인 당신의 관계들을 존중할 수 있을 것이다.

연습 243: *30분 연습 두 차례 & 시간연습*

제 211계단

나는 다른 사람들이 강할 때 존중받는다.

당신이 강할 때, 다른 사람들이 존중받고, 다른 사람들이 강할 때, 당신이 존중받는다. 이런 식으로, 앎이 잊혀진 세상에서, 앎은 자신을 확인한다. 앎은 다른 사람들에게 베푸는 체험과 표현을 통해서만 확인되면 된다. 이번 생에서 당신의 가장 큰 가르침은 당신 삶을 다른 사람들에게 행동으로 보여줌으로써 당신 삶을 공헌하는 것이다. 그리고 이 공헌이야말로 당신이 자신에게 주는 가장 큰 선물이다. 왜냐하면 당신 삶이 그 가치 면에서 당신에게 행동으로 표현될 때, 당신 자신에 대한 당신의 평가가 회복될 것이고, 당신은 삶 자체에 비례하여 자신의 진정한 가치를 이해할 것이기 때문이다.

그러므로 다른 사람들이 강할 때, 당신은 존중받는다. 그래서 당신은 자신을 강하게 하기 위해 다른 사람을 업신여기려고 하지 않을 것이며, 다른 사람의 불이익을 기반으로 자신의 이익을 주장하려고 하지 않을 것이다. 그럼으로써 당신의 성취에 어떤 죄책감도 뒤따르지 않을 것이다. 왜냐하면 당신이 삶에서 체험을 얻고 진보를 이루고자 할 때, 누구도 버림받지 않았기 때문이다.

오늘 수업은 그 뜻이 매우 심오하니, 깊이 생각해보아야 할 것이다. 정각마다, 오늘의 말을 반복하고 나서, 당신이 처한 모든 상황에서 그 뜻을 진지하게 숙고해보라. 오늘 깊은 연습에서는, 고요와 침묵 속으로 들어가라. 오늘의 말은 아주 단순하고 매우 진실하니, 이 선물을 받아들이라. 당신이 피상적인 일들만 생각하는 데 너무 익숙하므로, 오늘의 말을 진지하게 숙고해보는 것이 필요하겠지만, 이 말에 복잡한 것은 전혀 없다. 요즈음 몇 달 동안 우리가 함께 훈련하는 동안 내내, 당신은 분명하고 명백한 것들을 알아보는 데 당신 마음을 쓰는 법을 배우고 있다. 하지만 피상적인 것들에 마음을 빼앗긴 당신에게는 이러한 것들이 여전히 분명하지 않다.

그러므로 오늘 이 시간이 앎에 바쳐지게 하라. 또한 당신은 물론 우주 다른 모든 이들을 강하게 해주는 것에 바쳐지게 하라. 당신은 다른 사람들이 강할 때 존중받는다. 이때 모든 분리가 끝나며 참된 베풂이 분명해진다.

연습 244: *30분 연습 두 차례 & 시간연습*

제 245계단

다른 사람들이 실패할 때,
나는 앎의 필요성이 생각난다.

다른 사람들이 실패하면, 당신은 그것이 당신에게 앎의 필요성을 생각나게 하라. 당신에게 앎의 필요성이 과소평가되지 않게 하라. 따라서 당신에게 필요한 것은 실패한 이들에게 비난이나 판단으로 응대하는 것이 아니라, 앎이 그들에게도 절실히 필요하고 당신에게도 절실히 필요함을 깨닫는 것이다. 그래서 다른 사람의 실패는 당신이 지금 얼마나 열심히 준비해야 하는지 확인시켜 줄 뿐이다. 왜냐하면 당신은 자신의 진보와 성취뿐만 아니라, 인류의 진보와 성취를 위해서도 준비하기 때문이다. 이 말은 결코 헛된 주장이 아니며, 틀림없는 진실이다. 왜냐하면 당신이 앎을 향해 나아가는 계단마다 자신이 성취한 것을 세상에 주며, 환상과 패배의식으로 씨름하는 이들 모두의 짐을 덜어주기 때문이다.

그래서 당신 삶이 당신의 가르침이 된다. 왜냐하면 당신 삶은 앎의 삶이며, 신의 현존인 앎의 현존을 세상에 드러내 보여주기 때문이다. 이것은 당신이 앎의 진보된 매개체로서 봉사한 결과로 생긴다. 당신이 진보할 때, 인간의 모든 역량이 증진되고, 인간의 모든 부담이 없어지며, 세상에서 개인의 삶에 가장 진실하고 참된 것이 찬양받는다. 또한 인간의 모든 삶을 초월하지만, 동시에 인간의 삶을 포함하는 것이 확인된다. 그러므로 다른 사람의 실패가 당신에게는 앎과 함께 있으라는 요청이다. 또한 당신이 베풀려고 세상에 왔으므로 더 진보하고 강해지라는 요청이다.

정각마다, 오늘의 말을 상기하라. 두 차례 긴 연습에서는, 이 말뜻을 이해하는 데 마음을 적극 쓰라. 실패했다고 여겨지는 이들을 모두 생각해보고, 그들이 당신에게 봉사했다는 관점에서 오늘 수업의 의미를 이해하라. 앎이 그들의 삶에도, 당신의 삶에도 모두 필요함을 깨달으라. 그들은 당신이 앎에 헌신하도록 불을 붙여주려고 잘못을 저지르고 있다. 이 점에서 그들은 당신에게 봉사하고 있으며, 이것은 감사할 일이지, 비난할 일이 아니다. 그들은 당신에게 가치 있는 것을 소중히 하고, 의미 없는 것은 내려놓으라고 가르치고 있다. 그들이 당신에게 시간 낭비라고 생각하지 말라. 오히려 시간을 절약해주고 있다. 그들은 당신이 배우고 받아들여야 할 것을 드러내 보여주고 있다. 그러므로 앎을 소중히 하라고 가르쳐준 보답으로 그들의 안녕에 헌신하라. 당신이 앎을 소중히 하면, 그 결과는 그들에게 보답으로 되돌아갈 것이고, 그들은 당신의 성취로 강해지고 존중받을 것이다.

연습 245: *30분 연습 두 차례 & 시간연습*

제 246계단

앎을 회복하지 못하는 것에는 정당한 이유가 없다.

잘못에는 정당한 이유가 없다. 앎을 거부하는 것에는 정당한 이유가 없다. 여기에는 전혀 정당한 이유가 없다. 자신에게 비난을 투사하거나, 당신에게 필요한 것을 주지 않는다고 삶을 비난하는 것으로, 잘못을 정당화하려 하지 말라. 당신의 현재 상황을 해명하는 데, 어린 시절을 탓하거나, 부모나 자라온 환경을 탓하는 것으로 잘못을 정당화하지 말라. 잘못은 정당화될 수 없다. 정당화될 수 없는 것은 무엇이든, 참된 의미나 가치가 없으니, 내려놓을 수 있다.

그래서 오늘의 주제는 자유의 한 형태, 즉 여전히 자기만족과 타성에 젖어 남을 탓하고 책임을 떠넘김으로써 자신의 잘못을 정당화하려는 당신에게 자유의 한 표현이다. 잘못을 정당화하려는 것은 무의미하다. 왜냐하면 당신은 오늘 오직 앎을 향하여 앎에 다가가는 일에만 헌신하도록 되어 있기 때문이다. 당신은 앎에 다가가지 못한 변명으로만 잘못을 정당화할 수 있다. 그러나 잘못에는 정당한 이유가 없으므로, 앎에 다가가지 못한 것에는 정당한 이유가 없다. 이런 정당화가 없다면, 당신은 정당하게 된다. 왜냐하면 당신은 앎의 표현이기 때문이다. 앎의 표현이 되는 것이 세상에서 당신의 운명이자 목적이다. 잘못이 정당화되지 않으면, 진실에 모든 정당성이 부여된다.

정각마다, 오늘의 말을 반복하라. 고요와 받아들임 속에서 하는 긴 연습에서는, 이 자유에 다가가라. 당신 잘못이 용서받은 것에 오늘 감사하라. 비난이 정당화되지 않는다는 것에 오늘 감사하라. 앎에 다가가는 기회를 얻은 것에 오늘 감사하라. 이 기회가 당신 내면에 가장 참되고 위대한 것을 확인해줄 것이다. 죄책감과 비난이 없으면, 당신은 삶이 제공하는 것만 받을 수 있으므로, 앎을 거부하는 것에는 어떤 정당한 이유가 없음에 오늘 감사하라.

오늘이 자유를 경축하는 날이 되게 하라. 당신은 앎의 학생이므로, 당신에게는 비난받을 것이 없다는 것을 오늘이 확인하는 날이 되게 하

라. 비난하지 않으면, 세상에 있는 모든 문제가 풀릴 것이므로, 세상 모든 문제가 비난 없이 풀릴 수 있게 되는 것을 오늘이 확인하는 날이 되게 하라.

연습 246: *30분 연습 두 차례 & 시간연습*

제 247계단

나는 오늘 내면의 교사들에게 귀를 기울일 것이다.

내면의 교사들이 당신에게 들려줄 현명한 조언이 있으니, 그들에게 귀를 기울이라. 그들의 조언을 따르는 것만이 유일하게 그 조언의 의미와 가치를 이해하는 길임을 자각하면서, 그 조언을 받아들이고 그 조언에 따라 일하라.

정각마다, 시간을 내어 내면의 교사들이 당신과 함께 있음을 상기하라. 오늘 당신이 외적 의무나 관계에서 벗어나 내면의 교사들과 함께 시간을 보내는, 두 차례 명상시간을 고대하라. 교사들이 오늘 당신에게 말할 것이다. 그리하여 당신이 교사들의 음성을 듣는 법, 그리고 당신 마음을 괴롭히는 다른 음성들과 그 음성을 분별하는 법을 배우도록 도울 것이다. 교사들은 당신 혼에 말하는 유일한 참된 음성에 해당된다. 교사들은 당신이 두려움에서 계속 용기를 얻으려고 만든 대체물이 아니다. 그러므로 교사들이 당신에게 신뢰를 준 것처럼 교사들에게 신뢰를 주라. 교사들은 세상에서 당신에게 앎을 맡기고 있으니, 이것은 당신이 상상하기 힘들 만큼 당신을 크게 신임하고 인정한 것이다. 세상에서 앎의 매개체가 되려면, 당신은 당신의 위대한 기원과 가문을 보아야 하고, 당신에 관한 신의 큰 평가를 보아야 한다.

그러므로 오늘 고요와 침묵 속에서 하는 두 차례 깊은 연습에서는, 내면에 귀를 기울이라. 열심히 귀를 기울이라. 당신 자신이 수용적이 되는 것을 허용하라. 그러면 교사들이 드러내지 않은 채로 뒤에 서서, 당신을 지켜보고 사랑하고 후원한다는 것을 알 것이다. 또한 교사들은 오늘 당신에게 세상 밖의 일들과 세상 안의 일들을 말해줄 것이다. 당신이 오늘 듣는 법을 배우면 교사들은 당신의 목적과 본분을 생각나게 해줄 것이다.

연습 247: 30분 연습 두 차례 & 시간연습

제 248계단

나를 가르치는 우주의 지혜에 의지할 것이다.

우주의 지혜에 의지하라. 당신 자신에게만 의지하지 말라. 왜냐하면 당신 혼자는 아무것도 알지 못하기 때문이다. 혼자는 앎도 없고 관계도 없다. 그러니 우주의 지혜에 의지하라. 우주의 지혜는 당신이 자신의 앎 안에서 이용할 수 있으며, 교사들의 현존으로 활성화된다. 당신 혼자는 아무것도 할 수 없으니, 어떤 것도 혼자 할 수 있다고 생각하지 말라. 그러나 삶과 함께하면, 당신의 성취와 당신의 가장 큰 공헌으로 예정된 모든 것이 드러나 보이며, 또 그것들이 이루어질 가능성이 커진다.

그러므로 정각마다, 오늘의 말을 상기하라. 명상 연습에서는, 다시 한번 고요와 침묵 속에 있는 앎의 안식처를 찾으라. 당신은 지금 마음을 열고 겸허히 우주의 지혜를 받아들이는 법을 배우고 있으니, 우주의 지혜가 당신에게 표현되는 것을 허용하라.

오늘 하루가 듣는 날, 묵상하는 날, 받아들이는 날이 되게 하라. 습관적인 판단이나 편견에 희생물이 되지 말라. 삶에 봉사하는 당신에게 삶이 베풀 수 있도록 오늘 하루가 삶에 진실로 다가가는 날이 되게 하라.

연습 248: *30분 연습 두 차례 & 시간연습*

제 249 계단

나 혼자는 아무것도 할 수 없다.

삶에서 그 어떤 것도 단독으로 되는 것이 없으니, 혼자는 아무것도 할 수 없다. 당신이 주위에서 일어나는 일을 단순히 관찰하기만 하면, 이것은 매우 명백하다. 누구도 어떤 일을 혼자 하지 않는다. 이것은 참으로 진실이며, 정직하게 세상을 바라보면 부인할 수 없는 것이다. 아무도 안 보이는 산꼭대기에 혼자 있더라도, 당신은 혼자가 아닐 것이다. 왜냐하면 교사들이 당신과 함께 있을 것이기 때문이다. 그래서 당신이 그곳에서 이룬 것은 모두 합작품이다. 이는 당신이 다른 사람들과 함께 이룬 것이 모두 합작품인 것과 같다. 이것이 관계에 내재된 본질을 확인해주며, 아무것도 혼자서 해낼 수 없다는 사실에 완벽한 증거가 된다. 여기서 당신은 관계를 소중히 여기는 법을 배워야 한다. 왜냐하면 관계는 표현의 모든 영역, 모든 분야에서 성취로 이끄는 매개체이기 때문이다.

그래서 우리는 지금 앎을 회복하고자 하는 당신에게 관계의 소중함을 강조한다. 이 관계에는 당신이 지금 회복하고 있는 앎이 배어 있어야 한다. 그러면 당신을 위해 앎이 담고 있는 안정성·효능·은총이 이 관계에 있을 것이다. 왜냐하면 앎에 기반을 둔 관계만이 앎이 세상에서 쓸 지혜를 지닐 수 있기 때문이다. 개인적 끌림이나 개인적 환상에 기반을 둔 관계는 앎을 지닐 바탕이 없으며, 실제 삶에서 요구되는 것이나 필요한 것 앞에서는 갑자기 쓸모가 없어질 것이다.

그러므로 앎을 회복하면서, 당신은 관계에 관한 교훈도 배운다. 정각마다, 당신이 어떤 정황에 놓여 있든 오늘 교훈을 상기하며 이 교훈의 명백함을 보라. 그러면 어떤 수준에서든, 어느 분야에서든, 혼자는 아무것도 할 수 없음을 알 것이다. 혼자는 아무것도 할 수 없다. 개인적인 창의력이란 없다. 개인적인 공헌도 없으며, 개인적인 발명도 없다. 유일하게 혼자 만들 수 있는 것은 환상이며, 이 환상에서 많은 것이 만들어졌다. 하지만 각 개개인들이 자신의 상상 속에서 그 환상을 강화함으로써, 환상마저도 공유되고 강화된다. 그래서 환상마저도 관계를 통해 공유되고 구체화된다. 혼자는 아무것도 할 수 없다. 환상조차도 혼자 할 수 없다. 여기서 빠져나갈 구멍이란 없다. 하지만 삶에서 빠져나갈 구멍이 없다는 사실은 복원의 참된 가능성이다. 왜냐하면 이때 삶이 당신을 복원시킬 것이고, 당신이 세상에 가져온 것이 모두 활성화되고 공헌될 것이기 때문이다.

오늘 깊은 연습에서, 겸허한 마음으로 고요 속에서 앎에 다가가고, 교사들에게 다가가라. 당신 혼자는 아무것도 할 수 없음을 깨달으라. 마음을 단련하려 하거나 명상을 위해 준비하려는 일마저도, 연습하는 다른 이들은 물론, 교사들과도 공유하는 어떤 것이다. 그 어떤 것도 혼자서 해낼 수 있는 것이 없으므로, 신의 모든 힘은 당신을 통해 표현될 수 있다.

연습 249: *30분 연습 두 차례 & 시간연습*

제 250계단

나는 오늘 나 자신을 따로 떼어놓지 않을 것이다.

당신은 환상 속에서만 혼자 있을 수 있으며, 환상은 당신에게 가치 있고 영속적이고 의미 있는 그 어떤 것도 주지 않을 것이다. 지금 자신을 따로 떼어놓는 것으로 앎을 저버리지 말라. 잘못은 아무런 실속도 없을 뿐만 아니라 실제로 혼란의 표현일 뿐이니, 잘못한 것 때문에 자신을 벌하지 말라. 잘못에는 결코 정당한 이유가 없으며, 자신을 따로 떼어놓는 것에도 결코 정당한 이유가 없다. 당신은 삶의 일부분이다. 그래서 무언가를 해내려면, 심지어 생존하는 일까지도, 당신은 다른 사람들과의 관계, 전체적으로는 삶과의 관계를 믿고 의지해야 할 것이다.

당신이 이것을 생각해보면, 당신 내면에서 감사하는 마음이 저절로 일어날 것이고, 당신이 밟고 있는 땅, 당신이 보고 만질 수 있는 편리하고 유익한 것들이 모두 베풀고 협동한 결과에서 나왔음을 깨달을 것이다. 그러면 감사는 저절로 사랑을 낳을 것이며, 당신은 그 사랑에서 우주에 있는 모든 것이 어떻게 이루어지는지 점차 이해할 것이다. 그러면 당신 자신이 배워야 하는 것에 대한 힘과 확신이 생길 것이다.

정각마다, 오늘의 말을 잊지 말라. 깊은 명상에서는, 자신이 앎을 받아들이는 것을 허용하라. 앎에서 자신을 따로 떼어놓지 말라. 앎은 명상에서 당신을 축복하려고 기다린다. 명상이란 당신이 자신을 보여주려고 신의 제단으로 가는 것을 말하며, 이때 신이 앎을 받아들이려고 배우는 당신에게 신을 보여준다.

연습 250: *30분 연습 두 차례 & 시간연습*

제 251계단

앎과 함께 있으면,
나의 관계에 아무런 혼란이 없을 것이다.

앎이 혼란스럽지 않다면, 앎 안에 있는 당신이 어떻게 혼란스러울 수 있겠는가? 그러나 앎과 함께 있다는 것은 당신이 앎 없이 상황을 해결하려 하거나 이해하려 하지 않는다는 뜻이며, 통제하려 하거나 설득하려 하지 않는다는 뜻이다. 또한 자신을 더 특별하게 만들기 위해 다른 사람을 이용하여 자신의 특별함을 실현하려고 하지 않는다는 뜻이며, 다른 사람을 비난하는 것으로 자신의 잘못을 굳히려고 하지 않는다는 뜻이다.

앎과 함께 있으면, 관계에 아무런 혼란이 없다. 당신은 누구와 함께 있어야 하고, 누구와 함께 있지 말아야 하는지 안다. 그리고 이때 누구를 탓하는 일이 없다. 또한 어디에 헌신하고 어디에 헌신하지 말아야 하는지 안다. 그리고 이때 아무런 비난이 없다. 당신은 그른 것 대신 옳은 것을 선택하는 것이 아니라, 그냥 저것 대신 이것을 선택한다. 당신이 저쪽으로 가지 않고 이쪽으로 가는 것은 이쪽으로 가야 하기 때문이다. 얼마나 단순하고 얼마나 효과적인가! 그래서 모든 개개인에게 있는 앎이 확인되며, 이때 누구도 비난받지 않는다. 이때 지옥문이 열리며, 모두가 앎으로 되돌아가는 데 자유롭다. 왜냐하면 지옥문이 이미 열려 있고, 앎은 신에게 되돌아가라고 지옥에 머무는 모든 이를 부르기 때문이다. 지옥이란 무엇인가? 신 없는 삶, 앎 없는 삶이 바로 지옥 아닌가? 지옥이란 상상으로 만들어진 삶이며, 그것이 전부이다.

그러므로 깨어나서 삶에 참여하라는 신의 부름인 앎의 부름을 받아들이라. 혼자는 아무것도 할 수 없다. 앎과 함께 있으면, 당신 관계는 분명해질 것이다. 정각마다, 이것을 기억하라. 오늘 두 차례 긴 연습에서는, 당신이 맺고 있는 주된 관계 하나하나를 적극적으로 바라보는 일에 열중하라. 그 관계에서 겪은 좌절과 혼란, 큰 기대와 큰 실망, 잘못으로 인한 비통함, 실패감, 비난의 투사 등을 보라. 그런 다음, 앎과 함께 있으면 그럴 필요가 없다는 것을 깨달으라. 왜냐하면 앎과 함께 있으면, 관계를 맺는 처음부터 그 관계의 의미와 목적을 알아차리고, 끝에 가서 그 사실을 확인하기 때문이다.

앎과 함께 있으면 모든 것이 명료해질 것이고, 당신은 죄책감이나 비난 없이, 강박충동이나 부족함 없이 관계를 풀어나갈 수 있다. 당신의 현재 관계에서 이 점을 자각하라. 앎과 함께 있으면, 정확히 당신에게도 이롭고 당신이 사랑하는 사람들에게도 이로운 것을 따를 수 있다. 왜냐하면 이때 모든 관계는 앎을 통해 존중받고 축복받으며, 개개인 모두가 서로 자신에게 맞는 자리를 찾기 때문이다. 그리하여 각 개인이 존중받고, 그들의 앎이 확인된다. 오늘 이것이 당신에게 이해되기를 바란다.

연습 251: *30분 연습 두 차례 & 시간연습*

제 252계단

복습

___

지난 두 주간 배운 수업을 하나하나 복습함으로써 당신 삶에서 앎의 현존이 확인되게 하라. 각 계단의 내용을 다시 읽고 당신이 연습한 것을 되돌아보라. 당신이 얼마나 열심히 하였는지 객관적으로 다시 보고, 자신을 더 충분하고 더 완전하게 내줄 기회들이 있었음을 자각하라. 삶에 당신이 참여한 것을 고려해볼 때, 당신의 거부가 얼마나 의미 없으며, 보상의 가능성이 얼마나 큰지 느껴보라. 당신의 연습을 되돌아보면, 이런 것들이 느껴질 것이다. 왜냐하면 당신의 연습은 앎에 대한 당신의 양가성과 앎의 현존 자체를 드러내 보여주기 때문이다.

앎에 가까이 다가갈수록 의미 있고 가치 있는 것은 모두 확인될 것이며, 앎에서 멀어질수록 스스로 만든 상상의 어둠 속으로 들어간다는 것을 당신은 결국 알게 될 것이다. 그러면 당신은 자신이 어디에 전념해야 하는지 확신할 것이다. 그러면 당신을 도우려고 당신과 함께 있는 위대한 현존을 확신할 것이다. 그러면 당신이 삶에 포함되어 있고, 교사들이 당신과 함께 있다는 것을 확신할 것이다. 당신이 알고 있거나 상상할 수 있는 어떤 장애나 무능감도 앎과 함께 있으면 쉽게 극복될 수 있다. 그래서 당신이 키워야 하는 것은 바로 앎을 염원하는 소망과 앎을 받아들이는 역량이다. 일단 이 소망과 역량이 커지고 나면, 앎은 자신을 표현할 것이고, 당신은 삶이 주는 가장 큰 선물의 수혜자가 될 것이다.

오늘 긴 복습에서 매우 성실하고 진지하게 연습하라. 오늘 하루가 당신이 학생임을 확인하는 날이 되게 하라. 오늘 하루가 당신이 구원받았음을 확인하는 날이 되게 하라.

연습 252: *긴 연습 한 차례*

제 253계단

나에게 진실로 필요한 것은
나를 위해 모두 제공될 것이다.

비록 당신의 과거가 실망과 낙담으로 점철되어 있다 하더라도, 당신은 이 말에 전적으로 신뢰를 보내야 한다. 그런데 이런 과거조차도, 앎의 성장을 위해, 또 진정한 정신적·육체적 능력 증진을 위해, 당신에게 진실로 필요한 것을 모두 제공하였음을 당신은 알 수 있다.

당신에게 진실로 필요한 것은 모두 제공될 것이다. 이 말을 받아들이는 데 혼란을 느끼게 되는 것은 정말 필요한 것이 아닌 것을 당신이 원할 때이며, 그럼으로써 당신은 절망적으로 추측하고 깊이 낙담하게 된다. 당신에게 필요한 것은 당신을 행복하게 해줄 것이고, 필요하지 않은 것은 당신을 혼란스럽게 할 것이다. 이 표현은 참으로 단순하고 솔직하며 단도직입적이다. 앎은 항상 이와 같다. 앎은 필수적인 것을 확실히 알려준다. 이때 삶에 당신의 접근 방식이 단순해지고 단도직입적이 된다. 그리하여 당신은 삶을 단순하고 직접적으로 체험한다.

만약 당신이 삶에 비뚤어진 방식으로 접근하면, 삶은 당신에게 비뚤어져 보일 것이다. 그러나 삶에 단순하고 정직하게 접근하면, 삶은 당신에게 단순하고 정직하게 보일 것이다. 앎은 진실로 필요한 것과 그렇지 않은 것을 알려 줄 것이고, 꼭 지녀야 할 것과 당신에게 부담만 주는 불필요한 짐을 알려 줄 것이다. 당신이 불필요한 것을 원하고 거기에 헌신하면, 사실과 참에서 멀어질 것이고, 당신 삶은 혼란스럽고 불행하게 될 것이다.

정각마다, 오늘의 주제를 말한 다음, 그 뜻을 깊이 생각해보라. 이 말이 진실임을 당신 주변의 삶이 보여줄 것이다. 깊은 명상에서는 다시 고요 속으로 들어가라. 당신의 노력을 자신을 위해 쓰라. 그러면 마음은 당신 명령에 응답할 것이다. 모든 것을 당신에게 오게 할 것은 바로 앎을 염원하는 당신의 소망이다. 삶에서 이런 자신감이 앞으로 나아가리라는 확신을 줄 것이고, 당신 삶이 세상에서 매우 귀중하다는 확신을 줄 것이며, 삶 자체를 안내하는 것을 확인해줄 것이다. 왜냐하면 삶에는 앎도 있고 환상도 있지만, 삶 자체는 앎이기 때문이다.

연습 253: *30분 연습 두 차례 & 시간연습*

제 254계단

나는 나와 함께 있는 교사들을 신뢰한다.

당신의 교사들은 전적으로 신뢰할 수 있으니, 그들을 신뢰하라. 교사들은 당신 내면에 있는 앎을 일으키고, 당신의 기원과 운명을 당신에게 상기시켜주며, 크고 작은 일에서 당신을 안내하려고 여기 있다. 교사들은 당신 앎을 대신하지 않으며, 당신 내면에서 앎이 드러나면 뒤로 물러설 것이다. 교사들을 신뢰하라. 왜냐하면 그들은 당신이 지금 이루려고 하는 것을 이미 성취했으며, 세상에서 그들 운명을 완수할 수 있도록 지금 당신에게 그들이 성취한 것을 가르치고 있기 때문이다. 교사들을 신뢰하라. 그들에게는 앎이 아닌 다른 어떤 목표나 야심이 없다. 그러므로 교사들이 당신에게 다가가는 것은 전적으로 한결같고 정직하며, 거기에는 어떤 기만이나 혼란이 없고 마음의 갈등도 없다.

교사들을 받아들이는 법을 배움으로써, 당신은 교사들이 삶에 접근하는 방식을 받아들이는 법도 배울 것이다. 그럼으로써 그들은 당신에게 조화·균형·힘·지침을 줄 것이다. 당신은 부정직하게 정직에 응답해서는 안 된다. 당신은 정직하게 정직에 응답하는 법을 배워야 하고, 지침을 받고 싶은 소망으로 지침에 응답하는 법을 배워야 하며, 헌신하는 마음으로 헌신에 응답하는 법을 배워야 한다. 교사들에게 이처럼 응답할 때, 당신은 응답하는 법을 배우고, 가치 있는 것을 소중히 여기는 법을 배우며, 무의미한 것을 내려놓는 법을 배운다.

당신의 교사들을 신뢰함으로써, 당신은 자신을 신뢰할 것이다. 정각마다, 이것을 기억하라. 큰 안식처에서 행복한 시간을 갖는 두 차례 명상에서는 당신이 지금 신뢰하는 교사들에게 되돌아가라. 고요와 침묵 속에서 교사들은 당신과 함께 있을 것이고, 당신은 교사들의 깊은 사랑 속에 둘러싸일지도 모른다. 또한 교사들의 범우주적 애정을 체험하고 은총을 받을지도 모른다. 그들의 은총은 오직 당신 앎만을 자극할 것이다. 왜냐하면 앎만이 자극받을 것이기 때문이다.

연습 254: *30분 연습 두 차례 & 시간연습*

제 255계단

이 세상의 잘못 때문에
내가 그만두는 일은 없을 것이다.

잘못은 모두 혼란에서 생기니, 혼란 때문에 그만두지 않도록 하라. 누구나 앎과 함께 있지 않으면, 잘못을 범할 수밖에 없고, 혼란을 표현할 수밖에 없다. 또한 혼란을 연습할 수밖에 없고, 혼란에 봉사할 수밖에 없다. 그러므로 여기서 당신은 가치 있는 것을 소중히 여기는 법과 무의미한 것을 알아차리는 법을 배울 것이다. 여기서 당신은 자신이 가치를 두는 것에 항상 봉사하고, 자신이 가치를 두는 것을 항상 더 강화하며, 자신이 가치를 두는 것을 항상 연습한다는 것을 배울 것이다.

당신은 지금 앎을 소중히 하는 법을 배우고 있고, 앎을 연습하는 법을 배우고 있으며, 앎을 자각하는 법을 배우고 있고, 앎에 봉사하는 법을 배우고 있다. 이것이 바로 당신에게 필요한 시범이다. 세상의 혼란은 당신에게 절실히 필요한 것을 생각나게 해주니, 세상의 혼란 때문에 그만두지 않도록 하라. 세상의 잘못은 당신에게 용기를 북돋아 줄 것인데, 당신이 어떻게 세상의 잘못 때문에 그만둘 수 있겠는가? 세상의 잘못을 제대로 보면, 지금 하는 이 준비에 더욱 전념하겠다는 생각만 떠오를 것이다. 당신이 참여하는 이 준비는 당신 내면에서 앎을 활성화할 가능성을 담고 있다. 그러니 당신은 이 계단을 따르기만 하면 된다.

당신은 세상에서 피난처를 찾지 못할 것이다. 당신은 이미 여러 번 찾으려고 시도해보았고 계속 실패했다. 마찬가지로 계속 더 시도해보더라도 다시 반복해서 실패할 것이다. 앎을 가진 사람이 바로 당신이니, 세상에 베풀어야 할 사람도 바로 당신이다.

그러므로 오늘 시간연습과 깊은 연습에서 앎을 받아들이라. 세상의 잘못 때문에 그만두지 않도록 하라. 앎을 향해 나아가도록 세상의 잘못이 당신을 자극하고 격려하게 하라. 왜냐하면 이렇게 하는 것이 세상이 당신에게 주는 선물의 일부분이기 때문이다. 세상이 주는 선물의 다른 부분은 앎이 당신을 통해 공헌하도록 당신이 허용하는 활동 무대이다. 이때 세상이 축복받고 당신도 축복받는다. 그래서 당신은 세상이 잘못한 것에 감사하고, 세상이 성취한 것에 감사할 것이다. 왜냐하면 하나는 앎을 자극하고, 다른 하나는 앎을 실현하기 때문이다. 그러므로 오늘 올바르게 생각하는 법을 배워 당신 마음이 앎을 잘 섬길 수 있게 하고, 당신의 모든 면이 존중받을 수 있게 하라.

연습 255: *30분 연습 두 차례 & 시간연습*

제 256계단

지구는 지금
다세계 큰 공동체에 출현하고 있다.

이것은 지구 진화에 대해 진실을 말한 것이다. 이것은 세상에 당신의 참여와 공헌을 이해하는 데 의미와 방향을 준다. 이것은 당신을 겁주려 하거나, 불확실성이나 불안을 조장하려는 뜻이 아니다. 앎과 함께 있으면, 불확실성이나 불안 속에 있을 필요가 없기 때문이다. 앎과 함께 있으면, 불확실성이 없다. 왜냐하면 앎의 고요가 당신의 확실성이고, 앎의 음성이 당신의 확실성이며, 앎의 움직임이 당신의 확실성이기 때문이다. 당신의 정신적·신체적 모든 능력과 기능은 당신이 봉사하기로 되어 있는 방식이 무엇이든, 앎이 표현하는 것에 봉사할 수 있다.

지구가 다세계 큰 공동체에 출현한다는 이 말은 당신의 목적을 확언하는 것이다. 왜냐하면 당신은 세상을 더 깊이 인식하고, 이해하고, 평가해야 하기 때문이다. 당신은 세상에 어떤 어려움이 있고, 어떤 기회가 있는지 더 깊이 이해해야 한다. 세상을 좁은 시야로 보면, 당신 내면의 앎이 무엇을 뜻하는지 결코 이해할 수 없다. 당신은 훨씬 더 큰 맥락에서 생각해야 한다. 두려움이나 원하는 것들로 가득 차 있는 당신 자신만을 생각해서는 안 된다. 왜냐하면 당신은 큰 삶의 일부분이며, 그 삶에 봉사하러 여기 왔기 때문이다. 지구는 당신이 지금 봉사하는 곳이고, 또 훗날 봉사할 수 있도록 배울 곳이다. 그 지구가 지금 다세계 큰 공동체에 출현하고 있다

정각마다, 오늘의 말을 반복하고, 주위 세상을 둘러보면서 그 뜻을 생각해보라. 깊은 연습에서는, 오늘 수업을 이해하려고 하는 데, 마음을 적극 활용하라. 오늘 연습은 고요가 아니라, 이해에 초점을 맞춘다. 이때 마음이 뜻있게 쓰인다. 왜냐하면 마음은 뜻있게 쓰이거나, 전혀 그렇지 않거나 둘 중 하나이기 때문이다. 오늘 수업에 관한 당신 생각을 모두 깊이 헤아려 보라. 당신의 반대와 믿음, 당신의 두려움과 선호를 알아보는

데 전념하라. 이것들을 알아차리게 되면, 당신은 아는 자리에 서게 될 것이다. 앎은 오늘 수업에서 자극받을 것이다. 왜냐하면 오늘 수업은 앎을 자극할 것이기 때문이다.

연습 256: *30분 연습 두 차례 & 시간연습*

제 257계단

삶은 내가 지금까지 이해한 것보다 더 크다.

삶은 당신이 지금까지 이해한 것보다 더 크며, 당신이 지금까지 상상한 것보다 확실히 더 크다. 삶이 크다는 것은 당신이 다세계 큰 공동체에서 산다는 사실에서 나오며, 당신 내면에 있는 앎이 당신의 필수 부분이라는 사실에서 나온다. 삶이 크다는 것은 교사들의 현존으로 확인되고, 당신과 함께 앎의 회복을 준비하는 이들의 현존으로 확인된다.

따라서 당신은 큰 우주에서 큰 목적을 가진다. 따라서 당신은 세상을 세상에 맞는 맥락에서 볼 수 있다. 따라서 당신은 자신을 자신에 맞는 맥락에서 볼 수 있다. 왜냐하면 당신은 세상의 큰 진화에서 작은 역할을 맡을 것이며, 그 역할은 없어서는 안 될 것이기 때문이다. 그 역할은 당신이 해낼 수 있는 범주 안에 있을 것이다. 큰 것을 위해 행해지는 작은 것이란 가장 작은 공헌이 봉사를 받는 큰 것을 품고 있다는 뜻이다. 그럼으로써 당신은 자신에게 복원되고, 삶에 복원된다. 이때 어둠이 모두 사라지고, 부정적으로 상상하는 일이 모두 없어진다. 왜냐하면 당신이 큰 삶에 봉사하고 있기 때문이다.

긴 연습에서 오늘 말의 의미를 이해하려고 노력하라. 마음을 뜻있게 쓰라. 또한 적극적이면서 객관적으로 쓰라. 왜냐하면 마음은 이렇게 쓰는 것이 그 목적이기 때문이다.

연습 257: *30분 연습 두 차례*

제 258계단

지금 나의 친구는 누구인가?

지금 당신의 친구는 앎을 회복하고 있는 모든 이들과 앎을 회복한 모든 이들이다. 미래 당신의 친구는 앎을 회복할 모든 이들이다. 그러므로 모두가 당신의 친구이거나, 친구가 될 것이다. 이것은 단순히 시간문제일 뿐이며, 시간은 목적 없이 시간 속에 사는 이들에게만 길게 느껴질 수 있다. 그러나 목적을 가지고 시간 속에 사는 이들에게 시간은 눈 깜짝할 사이에 지나가며, 모두 친구가 되는 큰 결과를 가져온다.

지금 당신의 친구는 누구인가? 모두가 친구이거나 친구가 될 것이다. 그런데 왜 적을 갖는가? 당신에게 반대하는 이도 친구가 될 터인데, 왜 적이라 부르는가? 앎이 당신들을 합류하게 할 것이다. 당신은 지금 앎을 회복하고 있으니, 이 합류를 위해 길을 닦고 있다.

지금 당신의 친구는 누구인가? 교사, 영적 가족, 앎을 되찾는 이들 모두가 당신의 친구이다. 그래서 당신의 친구 범위는 매우 광범위하다. 앎을 회복하는 방법은 다양하지만, 배움의 핵심은 항상 앎 자체와 결합하는 것이며, 앎이 당신을 통해 표현하도록 허용하는 것이다. 이렇게 하여 우주는 당신 친구들로 가득 차게 된다. 이 친구들 가운데는 당신이 알아볼 수 있는 이도 있고, 알아볼 수 없는 이도 있다. 또한 당신과 함께 참여할 수 있는 이도 있고, 함께 참여할 수 없는 이도 있으며, 당신과 함께 일을 성취할 수 있는 이도 있고, 일을 성취할 수 없는 이도 있다. 이것은 모두 시간문제이다.

정각마다, 오늘의 말을 반복하고, 당신의 실제 삶에 길잡이로 삼으라. 깊은 연습에서는, 당신의 진정한 친구들과 관계를 깊이 체험할 수 있도록 고요와 침묵 속으로 들어가라. 당신 삶은 사랑으로 가득 차있으며, 지금 앎을 회복하고 있는 이들 모두가 이뤄온 결과로 채워져 있다. 앎을 염원하는 당신의 소망은 앎의 회복을 여전히 거부하는 이들 때문에 자극받는다. 왜냐하면 장래에 그들 역시 당신의 친구가 될 것이기 때문이다. 이런 관점에서 보면, 미래에 친구가 될 이들조차 사실은 이미 친구임을 알 것이다. 왜냐하면 그들은 당신에게 봉사하고 있기 때문이고, 또한 당신이 앞으로 성취하는 것을 통해, 그들에게 봉사할 것을 요구하고 있기 때문이다.

연습 258: *30분 연습 두 차례 & 시간연습*

제 259 계단

나는 가르치려고 세상에 왔다.

당신은 가르치려고 왔다. 당신이 이곳에 온 이래로 쭉 해온 것은 모두 가르침이다. 당신의 생각과 행동이 그 가르침의 매개체이다. 당신은 심지어 어린아이였을 때조차 가르쳤으며, 당신을 사랑한 이들을 즐겁게도 하고 좌절시키기도 했다. 당신 삶의 전 과정을 통해서 당신은 가르쳤다. 왜냐하면 가르침은 행동으로 표현하는 삶의 자연스러운 기능이기 때문이다. 그래서 당신에게는 자연스럽게 가르치는 기능이 있다. 비록 당신이 공식적인 의미에서 사람들에게 가르치는 일을 하지 않더라도, 당신 삶은 시범이므로, 일종의 가르침이다.

그래서 당신 삶이 앎과 결합하고 앎을 표현하게 될 때, 당신 삶은 가르침 자체가 될 것이다. 그러면 당신이 어느 분야에서 자기표현을 선택하도록 인도받든, 그 표현은 당신 본성에 맞는 참된 것이므로, 당신은 크고 작은 몸짓으로, 때로는 말로, 때로는 말없이, 또 모든 분야의 삶에서 이룬 업적으로, 그 가르침을 표현할 수 있을 것이다. 왜냐하면 당신은 세상에 가르치려고 왔기 때문이다. 세상은 당신이 진실을 가르칠 필요가 있다는 것만을 당신에게 가르칠 수 있다. 이것이 당신에게 주는 세상의 가르침이다. 세상은 당신에게 앎이 절실히 필요하다는 것을 가르치고, 앎이 현존한다는 것을 가르친다. 따라서 세상은 당신의 참된 기능을 돕고 후원한다. 그것은 당신이 삶의 참된 기능을 돕고 후원하는 것과 같다.

정각마다, 오늘의 말을 기억하라. 두 차례 깊은 명상에서는 매우 주의 깊게 이것을 생각해보는 데 열중하라. 이번에는 마음이 참여하는 연습이다. 오늘 말의 의미가 무엇인지 생각해보라. 시범을 통해 당신은 줄곧 가르쳐왔다는 것을 알라. 그래서 당신이 자신의 삶에서 무엇을 가르치고 싶은지 생각해보고, 무엇을 더 강화하고 싶은지 생각해보라. 또한 무엇을 베풀고 싶은지 생각해보고, 당신의 이런 진정한 소망을 일깨워주려고 세상이 당신에게 무엇을 베풀었는지 생각해보라. 이러한 것들을 모두 생각해봄으로써 바른 생각과 바른 행위가 나올 것이다. 그리하여 이 바른 생각과 바른 행위로, 앎은 당신을 통해서 힘들이지 않고 흘러, 당신 주위 삶을 축복하고, 당신 관계에 목적과 의미와 방향을 가져다줄 것이다.

연습 259: *30분 연습 두 차례 & 시간연습*

제 260계단

나는 오늘 세상의 친구이다.

당신은 오늘 세상의 친구이다. 당신이 이것을 체험함으로써, 당신은 자신의 친구로서 세상을 체험할 것이다. 왜냐하면 세상은 당신이 자신의 목적을 표현하고 체험하는 대로 그 목적을 반영할 수밖에 없기 때문이다. 이때 당신은 앎과 함께 새로운 세상을 체험할 것이다. 이전에는 생각지도 못한 세상, 이전에는 오직 순간적으로만 맛본 세상을 체험할 것이다.

당신은 세상의 친구가 되려고 왔으니, 오늘 세상의 친구가 되라. 세상은 큰 어려움에 처해 있으며, 큰 혼란과 오류를 표출하고 있다. 하지만 당신의 우정이 세상에 필요하므로 당신은 세상의 친구가 되려고 왔다. 여기서 당신은 자신만을 위해 획득할 수 있는 그 어떤 것보다 더 큰 보답을 받는다. 왜냐하면 당신 자신만을 위해 획득하는 것도 당신은 모두 삶에서 가져와야 하기 때문이다. 당신이 세상의 친구로서 주고받는 것은 무엇이든, 삶이 당신에게 주며, 삶은 이 교환으로 손해 보지 않는다. 그래서 당신이 주는 것에서나 받는 것에서 아무런 죄책감이 없다. 이때 당신의 참여는 건전하고 깨끗하다. 앎과 함께 있으면 이것이 분명해지며, 이것이 예외 없이 진실임을 당신이 알 때까지 날마다 드러난다.

정각마다, 세상에 친구가 되라. 화는 모두 혼란에서 생기고, 앎이 그 혼란을 모두 해결하려고 지금 드러나고 있다. 그 결과, 당신 삶은 이제 세상의 곤경을 키우는 일에 쓰이는 것이 아니라, 참된 해결에 쓰인다. 당신 삶은 해결을 위한 것이지, 곤경에 빠지는 것이 아니다. 세상에 친구가 되라. 두 차례 깊은 연습에서는, 고요 속에서 세상에 친구가 되는 일에 헌신하라. 그러면 세상의 혼란이 경감될 것이다. 지혜와 분별력을 가지고 세상에 친구가 되는 일에 헌신하는 법을 배움으로써, 당신은 세상이 당신에게 친구가 되는 것을 허용할 것이다. 왜냐하면 세상 역시 당신의 친구가 되기를 바라기 때문이다.

연습 260: *30분 연습 두 차례 & 시간연습*

제 261계단

나는 분별력을 가지고 주는 법을 배워야 한다.

개인적 야심 없이 준다면, 당신은 앎에 의거하여 줄 것이고, 당신의 선물은 구체적일 것이며, 당신에게도 힘을 주고 당신의 선물을 받을 수 있는 이들에게도 힘을 주는 방식으로 주어질 것이다. 이것이 당신을 안내하는 앎이다. 만약 당신이 자신을 과시하려고 주거나, 자신감을 보여주려고 주거나, 계속되는 죄책감이나 무능감을 없애보려고 준다면, 당신은 분별력을 가지고 주는 것이 아니다. 그래서 당신은 잘못된 곳에 줄 것이고, 갈등과 낙담만 점점 더 커질 것이다.

삶은 어떤 것도 목적 없이 하지 않는다. 모든 것은 목적을 수행한다. 그러므로 당신은 분별력을 가지고 주어야 하며, 그 분별력은 날마다 한 계단씩 배워야 하는 어떤 것이다. 이것이 세상에서 작용하는 지혜이다. 당신은 앎과 함께 있으면서 이 지혜를 배워야 한다. 그러지 않으면 당신은 참된 선물을 효과적으로 줄 수 없으며, 선물의 결실들을 오해할 것이다. 앎은 당신이 꼭 받아야 할 것을 당신에게 주고, 또 당신이 제대로 줄 수 있도록 당신을 안내할 것이다. 이때 당신이 중간에 끼어들거나 당신의 베풂에 불필요한 부담을 주지 않는다면, 그 베풂은 정말 효과적일 것이고, 주는 이도 받는 이도 모두 감사할 것이다.

정각마다, 오늘의 말을 기억하라. 분별력을 기르라. 당신이 직접 주지 말아야 할 사람이 있고, 직접 주어야 할 사람이 있다. 또한 개입하지 말아야 할 상황이 있고, 개입해야 할 상황이 있다. 그리고 관여하지 말아야 할 문제가 있고, 관여해야 할 문제가 있다. 당신 선물이 어디에 놓여야 하는지 당신이 개인적으로 어떻게 분별할 수 있겠는가? 이것은 앎만이 분별할 수 있고, 당신은 앎과 함께 있을 때만 분별할 수 있다. 그러므로 오늘 당신 내면의 가장 깊은 성향을 신뢰하라. 죄의식이나 두려움에서 나온 충동 때문에 베풀지 말라. 오늘 분별력을 배우기 위해 연습하라. 오늘 앎과 함께 가기 위해 연습하라.

긴 연습 시간에는 오늘 수업을 이해하는 일에 몰두하라. 그릇된 가정에 만족하지 말라. 오늘의 말에 찬성하거나 반대하는 생각과 느낌을 모두 살펴보라. 당신에게 있는 야심을 하나하나 관찰해보라. 그 야심이 두려움에서 어떻게 생겨나는지 관찰해보라. 앎을 따르는 일이 얼마나 단순한지 알아차리라. 단순함 속에서 힘이 나온다. 당신은 분별력을 배워야 한다. 분별력을 배우는 데는 시간이 걸릴 것이다. 하지만 이때 당신은 경험을 모두 이롭게 활용하는 법을 배운다. 왜냐하면 어떤 경험에도 비난이 있어서는 안 되기 때문이다. 경험은 항상 배우고 준비하는 데 이용되어야 한다. 그럼으로써 당신은 잘못을 정당화하는 것이 아니라, 자신의 성장과 세상의 진보를 위해 이용할 것이다.

연습 261: *30분 연습 두 차례 & 시간연습*

제 262 계단

내가 누구인지 모른다면
어떻게 나 자신을 판단할 수 있겠는가?

자신이 누구인지 모른다면, 당신은 자신이라고 생각하는 것을 판단할 수밖에 없다. 당신 자신에 대한 당신의 생각은 주로 당신이 기대한 것들과 실망한 것들에 근거한다. 개인적 마음으로 자신을 관찰하기는 매우 어렵다. 왜냐하면 개인적 마음은 개인적 생각들로 이루어져 있어 앎에서 나온 것이 아니기 때문이다. 앎으로 자신을 보려면, 앎과 관계를 맺고 있어야 한다. 그러면 당신은 완전히 새로운 방식으로 자신을 체험하게 될 것이다. 이 체험은 매우 다양한 상황에서 계속 반복해서 표현되어야 한다. 그러면 당신은 본연의 자신에 대한 진짜 느낌과 체험을 갖기 시작할 것이다. 이 느낌과 체험은 비난과 불용서에서는 일어나지 않을 것이다. 왜냐하면 자신에 대한 생각에서만 실망이 일어날 수 있기 때문이다. 삶은 이런 식으로 당신에게 실망을 줄 것이다. 왜냐하면 삶은 오직 당신의 참된 본성과 참자아에 맞추어서만 당신을 만족시켜 줄 수 있기 때문이다. 이것을 깨닫는 것은 당신 삶의 가치와 의미는 물론 삶 속에 자신의 포함을 깨달았음을 의미한다. 여기에는 분별력이 필요하고, 지혜가 필요하다. 그리고 한 계단씩 밟아가는 준비 과정이 필요하고, 인내와 관용이 필요하다. 또한 자신의 경험을 해롭게 쓰지 않고 이롭게 쓰는 법을 배우는 것이 필요하다.

그러므로 자신에 대한 비난은 기반이 없으며, 순전히 가정에 근거한다. 정각마다, 이 말을 기억하고 오늘 일어난 모든 일과 연관해서 그 뜻을 살펴보라. 그러면 오늘 수업의 의미를 알 것이다. 두 차례 긴 연습에서는, 마음을 다시 적극 써서 오늘 수업의 의미를 이해하려고 노력하라.

당신 자신에 대한 판단을 꿰뚫어 봄으로써, 그 판단이 두려움에서 나오고 가정에 근거한다는 것을 깨달으라. 만약 자신이 누구인지 모르며 이 점에 대해 정말 혼란스럽다는 것을 깨달으면, 그때 당신은 앎의 참된 학생이 되는 자리에 서게 될 것이고, 자신이 가정한 것을 방어하려고 하기보다는 모든 것을 배우려는 위치에 서게 될 것이다. 이것이 학생의 자질이다. 이제 삶에서 당신의 본분은 앎의 학생이 되는 것이다. 오늘 당신 마음을 의미 있게 쓰라. 당신 마음을 객관적으로 쓰라. 당신이 모르는 것이 무엇이고 알아야 할 것이 무엇인지 깨닫는 데, 당신 마음을 쓰라. 당신이 세상에서 앎을 회복할 수 있도록 여기에 제공되는 계단을 고맙게 여기며 활용하는 데, 당신 마음을 쓰라.

연습 262: *30분 연습 두 차례 & 시간연습*

제 263계단

앎과 함께 있으면 모든 것이 분명해진다.

왜 계속해서 추측하는가? 왜 계속 비난하고 판단하는가? 앎과 함께 있으면 모든 것이 분명해질 터인데, 왜 당신 삶을 더 복잡하게 만들고, 더 좌절하게 만드는가? 왜 당신 마음을 더 복잡하게 만드는가? 왜 자신에게 계속해서 더 많은 특질을 부여하는가? 앎과 함께 있으면 모든 것이 분명해질 터인데, 왜 새로운 수준의 생각, 새로운 수준의 존재를 만드는가? 왜 세상에 점점 더 많은 차별을 두려 하는가? 앎과 함께 있으면 모든 것이 분명해질 터인데, 왜 세상을 그처럼 절망적으로 복잡하고 무의미한 것처럼 보이게 하는가?

앎이 보는 것을 보고, 앎이 하는 것을 하려면, 또한 세상이 결코 복제할 수 없는 것으로, 앎의 평화, 앎의 은총, 앎의 포함, 앎의 관계 등 앎이 담고 있는 모든 것을 가지려면, 당신은 앎과 함께 있는 법을 배우기만 하면 된다.

두 차례 깊은 연습에서 겸허와 단순함, 그리고 고요와 침묵 속에서, 앎과 함께 있는 곳으로 되돌아가라. 앎을 들이마시라. 앎이 당신 몸에 들어가 그 안을 가득 채우는 것을 받아들이라. 당신 자신이 앎에 잠기는 것을 받아들이라. 그러면 모든 것이 분명해질 것이다. 앎과 함께 있으면, 모든 것이 분명해지고, 모든 의문이 사라지기 때문이다.

연습 263: *30분 연습 두 차례*

제 264계단

나는 오늘 자유를 배울 것이다.

당신은 오늘 자유에 대해 더 많이 배울 기회를 가질 것이다. 당신이 하는 오늘 계단은 자유와 속박에 대해서, 또 문제 해결과 참된 진보에 대해서, 당신이 새로운 관점을 갖는 데 매우 실질적인 기반이 될 것이다.

정각마다, 오늘의 수업을 생각하고, 자유가 무엇인지 생각해보라. 긴 연습 시간에는 온 마음을 기울여 자유를 생각해보라. 이것이 오늘 다룰 매우 중요한 초점이다. 특히 긴 묵상에서 당신이 무엇을 자유라고 생각하는지 살펴보는 일에 온 마음을 기울이라. 무엇을 자유라고 생각하는가? 무엇이 사람들의 자유를 가로막는다고 생각하는가? 무엇이 지속되는 확실한 자유를 가져오는가? 그리고 이런 자유를 어떻게 얻을 수 있는가? 또 앞으로 무엇이 그 자유를 계속 받쳐줄 것인가? 긴 연습을 할 때마다, 약 30분 정도 이 모든 것을 생각한 후, 고요와 침묵 속으로 들어가라. 앎이 당신에게 말할 수 있도록 마음을 열라. 고요 속에서 교사들과 함께 있으라. 당신의 생각을 모두 쏟아놓고 나서, 고요와 받아들임 속으로 들어가라.

당신이 무엇을 자유라고 생각하는지 아는 것은 매우 중요하다. 왜냐하면 당신이 자신의 생각을 알아차려 조정할 때까지는 그 생각이 계속 당신에게 영향을 줄 것이고, 계속 당신의 생각을 지배하여 당신의 행동을 지배할 것이기 때문이다. 당신은 지금 더 큰 자유를 얻을 수 있지만, 먼저 자유에 다가가는 법을 배워야 한다. 당신은 오늘, 자신이 생각하는 자유는 무엇이고, 실제 자유는 무엇인지, 자유에 관해 많은 것을 배울 것이다.

연습 264: 40분간씩 두 번 그리고 시간연습

제 265 계단

나를 기다리는 더 큰 자유가 있다.

앎은 당신에게 과거에서 자유로워지고, 미래에 대한 불안에서 자유로워지라고 요구할 것이다. 앎은 당신에게 삶에 현존하라고 요구하고, 마음을 열고 정직하라고 요구할 것이다. 앎은 당신에게 신뢰를 갖고 끊임없이 적용해보라고 요구할 것이다. 앎은 당신에게 갈등에서 벗어나라고 요구하고, 자신을 깊이 사랑하고 존경하며, 세상에 깊이 감사하라고 요구할 것이다. 앎은 당신이 영적 가족을 체험할 수 있고, 우주에서 당신의 진짜 위치가 어디인지 알아볼 수 있기를 요구할 것이다.

앎은 당신이 이 모든 것을 받아들여 자신을 충분히 확장할 수 있도록, 당신에게서 이 모든 것을 요구한다. 이런 방식으로 당신은 자유로워지는 법을 배워 자유로워지고, 앎에 안내받는 법을 배워 앎에 안내받는다. 여기서 당신은 이 계단을 밟는 것으로 이런 목표를 성취한다. 한 순간에 당신이 자유로워지는 마법의 공식은 없다. 받아들이기만 하면, 과거의 속박과 미래에 대한 불안에서 자유로워지는 마법의 믿음체계는 없다. 당신은 한 계단씩 적용해봄으로써 이런 참된 자유를 배운다. 이처럼 당신이 앎을 회복하는 법을 배울 때, 앎이 당신을 회복한다. 그리고 자유가 무엇인지 배울 때, 실제로 자유로워진다.

당신 역할은 매우 작고, 우리 역할은 매우 크다. 당신은 오로지 이 계단을 따르고 활용하기만 하면 된다. 여기에 제공되는 계단이 그 결과를 보증할 것이다. 더 큰 자유가 당신을 기다리고 있으니, 당신이 그 자유에 가까워질 때, 당신은 그 자유와 그 자유에서 오는 모든 혜택을 받게 되고, 그 자유에서 나온 모든 면을 실제로 보여준다. 이러한 것이 인간의 이해 범주를 넘는 완벽한 계획의 본질이다. 당신이 이 계획을 충실히 따르기만 하면, 이 계획은 당신이 망칠 수 없을 만큼 완벽하다. 이 계획은 당신을 회복시켜 당신에게 자기신뢰, 자신감, 자기사랑을 되돌려주며, 세상에서 당신 자신을 이해할 수 있게 해준다.

오늘 시간마다 이 말을 곰곰이 생각해보라. 깊은 명상시간에는 고요와 자유 속으로 들어가라. 당신이 앎에 잠기고, 현존에 잠기고, 우주의 참된 관계의 실질적 본질에 잠기는 기회를 갖는 것은 큰 자유이다. 이 기회에 가까이 다가갈 때, 당신은 이 기회가 당신의 자유라는 것을 알며, 당신이 이 기회를 받아들이는 데 자유로워지고 있음을 알 것이다. 그러므로 당신은 오늘 더 큰 미래가 자신을 기다린다는 것을 깨닫는 데, 큰 도약을 할 것이다. 그럼으로써 점점 걱정·불안·고통에서 해방되고, 과거 실망에서 해방될 것이다. 이리하여 당신은 더 큰 자유가 자신을 기다린다는 것을 알 것이다.

연습 265: *30분 연습 두 차례 & 시간연습*

제 266계단

복 습
———

이전처럼 오늘도 지난 두 주간의 준비를 복습하라. 오늘 긴 연습 시간의 기회를 활용하여, 이 준비에서 알려준 지침이나 연습에서 당신이 체험한 것, 당신 삶에서 전반적으로 일어난 결과 등과 관련하여, 지난 두 주간에 일어난 일을 모두 되돌아보라. 가능한 한 객관적으로 복습하라. 특히 당신 삶에서 일어난 결과 중에 당신이 여전히 객관적으로 평가할 수 없는 많은 부분을 객관적으로 보려고 노력하라.

당신의 공부가 진행되는 동안, 많은 것이 변할 것이다. 어떤 것은 당신에게서 떨어져 나가고, 어떤 것은 쌓이기 시작할 것이다. 당신이 전념하여 참여해야 하는 세상 문제들은 당신을 압박할 것이고, 당신이 전에 문제라고 여겼던 것들은 점점 당신과 관계가 먼 것이 되어 걱정할 필요가 없어질 것이다. 이리하여 당신이 지금 전념해야 하는 곳이 어디인지 알 수 있도록, 외적 삶이 저절로 조절된다. 그러면 당신의 내적 삶과 외적 삶이 서로 영향을 줄 수 있으며, 그 영향은 매우 중요하다. 당신은 지금 배우는 법을 배우기 시작했으며, 그 결과 세상이 변하는 것을 보고 있다. 당신 체험은 결국 질적으로 변형되어, 일상사든 특별한 일이든, 모든 것이 전과는 다른 관점에서 보일 것이다. 그래서 당신은 모든 기회를 이용하는 법을 배울 수 있다. 이렇게 하여 심지어 실망스러운 것에서도 삶에 감사하는 법을 배울 수 있다.

오늘 복습에서 이처럼 모든 기회를 이용하여 배우는 연습을 하라. 하나하나 빈틈없이 살펴보라. 첫 과부터 시작해서 두 주간을 순서대로 하라. 매일 당신 삶에서 무슨 일이 일어났는지 알아보라. 기억하려고 노력하고, 여기에 집중하려고 노력하라. 그럼으로써 당신은 자신의 삶이 변하는 것을 감지할 것이다. 일정 기간에 이런 변화가 일어났음을 알고, 당신 삶의 단계가 어떻게 진척되는지 알 때, 당신은 자신이 앞으로 가는 길 위에 있음을 확실히 알 것이다. 이때 당신은 자신을 뒤에서 붙잡는 것은 점점 더 줄어들고, 미래는 당신에게 점점 더 편의를 도모하기 위해 길을 열어준다는 것을 알 것이다. 이것이 앎의 학생이 되어가는 당신에게 삶이 절을 하며 베푸는 은총이다.

연습 266: *긴 연습 한 차례*

제 267계단

오늘 내가 겪는 모든 문제에 단순한 해답이 있다.

개인적으로 당신이 겪는 모든 문제에 매우 단순한 답이 있다. 당신은 이 답을 어떻게 찾을 것인가? 자신과 싸워서 찾을 것인가? 당신이 생각할 수 있는 해결책을 모두 시도하여 찾을 것인가? 답이 무엇일까 고심하고 애태우는 것으로 찾을 것인가? 답을 거부하고, 그 대신 즐거운 자극을 찾아 나서는 것으로 찾을 것인가? 우울증에 빠져서, 당신 상황이 요구하는 것에 도저히 맞출 수 없을 만큼 삶이 당신에게 너무 어렵다고 생각하는 것으로 찾을 것인가?

오늘 당신이 직면한 문제들에 단순한 답이 있다. 그 답은 앎에서 찾아야 한다. 하지만 앎을 찾으려면, 당신은 고요해져야 하고, 지켜보아야 하며, 두려움과 불안에서 벗어나는 법을 배워야 한다. 당신 삶은 대부분 문제 해결과 관련될 것이므로, 당신이 여기 와서 이루고자 한 것을 이루는 것은 바로 효과적이고 책임감 있게, 심지어 열성적으로 문제를 해결하는 법을 배우는 데 있다.

온종일 오늘의 말을 마음에 새기고, 문제의 복잡성에 속지 말라. 문제가 복잡해지는 것은 오직 문제를 해결하거나 회피하는 데서 이득을 보고자 할 때뿐이다. 선호하는 것이 마음을 지배할 때, 당신은 명백한 것을 볼 수 없다. 당신은 이제 앎으로 문제를 바라보는 법을 배우고 있으니, 그 해결책이 분명함을 알 것이다. 당신이 이전에 이 해결책을 알아볼 수 없었던 것은 어떤 점에서 그 결과를 두려워했거나, 그 해결책이 당신을 곤궁 속으로 빠뜨리지 않을까 불안했기 때문이었음을 알 것이다. 당신은 이제 다른 눈으로 볼 것이다.

두 차례 깊은 연습 시간에 앎과 함께 있으라. 당신의 문제들에 답하려 하지 말고, 그저 고요히 있으면서 받아들이라. 앎은 어떤 것을 알려주어야 하는지 알고 있으며, 당신이 응답하여 지시를 따를 수 있도록 그 영향을 당신에게 줄 것이다. 당신이 끊임없이 방해하지만 않으면, 분명한 것이 드러나 당신은 무엇을 해야 할지 하나씩 단계적으로 알 것이다. 그래서 당신이 겪는 모든 문제에 단순한 답이 있다는 것을 깨닫게 된다. 이것이 앎의 확언이 될 것이며, 당신은 자신이 이 문제들에 응답하는 진정한 능력을 발휘할 수 있도록 삶이 당신에게 이 문제들을 주는 것에 기뻐할 것이다.

연습 267: *30분 연습 두 차례 & 시간연습*

제 268계단

나는 오늘 복잡성에 속지 않을 것이다.

바로잡을 필요가 있고 나아질 필요가 있는 어려움이 있을 때, 세상 문제들은 복잡해지며, 이 어려움은 모든 사람의 선호, 가진 것을 지키려는 모든 사람의 욕망, 모든 사람의 상호 경쟁으로 뒤섞인다. 세상 문제들이 복잡해지는 것은 바로 이 때문이며, 그래서 당신이 문제를 풀어보려고 아무리 애를 써도, 누군가는 권리를 박탈당하고, 누군가는 화를 내며, 누군가는 손실을 본다. 당신이 사는 사회에서, 이것은 명백하다. 그러나 이것은 사람들의 두려움과 야심을 나타낼 뿐, 앎과는 전혀 다르다. 당신이 앎과 함께 있다면, 앎길을 가로막는 것은 무엇이든 기꺼이 포기하려 할 것이고, 자신이나 다른 이들에게 해가 되는 것은 무엇이든 기꺼이 포기하려 할 것이며, 자신이나 다른 이들에게 더 이상 이롭지 않다고 판명된 것은 어떤 상황이든 기꺼이 벗어나려 할 것이다. 이것은 앎이 진실로 정직할 수 있게 해주기 때문이다. 이기심 없이 세상에 참여하는 것이 이런 것이며, 그래서 이것이 모두에게 이롭다.

그러므로 당신이 복잡해 보이는 세상 문제를 바라볼 때, 문제가 무엇인지를 단순하게 보는 것이 처음에는 매우 어렵다. 하지만 그 해결책은 항상 매우 단도직입적이다. 사람들이 분명한 것을 알아차릴 수 없는 것은 바로 이런 단도직입적인 것에 대한 두려움 때문이다. 오늘은 해결책이 필요한 모든 문제에 단도직입적인 해결책이 있음을 깨닫는 날이다. 어떤 때는 해결책이 그 즉시 분명하다. 또 어떤 때는 단계적으로 접근되어야 한다. 그러나 이때도 앎을 따르면, 모든 단계가 매우 단도직입적이다.

문제에 이런 식으로 접근하려면, 두려움이나 선호 없이 접근해야 한다. 당신은 앎을 따라야 하지, 당신이 계획한 대로 일을 해결하기 위해 앎을 이용하려고 해서는 안 된다. 당신은 앎을 이런 식으로 이용할 수 없지만, 따를 수는 있다. 그리고 앎을 따를 때, 해결의 길을 따를 것이다. 이것은 처음에는 알아볼 수 있는 사람이 거의 없는 길이지만, 시간이 지나면서 가장 효과적인 길로 입증될 것이다. 왜냐하면 이 길은 관련된 모든 이들을 자유롭게 할 것이고, 그들에게 적용해볼 수 있는 훌륭한 수단을 제공할 것이기 때문이다. 그리하여 앎을 따르는 사람들이 세상에서 해결과 회복의 원천이 된다. 그래서 그들의 현존과 활동은 모든 상황에 항상 이로운 영향을 줄 것이다.

세상 문제가 복잡해 보이는 것에 속지 말라. 앎과 함께 있으면, 모든 것이 쉽게 풀릴 것이다. 앎은 속지 않는다. 그러니 앎과 함께 있는 법을 배우면, 당신도 속지 않을 것이다.

정각마다, 오늘 주제를 상기하라. 두 차례 깊은 명상에서는 다시 당신 내면에 있는 고요의 성소로 들어가라. 앎은 고요하니, 고요에 익숙해지라. 고요 속에서 당신의 선함과 가치를 확인할 것이니, 고요에 익숙해지라. 평화로운 마음은 싸우는 마음이 아니다. 평화로운 마음은 세상에 속지 않는다.

연습 268: *30분 연습 두 차례 & 시간연습*

제 269 계단

앎의 힘은 나에게서 흘러나와 확장될 것이다.

앎의 힘은 앎을 받아들이고 있는 당신에게서 흘러나와 확장될 것이다. 처음에는 그 힘이 미미하겠지만, 당신이 계속 성장하고 전념함으로써, 그 힘은 점점 더 강해질 것이다. 앎의 힘은 어떤 이들에게는 끌어당기는 힘이 될 것이고, 그 힘에 응답할 수 없는 이들에게는 밀어내는 힘이 될 것이다. 앎의 힘은 모두에게 영향이 미칠 것이다. 그래서 당신은 관계를 맺는 데 깊이 분별하는 법을 배워야 한다. 왜냐하면 당신이 앎의 학생으로서 진보할 때, 다른 사람들에게 미치는 영향력이 훨씬 더 커질 것이기 때문이다. 당신은 이 영향력을 이기적인 목적으로 사용하지 않아야 한다. 이기적인 목적으로 사용하면, 당신 행위는 당신과 다른 사람들 모두에게 해로울 것이다.

우리가 말한 이 억제력은 앎이 제공하니, 당신은 자신을 위해 이 억제력을 사용해야 한다. 당신이 앎에 야심을 가지면, 자신과 다른 사람들 모두를 위태롭게 할 것이다. 그래서 앎의 성장에는 지혜·연민·억제·절제 등이 동반되어야 한다. 만약 앎을 이기적인 데 쓰려 하거나, 세상에 필요하다고 당신이 생각한 것에 쓰려 하면, 당신은 잘못된 길로 빠질 것이고, 앎은 당신과 함께하지 않을 것이다.

지금 요구되는 억제력과 성장을 받아들이라. 그러면 당신은 보호받을 것이고, 불화나 개인적 위험이 거의 없이 당신 선물을 내줄 수 있을 것이다. 또한 당신 공헌의 완전성과 가치가 보장될 것이다. 왜냐하면 그 공헌이 이기적인 동기들로 더럽혀지지 않을 것이기 때문이다. 오늘 정각마다, 연습하라. 두 차례 명상에서는 안으로 깊이 들어가라. 오늘의 말을 반복하고 나서, 다시 한번 고요 속으로 들어가라. 오늘 하루가 앎이 튼튼해지는 날이 되게 하라.

연습 269: *30분 연습 두 차례 & 시간연습*

제 270계단

힘에는 책임이 따른다.

힘에는 책임이 따른다. 앎은 당신에게 힘을 줄 것이고, 당신은 앎에 책임을 져야 한다. 그러기 때문에 당신은 추종자가 되어야 한다. 당신은 추종자가 되는 것으로 지도자가 된다. 왜냐하면 당신은 받아들일 수 있고 안내받을 수 있기 때문이다. 이리하여 당신은 다른 사람들에게 받아들이는 법을 가르칠 것이고, 그들을 안내해줄 것이다. 이것이 당신이 지금 받아들이는 선물의 자연스러운 확장이며, 이 선물은 결국 당신을 통해 삶에서 표현을 찾을 것이다.

힘과 책임 사이의 관계를 아는 것은 매우 중요하다. 책임에는 자신을 단련하고 억제하고 절제하는 것이 필요하다. 또한 자신의 삶에 객관성이 필요하다. 물론 이 세상에서 자신의 삶에 객관성을 가진 경지에 이른 사람은 아직 극히 드물지만, 당신은 그 객관성을 가져야 한다. 책임은 보호받는 근원으로 인식될 때까지는 짐이다. 책임은 당신 선물이 내면에서 건전하고 환영받는 표현을 찾을 것이라는 확신이고, 당신이 공헌함으로써 진보하고 성취할 것이라는 확약이다.

세상 사람들은 책임지는 일 없이 힘을 원하는 것이 일반적이다. 왜냐하면 그들에게 자유란 어떤 것에도 신세지지 않는 것이기 때문이다. 이런 자유는 지극히 비생산적이며, 이를 고집하는 사람들에게 매우 위험한 결과를 가져온다. 앎의 학생인 당신은 자신에게 주어진 책임을 받아들이는 법을 배워야 한다. 왜냐하면 책임은 당신이 적절하고 긍정적으로 그리고 충분하게 성장할 수 있도록 당신에게 필요한 보호와 안내를 제공하기 때문이다. 책임지는 것은 당신이 준비함으로써 내놓기로 한 큰 결과를 내놓으리라는 확신이다.

정각마다, 오늘의 말을 잊지 말고 생각하라. 깊은 연습에서는, 이 주제가 무엇을 뜻하는지 매우 깊이 생각해보라. 당신이 힘을 어떻게 생각하는지 보고, 그 힘을 제대로 활용하고 표현하려면, 큰 근원에 얼마나 많은 책임을 져야 하는지 인식하라. 이번 두 차례 연습은 정신 활동을 통해서 한다. 오늘 수업과 관련된 당신의 관념을 모두 주의 깊게 생각해보라. 자신의 생각과 믿음을 깊이 살펴보는 것은 아주 중요하다. 당신의 현재 정신구조가 당신의 외적 삶에 미치는 영향을 알려면, 그 구조를 이해해야 하기 때문이다. 오늘 수업이 처음에는 너무 냉철한 것처럼 보일 수 있으나, 결국 혼신을 다해 나아가야 한다는 자신감과 확신을 이 수업이 당신에게 줄 것이다.

연습 270: *30분 연습 두 차례 & 시간연습*

제 271계단

나는 오늘 책임을 받아들일 것이다.

책임을 받아들이라. 책임(responsibility)은 당신의 응답 능력(ability to respond)이다. 이 책임을 받아들여 가꾸고, 마음에 간직하며, 환영하라. 책임은 당신을 강하게 해주는 것, 헌신적이게 해주는 것, 당신이 항상 바라던 관계를 당신에게 가져다주는 것이다. 이것이 당신에게 절실히 필요한 권한이며, 지금 당신이 자신을 위해 요청하는 법을 배우고 있는 권한이다. 이런 권한에는 조건이 따른다. 그 조건은 앎에 응답하여 앎을 따르는 것, 앎에서 나오지 않은 모든 동기를 멀리하는 것, 자신과 자신의 동기에 객관적이 되는 것, 자신을 의심하는 일 없이 자신에게 이의를 제기하는 것, 당신 내면의 앎이 출현하는 것을 지지할 수 있는 사람들, 또 그들 자신의 느낌을 당신에게 자유로이 말할 수 있는 사람들로 당신 주위를 에워싸는 것이다. 이런 조건들은 당신의 안녕과 성장에 필수적이다. 당신의 힘이 더 강해짐에 따라 당신의 잘못은 자신과 남들에게 점점 더 큰 영향을 미칠 것인데, 당신은 이런 조건들을 따름으로써, 잘못을 방지할 수 있다.

오늘 책임을 받아들이라. 왜냐하면 책임은 당신에게 가장 절실하고 궁극적으로 필요한 것을 나타내기 때문이다. 책임은 당신이 사랑할 수 있게 해주고, 자신을 세상 안으로 확장할 수 있게 해준다.

정각마다, 오늘 말의 의미를 생각하라. 오늘 두 차례 명상에서는 앎의 학생이 됨으로써 책임을 온전히 받아들이고, 당신의 존재 전체와 함께 고요와 침묵 속으로 들어가라. 어떤 생각이나 의심이 떠오르더라도 그만두는 일이 없도록 하라. 양가성이 당신을 붙잡지 못하게 하라. 계속 밀고 나가라. 마음을 열라. 삶의 신비에 응답할 수 있도록 신비 속으로 들어가라. 왜냐하면 책임이란 삶의 신비에 응답하는 능력을 뜻하기 때문이다.

연습 271: *30분 연습 두 차례 & 시간연습*

제 272계단

교사들은 내가 나아갈 때, 나를 안내할 것이다.

앎으로 가는 길에서 나아갈 때, 당신은 자신을 안내할 교사들이 필요할 것이다. 왜냐하면 당신은 자신의 생각이나 가정을 훨씬 뛰어넘어 모험할 것이기 때문이다. 당신은 아직 이해하지 못한 삶에 참여할 것이고, 아직 충분히 알지 못한 힘과 자질에 다가갈 것이며, 인간의 믿음, 인간의 가정, 인간의 관습을 뛰어넘어 삶 속으로 더 깊이 모험할 것이다. 이러한 일을 하려면 매우 강력한 안내를 앎에서도 받고, 당신의 주된 관계들에서도 받아야 할 것이다. 내면의 교사들은 당신의 가장 주된 관계에 해당한다. 왜냐하면 교사들과의 관계는 그 기반이 온전히 앎에 있으며, 당신이 앎을 안전하고 완전하게 기르도록 당신에게 주어졌기 때문이다.

그러므로 필요한 도움을 받으며 나아갈 수 있도록 앎의 학생으로서 당신의 한계를 받아들이라. 그런 큰 도움을 받을 수 있다는 것에 감사하고, 그 도움은 눈에 보이지 않으므로 어떤 상황에도 스며들 수 있다는 것에 감사하라. 그 도움을 어떤 상황에서도 체험할 수 있음에 감사하고, 도움이 필요한 삶의 시점에서 교사들의 조언을 받을 수 있음에 감사하라.

앎의 출현을 지지하는 데, 당신이 큰 용기와 열정을 가질 수 있도록, 오늘 교사들의 현존을 확언하라. 정각마다, 교사들이 당신과 함께 있다는 것을 상기하라. 두 차례 깊은 연습에서는, 교사들과 함께 고요와 침묵 속으로 들어가라. 그리하여 교사들이 그들의 현존을 드러낼 수 있고, 필요하면 당신에게 조언해줄 수 있게 하라. 당신이 세상에 베푸는 법을 배울 수 있도록, 자신의 학생 신분을 받아들이라.

연습 272: *30분 연습 두 차례 & 시간연습*

제 273 계단

교사들은 나를 위해 고향의 기억을 간직하고 있다.

당신의 교사들은 이 세상 너머에 있는 당신의 영적 가족을 대표한다. 교사들은 당신을 위해 당신의 기원과 운명에 대한 기억을 간직하고 있으니, 당신은 세상에서 체험을 통해 그 기억을 되살리는 법을 배워야 한다. 교사들은 다양하게 세상을 살아 보았다. 그래서 그들은 세상이 주는 기회와 어려움을 안다. 그들은 당신이 범할법한 잘못을 알며, 이미 범한 잘못도 안다. 또한 당신을 안내할 준비가 충분히 되어 있으며, 안내할 수 있는 지혜와 기량도 갖추었다.

그러므로 교사들의 가치를 과소평가하지 말라. 당신을 앎에 입문시키려고 교사들이 당신 삶에 현존한다는 것을 항상 기억하라. 교사들은 당신이 앎으로 강해지기를 바라며, 마침내 그들만큼 강해지기를 바란다. 이처럼 교사들은 당신의 궁극적인 필요와 목적에 봉사하니, 당신은 교사들을 따르고 받아들여야 하며, 학생이 교사를 존경하듯 존경해야 한다. 그럼으로써 당신은 교사들이 준 선물을 제대로 받을 수 있을 것이고, 교사들과 관련하여 잘못된 연상을 하는 일이 없을 것이다. 교사들과의 관계는 매우 책임 있는 관계이며, 당신은 이 관계 안에서 성숙할 것이다.

그러므로 교사들의 현존을 받아들이라. 정각마다, 당신의 교사들이 당신과 함께 있음을 마음에 새기면서 그들의 현존을 받아들이라. 두 차례 깊은 명상에서는, 교사들을 받아들이도록 마음을 열면서, 교사들의 현존을 받아들이라. 이 명상은 앎을 향해 가는 큰 기회이다. 교사들은 당신을 앎에 입문시킬 것이다. 왜냐하면 교사들은 앎의 영역에 있기 때문이다. 교사들에 관한 심상이나 개념은 당신이 다가가는 데 제약이 될 뿐, 별로 의미가 없다. 교사들을 제대로 알려면, 그들의 본질인 현존을 체험해야 한다. 그리하여 이 체험이 깊어지면서, 이 체험을 통해 당신은 이렇게 하는 것이 삶을 전체적으로 체험하는 방법임을 알게 될 것이다.

감각은 형상을 지각하지만, 가슴은 그 본질을 체험한다. 그래서 당신은 그 대상을 알게 된다. 그리고 일단 대상을 알고 나면, 그 대상과 어떻게 함께해야 하는지 깨닫는다. 그리하여 모든 정신 능력은 단 하나의 큰 목적에 쓰이게 된다. 왜냐하면 앎은 세상의 복원을 위해 당신 능력과 세상 능력을 모두 활용할 것이기 때문이다. 그리고 세상의 복원은 세상 속에서 앎의 복원이다.

연습 273: *30분 연습 두 차례 & 시간연습*

제 274계단

나는 오늘 양가성에서 벗어나 자유를 찾는다.

양가성에서 벗어나 자유를 찾으라. 왜냐하면 인간의 모든 혼란과 괴로움과 좌절은 이 양가성에서 생기기 때문이다. 양가성은 삶에 참여하기를 망설이는 것이고, 삶 속에 있기를 망설이는 것이며, 살아있기를 망설이는 것이다. 이런 망설임에서, 온갖 공격과 온갖 대립이 생겨나며, 자신에게 온갖 부담을 지운다. 바로 이런 망설임에서, 사람들은 앎 없이 환상 속에 산다.

그러므로 양가성을 조심하라. 양가성은 당신이 앎 없이 살아간다는 표시이며, 순전히 추론이나 개인적 선호, 두려움에 근거해서 결정하려 한다는 표시이다. 기반 없이 내리는 바로 이런 결정이 인류를 잘못된 길로 이끌며, 또한 지금까지 당신을 잘못된 길로 이끌었다. 앎은 가는 방향이 분명하므로, 양가성을 몰아낸다. 앎은 선택하거나 꼼꼼히 따져보는 일에는 관심이 없다. 왜냐하면 앎은 무엇이 옳은지 그냥 알기 때문이다. 그래서 확실성과 변함없는 확신을 가지고, 단계적으로 성취를 향해 당신을 이끈다.

정각마다, 양가성에서 빠져나오겠다는 소망을 잊지 말라. 오늘 수업을 반복하면서, 당신이 이것이냐 저것이냐를 놓고 결정하려 하거나, "나는 이제 무엇을 해야 하지?"라고 자문하는 데, 삶을 얼마나 많이 허비했는지 실감해보라. 또한 자신에게 무엇이 옳고 무엇이 그른지 묻거나, 무엇이 최상의 선택이고 그 결과는 어떻게 될지 궁금해하고 걱정하는 데, 당신 삶을 얼마나 많이 낭비했는지 잘 보라. 앎은 이처럼 마음이 혹사당하고 함부로 쓰이는 것에서 당신을 해방한다. 앎은 숙고하지 않으며, 다만 행동할 때를 기다렸다가 때맞춰 행동한다. 앎은 자신이 가는 방향을 전적으로 확신하며, 그 확신에 흔들림이 없다. 당신이 앎을 따른다면, 즉 양가성으로 혼란스러운 세상 속에 사는 당신에게 신이 준 가장 큰 선물인 이 앎을 따른다면, 당신은 자신에게 목적·의미·방향이 있음을 알 것이고, 또 날마다 이것들을 접할 수 있음을 알 것이다.

깊은 명상에서 진심으로 연습에 자신을 내맡겨 보라. 연습에 양가성을 갖지 말라. 두려움과 불확실성 때문에 뒤로 물러서지 말라. 왜냐하면 당신은 앎이 이 준비에 참여하라고 당신을 불렀으므로 참여하고 있으며, 앎이 날마다 내맡기라고 당신을 부르므로 내맡기기 때문이다. 따라서 우리가 우리의 준비를 통해 함께 나아갈 때, 당신 앎은 날마다 더 강해진다. 왜냐하면 이 준비가 이곳에서 당신 참여의 기반이기 때문이다. 앎의 학생이 되는 것에 이것 말고 달리 무슨 이유가 있겠는가?

그러므로 깊은 연습과 시간연습에서, 양가성에서 빠져나와야 한다는 신념을 굳건히 하라. 양가성이 치르는 엄청난 희생을 자각하라. 사람들이 양가성 때문에 삶과 함께하는 것을 거부하면서, 자신의 관념 속에서 어떻게 계속 헤매는지 보라. 주위 사람들이 치르는 희생을 보라. 실로 엄청나다. 확실성과 함께할 때, 모든 이들이 제자리를 찾을 것임을 자각하라. 그리고 세상은 지금 같은 마찰 없이 나아갈 것이다. 이런 식으로 모든 것이 삶의 포함 속에서 함께 성취를 모색한다. 이것이 바로 앎길이다.

연습 274: *30분 연습 두 차례 & 시간연습*

제 275계단

나는 오늘 불확실성에서 벗어나 자유를 찾는다.

불확실성에서 벗어나 자유를 찾고 있다는 것은 참되고 실질적인 자유, 진실로 자유라는 이름에 걸맞은 자유를 찾고 있다는 뜻이다. 본질적으로 당신은 자신이 하고 있는 것을 알거나, 아니면 모른다. 하고 있는 것을 모르면, 당신은 그저 앎을 기다리면 된다. 하고 있는 것을 알면, 그저 아는 것을 따르면 된다. 이처럼 간단하다. 불필요한 추론, 두려움이나 선호에 근거해서 성급히 결정하려는 시도, 당신에게 없는 확실성을 가져야 한다는 요구, 당신의 섣부른 결정으로 실패한 것을 자신이나 남들에게 투사하는 비난, 이러한 것들이 당신의 마음과 몸과 세상에 무거운 부담을 지운 것이다. 오늘 빠져나오고자 하는 것이 바로 이 부담이다. 그리하여 신이 준 확실성 안에서, 당신이 자유를 찾을 수 있게 하는 것이다. 당신이 찾아내어 따라야 하는 것이 바로 이 확실성이다. 이 확실성을 따름으로써, 당신은 그에 따른 보상을 모두 받을 것이고, 받은 보상을 세상에서 공헌하게 될 것이다.

정각마다, 오늘의 말을 기억하고, 주위 세상과의 완전한 연관성을 보라. 깊은 연습 시간에는 고요에 자신을 내주라. 앎과의 이 만남에 자신을 내주라. 당신을 완전히 내주고, 양가성이나 불확실성이 붙잡지 못하게 하라. 그럼으로써 당신은 앎을 따르는 것으로 앎의 힘을 발휘하게 되며, 때가 되면 앎만큼 강해질 것이다. 그러므로 오늘 불확실성과 그에 동반된 모든 것에서 빠져나오려고 하라. 왜냐하면 불확실성 때문에 인류에게 영감이 없어졌고, 인류가 내분에 시달리며 세상과 싸우게 되었기 때문이다.

연습 275: *30분 연습 두 차례 & 시간연습*

제 276계단

앎은 나의 구원이다.

앎은 당신의 구원이다. 왜냐하면 환상과 상상 속에 살려는 데서 생겨난 절망적인 곤경에서 앎은 당신을 이끌어내어, 밝고 명료한 현실로 이끌기 때문이다. 당신의 행동과 생각이 효과적이며 참된 자아실현으로 이끌도록, 앎은 당신의 행동과 생각을 안내한다. 따라서 신은 당신에게 줄 수 있는 가장 큰 선물을 주었다. 즉, 모든 잘못을 바로잡고, 모든 혼란과 갈등을 해결하며, 참된 운명으로 가는 참된 길 위에 당신 삶을 올려놓을 수 있도록, 당신 내면에 그 수단을 주었다. 여기서 당신은 힘을 얻게 되고, 존중받게 되며, 자신의 가치가 회복된다. 당신에게 회복되어야 할 것은 바로 당신의 가치이다. 신의 가치는 상실된 적이 없으니, 그 가치가 회복될 필요가 없다. 하지만 당신에게는 자신의 가치가 상실되었으며, 이 가치가 회복되려면 당신이 직접 만든 것이 아닌, 당신의 총체적 안녕을 위해 창조된 큰 계획을 따르는 길밖에 없다.

당신 삶이 양가성으로 얼마나 많이 허비됐으며 그 결과가 얼마나 보잘것없었는지 실감할 때, 당신은 앎이 얼마나 절실히 필요한지 알 것이다. 그럼으로써 당신은 힘과 확신을 가지고 가능한 한 가장 깊이 몰두하여, 당신 준비에서 나아갈 것이다. 일단 자신에게 절실히 필요한 것을 알게 되면, 당신은 제공된 참된 치유책을 알아차릴 수 있을 것이다.

이렇게 하여 당신은 앎의 학생으로서 명료한 마음과 단순한 진리로 정확히 필요한 것을 알아차릴 것이다. 왜냐하면 앎은 당신의 구원이기 때문이다. 정각마다, 이 말을 기억하고, 최근에 한 연습에 비추어 그 뜻을 생각해보라. 깊은 명상에서는 고요 속으로 깊이 몰입하여 들어가라. 이때 당신을 구원하는 수단, 또 당신을 통해 세상을 구원하는 수단과 당신이 결합하고 있음을 자각하라.

연습 276: *30분 연습 두 차례 & 시간연습*

제 277계단

나의 관념들은 작지만, 앎은 크다.

    이 말이 진실임을 깨달으면, 당신은 모든 앎의 근원과 보조를 맞출 것이다. 그러면 당신은 상상의 세계인 어둠에서 빠져나올 수 있다. 상상은 불안정하여, 가장 밝은 상상의 순간조차 일순간에 어둠으로 바뀔 수 있으며, 상상에서 얻은 가장 기발한 영감조차 극히 하찮은 말 한마디에 의욕이 꺾일 수 있다. 상상에는 확실성이 없고, 현실성이 없으며, 신뢰할 만한 것이 아무것도 없다. 왜냐하면 오직 변한다는 것만 예상할 수 있기 때문이다. 재능 있고 가치 있게 여겨진 것은 틀림없이 없어질 것이며, 냉혹하고 파괴적인 것은 틀림없이 당신 뒤를 따를 것이다.

    상상 속에서 사는 삶이 이런 것이며, 자기 생각에만 고립되어 사는 삶이 이런 것이다. 참된 어떤 것도 알아볼 수 없고, 참된 어떤 의미도 얻을 수 없으며, 영원하고 실질적인 어떤 것도 깨닫거나 세울 수 없는, 이런 절망적인 상황에서 당신을 해방하려는 앎의 힘을 과소평가하지 말라. 분리된 상상의 어둠에서 당신을 구원하는 것이야말로 당신을 삶의 현실로 이끌어낼 것이고, 그 현실로 복원시킬 것이다.

    그러니 이제 당신의 가장 큰 관념, 심지어 앎에서 나온 관념마저도, 앎 자체와 견주어 보면 작다는 것을 깨달으라. 앎은 자신을 당신 개인적 삶에서 표현할 것이므로 당신 존재의 큰 근원이다. 그러므로 큰 것을 존중하고, 작은 것을 알아차리라. 머지않아 앎이 당신 안에서 드러나기 시작할 때, 그리고 앎이 그 자신을 더욱더 자유로이 표현하도록 당신이 허용할 때, 당신은 앎에서 나온 생각과 단지 상상에서 나온 생각을 알아보기 시작할 것이다. 하지만 앎에서 나온 생각, 즉 당신이 상상할 수 있는 어떤 생각보다 훨씬 더 강력하고 효과적이며, 세상에서 참된 이해의 씨앗이 되는 그런 생각마저도 앎과 견주어 보면, 여전히 작다.

    정각마다, 오늘의 주제가 담고 있는 힘을 기억하라. 왜냐하면 그 힘은 당신의 혼란과 잘못된 가정에서 당신을 해방시켜주려고 있기 때문이다. 오늘 깊은 명상시간에는 마음을 적극 사용하라. 긍정적이든 부정적이든, 당신이 소중히 간직한 관념들을 모두 보려고 노력하라. 당신이 믿고 있거나, 고수하고 있는 관념들을 모두 보라. 당신 삶을 지배하는 주된 관념들과 당신이 어떤 관계를 맺고 있는지 잘 살펴보라. 그 관념들 하나하나를 보고 나서, 앎이 그 관념보다 훨씬 더 크다는 것을 상기하라. 이때 당신은 관념의 세계에서 빠져나와 관계의 세계로 들어갈 수 있는 수단이 있음을 깨달을 것이다. 이 관계의 세계는 모든 것이 실용적이고 실제적이며, 결코 변할 수 없는 기반에 근거한다.

연습 277: *30분 연습 두 차례 & 시간연습*

제 278계단

불변의 것이 나를 통해 그 자신을 표현할 것이다.

진실은 변하지 않지만, 상황이 변하고 이해가 변하는 세상 안에서 그 자신을 표현한다. 그래서 진실이 변할 수 있는 것처럼 보이지만, 진실의 근원은 변할 수 없다. 당신은 변하는 세상에 살면서 자신 역시 변화를 겪고 있지만, 자신의 근원은 변할 수 없다는 것을 깨달아야 한다. 이를 깨달으면, 근원을 신뢰할 수 있는 바탕이 당신에게 생길 것이다. 변할 수도, 파괴될 수도, 공격받을 수도 없는 것에 기반을 둘 때만, 신뢰가 제대로 자리잡는다. 이때 당신의 신뢰와 믿음에 참된 기반이 생길 것이다. 당신 신뢰의 근원이자 당신 신뢰를 받아들이는 이 불변의 것은 변하는 세상에서 변하는 방식으로 그 자신을 표현할 것이다. 이리하여 그 표현은 당신에게 필요한 것을 모두 충족시켜준다. 이 불변의 것은 모든 상황에서 당신을 도우며, 모든 이해 수준에서 작용하고, 인간의 모든 활동에서 그 자신을 실현할 것이다. 그래서 마치 진실이 변할 수 있는 것처럼 보일 것이다. 왜냐하면 진실은 환경이 다르면 다르게 작동하고, 관점이 다르면 다르게 보이기 때문이다. 그러나 앎 자체인 진실은 항상 불변이고, 항상 사랑이며, 항상 참이다.

그러므로 오늘 당신 관념들이 얼마나 상대적이고 변하기 쉬운지 이해하라. 또 변하기 쉽고 홀로 설 수 없는 것과 당신이 얼마나 많이 동일시하는지 보라. 당신의 정체성을 그저 관념·추론·믿음이 아닌, 앎에 기반을 둘 때, 당신은 앎만이 줄 수 있는 영속성과 안전을 체험하기 시작할 것이다. 당신의 참된 삶은 변하지 않는다는 것을 당신이 실감할 때, 변하는 상황에서 삶이 삶 자체를 표현하도록 마음놓고 허용할 것이다. 이때 당신은 죽음과 파괴에서 오는 모든 두려움에서 빠져나올 것이다. 이때 당신이 세상에서 평화를 찾을 것이다. 왜냐하면 세상은 변하지만, 당신은 변하지 않기 때문이다.

연습 278: 오늘 가르침을 세 번 읽는다.

제 279 계단

자유를 실감하려면 체험해야 한다.

자유는 개념이나 관념이 아니며, 체험이다. 그러므로 보편적으로 적용되는 자유를 알려면, 당신은 아주 많은 다른 상황에서 자유를 실감해야 한다. 바로 이것을 성취하도록 당신은 시간을 받았다. 이것을 성취함으로써 당신의 모든 활동에 의미와 목적과 가치가 있을 것이다. 이때 당신 자신이나 세상을 비난하는 기반이 없어질 것이다. 왜냐하면 모든 것이 앎의 필요성을 당신이 더 깊이 이해하도록 해주고, 또 모든 것이 앎을 받아들이는 것이 되기 때문이다.

그러므로 연습하고 준비하고 적용하는 일에 전념하라. 한낱 관념에 지나지 않은 것과 동일시하지 말라. 왜냐하면 가장 훌륭한 관념마저도 변하는 상황에서 하나의 표현으로 쓰이도록 되어 있으며, 그 자체가 불안정할 것이기 때문이다. 세상에서 진짜 안정을 얻으려면, 당신은 앎과 동일시해야 하며, 앎이 세상에서 그 힘과 효능과 은총을 표현하도록 허용해야 한다. 자유를 소중히 하고 세상에서 그 의미를 이해하려면, 당신은 자유를 체험해야 한다. 바로 이 때문에 당신은 앎의 학생이며, 바로 이 때문에 이 준비 과정에서 배우는 것을 모두 적용해보아야 한다.

세상에 참여하는 동안, 정각마다 오늘의 말을 기억하라. 깊은 명상 시간에는 내면으로 몰입하면서 이 말을 기억하라. 세상에서나 깊은 명상에서 모두 앎이 더 강해야 한다. 또한 양쪽 모두에서 자유를 실감하기 위해 자유권을 행사해야 한다. 깊은 명상에서 마음이 고요와 침묵 속으로 들어갈 수 있도록 마음의 힘을 쓰라. 오늘 두려움이나 양가성이 당신을 지배하도록 놓아두지 말라. 당신은 지금 자유를 연습하고 자유권을 행사하고 있다. 왜냐하면 당신은 내면이 고요할 때 자유로울 수밖에 없고, 내면이 고요하면 이미 자유롭기 때문이다.

연습 279: *30분 연습 두 차례 & 시간연습*

제 280 계단

복 습

이번 복습 기간의 첫 과부터 시작해서 마지막 과까지 순차적으로 지난 두 주간의 연습을 복습하라. 지난 두 주간 일어난 일을 전체적으로 한 번 훑어보라. 어떻게 하면 연습을 더 깊이 하고 더 잘할 수 있는지 보라. 얼마나 많은 시간과 에너지가 양가성과 헛된 추론에 허비되는지 보라. 오로지 앎과 함께 있기만 하면 될 때, 얼마나 많은 에너지가 의심과 혼란 속에서 허비되고 있는지 보라. 당신의 이해를 넘어서는 것이자, 이곳에서 꼭 필요한 것을 따를 수 있을 때, 당신은 삶이 당신에게 줄 수 있는 가장 큰 확실성을 얻을 것이다. 그래서 이 확실성을 통해, 당신의 관념·행동·인식은, 인류가 혼란스러워하고 상상 속의 양가성에 빠져 있는 세상에서, 강력한 표현이 되게 해줄 일관성을 얻을 것이다. 당신은 다름 아닌 따름으로써, 베풀 수 있고 이끌 수 있다. 당신이 자유권을 행사하고, 당신을 통해 자유가 그 힘을 행사하도록 허용함으로써, 당신은 때가 되면 이 말이 사실임을 알 것이다.

당신은 이제 앎의 학생이다. 점점 더 깊은 헌신과 참여로 이 준비를 적용하는 데 자신을 바치라. 과거의 실수가 당신에게 동기를 부여하게 하라. 과거의 실수가 자신을 비난하는 원천이 될 필요가 없으며, 또 그래서도 안 된다. 과거의 실수는 앎이 필요하다는 증거로써 이해하는 데 쓰이게 되어 있다. 그래서 당신은 앎이 당신에게 있는 것을 매우 고마워할 것이다. 왜냐하면 당신은 자신이 찾는 것이 무엇보다도 앎이라는 것을 실감하기 때문이다.

연습 280: *긴 연습 한 차례*

제 281 계단

무엇보다도 먼저 나는 앎을 구한다.

무엇보다도 먼저 앎을 구하라. 그러면 앎이 당신에게 필요한 다른 모든 것을 줄 것이다. 다른 데 노력을 기울이거나 다른 데 몸과 마음을 쓰는 것은 그 어떤 것도 절망적이며 당신을 더 큰 혼란으로 이끈다는 것을 깨달을 때, 당신은 굳은 확신을 가지고 앎을 구할 것이다. 왜냐하면 당신은 앎과 함께 있지 않을 때, 앎이 필요하다는 것만 배울 수 있으며, 앎과 함께 있을 때, 모든 참된 배움이 시작되기 때문이다. 당신은 과거 경험을 통해 이미 앎이 절실히 필요함을 배웠다. 이것을 계속 되풀이해서 배울 필요는 없다. '이번에는 다르겠지'라고 생각하면서 왜 똑같은 공부를 계속 되풀이하는가?

당신 혼자서는 아무것도 할 수 없다. 앎과 함께 있지 않으면, 당신은 더 많은 상상만 만들어 낼 뿐이다. 그러므로 당신에게 가장 절실히 필요한 유일한 것에 유일한 답이 있으며, 그 유일한 답이 당신에게 절실히 필요한 유일한 것에서 나온 다른 필요한 것들을 모두 충족시켜줄 것이다. 당신에게 필요한 것은 기본적이며, 그 필요한 것에 대한 응답도 기본적이다. 여기에 복잡한 것은 하나도 없다. 왜냐하면 본질적으로 당신이 의미 있게 살려면 앎이 필요하고, 진보하려면 앎이 필요하며, 참자아를 깨달으려면 앎이 필요하고, 세상에서 운명을 완수하려면 앎이 필요하기 때문이다. 앎이 없다면, 당신은 그저 방황하다가 앎이 필요하다는 것을 깨닫기 위해 다시 올 것이다.

오늘은 감사하는 날이다. 왜냐하면 당신 기도에 답이 왔고, 필요한 것에 응답이 있었으며, 앎을 회복할 수 있도록 선물이 제공되었기 때문이다. 무엇보다도 먼저, 당신을 통해 모든 것에 봉사할 것을 구하라. 이때 당신에게 필요한 것과 당신 삶의 치유책이 단순해질 것이다. 그러면 당신은 일관된 앎의 학생이 되어 확신과 인내로 나아갈 수 있을 것이다.

당신은 참자아를 나날이 회복해가고 있다. 혼란의 어둠 속으로 끌어들이려는 것들에서 당신은 나날이 빠져나오고 있다. 실재하지 않는 것은 날마다 조금씩 해체되고, 참된 것은 날마다 조금씩 드러나고 있다.

무엇보다도 먼저 앎을 구하겠다는 이 큰 진실을 오늘 정각마다 기억하고 확언하라. 깊은 명상시간에는 자신이 고요 속으로 들어가는 것을 허용하라. 당신 삶이 바뀌는 것을 허용하라. 앎이 표현하는 데 당신이 그 매개체가 될 수 있도록 앎이 드러나는 것을 허용하라. 왜냐하면 여기에서 당신은 행복을 찾을 것이기 때문이다.

연습 281: *30분 연습 두 차례 & 시간연습*

제 282계단

나는 세상에서 앎을 지니는 것에
책임지는 법을 배울 것이다.

세상에서 앎을 지니는 것에는 책임이 필요하다. 당신의 책임은 앎을 따르는 것이고, 적절하고 의미 있게 앎을 표현하는 법을 배우는 것이다. 이렇게 하려면, 당신의 인간 능력이 계발되고 향상되어야 할 것이다. 또한 분별력은 물론, 내면의 다른 훌륭한 자질들도 모두 계발되어야 할 것이다. 왜냐하면 당신은 자신이 지닌 것을 표현하는 법을 배워야 하고, 또 따르는 법을 배워, 훌륭한 매개체가 되어야 하기 때문이다. 이것이 모든 개인적 성장의 진정한 의미이고, 개인적 성장에 참목적을 갖는 것이며, 또한 당신의 성장과 발전에 방향을 갖는 것이다.

그러므로 오늘 말의 의미를 느껴보라. 책임을 받아들이라. 책임은 어깨 위에 놓인 짐이 아니며, 당신이 거쳐야 할 통과의례이다. 당신이 책임질 때, 내면에서 당신을 혼란스럽게 하고 좌절하게 했던 것들이 모두 새롭고 의미 있게 적용될 것이다. 앎에는 책임이 따른다는 것을 깨달으라. 앎에 책임지려면, 당신은 앎에 걸맞은 진지함으로 앎을 다루어야 한다. 하지만 이 진지함과 함께할 때, 당신은 앎이 주는 위대함과 평화를 받는다. 시간이 지나면서, 당신은 세상에서 아주 섬세한 앎의 매개체가 될 것이다. 그러면 성장해야 하는 것은 모두 성장할 것이고, 당신의 진행을 방해만 하는 것은 모두 버려질 것이다.

오늘 고요 속에서 하는 깊은 연습에서, 앎의 학생으로서 정신 능력을 키울 책임이 있음을 자각하라. 책임지는 것을 연마하고, 상상 속에서 헤매지 말라. 준비에 필요한 것들에 맞추어 앎의 학생으로서 정진하라. 왜냐하면 당신은 이제 책임지는 사람, 힘 있는 사람이 되어가기 때문이다.

연습 282: *30분 연습 두 차례*

제 283계단

세상은 양가적이지만, 나는 그렇지 않다.

세상에서 당신 주변을 둘러보라. 그러면 인간 세상이 양가성에 빠져 있음을 알 것이다. 갖고 싶은 것도 많고, 가고 싶은 곳도 많다. 또한 얻은 것을 모두 움켜쥐고 싶어 하고, 어떤 것도 잃지 않으려 하며, 여전히 필요한 것보다 더 많은 것을 원한다. 인간 세상은 자신의 곤경에 혼란스럽고, 그 해결책에 대해 혼란스럽다. 또한 자신의 정체성에 혼란스럽고, 무엇에 가치를 두고 무엇에 가치를 두지 말아야 할지 몰라 혼란스럽다. 토론과 논쟁, 갈등과 전쟁은 모두 이 양가성을 쓰는 것과 관련되어 있다.

앎과 함께 있으면, 당신은 세상을 바라보며 극심한 혼란을 알아차릴 것이다. 그럼으로써 당신은 세상에 앎이 절실히 필요함을 깨달을 것이다. 앎은 자신을 결코 공격하지 않으며, 자신과 갈등을 겪지 않을 것이다. 그러므로 앎의 안내를 받으면, 두 사람 사이나 두 국가 사이, 심지어 두 세계 사이에서도, 분쟁거리가 생기지 않을 것이다. 왜냐하면 앎은 항상 의미 있는 방식으로 개개인들을 결합하며, 상호 관계를 명확히 해주고자 할 것이기 때문이다. 앎 안에는 반대가 없으니, 앎이 자신과 갈등을 빚는 것은 불가능하다. 앎은 한 목적, 한 목표를 가지고 여기에 모든 활동을 맞추며, 온갖 형태의 반대를 모두 한 목적, 한 방향에 봉사하도록 맞춘다. 그래서 앎이 세상에서 큰 평화중재자이다. 앎과 함께 있으면, 당신은 그 표현의 매개체가 될 것이다. 따라서 당신은 평화를 가르칠 것이다. 왜냐하면 평화 자체가 당신을 통해 가르칠 것이기 때문이다.

앎을 이처럼 보면, 당신은 앎의 학생으로서 자신의 진정한 참여와 진정한 책임을 알아차릴 수 있을 것이다. 세상은 양가성에 빠져 있고, 혼란 속에 빠져 있으며, 여기서 오는 모든 고통을 겪고 있다. 그러나 당신은 지금 판단이나 비난 없이 세상 보는 법을 배우고 있으며, 앎의 확실성으로 세상 보는 법을 배우고 있으니, 세상의 곤경을 쉽게 알아차릴 수 있으며, 지금 당신 내면에 그 해결책을 지니고 있음을 알 수 있을 것이다.

깊은 연습에서 다시 고요 속으로 들어가라. 도움이 된다고 여기면 '란' 명상을 이용하라. 고요를 배우고 있으니, 당신은 확실성을 배우고 있다. 세상에서 고요히 있을 수 있는 이는 누가 됐든, 세상에서 앎의 원천이 될 것이다. 앎은 열린 마음이 있는 곳이면 어디든, 그곳에서 표현하기 때문이다. 그리고 당신 마음은 지금 앎이 그 자신을 표현할 수 있도록 열리고 있다.

연습 283: *30분 연습 두 차례*

제 284계단

고요는 내가 세상에 주는 선물이다.

고요가 어떻게 선물이 될 수 있는지, 당신은 물을지 모른다. 고요는 확실성과 평화의 표현이므로 선물이 된다. 고요가 어떻게 세상에 선물이 될 수 있는가? 당신이 고요하면, 앎이 당신을 통해 표현하기 때문이다. 고요가 어떻게 세상에 선물이 될 수 있는가? 당신이 고요하면, 다른 이들도 모두 고요할 수 있게 되어 그들도 알 수 있게 되기 때문이다. 갈등상태에 있는 사람은 고요할 수 없다. 해결책을 필사적으로 찾는 사람은 고요할 수 없다. 자신이 내린 평가로 혼란스러운 사람은 고요할 수 없다. 그래서 당신이 지금 연마하는 고요를 세상에 선물할 때, 당신을 알아보는 이들 모두에게 그들 스스로 고요 속으로 들어갈 기회와 본보기를 제공하는 것이다. 본질적으로 당신은 평화와 자유가 가능하다는 것을 전해주며, 분리된 채로 고통받는 이들 각각을 부르는 앎의 위대한 현존이 세상에 있음을 전해주고 있다.

당신의 고요는 선물이다. 고요는 모든 이들의 마음을 차분하게 할 것이고, 모든 논쟁을 잠재울 것이며, 자신이 만든 상상 때문에 고통받는 이들을 모두 차분히 가라앉혀 달래줄 것이다. 그래서 고요가 큰 선물이다. 그러나 고요가 당신의 유일한 선물은 아니다. 왜냐하면 당신은 생각과 행동을 통해서도 주고, 세상에서 이룬 성취를 통해서도 줄 것이기 때문이다. 여기에서 당신은 앎의 학생으로서, 자신에게 필요한 마음의 진화 특성을 드러내 보여줄 것이다. 그런데도 고요는 여전히 당신이 세상에 기여할 수 있는 모든 것 중에 가장 효과가 클 것이다. 왜냐하면 고요 안에서 당신은 다른 이들 모두와 공명할 것이고, 그들 모두를 차분하게 할 것이며, 세상 속에서 참된 평화를 넓혀나갈 것이고, 고요가 표현하는 자유를 넓혀나갈 것이기 때문이다.

오늘 정각마다, 고요의 중요성을 잊지 말라. 격동의 세상을 둘러보고 세상에 고요가 얼마나 필요한지 느껴보라. 두 차례 깊은 명상에서 고요에 다시 자신을 내주라. 당신에게 항상 붙어 다니며 당신을 붙잡는 양가성과 불확실성에서 빠져나오라. 앎의 영역인 고요의 영역에 더 가까이 다가가라. 왜냐하면 당신은 평화와 확실성을 바로 고요의 영역에서 찾을 것이기 때문이다. 평화와 확실성은 신이 당신에게 주는 선물이고, 당신이 세상에 줄 선물이다.

연습 284: *30분 연습 두 차례 & 시간연습*

제 285 계단

고요 속에서 모든 것을 알 수 있다.

고요 속에서 모든 것을 알 수 있다. 왜냐하면 고요 속에서 마음이 앎에 응답할 수 있기 때문이다. 마음이 응답하면, 앎은 당신의 특정 생각과 행위에서 표현을 찾을 것이다. 몸은 마음을 섬기기로 되어 있듯이, 마음은 앎을 섬기기로 되어 있다. 그럼으로써 당신은 참고향에서 가져온 것을 타향에서 공헌할 수 있다. 이때 하늘과 땅이 만나며, 이 둘이 만날 때, 참된 소통이 시작되고 앎이 세상 속으로 이전된다.

당신은 지금 앎의 매개체가 되려고 준비하고 있다. 그래서 당신이 해내는 크고 작은 일, 독특하고 평범한 일, 모두가 앎의 현존을 표현하도록 할 것이다. 그러므로 세상에서 당신이 하는 일은 거창하지 않고, 단순하다. 중요한 것은 다름 아닌 당신 행위를 통해 표현되는 것이다. 왜냐하면 앎과 함께한 가장 단순한 행동이 앎의 큰 가르침이며, 세상에 있는 모든 이들에게 감명을 주고, 영향을 끼칠 것이기 때문이다.

그러므로 오늘 정각마다, 고요를 연마하는 중요성을 상기하라. 또한 불안과 갈등에서, 고요가 당신에게 제공하는 즉각적인 자유를 상기하라. 오늘 깊은 연습 시간이 진정한 헌신의 시간, 즉 당신이 자신을 내주기 위해 신의 제단 앞에 서는 시간이 되게 하라. 본질에서는 이 신의 제단이 바로 진정한 교회이고, 진정한 예배당이다. 또한 기도가 실질적이 되는 곳이고, 신의 마음의 한 표현인 당신 마음이 고요와 겸허와 열린 마음으로 그 자신을 큰 근원에 내주는 곳이다. 여기서 신은 당신을 축복하고, 당신이 세상에 베풀 수 있도록, 당신 개인 성장의 결실인 선물을 당신에게 준다.

이 모든 것이 고요 속에서 일어난다. 왜냐하면 고요 속에서 앎의 이전이 완성될 수 있기 때문이다. 이것은 전적으로 자연스럽지만, 당신의 이해 범주를 완전히 벗어나 있다. 그러므로 당신은 이것을 깊이 추론해

보거나, 궁금해 하거나, 그 과정을 이해하려고 시간과 에너지를 허비하지 않아도 된다. 이리하는 것은 불필요하다. 당신은 앎을 받아들이기만 하면 된다. 멀리 떨어져서 이것을 이해하려고 하지 말라.

오늘 멀리 떨어져 있지 말고, 고요 속으로 들어가라. 왜냐하면 이것은 신이 당신에게 주는 선물이기 때문이다. 고요 속에서 앎의 이전이 이루어질 것이다. 그럼으로써 당신은 세상에서 앎의 매개체가 된다.

연습 285: *30분 연습 두 차례 & 시간연습*

제 286계단

나는 오늘 세상 속에 고요를 지니고 간다.

고요를 지니라. 그리하여 격동과 혼란의 세상에서 활동할 때, 당신의 내적 삶이 조용하게 하라. 당신은 앎과 함께 있는 법을 배우고 있으니, 지금 자신의 생각으로 해결해야 할 것은 아무것도 없다. 앎은 당신 생각을 정리하여, 그 생각에 진정한 통일성과 방향을 줄 것이다. 고요를 지니라. 그리고 당신의 내적 갈등이 모두 앎을 통해 해결될 것임을 확신하라. 왜냐하면 당신이 그 갈등을 해결해주는 원천을 따르고 있기 때문이다. 당신은 날마다 평화와 성취 쪽으로 더 가까이 다가갈 것이다. 당신이 앎길을 걸을 때, 전에 당신을 늘 괴롭히며 당신 마음에 어두운 먹구름을 드리우던 것에서 쉽게 벗어날 것이다.

세상 속에 고요를 지니고 가라. 그러면 당신은 참으로 관찰력이 깊어질 것이고, 세상을 있는 그대로 볼 수 있을 것이며, 세상의 혼란을 해소할 수 있을 것이다. 왜냐하면 당신은 이때 평화로이 있는 것으로 평화를 가르치기 때문이다. 당신이 가르치는 평화는 거짓이 아니다. 이 평화는 앎과 참된 연합에서 나온다. 왜냐하면 당신은 지금 앎을 따르고 있으며, 앎이 방향을 제시하도록 허용하고 있기 때문이다. 고요 안에서만 당신은 이렇게 할 수 있다.

당신이 고요하면, 세상에서 성실하게 활동할 수 없을 것이라고 생각하지 말라. 당신은 세상에서 활동적일 것이고, 세상 돌아가는 일에 참여할 것이다. 하지만 이렇게 하면서도 내면에서는 당신이 고요할 수 있다. 세상 속으로 고요를 가져가면, 정말 기쁘게도 당신이 더 깊은 참여와 생산성으로 훨씬 더 유능하고, 더욱 효과적이며, 다른 사람에게도 훨씬 더 잘 반응한다는 것을 알게 될 것이다. 이때 당신은 자신의 에너지를 세상에 뜻있게 표현할 수 있다. 또한 모든 정신력과 체력을 공헌하는 데 쓰며, 내적 갈등에 소모하지 않는다. 그러므로 세상 속에 고요를 지니고 가면, 당신은 훨씬 더 강하고 효과적이 되며, 훨씬 더 확실하고 생산적이 된다.

당신이 세상 속에 고요를 지니고 간다는 것을 하루 내내 상기하라. 두 차례 깊은 명상에서는 고요의 안식처를 찾으라. 감각기관이 알려주는 세상에서 빠져나와 고요와 앎이 머무는 성소로 들어가라. 계속 나아가다 보면, 두 차례 긴 연습 시간은 깊은 휴식과 위안의 시간이자 원기회복의 훌륭한 순간임을 알 것이다. 명상은 당신이 날마다 성령이 머무는 거룩한 예배당에 가는 시간이며, 앎을 통해 당신과 신이 만나는 시간이다.

그래서 이 연습 시간은 당신에게 제공되고 있는 선물을 받는 법을 배우는 때이므로 그날 하루 중 가장 중요한 순간이다. 당신은 이 연습 시간을 하나의 기회로써 고대할 것이다. 즉, 당신이 세상에 평화와 고요를 지니고 갈 수 있도록 자신을 새롭게 하고 생기를 되찾는 기회, 참된 영감과 위안을 찾는 기회, 앎과 함께 당신 마음이 점점 더 강해질 기회로 고대할 것이다.

연습 286: *30분 연습 두 차례 & 시간연습*

제 287계단

앎과 함께 있으면, 나는 싸울 수 없다.

앎과 함께 있으면, 당신은 싸울 수 없다. 당신 내면에서도 싸울 수 없고, 다른 사람들과도 싸울 수 없다. 앎과 함께 있으면, 오직 앎만 있고, 혼란은 세상에 있기 때문이다. 그리고 혼란에는 공격이 필요하지 않다. 그래서 앎과 함께 있으면, 당신은 싸우지 않는다. 왜냐하면 당신에게는 하나의 마음, 하나의 목적, 하나의 책임, 하나의 방향, 하나의 의미만 있기 때문이다. 마음이 통합되면 될수록, 외적 삶도 더욱더 통합될 것이다. 당신이 앎을 따르고 있을 때, 당신 내면에서 어떻게 싸울 수 있겠는가? 싸움은 상반되는 가치체계가 당신의 인정을 받으려고 서로 싸우는 양가성에서 생긴다. 상반되는 생각, 상반되는 감정, 상반되는 가치들이 모두 서로 옳다고 싸우고 있어, 당신은 이 상반되는 것들의 엄청난 싸움판 한가운데 붙잡힌 것이다.

앎과 함께 있으면, 이 모든 것에서 벗어난다. 앎과 함께 있으면, 당신은 내면에서 싸울 수 없다. 때가 되면 당신의 자기의심·불확실성·두려움·불안은 모두 차차 사라질 것이다. 그럼으로써 당신은 점점 싸우지 않는다는 것을 느끼게 되고, 평화로이 있는 것에서 오는 혜택을 온전히 맛볼 것이다. 그러면 당신은 온 힘을 다해 참여하는 마음으로 세상에 눈을 돌릴 수 있다. 왜냐하면 당신이 세상에 공헌하는 데 정신적·육체적 에너지가 이제 모두 이용될 수 있기 때문이다. 당신이 공헌할 것은 당신의 행동이나 말보다 훨씬 더 클 것이다. 왜냐하면 당신은 세상 속에 평화와 고요를 지니고 갈 것이기 때문이다.

그래서 비록 다른 사람들은 당신에게 적대하는 것을 선택할 수 있지만, 당신은 누구에게도 적대하지 않을 것이다. 그래서 다른 사람들은 당신과 싸움을 선택하더라도, 당신은 어느 누구와도 싸우지 않을 것이다. 이것이 바로 당신의 가장 큰 공헌이며, 본보기를 통해 당신이 삶에서 가르치는 것이다. 이때 앎은 세상에 그 자신을 내줄 것이며, 당신이 지금 자신을 위해 받아들이는 법을 배우는 그 큰 가르침을 줄 것이다. 이 가르침은 자연스럽게 일어날 것이다. 당신은 세상에 억지로 가르치지 않아도 되며, 다른 사람을 변화시키려고 하지 않아도 된다. 왜냐하면 앎이 당신을 통해 참된 일을 해나갈 것이기 때문이다.

  정각마다, 오늘 말의 의미를 자각하라. 또한 당신의 모든 괴로움을 종식하고, 마침내 세상의 괴로움까지 모두 종식할 수 있도록 앎의 힘을 알아차리라. 깊은 연습 시간에는 당신의 위대한 성소로 되돌아가서, 다시 마음을 열고 겸허히 앎을 받아들이는 이가 되라. 그러면 더욱더 큰 확신으로 앎과의 변함없는 관계를 세상 속으로 지니고 갈 수 있을 것이다. 그러면 공헌되어야 하는 것은 애쓰는 일 없이 당신에게서 퍼져 나갈 것이다.

연습 287: *30분 연습 두 차례 & 시간연습*

제 288계단

적은 합류하는 법을 배우지 못한 친구일 뿐이다.

삶에서 진짜 적은 없다. 왜냐하면 모든 싸움과 갈등은 혼란에서 생겨나기 때문이다. 당신은 이 점을 이해해야 한다. 앎이 없는 삶은 혼란스러울 수밖에 없으니, 단순히 관념과 믿음일 뿐인 내적 안내체계를 스스로 만들어야 한다. 따라서 사람마다 각자 자기 개인적 목적과 자기 정체성을 갖게 된다. 이때 나온 평가가 다른 사람의 평가와 충돌하고, 따라서 사람과 사람, 단체와 단체, 국가와 국가, 행성과 행성 사이에 싸움이나 전쟁이 발생되고, 벌어진다.

앎 안에서는 이런 일이 불가능하다. 왜냐하면 앎 안에서는 모두가 당신 친구이기 때문이다. 당신은 사람들이 각기 어느 성장 단계에 있든, 그들이 현재 결합되어 있는 것을 인정한다. 그들 중 어떤 이하고는 당신과 관련될 수 있고, 어떤 이하고는 관련되지 않을 수 있다. 어떤 이는 당신 공헌을 직접 받을 수 있지만, 어떤 이는 간접적으로 받아야 할 것이다. 그러나 그들은 모두 당신 친구이다. 앎에는 반대가 없다. 왜냐하면 우주에는 오직 하나의 앎만 있기 때문이다. 앎은 각 개인을 통해 그 자신을 표현한다. 각 개인이 앎의 매개체로서 더욱 정화될 때, 또 각 개인이 앎을 더 깊이 받아들이는 이가 되고, 앎을 따르며, 앎에 책임지게 될 때, 그들이 갈등 속에 있을 가능성은 줄어들 것이고, 끝내는 사라질 것이다.

그러니 모든 싸움과 갈등은 관련된 이들이 합류하는 데, 포용력 부족을 나타낼 뿐임을 자각하라. 사람들이 합류할 때, 그들은 자신들에게 기본적으로 필요한 것인 공동의 필요를 인식한다. 이 필요가 현실화되려면, 이상주의가 아닌 앎에서 나와야 한다. 또 이 필요가 참된 행동과 참여로 이끄는 것이 되려면, 단순한 철학이 아닌 앎에서 나와야 한다. 따라서 당신이 앎의 학생으로서 따를 때, 세상에서 평화중재자가 되고, 평화 수호자가 된다. 당신 내면에서 앎이 강해지면 강해질수록, 당신의 두려움과 양가성은 점점 더 약해진다. 그럼으로써 당신 내면에서 싸움이 종식될 것이고, 당신 삶은 싸움이 불필요하다는 본보기가 될 것이다.

세상에서 평화중재자가 되고, 평화수호자가 될 수 있도록, 오늘 내면의 싸움을 끝냄으로써 세상의 싸움을 끝내는 일에 헌신하라. 정각마다, 오늘 수업을 상기하며 주위 세상에 적용해보라. 또한 당신이 알고 있는 세상의 모든 갈등에 적용해보라. 그런 갈등에 이 수업의 완벽한 연관성을 이해하려고 노력하라. 오늘 말의 의미와 그 영향을 제대로 느끼려면, 그 갈등을 다른 관점에서 보아야 할 것이다. 당신이 길러야 하는 것이 바로 이 관점이다. 왜냐하면 당신은 앎이 보는 것처럼 보고, 앎이 생각하는 것처럼 생각하며, 앎이 행동하는 것처럼 행동하는 법을 배워야 하기 때문이다. 당신이 날마다 앎을 따르면, 이 모든 것을 분명히 이룰 것이다.

깊은 연습 시간에는 연마 능력을 강화하여 세상에서 앎의 특사가 되는 준비를 할 수 있도록 고요와 침묵으로 되돌아가라. 이것이 오늘 당신의 책임이다. 이것이 당신의 다른 모든 행위에 스며들어 그 행위에 가치와 의미를 줄 것이다. 왜냐하면 당신은 오늘 앎의 학생이기 때문이다.

연습 288: *30분 연습 두 차례 & 시간연습*

제 289 계단

나는 오늘 앎의 학생이다.

오늘 진정한 학생이 되라. 이 학습 과정에 당신 자신을 온전히 내주라. 어떤 것도 가정하지 말라. 왜냐하면 참된 학생은 어떤 것도 가정하지 않으며, 그럼으로써 모든 것을 배울 수 있기 때문이다. 당신은 앎을 이해할 수 없으며, 오직 받아들일 수만 있음을 자각하라. 당신은 앎이당신 삶을 통해 세상 속으로 확장되는 것을 오직 체험할 수만 있다.

그러므로 자신이 앎을 받아들이는 것을 허용하라. 세상에 만연하는양가성을 자신이 받아들이는 것을 허용하지 말라. 이 양가성과 거리를두라. 왜냐하면 당신은 양가성에 맞서서 양가적인 세상에 당신 선물을내줄 만큼, 앎이 아직 강하지 않기 때문이다. 이 점에서 야심을 갖지 말라. 그러지 않으면 당신은 자신의 역량을 넘게 되어 결과적으로 실패할것이다. 앎이 당신 내면에서 커지고 성장하면, 앎은 당신이 봉사할 수 있는 곳으로 당신을 이끌 것이고, 당신이 충분한 역량을 갖고 앎을 내줄 수있는 상황으로 이끌 것이다.

오늘 학생이 되라. 이 배움을 개인의 야심을 채우는 데 쓰려고 하지말라. 오늘 당신 개인 생각이 당신을 안내하게 하지 말고, 앎의 학생이되라. 당신이 어떤 일에 확신이 서면, 가능한 한 현명하고 적절하게 그일을 실행하라. 그러나 확신이 서지 않으면, 앎으로 되돌아가 그저 앎과함께 평화로이 있으라. 왜냐하면 앎이 당신을 안내할 것이기 때문이다.이런 식으로 당신은 세상에서 앎의 참되고 적극적인 대리인이 될 것이다. 앎은 당신을 통해 세상 속으로 그 자신을 확장할 것이고, 당신이 받은 것은 모두 당신을 통해 세상에 베풀어질 것이다.

오늘 깊은 연습에서 앎의 영역으로 들어갈 수 있도록 당신 능력을키우라. 전에 가본 적이 있는 곳보다 오늘 더 깊이 들어가라. 오늘 앎의학생이 되라. 앎으로 들어가라. 앎을 체험하라. 그럼으로써 당신은 앎의힘, 앎의 은총과 점점 더 깊이 결합할 것이다. 그럼으로써 당신은 세상에서 오로지 참여를 통해서만 깨달을 수 있는 앎의 목적을 깨달을 것이다.

연습 289: *30분 연습 두 차례*

제 290 계단

나는 학생일 수밖에 없다.
그러므로 앎의 학생이 될 것이다.

세상에서 당신은 학생이며, 그것도 항상 그렇다. 매일, 매시간, 매 순간 당신은 배우고 있으며, 배운 것에 동화하려고 한다. 당신은 앎의 학생이거나, 아니면 혼란의 학생이다. 또 확실성의 학생이거나, 아니면 양가성의 학생이며, 완전함과 온전함의 학생이거나, 아니면 갈등과 싸움의 학생이다. 당신은 세상에 있으면서 배울 수밖에 없고, 배운 결과를 드러내 보여줄 수밖에 없다.

그러므로 당신에게 학생이 될 것인지 말 것인지는 선택사항이 아니다. 왜냐하면 심지어 학생이 되지 않겠다고 결심해도, 당신은 학생이 될 것이기 때문이다. 학생이 되지 않겠다고 결심하면, 그저 다른 교육과정을 배울 뿐이다. 여기에는 선택의 여지가 없다. 왜냐하면 세상에 있다는 것은 배운다는 것이고, 배운 결과를 드러내 보여준다는 것이기 때문이다. 그래서 이것을 알아차릴 때, 당신이 결정할 일은 어디서 배울 것인지, 또 무엇을 배울 것인지 정하는 일이다. 이것이 당신에게 주어진 결정권이다. 앎은 바른 결정을 하도록 자연스럽게 당신을 안내하여 앎 자신에게로 이끌 것이다. 왜냐하면 세상에 베풀도록, 당신에게 앎이 주어졌기 때문이다. 그래서 앎에 다가갈 때, 당신은 마치 오랫동안 고대하던 귀향길에 접어든 것처럼 느낄 것이다. 당신은 내면에서 큰 통합을 느낄 것이며, 당신 자신과의 갈등과 싸움이 서서히 줄어들어 사라지는 것을 느낄 것이다.

당신은 학생이니, 오늘 앎의 학생이 되라. 당신을 택한 이 교육과정을 선택하라. 당신을 복원하고 당신을 통해 세상을 복원할 이 교육과정을 선택하라. 이곳에서 당신 목적을 이루게 해주는 교육과정, 또 이 세상 너머에 있는 당신 삶, 이곳에서 그 자체를 표현하고자 하는 당신 삶을 예시해주는 이 교육과정을 선택하라. 앎의 학생이 되라.

오늘의 말이 가진 힘을 자각하라. 정각마다, 그 말을 잊지 말라. 그 날의 연습을 점점 더 활용할 수 있도록, 세상 속에 들어가기 전에 그날 수업을 읽는 것을 잊지 말라. 당신이 앎의 학생임을 확인하라. 앎의 학생으로서 당신의 참여를 더 굳건히 하라. 점점 더 깊이 헌신하는 마음으로 오늘 연습을 행하라.

두 차례 깊은 연습에서는, 마음을 적극 써서 세상에서 학생이 된다는 말이 무엇을 뜻하는지 깊이 생각해보라. 오늘의 메시지를 이해하는 데 당신 마음을 쓰고, 모든 상황에서 당신이 학생임을 자각하려고 노력하라. 여기에는 선택의 여지가 없음을 자각하려고 노력하라. 왜냐하면 당신은 틀림없이 배울 것이고, 배운 것과 동화하여 그 배운 것을 행동으로 표현할 것이기 때문이다. 이것이 바로 참된 가르침의 바탕이다. 세상에서 당신의 목적은 앎의 학생이 되어 앎과 동화하고, 당신이 세상에서 앎을 행동으로 보여줄 수 있도록, 앎이 그 자신을 표현하도록 허용하는 것이다. 가장 간단하게 말해서, 이것이 당신 목적을 표현한 것이다. 이 목적에서, 당신에게 심어진 본성과 설계에 따라 세상에서 구체적인 방식으로 구체적인 부름이 당신을 안내하기 위해 드러날 것이다.

그래서 당신은 오늘 앎의 학생으로서 자신을 튼튼히 할 것이다. 긴 연습 시간에 마음을 적극 써서 오늘 말의 의미를 꿰뚫어보려고 노력하고, 당신 삶과 완벽한 연관성을 보려고 노력하라.

연습 290: *30분 연습 두 차례 & 시간연습*

제 291계단

나에게 잘못을 저지른 형제자매에게 나는 감사한다.

앎이 필요하다는 것을 행동으로 보여주는 이들에게 감사하라. 앎과 함께하지 않으면, 세상에서 어떤 일을 하더라도 절망적임을 당신에게 가르쳐주는 이들에게 감사하라. 당신이 자신을 위해 지금 이 순간에도 심사숙고하는 것들이 어떤 결과에 이르게 될지 보여줌으로써 당신에게 시간을 절약하게 해주는 이들에게 감사하라. 세상에서 당신에게 절실히 필요한 것을 보여주는 이들에게 감사하라. 당신이 세상에서 베풀어야 할 것을 보여주는 이들에게 감사하라. 당신에게 잘못을 저지른 것처럼 보이는 이들 모두에게 감사하라. 왜냐하면 그들이 당신 삶에 필요한 것을 당신에게 보여줄 것이고, 앎이 당신에게 유일한 참된 목적, 유일한 참된 목표, 유일한 참된 표현임을 상기시켜줄 것이기 때문이다.

이때 당신에게 잘못한 이들이 모두 당신 친구가 된다. 왜냐하면 그들은 괴로울 때조차 당신에게 봉사하며, 그들에게 봉사하라고 요청하기 때문이다. 이때 세상의 모든 어리석음·잘못·혼란·양가성·갈등·싸움이 당신을 앎에 대한 확신으로 이끌 수 있다. 이런 식으로 세상은 당신을 돕고 지원하고 준비시켜, 당신으로 하여금 절박한 어려움에 처해 있는 세상에 봉사하게 한다. 이때 당신은 세상이 성취한 것들을 받아들이게 되고, 세상이 잘못한 것들을 알아볼 수 있게 된다. 그럼으로써 세상을 향한 사랑과 연민이 당신에게 생길 것이다.

정각마다, 오늘의 메시지를 상기하라. 그리고 오늘 일어난 모든 일이 오늘 말의 의미를 드러내 보여주도록 당신이 행하는 모든 활동의 맥락에서 그 의미를 알려고 노력하라. 깊은 연습 시간에는, 마음을 적극 써서 오늘 말의 의미를 꿰뚫어보려고 노력하라. 당신에게 잘못을 저질렀다고 생각되는 사람을 모두 떠올리라. 그들이 당신을 어떻게 도왔고, 또 당신에게 계속 상기시켜 주면서 어떻게 도울 것인지 보라. 그러면 당신은 시간과 에너지를 엄청나게 절약할 수 있다. 당신이 앎에 더 가까이 가게 되고, 앎을 향해 더욱 결의를 다지며, 또 앎 말고는 달리 길이 없다는 것을 상기하는 것으로 그렇게 절약할 수 있다. 긴 연습 시간에 당신에게 잘못을 범했다고 느껴지는 이들을 모두 생각하고, 이런 관점에서 그들이 당신에게 얼마나 많이 봉사했는지 느껴보라.

오늘이 용서하는 날, 받아들이는 날이 되게 하라. 용서와 받아들임 속에서 당신은 자신에게 잘못한 이들에게 고마움을 알고 그 고마움을 더 확장한다. 삶은 당신을 앎으로 데려가려고 일을 도모하고 있다. 당신이 앎으로 들어갈 때, 삶이 성취와 실패 모두를 통해 당신에게 얼마나 큰 봉사를 하는지 깨달을 것이다. 이 선물을 받아들이는 이가 되라. 그럼으로써 당신은 사랑과 감사로 세상을 볼 것이고, 모든 공헌 중에 가장 큰 것을 세상에 공헌하고 싶을 것이다. 이때 당신은 자신에게 봉사한 세상에 감사와 봉사의 마음으로 앎을 베풀 것이다.

연습 291: *30분 연습 두 차례 & 시간연습*

제 292계단

세상은 나에게 오직 봉사만 하는데, 어떻게 내가 세상에 화낼 수 있겠는가?

세상은 당신에게 봉사하는데, 어떻게 당신이 화낼 수 있겠는가? 세상이 당신에게 얼마나 많이 봉사하는지는 앎의 맥락에서만 알 수 있지만, 당신이 그것을 안다면, 당신은 세상을 향한 당신의 모든 증오와 모든 비난, 모든 저항을 그만둘 것이다. 그럼으로써 당신은 자신의 참된 운명과 참된 기원을 확인하고, 세상에 온 자신의 참된 목적을 확인할 것이다.

당신은 세상에 배우기 위해 왔고, 잘못 배운 것을 버리기 위해 왔다. 그리고 실재하는 것과 실재하지 않는 것을 자각하려고 왔다. 또한 세상에 공헌자가 되려고 왔다. 당신은 저세상에서 파견되어 이곳에 봉사하는 공헌자가 되기 위해 왔다. 이것이 이곳에 당신이 존재하는 진정한 본질이다. 비록 이것이 당신 자신에 대한 당신 평가와는 어긋날지 모르지만, 그래도 이것은 진실이며, 앞으로도 진실일 것이다. 당신의 관점이 어떠하든, 당신의 이상과 믿음이 어떠하든, 당신이 무슨 일에 종사하든, 이런 것과는 상관없이 진실일 것이다. 진실은 당신을 기다리며, 진실에 가치를 둘 만큼 당신이 준비되기를 기다린다.

정각마다, 오늘의 말을 기억하라. 그리고 세상에서 주변을 둘러보면서, 이것이 모든 곳에 적용됨을 알라. 두 차례 깊은 연습에서는, 당신에게 잘못을 저질렀다고 여겨지는 이들을 한 사람씩 다시 모두 떠올리라. 그래서 그들이 당신에게 공헌한 것, 즉 당신을 앎으로 데려오고, 앎에 가치를 두도록 가르치며, 앎을 떠나서는 아무런 희망이 없다는 것을 깨닫도록 가르치는 일에서 공헌한 것을 다시 이해하려고 노력하라. 앎이 없다면 아무 희망이 없다. 오늘의 말은 세상을 향해 사랑과 감사를 낳게 할 것이고, 더욱더 이런 관점으로 세상을 보게 할 것이다. 그리고 이런 관점은 당신이 확신과 사랑과 앎으로 세상을 바라보는 데 필요할 것이다.

연습 292: *30분 연습 두 차례 & 시간연습*

제 293계단

오늘 나는 고통받기를 바라지 않는다.

앎의 학생이 되고, 앎에 충실하고, 앎에 헌신하는 것으로 오늘 고통받지 않겠다고 굳게 다짐하라. 세상에 이끌려 그 속에서 의미 없는 활동이나 가망 없는 일에 전념하거나, 분노에 휩싸인 싸움에 휘말리지 말라. 당신이 여전히 이런 것들에 매력을 느끼겠지만, 오늘 이런 것에 자신을 내주지 말라. 왜냐하면 세상이 설득하는 것들은 세상의 큰 불안과 두려움에서 나오기 때문이다. 불안과 두려움은 마음을 해치는 질병과 같다. 오늘 당신 마음이 그런 것에 해를 입지 않게 하라. 오늘 당신은 고통받고 싶지 않으나, 세상의 설득을 따르면 고통받을 것이다. 세상에 참여하고 일상적인 책임을 다하면서도, 앎의 학생이 되겠다고 굳게 다짐하라. 그러면 당신은 모든 고통에서 벗어날 것이고, 당신이 세상에 주기로 된 큰 것을 받을 것이다.

오늘 정각마다, 당신이 고통받고 싶지 않음을 확인하라. 또한 앎 없이 세상에 참여하려고 시도하면, 고통이 불가피하다는 것을 깨달으라. 세상은 지금 당신의 유일한 큰 목적과 책임인, 앎의 학생이 되도록 하는 것만을 상기시켜 줄 수 있다. 세상은 자신이 할 수 있는 유일한 방법으로 당신을 도울 것이라는 점에 감사하라. 그리고 당신이 받아서 주는 법을 배울 수 있도록 신이 고향에서 세상 안에까지 은총을 확장해 놓은 것에 감사하라.

연습 293: *시간연습*

제 294계단

복습

두 주간의 복습을 이 기도와 함께 시작하라.

"나는 이제 앎의 학생이다. 그러니 참여를 통해 앎의 의미와 목적에 대해 배울 것이다. 나는 배우고자 하므로 참여하는 방식이나 수업을 어떤 식으로도 바꾸려 하지 않고 이 참여에 따를 것이다. 나는 앎이 없어 보이는 세상에서 앎의 학생이다. 그래서 앎이 세상에 주고자 하는 것을 주기 위해 준비하려고 이곳에 파견되었다. 나는 앎의 학생이며, 나의 책임을 지는 데서 안전하다. 여기에서 나는 진정으로 바라는 것을 모두 받을 것이다. 왜냐하면 나는 세상을 진정으로 사랑하고 싶기 때문이다."

이 기도에 이어 두 주간의 복습을 시작하라. 첫날부터 시작해서 각기 그날의 수업을 읽고 그때 연습한 것을 기억하라. 이처럼 계속 두 주간을 모두 다 마친 다음, 이 기간의 삶을 대략적으로 한번 훑어보라. 이 두 주 동안에 당신 삶에서 무엇이 일어났는지 보기 시작하라.

이렇게 대략적으로 보고 나면, 삶의 변화가 보이기 시작할 것이다. 처음에는 그 변화가 미미하겠지만, 당신은 자신의 삶이 빠르게 나아가고 있으며, 가치관이 변하고 자신에 대한 체험이 변하고 있다는 것을 곧 깨닫기 시작할 것이다. 당신은 본질적으로 변하고 있으며, 마침내 당신 자신이 되어가고 있다. 여전히 당신 안에서 가끔 전쟁이 일어나기도 하겠지만, 점점 줄어들어 횟수가 적어짐을 느낄 것이다. 의식적이고 객관적으로 전체를 바라볼 때만 이것을 알아차릴 수 있으며, 이렇게 알아차릴 때 계속 나아갈 수 있다는 자신감과 확신이 생길 것이다. 왜냐하면 당신이 참된 과정과 참된 운명을 따르고 있음을 알 것이기 때문이다. 당신은 자신이 앎의 진정한 학생임을 알 것이고, 학생이 되는 것에 관련하여 바르게 결정했음을 알 것이다.

연습 294: *긴 연습 한 차례*

제 295 계단

나는 지금 내 삶의 신비 속으로 들어가고 있다.

당신은 지금 당신에게 모습을 드러내고자 하는 삶의 신비 속으로 들어가고 있다. 삶의 신비는 당신 삶에 발현되는 모든 것의 근원이다. 앞으로 발현되고, 또 발현되기로 된 것은 모두 삶의 신비에서 구현된다. 그러므로 당신이 앎의 학생으로서 지금 참여하는 것은 앞으로 세상에서 할 모든 것, 또 이번 삶에서 깨닫고 성취할 모든 것에 절대적으로 기본이며, 또한 당신에게 필요한 것에 절대적으로 기본이다.

신비한 것은 신비한 것으로 받아들이고, 발현된 것은 발현된 것으로 받아들이라. 이렇게 하면, 당신은 경외심과 열린 마음으로 앎의 신비에 들어갈 것이고, 세상에 참여할 때는 실질적인 것에 역점을 두고 사실에 입각하여 접근할 것이다. 그럼으로써 당신은 고향과 이 임시 세상을 잇는 다리가 될 수 있을 것이다. 그러면 당신은 우주의 삶을 존경과 경외심으로 다룰 것이며, 세상에 적용하는 것을 간결함과 책임감으로 다룰 것이다. 이때 당신은 자신의 모든 능력을 적절히 연마하고 통합할 것이며, 앎의 매개체가 될 것이다.

우리는 이제 이 교육과정에서 좀 더 상급 부분을 시작할 것이다. 당신은 자신이 배우고 있는 많은 것을 아직 이해할 수 없다고 느낄지도 모른다. 지금부터 하는 계단 중 많은 것은 당신 앎을 활성화하여 더 강하게 하고, 당신 내면에서 더욱 현존하게 할 것이다. 또한 우주에서 당신의 참된 관계에 대한 태곳적 기억과 이곳에서 당신 목적의 의미를 당신 내면에 떠오르게 해줄 것이다. 그러므로 우리는 일련의 수업을 시작할 것이다. 당신은 이 수업을 이해할 수 없겠지만, 꼭 참여해야 한다. 당신은 지금 삶의 신비 속으로 들어가고 있다. 삶의 신비는 당신 삶의 모든 가능성을 담고 있다.

오늘 내내 이 수업을 잊지 말라. 정각마다, 오늘의 말을 반복하라. 두 차례 깊은 연습 시간에는 고요와 평화 속으로 들어가라. 당신 삶의 신비가 당신에게 모습을 드러낼 수 있도록 삶의 신비 속으로 들어가라.

왜냐하면 모든 의미·목적·방향은 당신의 기원과 운명에서 나오기 때문이다. 당신은 이 세상에 방문자이므로, 이곳의 참여에서 저세상에 있는 큰 삶의 모습을 보여주어야 한다. 그럼으로써 세상은 축복받고 실현된다. 그럼으로써 당신은 자신을 배반하지 않을 것이다. 왜냐하면 당신은 큰 삶에서 태어났고, 당신에게 이것을 생각나게 하려고 앎이 당신과 함께 살고 있기 때문이다.

연습 295: *30분 연습 두 차례 & 시간연습*

제 296계단

낫시 노바레 코람

오늘 말하는 이 고향의 언어는 앎을 자극할 것이다. 이 말의 의미는 "신의 교사들의 현존이 지금 나와 함께 있다."라고 번역될 수 있다. 이것은 이 말이 단순하게 번역된 것이지만, 이 말에 담긴 힘은 드러난 의미보다 훨씬 더 크다. 당신은 이 말을 듣고 내면에서 깊이 응답할 수 있다. 그것은 이 말이 어떤 행성에도 기원을 두지 않은 고향의 언어로써, 앎을 부르는 기도이기 때문이다. 이 언어는 앎의 언어에 해당한다. 그리고 언어를 쓰고, 의사소통을 위해 여전히 언어가 필요한 이들 모두를 돕는다.

어제 수업을 기억하면서, 이 말이 어디에 기원을 두었는지, 또 어떤 과정을 통해 도움을 주는지 이해하려 하지 말고, 그냥 그 선물을 받아들이는 자가 되라. 정각마다, 오늘의 기도를 암송하라. 두 차례 깊은 연습시간에는 이 기도를 반복하고 나서, 고요와 침묵 속으로 들어가 이 말의 힘을 느껴보라. 내면의 앎으로 깊이 들어가는 데 이 말이 당신을 돕게 하라. 각각의 긴 연습이 끝나고, 다시 행동의 세계, 형상의 세계로 되돌아오면, 또다시 이 기도를 암송하고, 삶의 신비 속으로 들어가고 있는 것에 감사하라. 당신의 고향이 당신과 함께 이 세상에 온 것에 감사하라.

연습 296: *30분 연습 두 차례 & 시간연습*

제 297계단

노브레 노브레 코메이 나 베라 테 노브레

오늘 기도는 당신 마음속에서 고요가 갖는 힘과 당신 마음속의 고요가 세상에 미치는 힘에 대해 말한다. 정각마다, 깊은 경외심으로 이 기도를 암송하라. 삶의 신비가 당신 앞에 지금 펼쳐지는 것을 허용하라. 그래서 당신이 그 신비를 볼 수 있게 하고, 세상에서 모험할 때 그 신비를 지닐 수 있게 하라.

두 차례 깊은 연습 시간에는 오늘 기도를 반복하고, 연습에 온전히 자신을 내주면서 고요 속으로 다시 깊이 들어가라. 명상이 끝나면 오늘의 말을 다시 한번 반복하라. 이렇게 기도를 반복하면서, 지금 당신과 함께 있는 현존을 느껴보라. 왜냐하면 당신이 세상 속에 머무르는 동안, 당신 고향도 당신과 함께 있기 때문이다. 그래서 오늘의 말과 함께 당신 고향에 대한 태곳적 기억이 되살아나고, 당신이 지금까지 쭉 진화하면서 회복한 참된 관계들의 기억이 모두 되살아난다. 왜냐하면 고요 속에서, 모든 것을 알 수 있고, 알 수 있는 모든 것이 당신에게 그 모습을 드러낼 것이기 때문이다.

연습 297: *30분 연습 두 차례 & 시간연습*

제 298계단

매브란 매브란 코내이 매브란

───────────

오늘 기도는 큰 공동체에서 당신과 함께 앎을 연습하는 이들을 불러들인다. 그래서 그들이 행한 것이나 크게 이룬 업적에서 오는 힘이 앎의 학생으로서 당신이 시도하고 연습하는 것을 모두 빛나게 한다. 오늘 기도는 우주에서 앎의 회복에 참여하는 모든 마음과 당신 마음을 결합하게 한다. 왜냐하면 당신은 지구 시민이면서 동시에 큰 공동체 시민이기 때문이다. 신은 모든 곳에서 일하므로, 당신은 지구 안팎 모두에 있는 큰일의 일부분이다. 그래서 참된 종교는 앎의 회복이다. 참된 종교는 각각의 세계, 각각의 문화에서 자신의 표현을 찾으며, 거기에서 자신의 상징과 의식儀式을 갖지만, 그 본질은 전 우주적이다.

정각마다, 오늘 기도를 반복하라. 그리고 이 기도를 하면서, 이때 받는 영향을 잠시 느껴보라. 당신은 오늘 모든 상황에서 이렇게 연습할 수 있음을 알 것이며, 이 연습에서 당신 안에 지닌 고향과 앎의 영향력이 생각날 것이다. 깊은 연습 시간에는 이 기도를 반복하고 나서, 고요와 겸허 속에 있는 앎의 성소로 들어가라. 연습을 마치고 나면 다시 이 기도를 반복하라. 인간의 제한된 관점을 넘어선 것과 당신 마음이 결합하게 하라. 왜냐하면 앎은 지구 안팎의 큰 삶을 모두 말하기 때문이다. 당신이 지금 수용해야 하는 것이 바로 이 큰 삶이다. 당신이 지금 받아들여야 하는 것이 바로 이 큰 삶이다. 왜냐하면 당신은 앎의 학생이기 때문이다. 앎은 세상보다 더 크지만, 세상에 봉사하기 위해 왔다.

연습 298: *30분 연습 두 차례 & 시간연습*

제 299 계단

노메 노메 코노 나 베라 테 노메

오늘 기도는 다른 이들이 앎을 회복하는 데 기울인 노력의 힘을 또다시 불러 당신이 앎을 회복하는 데 돕는다. 이 기도는 당신이 지금 하는 일의 힘과 당신이 삶에 온전히 포함됨을 다시 한번 확인하는 것이다. 이 기도는 큰 맥락에서 진실을 단언하며, 수 세기 동안 당신이 쓰지 않았으나, 마음속에서 깊이 공명함으로써 친숙해질 말로 진실을 단언한다.

정각마다, 오늘 기도를 반복하고 나서 잠깐, 기도에서 오는 효과를 느껴보라. 두 차례 긴 연습 시간에는 이 기도로 연습을 시작하고, 이 기도로 마무리하라. 삶의 신비 속으로 들어가라. 왜냐하면 삶의 신비는 당신 삶 속에서 모든 의미의 원천이며, 당신이 지금 찾는 것이 바로 이 의미이기 때문이다.

연습 299: *30분 연습 두 차례 & 시간연습*

제 300 계단

오늘 나는 나의 영적 가족에 속한 이들을
모두 받아들인다.

당신의 영적 가족에 속한 이들을 받아들이라. 그들은 당신을 안내하고 도우며, 그들이 앎을 위해 하는 노력은 당신의 노력에 힘을 실어주고, 당신 삶에 그들이 있는 것은 앎에 봉사하는 데 참된 공동체가 존재한다는 확인이다. 그들의 현실을 받아들여, 당신의 현실을 분명히 밝히고, 고립에서 오는 모든 어둠과 개체성에 있는 모든 나약함을 몰아내라. 그리하여 당신의 개체성이 참된 공헌의 힘을 찾을 수 있도록 하라. 오늘 당신의 생각 속에만 머물지 말고 영적 가족의 현존 안으로 들어가라. 왜냐하면 당신은 공동체에서 태어나 지금 그 공동체 안으로 들어가기 때문이다. 삶은 공동체이며, 배제도 반대도 없는 공동체이다.

오늘 정각마다, 이 말을 기억하라. 긴 연습 시간에는 오늘 당신에게 주어진 이 메시지를 이해하고자 하는 데 마음을 적극 쓰라. 영적 가족이 정말 무엇을 의미하는지 이해하려고 하라. 그 가족이 당신에게 내재되어 있다는 것을 이해하려고 하라. 당신은 그 가족을 선택한 것이 아니며, 그저 그 가족에서 태어났을 뿐이다. 그 가족은 앎 안에서 지금까지 당신이 이룬 성과를 나타낸다. 앎 안에서 이룬 성과란 모두 관계 회복을 말하며, 영적 가족이란 당신이 신에게로 복귀하는 데 지금까지 회복한 관계들을 말한다.

이것은 당신의 이해 범주를 넘어서겠지만, 당신 앎은 오늘 메시지와 최근 며칠간 연습한 기도에 공명할 것이다. 앎은 당신이 알아야 할 것과 해야 할 것을 밝혀줄 것이다. 이해할 수 없는 것을 이해하려고 하는 것은 당신이 할 일이 아니다. 그러나 당신 삶의 신비에서, 그리고 당신 삶 속에 있는 신의 힘에서 당신에게 전달되는 메시지에 응답하는 책임은 당신에게 있다.

당신은 영적 가족의 일원이다. 당신은 체험을 통해, 즉 삶에서 당신의 참여를 확인해줄 체험, 봉사하기 위해 이곳에 온 큰 목적을 확인해줄 체험을 통해 이것을 받아들인다.

연습 300: *30분 연습 두 차례 & 시간연습*

제 301계단

나는 오늘 불안에 빠지지 않을 것이다.

오늘 당신 마음을 사로잡는 불안에 빠지는 습관을 들이지 말라. 당신이 큰 목적의식을 가지고 지금 큰 삶으로 들어가고 있음을 받아들이라. 내면에 있는 앎의 확실성과 당신의 참된 관계에 대한 앎의 확인에 자신이 의지하는 것을 허용하라. 오늘 평화로이 있으라. 세상 속으로 들어갈 때, 고요가 당신과 함께 있는 것을 허용하라.

정각마다, 오늘의 말을 되풀이하라. 깊은 연습에서는, 이 말을 기도로 사용하여 명상을 시작하고 또 마무리하라. 명상에서 자신이 고요히 있는 것을 허용하라. 오늘 불확실성에 사로잡히지 말라. 불안 속에 당신이 휩싸이지 않게 하라. 당신은 앎과 함께 있으며, 앎은 세상에 있는 모든 확실성의 근원이다. 당신은 앎과 함께 있으며, 지금 자신을 위해 확실성을 회복하는 법을 배우고 있는 당신에게, 앎이 그 영향력과 선물을 펼치도록 허용하고 있다. 오늘 하루가 당신이 학생임을 확인하는 날이 되게 하라. 오늘 하루가 앎을 표현하는 날이 되게 하라.

연습 301: *30분 연습 두 차례 & 시간연습*

제 302 계단

나는 오늘 세상에 저항하지 않을 것이다.

세상은 당신이 봉사하러 온 곳이니, 세상에 저항하지 말라. 당신이 앎의 매개체가 되는 법을 배우면, 세상은 앎이 그 자신을 표현하는 곳이 된다. 세상이 지금 모습 그대로 있는 것을 허용하라. 세상을 비난하지 않으면, 당신이 세상에 머물기가 훨씬 더 쉬워지고, 세상 자원을 활용하고 세상이 주는 기회를 인식하기가 훨씬 더 쉬워진다.

세상에 저항하지 말라. 왜냐하면 당신은 저세상에서 왔기 때문이다. 세상은 당신에게 더 이상 감옥이 아니라, 당신이 공헌할 곳이다. 과거에 당신이 세상에 적응하기가 얼마나 힘들었든, 또 세상에 머물기가 얼마나 어려웠든, 당신은 지금 새로운 눈으로 세상을 바라보고 있다. 당신은 지금까지 앎을 대체하려고 세상을 추구했으나, 지금은 앎이 근원에서 당신에게 주어지고 있음을 깨닫고 있다. 그래서 당신은 세상을 더 이상 앎의 대용으로 쓰지 않으며, 세상은 이제 당신이 앎의 영향력을 표현할 수 있는 캔버스가 될 수 있다. 그래서 세상은 당신 삶에 마땅히 있는 것이 된다. 이런 이유로 오늘 당신은 세상에 저항할 필요가 없다.

오늘 하루 세상을 살아가면서 정각마다 이 말을 기억하고, 당신이 어떤 상황에 있든, 그 순간에 현존하라. 앎이 당신을 위해 그 영향력을 행사하고 안내할 수 있도록 당신의 내적 삶이 고요해지는 것을 받아들이라. 오늘 앎의 확실성을 지니라. 이 확실성은 당신 혼자서 만들거나 고안해낸 것이 아니다. 이 확실성은 항상 당신과 함께 있으며, 혼란스러울 때조차 당신과 함께 있다.

오늘 세상에 저항하지 말라. 왜냐하면 앎이 당신과 함께 있기 때문이다. 긴 연습 시간에는 명상의 시작과 끝 모두에서 이 말을 기억하라. 명상시간에 세상에서 빠져나와 고요의 성소로 들어가라. 당신이 고요의 성소에 깊이 들어가면 들어갈수록, 세상에 머물기가 점점 더 쉬워질 것이다. 왜냐하면 당신이 세상을 고향의 대용으로 쓰려 하지 않을 것이기 때문이다. 이때 세상이 당신에게 유익하게 되고, 당신이 세상에 유익하게 된다.

연습 302: *30분 연습 두 차례 & 시간연습*

제 303계단

나는 오늘 세상의 설득에서 한 걸음 물러설 것이다.

세상의 설득에서 한 걸음 물러서라. 확실한 것과 혼란스러운 것을 분간하라. 헌신적인 것과 양가적인 것을 분간하라. 세상의 좌절과 혼란에서 오는 힘에 압도당하지 말고, 가슴속에 있는 신의 빛을 붙잡으라. 당신이 세상을 헤쳐 나갈 때, 그 빛이 당신 안에서 계속 불타게 하라. 그러면 당신은 앎과 함께 머물고 있으니, 상처나 영향을 받지 않고 세상을 헤쳐 나가게 된다. 앎과 함께 있지 않으면, 당신은 광분하는 세상 속에 바로 휩쓸려 버릴 것이고, 세상에서 유혹하는 것들이나 정신없이 추구하는 것들에 휩쓸려 버릴 것이다.

오늘 당신은 앎과 함께 머물고 있으니, 세상의 설득에서 자유롭다. 정각마다, 오늘의 말을 반복하고, 이 말이 내적 균형과 자아감각, 확실성을 유지하는 데 얼마나 중요한지 자각하라. 또한 오늘의 말이 내면에서 고요가 생생히 살아 있게 하는 데 얼마나 중요한지 깨달으라. 그리하여 오늘 깊은 명상에서 다시 고요를 연습할 때, 이 명상이 당신의 모든 활동에 영향력을 미치고 결실을 맺을 수 있게 하라. 왜냐하면 이것이 명상의 목적이기 때문이다.

세상의 설득을 자각하고 한 걸음 물러서라. 당신이 해야 하는 것이 바로 이것이다. 왜냐하면 이때 당신이 결정권을 갖기 때문이다. 일단 당신이 세상의 설득을 알아차려 앎이 얼마나 중요한지 깨달으면, 결정권을 가질 수 있다. 그럼으로써 당신은 자신을 위해 그 결정권을 행사할 수 있다. 이때 세상은 당신에게 권리를 주장하지 않을 것이며, 당신은 세상에서 어떤 선한 세력이 될 것이다. 왜냐하면 이것이 당신의 목적이기 때문이다.

깊은 명상 연습에서, 준비하는 기도로 오늘의 말을 쓰라. 앎의 성소에서 원기를 회복하고 생기를 되찾을 수 있도록 고요와 침묵 속에서 그 성소로 들어가라. 당신 내면에서 일어나는 갈등, 세상에서 맹위를 떨치는 갈등에서 빠져나와 성소에서 잠깐 휴식을 취하라. 성소에서 되돌아올 때, 세상의 혼란에 마음을 빼앗기지 않겠다고 다짐하고, 세상의 설득에 먹잇감이 되지 않겠다고 다짐하라. 그러면 당신이 지금 받아들이는 법을 배우고 있는 안전을 당신 주변 세상으로 가져갈 것이다.

연습 303: *30분 연습 두 차례 & 시간연습*

제 304계단

나는 오늘 두려움의 학생이 되지 않을 것이다.

당신은 항상 학생이라는 점을 잊지 말라. 매일, 매시간, 매 순간 당신은 학생이다. 그러므로 당신이 더 세심해지는 이때, 무엇을 배울지 선택해야 한다. 그래야 당신에게 참된 선택이 주어진다. 왜냐하면 당신은 앎의 학생이 아니면, 혼란의 학생이기 때문이다. 오늘 혼란의 학생이 되지 말라. 오늘 두려움의 학생이 되지 말라. 앎과 함께하지 않을 때, 불확실성이 있고 두려움이 있기 때문이다. 앎과 함께하지 않으면, 큰 두려움과 큰 상실감을 낳는 그런 일들을 추구하게 된다.

학생으로서 당신 책임을 깨달으라. 이 책임을 깨닫고 편안히 받아들이라. 왜냐하면 이때 앎의 학생이 될 것인지, 혼란의 학생이 될 것인지, 의미 있는 선택을 하기 때문이다. 앎은 당신에게 영향을 주어 당신이 바른 선택을 할 수 있게 하고, 세상에서 확실성·목적·의미·가치를 주는 것을 선택할 수 있게 할 것이다. 그러면 당신은 세상에서 앎의 세력이 되어 중압감에 고생하는 모든 이들의 마음에서 혼란·어둠·두려움을 몰아낼 수 있다.

두려움의 학생이 되지 말라. 정각마다, 세상의 대단한 설득과 세상의 혼란을 인식하고, 세상의 압박을 느끼는 모든 이들에게 세상이 주는 어두운 영향을 인식하면서, 두려움의 학생이 되지 않겠다고 다짐하라. 세상 속에서 자유로운 혼이 되라. 가슴속에 사랑의 보석을 간직하라. 가슴속에 앎의 빛을 간직하라. 오늘 두 차례 깊은 명상으로 되돌아 갈 때, 당신의 성소 안에 있는 고요와 침묵 속으로 들어갈 수 있도록 오늘의 말을 반복하라. 앎 안에서 원기를 회복하여 생기를 되찾으라. 왜냐하면 앎은 당신이 지닌 큰 빛이기 때문이다. 당신이 앎의 현존 안에 깊이 들어가면 갈수록, 앎은 당신에게 그 빛을 더욱더 발할 것이고, 당신에게, 또 당신을 통해 세상에 더욱더 많은 빛을 비출 것이다.

연습 304: *30분 연습 두 차례 & 시간연습*

제 305 계단

나는 오늘 사랑의 힘을 느낀다.

세상의 설득에 넘어가지 않으면, 당신은 사랑의 힘을 느낄 것이다. 또한 세상의 양가성에 빠지지 않으면, 사랑의 힘을 느낄 것이다. 당신이 앎과 함께 있으면, 사랑의 힘을 느낄 것이다. 이것은 당신에게 자연스러운 일이며, 당신의 존재나 본성에도 자연스럽고, 당신과 함께 이곳에 머무는 이들 모두의 본성에도 자연스러운 일이다. 그러므로 당신이 앎의 학생으로서 더 깊어지면, 사랑의 체험도 더 깊어질 것이다.

앎과 사랑은 하나이니, 오늘 당신 삶에 사랑이 있게 하라. 오늘 이 사랑을 받아들이는 자가 되라. 왜냐하면 그럼으로써 당신은 존중받게 되고, 당신의 무가치감은 사라지기 때문이다. 정각마다, 사랑의 힘을 받아들이고, 참된 받아들임을 연습하는 깊은 명상에서도 이 사랑의 힘을 받아들이라.

앎이 당신에게 사랑의 본질을 드러내는 것을 허용하라. 앎을 향한 당신 사랑이 당신에게 앎을 가져오는 것을 허용하라. 왜냐하면 앎은 당신을 자기 자신으로 사랑하기 때문이고, 당신이 앎을 당신 자신으로 사랑하는 법을 배울 때, 삶에서 분리감이 사라질 것이기 때문이다. 그러면 당신은 세상에서 공헌자로 준비될 것이다. 왜냐하면 이때 당신은 받은 것을 오직 공헌하기만 바라기 때문이다. 그러면 당신은 사랑이라는 선물인 앎이라는 선물과 어떤 방식으로든 견줄 수 있는 선물은 어디에도 없다는 것을 깨달을 것이다. 당신이 온 정성을 다하여 세상에 주려는 것이 바로 이 사랑이라는 선물이다. 이때 교사들이 당신에게 더욱 적극적이 될 것이다. 왜냐하면 교사들은 이 선물을 효과적으로 공헌하도록 당신을 준비시켜, 당신이 세상에서 자신의 운명을 완수할 수 있도록 할 것이기 때문이다.

연습 305: *30분 연습 두 차례 & 시간연습*

제 306계단

나는 오늘 앎 안에서 휴식을 취할 것이다.

앎 안에서 당신은 세상으로부터 휴식을 찾을 것이며, 앎 안에서 위안과 확신을 찾을 것이다. 앎 안에 삶의 가장 참된 것이 모두 당신과 함께 있을 것이다. 왜냐하면 그리스도와 붓다는 앎 안에서 하나이기 때문이다. 앎 안에서 위대한 영적 특사들의 위대한 성취가 모두 결합하여 당신에게 드러나게 될 것이다. 이때 그들의 약속이 실현된다. 왜냐하면 그들은 이 목적을 위해 그들 자신을 바쳤기 때문이다. 그러므로 당신이 오늘 받아들이는 앎은 그들이 베푼 산물이다. 왜냐하면 앎이 당신을 위해 세상에서 살아 유지되어 왔기 때문이다. 앎을 받아들여 공헌한 이들 덕분에 앎은 살아 유지되어 왔다. 그래서 그들 삶이 당신 삶에 기반을 마련해주고, 그들 베풂이 당신 베풂에 기반을 마련해준다. 또한 그들이 앎을 받아들인 것은 당신이 앎을 더 깊이 받아들이는 데 힘을 준다.

모든 참된 영적 가르침의 목적은 앎을 체험하고 발현하기 위한 것이다. 그럼으로써 그 가르침이 가장 단순한 선물에서 가장 큰 선물까지, 가장 일상적인 행동에서 가장 비범한 행동까지 스며들 수 있다. 앎을 연습하는 당신에게는 위대한 동행이 있다. 당신은 그리스도와 붓다의 선물을 받는다. 당신은 앎을 깨달은 모든 진정한 영적 특사들의 선물을 받는다. 그래서 앎이 세상에서 살아 있도록 하는 큰 목적을 당신이 수행할 때, 오늘 당신의 참여에 힘과 기반이 생긴다.

오늘 시간연습에서, 또 두 차례 깊은 명상 연습에서, 지금 당신 내면에 사는 앎 안에서 휴식을 취하라.

연습 306: *30분 연습 두 차례 & 시간연습*

제 807계단

앎은 지금 내 안에 살고 있다.

앎은 당신 내면에 살고 있으며, 당신은 앎과 함께 사는 법을 배우고 있다. 그래서 지금까지 항상 당신 삶이었고, 앞으로도 항상 당신 삶이 될 것을 깨닫게 될 때, 모든 어둠과 환상이 당신 마음에서 사라진다. 당신이 참존재의 불변성을 깨달으면, 변하는 세상에서 당신의 참존재가 어떻게 자신을 표현하고자 하는지 깨달을 것이다. 앎은 마음보다 더 크고, 몸보다 더 크며, 당신이 자신이라고 규정한 것보다 더 크다. 앎은 변하지 않지만, 그 표현은 끊임없이 변한다. 앎은 두려움·의심·파멸을 넘어서 당신 내면에 있다. 그러니 앎과 함께 있는 법을 배우면, 앎의 모든 특질은 당신의 것이 될 것이다.

세상이 줄 수 있는 것 중에 앎의 특질과 비교할 수 있는 것은 결코 없다. 왜냐하면 세상이 주는 선물은 모두 일시적이고 덧없기 때문이다. 당신이 그 선물을 귀하게 여기면, 잃지 않을까 하는 두려움이 커질 것이다. 또 그 선물에 집착하면, 죽음과 파멸의 불안이 커질 것이고, 다시 혼란과 좌절에 빠질 것이다. 그러나 앎과 함께 있으면, 세상의 것들과 동일시하지 않고도 세상의 것들을 소유할 수 있다. 당신은 필요에 따라 세상의 것들을 받아들일 수도 있고 내려놓을 수도 있다. 그때 세상의 큰 불안은 당신에게 영향을 주지 못하겠지만, 당신이 지닌 앎의 힘은 세상에 영향을 줄 것이다. 이런 식으로, 세상이 당신에게 영향을 주기보다는 당신이 세상에 영향을 줄 것이다. 그럼으로써 당신은 세상에 공헌자가 될 것이다. 그럼으로써 세상은 축복받을 것이다.

깊은 연습인 고요의 시간에 앎 안에서 원기를 회복하라. 오늘 정각마다, 당신이 지닌 앎의 힘을 상기하라. 어떠한 의심이나 불확실성에도 넘어가지 말라. 왜냐하면 이때 의심이나 불확실성은 전적으로 부자연스러운 것이기 때문이다. 당신은 지금 자연스러워지는 법을 배우고 있다. 왜냐하면 당신 자신이 되는 것보다 더 자연스러운 일이 없으며, 앎보다 더 당신 자신인 것이 없기 때문이다.

연습 307: *30분 연습 두 차례 & 시간연습*

제 308계단

복 습

오늘 긴 연습 시간에는 우리가 전에 가르쳐준 대로 지난 두 주간 연습한 것을 복습하라. 오늘 복습시간은 매우 중요하다. 왜냐하면 당신은 여기서 알려준 기도를 되새겨볼 것이고, 앎의 학생으로서 당신이 하고 있는 일의 영향력도 되돌아볼 것이기 때문이다. 지난 두 주간 겪은 것에서, 앎에 대한 당신의 두려움을 알아차리라. 또한 삶의 신비에 대한 당신의 두려움을 알아차리라. 혹시 다시 착각과 상상의 세계로 되돌아가려고 하지는 않았는지 보라. 배움에서 이러한 대조는 당신이 이해하는 데 매우 중요한 것임을 자각하라.

객관성과 연민을 가지고 이것을 복습하라. 당신이 삶에 대해 가진 양가성을 깨달아야 한다는 것을 알라. 그리고 당신이 앎에 점점 더 가까이 다가갈 때, 그 양가성은 점점 더 약한 영향력으로 끊임없이 표현할 것임을 알라. 앎은 삶의 본질인 삶 자체임을 기억하라. 앎은 변하지 않지만, 끊임없이 변화를 통해 자신을 표현한다. 앎을 체험하려면, 당신은 앎의 학생으로서 더 깊이 참여해야 하고, 당신이 가정한 것에 의존하지 않도록 앎의 초보 학생임을 잊지 말아야 한다. 당신은 교육과정을 받아들여야 하고, 교육과정을 적용하는 데 안내받아야 한다. 그럼으로써 잘못 적용하거나 잘못 해석할 위험이 없어질 것이고, 따라서 잘못할 위험이 없어질 것이다.

이 복습은 매우 중요하다. 왜냐하면 당신은 지금 앎의 학생으로서 참여하는 데 큰 전환점에 이르렀기 때문이다. 앎은 이제 영향력을 갖기 시작했으며, 당신은 그 힘을 느끼기 시작했다. 또한 앎이 당신에게 절대적으로 중요하다는 것을 깨닫기 시작했다. 과거에 부분적으로 삶과 함께 했던 당신은 이제 삶이 당신과 온전히 함께한다는 것을 깨닫고 있으며, 당신이 온전히 삶과 함께하는 것이 삶에 필요할 것임을 깨닫고 있다. 이것이 바로 당신의 구원이고 복원이다. 왜냐하면 이때 분리·두려움·괴로움이 모두 사라지기 때문이다. 그런 선물을 받는데 도대체 당신이 무엇을 잃을 수 있겠는가? 잃을 것이라곤 당신을 끊임없이 괴롭히고 겁주고 위협하는 당신의 상상뿐이다. 그러나 당신의 상상마저도 앎과 함께 있으면, 큰 목적에 쓰일 것이다. 왜냐하면 상상은 다른 방식으로 당신을 돕게 되어 있기 때문이다.

아주 진지하고 성실하게 이 복습을 해나가라. 시간이 얼마나 걸리든 개의치 말라. 당신은 지금 이 복습을 하는 것보다 더 시간을 잘 쓸 수는 없다. 내면에서 앎이 깊어지는 것을 볼 수 있도록 지난 두 주를 되돌아보라. 훗날 다른 사람들이 그들 자신을 위해 앎을 회복할 때, 당신은 그들을 도우려면 이런 것을 이해해야 할 것이다.

연습 308: *긴 연습 한 차례*

제 309계단

내가 보는 이 세상은
단일 공동체가 되려고 하고 있다.

당신이 보는 이 세상은 단일 공동체가 되려고 하고 있다. 왜냐하면 이것이 세상의 진화이기 때문이다. 세상이 분열되어 있으면, 어떻게 진화할 수 있겠는가? 인류가 서로 적대하면, 어떻게 진보할 수 있겠는가? 인류가 파벌 싸움을 하면, 어떻게 세상이 평화로울 수 있겠는가? 당신이 보는 세상은 당신 내면에서 체험하는 마음—자신과 싸우지만 거기에는 목적도 의미도 없는 그런 마음과 같다. 당신이 보는 세상은 단일 공동체가 되려고 하고 있다. 왜냐하면 지적 생명체가 진화한 행성은 모두 단일 공동체가 되어야 하기 때문이다.

단일 공동체가 언제, 어떻게 달성될지는 당신의 현재 이해범주를 벗어날 것이다. 하지만 판단 없이 세상을 바라보면, 당신은 사람들에게 저마다 합류하려는 열망이 있고, 분리가 종식되기를 바라는 소망이 있음을 알 것이다. 세상의 절박한 문제들은 단지 세상의 곤경을 예시하여, 세상에 단일 공동체를 만들어야 한다고 요청하는 것일 뿐이다. 이것은 당신이 단순히 보기만 하면, 아주 분명하다. 당신이 앎의 학생으로서 통합된 한 사람이 되어 내부 상처를 모두 치유하고 있는 것처럼, 세상도 통합된 한 세상이 되어 세상의 모든 상처, 모든 내적 갈등과 분열을 치유하려고 하고 있다. 왜 그러는가? 그것은 앎이 세상에 있기 때문이다.

당신이 내면에 있는 앎을 찾을 때, 사람마다 내면에 앎이 잠재되어 있음을 기억하라. 또한 이렇게 잠재되어 있을 때조차 앎은 그 영향을 주고, 자신이 가는 방향을 확장하고 있음을 기억하라. 세상 역시 앎을 담고 있다. 세상은 당신이 보는 당신 자신을 더 크게 표현한 것이다. 그래서 당신이 앎의 학생이 되어 당신의 준비 과정을 객관적으로 볼 수 있을 때, 세상 진화의 진짜 모습을 보기 시작할 것이다. 이때 당신의 관점은 개인적 선호나 두려움으로 왜곡되지 않을 것이다. 왜냐하면 세상의 진화가 당신에게 분명할 것이기 때문이다. 세상의 제약이 없는 곳에서 보는 교사들에게는 세상의 진화가 분명하다. 하지만 세상 안에 있으면서 세상의 영향을 받으며 세상의 의심과 불확실성을 공유하는 당신도 이러한 제약 없이 세상 보는 법을 배워야 한다.

세상은 단일 공동체가 되려고 하고 있다. 정각마다, 이것을 상기하라. 두 차례 깊은 연습 시간에는 오늘의 말을 이해하려고 하는 데 마음을 적극 쓰라. 세상에 어떤 문제들이 있으며, 그 문제들에 필요한 해결책이 무엇인지 생각해보라. 세상에 어떤 갈등들이 있으며, 그 갈등들을 해소하는 방안이 무엇인지 생각해보라. 만약 어떤 개인이나 단체가 이 해결책과 해소 방안에 반대하면, 그들은 세상과 전쟁을 벌이거나 서로 싸울 것임을 깨달으라. 세상에서 일어나는 투쟁은 그저 분리를 지속하려는 시도일 뿐이다. 그러나 세상은 단일 공동체가 되려고 시도하고 있다. 이러한 시도에 저항이 있다 하더라도, 세상은 거기에 상관하지 않고 집요하게 단일 공동체가 되려고 할 것이다. 왜냐하면 이것이 세상의 진화이기 때문이다. 이것은 이곳에 거주하는 모든 이들의 진정한 소망이다. 왜냐하면 모든 분리는 종식되어야 하고, 모든 공헌은 베풀어져야 하기 때문이다. 이것이 당신의 목적이고, 이곳에 온 모든 이들의 목적이다.

당신은 부름받았으며, 당신의 유일한 참목적에 지금 응답하고 있음을 기억하라. 때가 되면 다른 이들도 부름받을 것이고, 또 응답할 것이다. 이것은 필연이다. 당신은 필연적인 일을 하고 있으며, 이 일을 하는 데는 많은 시간이 들고 많은 계단을 밟아야 할 것이다. 앎은 당신의 근원이자, 그 결과이다. 그러므로 당신이 하는 일의 최종 결과를 확신해도 된다. 세상이 그 준비 과정과 어려움 속에서 어떻게 나아가든 상관없이, 세상은 이 유일한 참된 목표를 성취할 것이 틀림없다. 그러므로 당신은 확신을 가지고 나아갈 수 있다.

긴 묵상에서 오늘의 말을 꿰뚫어보려고 노력하라. 쉽게 흡족해하지 말고, 당신 마음이 원래 쓰이도록 되어 있는 대로 마음을 적극 쓰라. 세상이 단일 공동체가 되는 것에 대해 당신이 지닌 양가성을 알아보려고 노력하라. 또한 여기에 당신의 두려움이나 불안을 알아보려고 노력하라. 단일 공동체에 대한 당신의 소망과 그 필요성에 관한 당신의 이해 또한 알아보려고 노력하라. 일단 당신이 오늘의 말을 어떻게 생각하고 느끼는지 그 목록을 작성해보면, 세상이 왜 지금 같은 곤경에 처해 있는지 더 깊이 이해할 것이다. 세상은 따라야 할 어떤 운명과 과정이 있지만, 세상은 여전히 모든 것에 양가적이다. 그래서 당신이 지금 양가성을 내려놓는 법을 배우듯이 세상 자체도 양가성을 내려놓아야 하며, 당신은 성취를 통해 세상이 이 큰일을 해내는 데 도울 것이다. 왜냐하면 이것이 세상에 당신이 할 공헌이기 때문이다.

연습 309: *30분 연습 두 차례 & 시간연습*

제 310계단

나는 베풀기를 원하므로 자유롭다.

세상에 당신의 진정한 선물을 베푸는 것으로, 당신의 자유는 실현될 것이고, 완성될 것이며, 영원히 복원될 것이다. 당신은 지금 베푸는 데 자신을 바치고 있으며, 본질적으로 당신 선물이 무엇이고 베푸는 자로서의 책임이 무엇인지를 배우고 있다. 그럼으로써 자신의 자유를 위해 발판을 다지고 있고, 세상 속에서 그 자유를 굳게 지키고 있다. 세상이 당신의 가치관을 수용하지 않는다고 실망하지 말라. 또한 세상이 당신과 함께 참여하지 않는다고 낙담하지 말라. 왜냐하면 세상 안팎에서 당신처럼 이런 준비를 하고 있는 이들이 많기 때문이다. 또한 당신이 지금 준비하는 것을 이미 성취한 사람도 많으며, 그들은 지금 온 정성을 다해 세상에 봉사한다.

그래서 당신은 큰 학습 공동체의 일원이다. 당신이 지금 배우고 있는 것은 세상 모든 이들이 결국 배워야 한다. 왜냐하면 모두가 앎을 회복해야 하고, 이것이 신의 뜻이기 때문이다. 우리는 지금 앎을 회복하는 데 걸리는 시간과 도중에 만나게 될 어려움을 최소화하려고 하고 있다. 하지만 진화는 여전히 개개인 안에서는 물론 인류 안에서도 그 과정을 거쳐야 한다는 것을 우리는 안다. 그래서 앎은 생명체의 참된 진화를 돕기 위해 자신을 확장하여 생명체가 그 자신을 자각하고 실현할 수 있도록 한다. 이런 과정은 당신에게도 계속되고, 세상에도 계속된다. 당신이 지금 앎의 학생임을 주장하고 있으니, 앎을 위해 지지를 표명할 것이다. 그러면서 당신은 점점 더 세상에서 어떤 선한 세력이 될 것이다. 양가성·혼란·갈등을 몰아내는 세력, 평화를 지지하는 세력, 확실성을 위한 세력, 참된 협조와 관계를 위한 어떤 세력이 될 것이다.

오늘 내내 정각마다, 이 말을 기억하라. 두 차례 깊은 연습 시간에는 이 말에 관해 생각해보는 데 마음을 적극 쓰라. 마음이 탐구에 유용한 도구가 되게 하라. 오늘의 말과 관련된 당신의 관념과 믿음을 모두 다시 검토해보라. 양가성이 당신에게서 여전히 어떻게 영감을 빼앗고, 의욕을 빼앗으며, 용기를 빼앗고, 관계를 빼앗는지 다시 한번 자각하라. 오늘 더욱더 양가성에서 빠져나와 당신이 물려받은 유산인 확실성을 받아들일 수 있도록 더 깊이 앎의 학생이 되고, 앎의 지지자가 되라.

연습 310: *30분 연습 두 차례 & 시간연습*

제 311계단

세상이 나를 부르고 있으니,
나는 세상에 봉사하기 위해 준비해야 한다.

당신은 세상에 봉사하러 왔지만, 봉사하려면 준비해야 한다. 당신은 자신을 준비시킬 수 없다. 왜냐하면 당신은 무엇을 준비할지 모르며, 준비 방법도 모르기 때문이다. 준비 방법은 당신에게 제공되어야 한다. 하지만 당신은 준비해야 한다는 것을 알고, 준비의 이 계단들을 따라야 한다는 것을 안다. 왜냐하면 이 부분은 이미 당신 앎 속에 있기 때문이다.

당신은 세상에 봉사하러 왔다. 이것을 거부하거나 무시하면, 당신 내면에서 혼란이 생길 것이다. 당신이 자신의 목적에 기여하지 않고 계속 살아간다면, 당신은 자신에게서 멀어지는 것처럼 느낄 것이고, 스스로 만든 상상의 어둠 속에 빠질 것이다. 당신은 자신을 비난할 것이고, 신도 당신을 비난한다고 믿을 것이다. 신은 당신을 비난하지 않는다. 신은 당신이 자신의 목적을 알아보고, 그 목적을 성취할 수 있도록 당신을 부른다.

야심에 이끌려 너무 조급하게 세상 속에 뛰어들지 말라. 당신은 앎의 학생임을 잊지 말라. 당신은 세상에서 앎을 따른다. 왜냐하면 당신은 앎이 공헌하는 데 매개체가 되고, 앎의 선물을 받아들이는 사람이 되려고, 준비하고 있기 때문이다. 이때 당신은 자제력이 있어야 할 것이고, 큰 준비 과정을 충실히 따라야 할 것이다. 학생은 지도하는 대로 따르기만 하면 되고, 지도자의 힘을 신뢰하기만 하면 된다. 이때 앎이 이것을 확인해줄 것이고, 당신의 불확실성을 몰아낼 것이다. 왜냐하면 당신의 앎은 자신의 고향인 원천으로 돌아갈 것이고, 자신이 돌아가야 할 곳으로 돌아갈 것이며, 자신이 세상에서 완수해야 할 것에 응답할 것이기 때문이다.

세상을 미워하거나, 세상에 저항하지 말라. 왜냐하면 세상은 당신이 자신의 운명을 완수할 곳이기 때문이다. 따라서 세상은 당신의 감사와 존중을 받아야 마땅하다. 하지만 세상의 혼란과 유혹에서 오는 힘 또한 무시해서는 안 된다는 것을 잊지 말라. 그러니 당신은 앎으로 강해야 한다. 그리고 비록 앎을 향한 당신의 결심을 굳건히 해준다는 점에서, 당신이 세상에 감사하더라도, 세상의 혼란에도 또한 주의하며, 분별력을 가지고 앎에 충실하면서 조심스럽게 세상에 들어가야 한다. 이러한 마음 자세들은 모두 중요하니, 우리가 앞으로 나아가면서 이것들을 당신에게 상기시켜 줄 것이다. 왜냐하면 당신이 학생으로서 지혜를 배우는 데 이 모두가 지극히 중요하기 때문이다. 우리가 길러야 하고, 당신이 받아들이는 법을 배워야 하는 것은 앎을 염원하는 당신의 소망과 앎을 받아들이는 당신의 역량, 둘 모두이다.

연습 311: *오늘 이 가르침을 세 번 읽는다.*

제 312 계단

내가 세상에서 해결해야 할
큰 문제들이 있다.

개인적인 문제 대부분은 당신이 큰 부름에 헌신할 때, 해결될 것이다. 개인적인 문제 중에 어떤 것은 특별히 다룰 필요가 있겠지만, 이때마저도 당신이 삶에서 더 큰 참여 무대로 들어감으로써, 당신에게 오는 중압감이 적어짐을 알 것이다. 앎은 당신에게 해야 하는 큰 것들을 주지만, 당신이 해내야 하는 세부적인 어떤 것도 간과하지 않는다. 그러므로 크고 작은 세부 사항들, 크고 작은 조정들이 모두 포함된다. 어떤 것도 누락되지 않는다. 당신 자신은 이 점에서 자신의 준비에 도저히 균형을 맞추지 못할 것이다. 왜냐하면 당신은 큰 것과 작은 것 사이에서 우선순위를 어떻게 정해야 하는지 모를 것이기 때문이다. 당신이 우선순위를 정하려고 하면, 그저 혼란과 좌절만 더욱더 깊어질 것이다.

그러므로 혼자서 불가능한 일을 하려고 하지 않아도 된다는 것에 감사하라. 왜냐하면 진짜가 당신에게 제공되기 때문이다. 당신이 해야 하는 것은 앎의 학생이 되고, 그 매개체가 되는 것이다. 그럼으로써 의미 있는 개인적 성장과 개인적 교육이 모두 활성화될 것이다. 이것은 당신이 지금까지 해왔던 것보다 더 많은 것을 당신에게 요구할 것이다. 그리하여 요구하는 모든 것이 채워지면, 그것이 당신에게 참된 가능성을 내줄 것이다.

시간마다 이것을 마음에 새기고, 개인적인 괴로움에서 빠져나오게 해줄 큰 포함이 이루어질 수 있다는 것에 용기를 얻으라. 오늘 깊은 연습 시간에는 마음을 적극 이용하여 당신의 개인적인 작은 문제를 모두 다시 살펴보라. 당신을 붙잡고 있다고 여겨지는 것들, 자신을 위해 해결해야 한다고 여겨지는 것들을 모두 다시 살펴보라. 객관적으로 이것들 하나하나를 부정하는 일 없이 바라볼 때, 잊지 말고, 당신에게는 큰 부름이 있어 이것들을 바로잡아주거나, 아니면 바로잡을 필요가 없도록 해준다는 것을 상기하라. 당신 삶이 통합되어 인도받을 때, 또 당신 앎이 드러나기 시작하며, 당신의 참된 자아 감각이 인식되어 받아들여지기 시작할 때, 앎이 모든 수준에서 바로잡아준다는 것을 상기하라.

연습 312: *30분 연습 두 차례 & 시간연습*

제 313계단

나는 복잡한 것이 실은 단순하다는 것을
알아차릴 것이다.

당신은 자신의 개인적 문제들이 복잡하다고 생각하고, 세상 문제들이 복잡하다고 생각하며, 당신의 미래와 운명이 복잡하다고 생각한다. 이것은 당신이 상상 속에서 살았으며, 확실성 없이 문제를 해결하려고 했기 때문이다. 또한 우주를 당신 취향대로 만들려고 자신의 개인적 믿음을 사용한 결과이고, 불가능한 것을 시도한 결과이며, 불가능한 것을 이루지 못한 결과이다.

앎이 당신과 함께 있으니, 당신은 구원받았다. 당신이 앎을 받아들이는 법을 배우고 있으니, 당신은 복원되었다. 따라서 모든 갈등은 풀릴 것이고, 당신은 세상에서 참된 목적과 의미, 방향을 찾을 것이다. 그래도 당신은 여전히 문제를 혼자 해결하려고 시도하겠지만, 그것은 당신에게 자신을 안내해줄 앎이 필요하다는 것만 상기시켜 줄 뿐이다. 왜냐하면 당신 개인이 앎 없이 할 수 있는 노력은 모두 당신에게 앎이 필요함을 상기시켜 주는 것이기 때문이다.

그러므로 오늘 정각마다, 앎이 당신과 함께 있으며, 당신이 앎의 학생이라는 것을 잊지 말라. 크든 작든, 내적인 것이든 외적인 것이든, 당신이 인지하는 문제는 모두 앎을 통해 해결될 것이라는 믿음을 가지라. 이때 당신은 결코 소극적인 상태가 되지 않는다는 점을 잊지 말라. 당신은 앎의 학생으로서 적극 참여해야 할 것이고, 참목적을 위해 당신 능력을 적극 개발해야 할 것이다. 사실, 전에는 당신이 불가능한 것을 시도했고 불가능한 것에서 실패했기 때문에 소극적이었다. 이제 당신은 적극적이 되어가고 있으며, 당신 내면에서 적극적인 것은 앎이다. 왜냐하면 당신은 이제 자신의 참자아를 받아들이고 있기 때문이다.

두 차례 긴 연습에서는, 오늘 말의 의미를 꿰뚫어보려고 하는 데 마음을 적극 이용하라. 오늘의 말과 관련해서 당신이 지금 가진 관념과 믿음을 모두 다시 살펴보라. 당신 내면에서 성취되어야 할 일을 알아볼 수 있도록 당신의 생각과 믿음들을 하나하나 적어보라. 당신은 앎을 처음 받아들이는 사람이며, 당신이 여기에서 어느 정도 이루게 되면, 앎은 당신을 통해 자연스레 흐를 것이다. 그래서 당신이 점점 주변 세상을 돕는 일에 종사할 것이고, 당신이 자신의 딜레마에서 빠져나올 수 있도록 큰 문제들이 당신에게 나타날 것이다.

연습 313: *30분 연습 두 차례 & 시간연습*

제 314 계단

오늘 나는 추종하는 것을 두려워하지 않을 것이다.

당신은 추종자이니, 추종하는 것을 두려워하지 말라. 당신은 학생이니, 학생인 것을 두려워하지 말라. 당신은 배우는 자이니, 배우는 것을 두려워하지 말라. 그저 본래 자신인 것을 받아들여 유익하게 활용하라. 그러면 자신이 아닌 다른 것이 되려고 자신과 벌인 싸움이 끝난다. 자신을 인정하는 법을 배우라. 그러면 당신이 인정받고 있음을 깨달을 것이다. 자신을 사랑하는 법을 배우라. 그러면 당신이 사랑받고 있음을 깨달을 것이다. 자신을 받아들이는 법을 배우라. 그러면 당신이 이미 받아들여졌음을 알 것이다. 어떻게 당신이 자신을 사랑하고 인정하고 받아들일 수 있는가? 앎의 학생이 되면 이 모든 일이 자연스러우므로, 앎의학생이 됨으로써 가능하다. 당신이 앎과 함께 있으려면, 이것들을 해내야 한다. 그러면 앎이 이것들을 해낼 것이다. 그래서 복잡한 딜레마처럼보이는 것을 해결하도록 단순한 수단이 당신에게 제공된다.

당신 내면에 있는 앎의 힘과 그 힘이 해낼 수 있는 것을 의심하지 말라. 왜냐하면 당신은 앎의 의미, 앎의 근원, 앎의 메커니즘을 이해할 수없기 때문이다. 당신은 그저 그 은총을 받을 수만 있다. 그래서 오늘 그은총을 받으라고 요청받을 뿐이며, 앎을 받아들이는 이가 되라고 요청받을 뿐이다.

정각마다, 이 말을 기억하고, 오늘 내내 진지하게 생각해보라. 당신마음이 환상과 혼란에서 이제 멀어지고 있으니, 오늘 연습할 많은 기회를 자각하라. 얼마나 많은 시간과 에너지를 당신이 쓸 수 있는지 자각하라. 당신은 자신의 삶이 열리는 것에 놀라고, 자신에게 드러나기 시작하는 큰 기회에 놀랄 것이다.

오늘 깊은 연습에서, 다시 고요 속으로 들어가라. 세상의 변천과 혼란에서 나와 다시 안식처를 찾으라. 자신을 내주기 위해 다시 앎의 성소로 들어가라. 이처럼 내줄 때 당신이 받는다. 이처럼 내줄 때 지금 구하는 것을 찾을 것이다.

연습 314: *30분 연습 두 차례 & 시간연습*

제 315계단

나는 오늘 혼자 있지 않을 것이다.

오늘 혼자 있지 말라. 두려움이나 부정적인 상상 속에 자신을 고립시키지 말라. 환상 속에 자신을 고립시키지 말라. 당신이 혼자라고 생각하지 말라. 그렇게 생각하는 것은 환상이다. 오늘 혼자 있지 말라. 당신과 함께 있는 이들은 당신 잘못에 현혹되거나 당신 실패에 낙담하는 것이 아니라, 당신의 참된 본성과 앎을 알아본다는 것을 알라. 오늘 당신과 함께 있는 이들은 예외 없이 당신을 사랑한다. 그들의 사랑을 받아들이라. 그러면 이때 당신이 혼자가 아니라는 것을 확실히 알 것이고, 또 혼자 있는 것을 바라지도 않음을 확실히 알 것이기 때문이다. 당신이 자신의 고통이나 패배의식, 죄책감을 감추려고만 하지 않는다면, 왜 혼자 있고 싶겠는가? 분리에서 나온 이런 것들은 당신을 더욱더 고립시킬 뿐이다.

하지만 오늘 당신은 혼자가 아니다. 그러니 혼자 있지 않는 것을 선택하라. 그러면 당신이 혼자였던 적이 없었다는 것을 알 것이다. 자신을 고립시키지 않는 것을 선택하라. 그러면 당신이 이미 삶의 일부분임을 알 것이다. 정각마다, 이것을 확인하고, 오늘 내내 이 말을 음미해볼 수 있는 많은 기회들이 있음을 다시 한번 자각하라. 깊은 명상연습에서는, 오늘의 말을 기도로 시작하라. 그런 다음, 분리가 없는 고요와 침묵 속으로 들어가라. 사랑의 큰 선물을 받아들이라. 이 선물은 당연히 당신 것이며, 분리와 상상의 삶에서 나온 찌꺼기일 뿐인, 무능하고 무가치하다는 느낌을 모두 몰아낼 것이다. 오늘 당신은 혼자가 아니다. 그래서 세상에 희망이 있다.

연습 315: *30분 연습 두 차례 & 시간연습*

제 316계단

나는 오늘 나의 가장 깊은 성향들을 신뢰할 것이다.

당신의 가장 깊은 성향들은 앎에서 나온다. 당신 마음이 속박에서 해방되고, 당신에게 지금 드러나고 있는 큰 부름에 당신 삶이 열리기 시작하므로, 당신의 깊은 성향들은 더 강력해지고 더 분명해질 것이며, 당신은 그 성향들을 더 쉽게 분별할 수 있을 것이다. 그러려면 자기신뢰가 더 깊어야 하며, 그러기 위해서는 당연히 자기사랑이 더 깊어야 할 것이다. 당신이 자신의 가장 깊은 성향들을 신뢰하고, 앎을 따르며, 앎의 학생이 되면, 당신의 자기사랑이 회복되어 세상이 흔들 수 없는 튼튼한 기반 위에 자리잡을 것이다.

이때 당신은 자신의 눈으로 복원되는 것을 본다. 이때 당신이 삶과의 관계 안으로 들어가게 된다. 이때 당신의 자기사랑이 다른 사람을 향한 사랑을 낳는다. 왜냐하면 여기에는 차별이 없기 때문이다. 당신은 회복되고, 당신이 회복될 때, 앎이 세상에서 그 자신을 표현하기 시작한다. 당신이 그 첫 번째 수혜자가 되지만, 이보다 더 중요한 것은 세상에 주는 그 영향이다. 왜냐하면 당신의 베풂으로, 세상에 희망이 사라지지 않았다는 것, 세상이 혼자가 아니고 당신도 혼자가 아니며 다른 사람들도 혼자가 아니라는 것을 당신이 세상에 알려주기 때문이다. 또한 다른 사람들이 희망과 진실과 정의를 향해 느끼는 가장 깊은 성향들이 모두 기반이 없는 것이 아니라, 그들 내면에 있는 앎에서 나온 것임을 세상에 알려주기 때문이다. 따라서 당신은 세상에서 앎을 확인해주는 세력이 되고, 다른 사람들의 앎도 확인해주는 세력이 될 것이다.

정각마다, 이 말을 기억하고, 앎을 회복하는 데 오늘 마주치는 모든 상황을 활용하려고 하라. 이렇게 함으로써, 당신은 자신의 삶이 모두 연습에 쓰일 수 있음을 알 것이다. 삶이 모두 연습에 쓰일 때, 일어나는 모든 일이 당신에게 봉사할 것이며, 당신은 세상에 사랑을 느낄 것이다. 당신의 깊은 성향들은 다른 사람들의 깊은 성향들에 불을 붙이고 용기를 북돋울 것이며, 그럼으로써 당신은 세상에서 앎을 위한 세력이 될 것이다.

두 차례 깊은 명상시간에는 고요 속에서 당신 내면에 있는 앎의 사원에서 안식처를 찾으라. 이곳에서 고요히 있기를 시도하며, 그저 당신 삶에 있는 앎의 힘을 느껴보라. 질문을 가져가지 말라. 앎이 당신 내면에서 드러나면, 질문은 앎이 답해줄 것이다. 위로와 위안을 구하고, 힘과 확실성을 구하면서, 열린 마음으로 들어가라. 이 모두는 내면에 있는 앎의 본질에서 나오니, 당신은 이 모두를 체험할 것이다. 오늘 하루가 자기신뢰의 날이 되게 하여, 자기사랑의 날이 되게 하라.

연습 316: *30분 연습 두 차례 & 시간연습*

제 317계단

진실을 아는 데는 나의 양가성만 내려놓으면 된다.

진실을 진정으로 바란다면, 진실을 아는 일이 얼마나 간단한가! 양가성을 알아보기는 얼마나 쉬우며, 그 양가성이 당신 삶에 주는 파괴적인 영향을 아는 일 또한 얼마나 쉬운가! 주위 세상에서 양가성의 징표를 보는 것, 또 그 양가성이 이 세상 모든 사람의 깊은 성향들을 어떻게 해치는지 보는 것 또한 얼마나 간단한가! 그러니 양가성에서 벗어날 길을 찾으라. 왜냐하면 양가성을 갖는 것은 혼란이기 때문이다. 그러니 끊임없이 결정하고 선택해야 하는 짐에서 벗어날 길을 찾으라. 왜냐하면 그런 결정과 선택은 짐이기 때문이다.

앎을 따르는 사람은 무엇을 해야 하는지, 어떤 사람이 되어야 하는지, 자신이 누구인지, 자신의 삶이 어디로 가는지 끊임없이 따져보아야 하는 짐을 지지 않아도 된다. 왜냐하면 이런 것들은 그 단계를 거쳐야 할 때가 되면, 알게 되기 때문이다. 그래서 당신은 세상에서 지는 무거운 짐을 어깨에서 내려놓는다. 그럼으로써 당신은 자신과 세상을 신뢰하기 시작한다. 그러면 심지어 세상에서 활발히 활동하는 사람들에게도 평화가 가능하고 보장된다. 왜냐하면 그들은 내면이 고요하고 열려 있으며, 이제 짐에서 해방되어 진실로 공헌하는 자리에 있기 때문이다.

정각마다, 오늘의 수업을 상기하고, 세상을 바라보면서, 양가성이 주는 영향을 보라. 양가성이 어떻게 무력하게 만들고, 어떻게 혼란에서 생겨나 그 혼란을 조장하는지 보라. 양가성은 의미 없는 것에 가치를 두고, 의미 있는 것을 무시하려는 데서 나온 결과이다. 이때 보는 이의 판단에서, 전혀 가치 없는 것들이 진실로 가치 있는 것들과 경쟁한다. 세상을 보면서 이 점을 인식하라. 오늘 연습 없이 보내는 시간이 없게 하라. 왜냐하면 이렇게 할 때, 오늘 하루 앎의 중요성을 배울 것이며, 양가성이 세상에 주는 혼란의 저주이며, 양가성에서 빠져나와야 한다는 것을 알 것이기 때문이다.

깊은 연습 시간에는 당신의 양가성에서 빠져나와 앎의 성소로 다시 들어가라. 고요와 평화 속에 있는 이곳에서, 당신은 앎의 힘과 당신 본성의 진실을 온전히 체험할 수 있다. 오늘은 자유를 찾는 날이며, 당신의 딜레마가 무엇인지 이해하는 날이고, 딜레마에서 벗어날 길이 바로 당신 앞에 있음을 깨닫는 날이다. 오늘 당신은 양가성에서 벗어날 수 있으니, 확신을 가지고 이 계단을 밟아나가라.

연습 317: *30분 연습 두 차례 & 시간연습*

제 318계단

세상에서 일하는 큰 힘이 있다.

───────────

세상에서 일하는 큰 힘이 있다. 왜냐하면 당신 삶에서 일하는 큰 힘이 있으며, 이 큰 힘은 이곳에 사는 모든 이들의 삶에서도 일하기 때문이다. 비록 이 세상에 거주하는 대다수가 아직 앎을 회복할 준비가 되지 않았지만, 앎은 여전히 그들 안에 머물며 그들에게 영향을 준다. 그 영향은 그들에게 특정 방식으로 미칠 것이고, 그들은 다른 방식으로 그 영향을 무시할 것이다. 하지만 당신이 앎을 받아들이는 자가 되고 대변자가 되면, 또 세상에서 앎이 표현하는 데 그 매개체가 되면, 당신은 힘을 갖게 되어, 각자의 내면에 있는 앎을 받아들일 필요가 있는 이들 모두를 움직이게 할 수 있고, 그들에게 영향을 줄 수 있을 것이다. 이런 방식으로 당신이 하는 크고 작은 모든 일이 세상에 축복이 된다. 당신은 지금 자기비난을 포기하는 법과 양가성에서 빠져나오는 법을 배우고 있으므로, 세상에 삶의 불을 밝히는 당신의 내적 안내에 어떤 효능이 있는지 볼 것이다. 그래서 당신은 세상에서 큰 힘에 봉사하는 세력인 선한 세력의 일부가 된다.

세상은 심각하고도 엄청난 규모로 잘못을 표출하지만, 이 잘못은 세상에 있는 큰 힘의 현존에 의해 상쇄된다. 이 큰 힘이 없었다면, 인류는 여기까지 진화하지 못했을 것이다. 이 큰 힘이 없었다면, 직접적이든 간접적이든, 인류가 지금까지 발현된 것에서 훌륭한 모든 것, 인류에게 봉사하고 영감을 준 모든 것, 앎의 위대성을 말한 모든 것은 일어나지 않았을 것이다. 세상에 있는 이 큰 힘은 인류의 진화가 계속되도록 허용하였으며, 당신과 같은 개개인들을 통해 세상에 앎이 계속 살아 있게 하였다. 이 개개인들은 앎이 회복되고 표현되어 계속 살아 있도록, 그들 내면에 있는 앎의 불꽃을 통해, 준비하도록 부름받았다.

그러므로 희망을 가지라. 왜냐하면 큰 힘이 세상에 있기 때문이다. 하지만 큰 힘이 당신을 수동적으로 만든다고 생각하지 말라. 또한 앎을 회복하는 데 항상 동반되는 책임을 당신 어깨에서 덜어줄 것으로 생각하지 말라. 세상에 있는 이 큰 힘이 요구하는 것은 당신이 준비되어 그 힘을 받아들이고 표현하는 것이다. 당신의 음성이 큰 힘의 음성이고, 당신의 손이 큰 힘의 손이 되는 것이다. 또한 당신의 눈이 큰 힘의 눈이고, 당신의 귀가 큰 힘의 귀이며, 당신의 몸짓이 큰 힘의 몸짓이 되는 것이다. 이 큰 힘은 당신이 준비하여 실제로 표현하는 것에 의지한다. 당신이 확실성을 큰 힘에 의지하고, 목적·의미·방향을 큰 힘에 의지하는 것과 마찬가지이다. 이처럼 당신이 앎에 의지하고 또 앎이 당신에게 의지하는 것을 통해서, 앎과 당신의 결합이 완전해진다.

정각마다, 큰 힘이 세상에서 일한다는 것을 상기하라. 양가성과 잘못이 있는 세상을 바라볼 때, 이 말을 생각하라. 장엄함을 보여주고 영감을 주는 세상을 바라볼 때도, 이 말을 생각하라. 판단 없이 그냥 바라보면, 세상에서 앎의 놀라운 현존을 볼 것이다. 그럼으로써 당신은 세상을 신뢰하게 될 것이다. 왜냐하면 지금 당신은 자신을 신뢰하는 법을 배우고 있기 때문이다.

오늘 깊은 연습 시간에는 다시 당신의 성소로 들어가라. 그곳에서 세상에도 있고 당신 내면에도 있는 큰 힘에 자신을 내주라. 당신 삶에 있는 이 큰 힘을 받아들이고 체험할 수 있도록 당신 마음이 고요히 있는 것을 허용하라. 이때 당신을 받아들이는 것을 당신이 받아들이는 법을 배운다. 이때 세상을 받아들이고, 세상에 유일하게 참된 희망을 주는 것을 당신이 알아보는 법을 배운다.

연습 318: *30분 연습 두 차례 & 시간연습*

제 319 계단

큰 힘이 세상에 있는데
내가 왜 두려워해야 하는가?

두려움의 어둠 속에 빠질 때마다, 당신은 앎에서 빠져나와 상상의 어둠 속으로 들어가고 있다. 스스로 만든 두려움의 어둠 속에 빠질 때마다, 당신은 세상에 있는 큰 힘의 실재를 부정하여 큰 힘이 당신에게 주는 은총을 잃고 있다. 스스로 만든 두려움의 어둠 속으로 빠질 때마다, 당신은 세상에 만연하는 두려움의 가르침을 따르고 있다. 당신은 두려움의 학생이 되는 것을 자신에게 허용하고 있으며, 두려움에 지배받는 것을 자신에게 허용하고 있다. 이것을 자각하라. 그러면 당신은 그러지 않아도 된다는 것을 깨달을 것이며, 자신에게 배움의 방향을 바꿀 힘이 있고, 다시 참된 준비로 돌아갈 능력이 있음을 깨달을 것이다.

오늘 이것을 진지하게 생각해보라. 큰 힘이 세상에 있는데, 당신이 왜 두려워해야 하는가? 당신이 지금 받아들이는 법을 배우고 있는 이 큰 힘은 당신을 복원하는 근원이다. 당신이 이 근원을 알아보게 되고, 이 근원과 관계 맺는 법을 배울 때, 또 당신이 이 근원에 봉사하고, 이 근원이 당신에게 봉사하는 것을 당신이 허용할 때, 당신이 도대체 무엇을 잃겠는가? 앎의 근원이 당신 안에 있는데, 세상이 당신에게서 무엇을 가져갈 수 있겠는가? 앎의 근원이 세상 안에 있는데, 세상이 스스로에게 무엇을 할 수 있겠는가?

이것을 자각하려면, 당신은 세상에 온전히 참여해야 하고, 앎을 온전히 섬겨야 한다. 또한 당신은 세상에서 큰 힘의 매개체이므로, 다른 사람들에게 공헌하는 일에 온전히 참여해야 한다. 그런데 당신이 이렇게 적극 참여하면, 모든 이들이 그들 내면에 있는 앎의 빛에 깨어나는 것은 단지 시간문제라는 것도 이해하게 된다. 물론 이러는 데는 매우 긴 시간이 걸릴 수 있지만, 시간은 당신과 함께 있으니, 당신은 인내와 확신으로 나아갈 수 있다. 자기의심과 두려움이 아니라면, 무엇이 당신의 준비와 공헌을 해칠 수 있겠는가? 또 앎이 세상에 존재한다는 것을 의심하지 않는다면, 무엇이 확신과 온전한 참여로 당신이 나아가지 못하게 막을 수 있겠는가?

그러므로 오늘 두려움 속으로 들어갈 때마다, 큰 힘이 세상에 있음을 인지하는 연습을 하라. 이런 인지를 활용하여, 큰 힘이 세상에도 있고, 당신 삶에도 있음을 기억하면서, 두려움에서 빠져나오라. 정각마다, 이것에 대해 생각하라. 두 차례 깊은 명상연습에서는, 고요와 확신 속에서 세상에 있는 큰 힘을 받아들이는 당신의 성소로 다시 들어가라. 이때 당신은 두려움과 어둠에서 한발 뒤로 물러나, 진실의 빛을 향해 한발 내딛는 것이 자신의 준비에 필요함을 깨달아야 한다. 이처럼 두려움에서 빠져나와 진실을 향해 나아갈 때, 당신은 자신의 본성을 알 것이며, 당신 내면이나 세상 안에 실재하는 어떤 것도 배반하지 않을 것이다.

판단 없이 세상을 바라보고 또 판단 없이 자신을 바라볼 때, 당신은 큰 힘이 일한다는 것을 알 것이다. 이때 당신에게 행복이 찾아올 것이다. 왜냐하면 당신은 고향을 가져왔으며, 고향이 이곳 세상에도 있음을 이때 깨달을 것이기 때문이다. 그럼으로써 마음에서 두려움의 짐, 불안의 중압감, 양가성의 혼란이 걷힐 것이다. 그러면 당신은 여기 왜 왔는지 기억할 것이고, 여기 와서 베풀기로 했던 것을 공헌하는 일에 삶을 바칠 것이다. 이때 당신 삶은 포함과 행복에 관한 이야기가 될 것이고, 당신을 보는 이들도 모두 자신들이 고향에서 왔음을 기억할 것이다.

연습 319: *30분 연습 두 차례 & 시간연습*

제 320 계단

나는 세상에서 자유로이 일할 수 있다.

세상이 당신을 억압하지 않을 때, 당신은 세상에서 자유로이 일할 수 있다. 세상이 당신을 위협하지 않을 때, 당신은 세상에서 자유로이 일할 수 있다. 세상은 당신의 공헌을 요청하는 곳임을 당신이 알아차릴 때, 당신은 세상에서 자유로이 일할 수 있다. 따라서 당신 삶에서 앎의 체험이 더 깊어질수록, 당신은 세상에서 더 자유로이 일할 수 있다. 때가 되면 당신은 세상에서 일할 것이고, 당신이 하는 일은 지금까지 해왔던 그 어떤 것보다 훨씬 더 효과적이고, 더 깊이 참여하며 더 완전할 것이다. 이전에는 당신이 세상을 두려워했으며, 세상에 겁먹었고, 분노했으며, 낙담했다. 그러므로 이전에 당신이 세상에 공헌하는 데는 이런 반응들 때문에 한계가 있었다. 당신은 세상을 두려워했으므로, 세상에 있는 데 양가성을 지녔다. 어쩌면 그래서 영적인 것에서 피신처를 찾았을지도 모르지만, 당신의 참된 영적 본성은 당신을 다시 세상 속으로 이끌어 당신에게 큰 힘과 큰 확신, 큰 목적을 다시 가져다줄 것이다. 왜냐하면 당신은 세상에 있으려고 왔기 때문이다.

이것을 이해할 때, 당신은 앎의 중요성을 다시 깨달을 것이다. 그리고 당신이 세상에 얼마나 베풀고 싶은지, 또 베푸는 일이 방해받고 차단되면 얼마나 괴로운지 다시 확인할 것이다. 당신은 세상에 일하러 왔으며, 그것도 완전하게 그 일을 하여 당신이 떠날 때는 선물을 모두 베풀고 나서 떠나기를 원한다. 관계 회복 말고는 당신이 세상에서 고향으로 가져갈 수 있는 것은 아무것도 없다. 당신이 이것을 이해할 때, 세상에서 사는 것이 자유로워질 것이다.

정각마다, 오늘의 말을 반복하라. 그리고 당신이 세상 살아가는 데 여전히 얼마나 많은 양가성을 지녔든, 그 양가성은 당신이 세상에 겁먹고 세상을 두려워하는 데서 생기고 지속된다는 것을 알아차리라. 정각마다, 이것을 기억하여, 오늘 알려주는 이 큰 가르침, 당신이 세상을 살아가는 데 자유로움을 주는 이 큰 가르침을 배우도록 하라. 이때 당신이 고향을 가져온다. 이때 당신은 단순히 세상이 당신을 겁주거나 위협하거나 낙담시켰다는 이유만으로 세상에서 도망치려 하지 않을 것이다.

당신은 세상에 베풀려고 왔다. 왜냐하면 앎이 세상보다 더 크기 때문이다. 일시적으로 앎이 잊혀진 일시적인 곳일 뿐인 세상보다 더 크기 때문이다. 이것을 이해할 때, 당신은 주는 것이 무엇이고 받는 것이 무엇인지, 큰 것이 무엇이고 작은 것이 무엇인지 깨달을 것이다. 그러면 이때 당신은 세상에서 온전히 주의를 기울이고 헌신하며 일할 수 있고, 온전히 참여하여 일할 수 있다. 그리하여 당신의 물질적 삶이 제대로 의미와 목적을 가질 수 있게 되고, 가치로 가득 채워질 수 있게 된다.

오늘 두 차례 명상연습에서는, 또다시 당신의 성소에 들어감으로써 내면에 있는 앎의 불을 다시 붙이라. 고요히 있어야 한다는 것을 잊지 말라. 연습에 자신을 내주어야 한다는 것을 잊지 말라. 이것이 지금 당장 당신이 해야 할 일이다. 이 일을 함으로써 세상에서 당신이 하는 일에 자유가 표현될 수 있도록 자유가 찾아올 것이다. 또한 세상 속에 있는 당신에게 확신이 생길 것이며, 고향이 당신과 함께 있다는 위안을 얻을 것이다.

연습 320: *30분 연습 두 차례 & 시간연습*

제 321계단

세상은 나의 공헌을 기다리고 있다.

세상은 참으로 당신 공헌을 기다리고 있다. 하지만 그 공헌은 당신이 하는 크고 작은 모든 일에서 표현될 것임을 잊지 말라. 그러니 아주 거창하거나 대단히 어려운 역할일 것이라고 혼자 상상하지 말라. 그것은 앎길이 아니다. 앎은 당신과 함께 있는 현존이므로 당신의 모든 활동을 통해서 그 자신을 표현할 것이다. 당신 마음과 당신 삶이 갈등에서 자유로워짐에 따라, 이 현존은 당신을 통해 점점 더 많이 표현할 것이고, 당신은 자신의 내면과 자신의 삶 속에서 일하는 앎을 목격하는 사람이 될 것이다. 이때 당신은 앎을 세상으로 가져온다는 것이 무슨 말인지 차츰 이해할 것이다.

당신은 상상으로 거창한 그림이나 끔찍한 악몽을 그렸다. 그러한 상상은 삶과 조화를 이루지 않는다. 상상은 지나친 기대와 두려움으로 삶을 과장한다. 또한 당신 자신에 대한 느낌을 부풀리며, 주로 자신을 비하하는 쪽으로 부풀린다. 당신의 상상이 다시 앎에 인도받게 되면, 그때는 완전히 새로운 방식으로 쓰이고, 완전히 새로운 목적에 쓰일 것이다. 그러면 당신은 자유로울 수 있을 것이고, 당신의 상상은 당신을 배반하지 않을 것이다.

세상은 당신을 부르고 있으며, 당신은 지금 준비하고 있다. 세상이 몹시 어려울 때, 당신은 자신의 큰 공헌을 인식한다. 하지만 그 공헌은 자연스럽게 이루어진다는 것을 항상 잊지 말라. 당신 공헌이 자연스럽게 이루어지기를 바라는 당신 소망은 베풀고자 하는 당신 소망이고, 당신 삶을 표현의 매개체가 되게 하려는 당신 소망은 당신 삶을 갈등과 양가성의 족쇄에서 벗어나게 하려는 당신 소망이며, 베풀려는 당신 소망은 자유롭고 온전해지려는 당신 소망이다. 이것이 바로 당신 삶을 앎의 매개체가 되게 하려는 당신 소망이다.

그러므로 당신 일은 크지만, 당신이 상상할법한 그런 큰일은 아니다. 왜냐하면 당신 일은 앎이 그 자신을 자유로이 표현할 수 있도록 당신의 매개체를 온전하게 하는 것이기 때문이다. 당신은 어떻게 이 매개체를 온전하게 할 수 있을까 궁금해 하거나 상상하지 않아도 된다. 왜냐하면 오늘도 그렇게 되고 있고, 내일도 그렇게 될 것이기 때문이다. 현재하고 있는 준비 과정의 계단을 따르고, 또 그 다음 과정의 계단을 따르는 법을 배움으로써, 당신은 여기에서 알려준 대로 이 계단을 따르기만 하면 나아갈 수 있음을 알 것이다.

정각마다, 오늘 수업을 잊지 말고 상기하라. 세상을 바라보면서, 세상이 당신더러 공헌하라고 부르고 있는 것을 자각하라. 깊은 명상에서는 고요와 받아들임 속에서 당신의 성소에 다시 들어가라. 앎에 필요한 것은 당신이 앎의 매개체가 되고, 앎을 받아들이는 자가 되는 것임을 성소 안에서 자각하라. 앎은 당신을 통해 앎 자신을 실현하는 것이 필요하다. 이리하여 당신과 앎은 모두 자신을 실현한다.

오늘 시간연습과 깊은 연습에서 당신 역할의 중요성을 자각하라. 당신이 앎을 표현하는 법을 배우고, 당신을 통해 앎이 그 자신을 표현하도록 허용하는 법을 배울 때, 당신이 준비할 수 있도록 모든 참된 도움이 오고, 당신이 공헌할 때 그 도움이 항상 당신 곁에 있다는 것을 깨달으라.

연습 321: *30분 연습 두 차례 & 시간연습*

제 322 계단

복습

이제 지난 두 주간 준비한 것을 되돌아보자. 각 계단에서 알려준 가르침을 다시 주의 깊게 읽고 그날그날 했던 연습을 다시 상기하면서, 하나하나 다시 복습하라. 지난 두 주간 연습한 것을 하나씩 이렇게 진행하라. 객관적이 되어, 연습이 더 깊어지거나 더 세심해질 수 있었는데, 그리하지 못한 부분을 알아보라. 세상이 당신을 마음대로 하도록 당신이 여전히 어떻게 허용하는지, 또 당신이 큰 확신과 결단력을 가지고 어떻게 다시 전념할 필요가 있는지 알아보라. 객관적인 자세로 이것을 하라. 이때 자신을 비난하게 되면, 당신은 그저 낙담만 할 것이고, 이 준비에 참여를 그만두려고만 할 것이다. 왜냐하면 비난은 단지 참여하지 않겠다는 결심이며, 참여하지 않는 것에 대한 정당화일 뿐이기 때문이다.

그러니 이런 습관에 빠지지 말고, 당신이 이 준비에 참여하는 것을 객관적으로 바라보라. 이때 당신은 배우는 법을 배울 것이고, 준비하는 법과 자신을 다스리는 법을 배울 것이다. 당신은 참여하는 것을 선택해야 하고, 당신의 참여가 더 깊어지는 것을 선택해야 한다. 앎을 위해 당신이 내린 모든 결정은 같은 결정을 내리는 다른 모든 이들에게서 힘을 얻으며, 당신과 함께 있는 교사들의 힘과 현존에서 지원받는다. 따라서 앎을 위해 당신이 결정을 내리거나 지원을 받을 때마다, 당신과 함께 연습하는 모든 이들의 현존, 그리고 영적 교사들의 현존으로 인해 크게 증폭된다. 그럼으로써 당신은 자신의 내면에서나 세상 속에서 만나는 어떤 장애도 충분히 극복할 수 있다.

결정권은 당신에게 있다. 여기서 그 결정권은 당신의 참여를 객관적으로 보는 것이고, 그 참여가 어디에서 더 깊어져야 하고 더 강해져야 하는지 알아차리는 것이다. 오늘, 당신 참여에 필요하다고 알아차린 것을 다음 두 주 동안 연습할 때 해내겠다고 결심하라. 이때 당신은 자신을 위해 강력하게 행동할 것이고, 앎에 봉사하는 데 자신의 힘을 쓸 것이다. 왜냐하면 당신은 앎을 받아들이기 위해 준비하고 있기 때문이다. 이 때 당신의 의지와 결정권이 확인받을 것이다. 왜냐하면 그 의지와 결정권이 큰 선善에 봉사하기 때문이다.

연습 322: *긴 연습 한 차례*

제 323계단

세상에서 나의 역할은 매우 중요하니,
소홀해서는 안 된다.

세상에서 당신 역할은 매우 중요하니, 소홀해서는 안 된다. 그러니 오늘 당신 역할에 소홀하지 말라. 어제 복습에서 한 결심을 실천하라. 당신이 해야 하는 것들을 실천하여, 당신 연습을 더욱 깊게 하고, 당신 연습을 활용하며, 연습을 위해 세상에서의 체험을 활용하고, 세상 속으로 당신 연습을 가져가며, 세상이 당신 연습을 돕는 것을 허용하라. 이런 일에 소홀하지 말라. 이런 일에 소홀하면, 당신은 자신에게 소홀하고, 자신의 확실성과 성취, 자신의 행복에 소홀할 뿐이기 때문이다.

지금 하고 있는 준비에 소홀하지 말라. 당신은 날마다 이 준비를 튼튼히 하며, 이렇게 준비를 튼튼히 함으로써, 앎을 지지하고, 당신이 삶에 참여하는 것을 지지한다. 사실 준비하는 이 순간조차 당신은 앎을 가르치고 있고, 세상에서 앎을 튼튼히 하고 있다. 아마도 당신은 아직 이것을 보지 못하겠지만, 때가 되면, 당신이 모든 순간, 모든 만남, 모든 생각, 모든 호흡을 소중히 여기는 법을 배울 만큼, 이것이 당신에게 명백해질 것이다. 당신은 삶에서 모든 체험을 소중히 여길 것이다. 왜냐하면 당신은 모든 체험에 현존할 것이기 때문이고, 또 그때마다 앎을 표현할 수 있으며, 앎이 표현되는 것을 체험할 수 있음을 깨달을 것이기 때문이다.

오늘 정각마다, 잊지 말라. 오늘 하루를 시작하면서, 그리고 앞으로 날마다 하루를 시작하면서, 그 계단을 되도록 완전하게 따르고 활용하겠다고 정각마다 잊지 말고 다짐하라. 두 차례 깊은 연습 시간에는 마음이 생기를 되찾도록 고요 속으로 다시 들어가라. 당신 능력을 기르고, 결심을 굳건히 하여, 마음이 고요해지고 받아들이는 상태가 되는 것을 허용하라. 당신은 날마다 이렇게 강화해야 한다. 왜냐하면 이것이 당신 연습의 일부이기 때문이다. 당신은 날마다 이 연습에 자신을 내주어야 한다. 왜냐하면 이것이 자신과 세상에 베푸는 길이기 때문이다.

당신 역할의 중요성을 과소평가하지 말라. 하지만 그 역할이 당신 역량을 벗어난 일로 생각하여 부담을 갖지도 말라. 당신이 올 때 맡기로 한 역할을 완수하는 것보다 더 자연스러운 일이 어디 있겠는가? 당신 삶에 정해진 것을 실행에 옮기는 것보다 당신 삶의 중요성과 가치를 더 온전히 확인해주는 것이 어디 있겠는가? 오늘 더욱 굳건히 연습하고 적용하는 결정권은 당신에게 있다. 물론 당신 결정 뒤에 있는 큰 힘은 그 결정보다 더 크다. 이 큰 힘은 지금 당신과 함께 머물고 있다. 준비에 소홀하지 말라. 세상에서 당신 역할을 수행하고 완수해 나가는 일에 소홀하지 말라. 왜냐하면 당신이 이처럼 접근할 때, 행복이 당신에게 접근할 것이기 때문이다.

연습 323: *30분 연습 두 차례 & 시간연습*

제 324계단

나는 오늘 다른 사람을 판단하지 않을 것이다.

또다시 이 말을 확언하는 연습을 하라. 이 말을 실제 생활에서 다시 적용해보라. 앎은 당신과 함께 있으며, 당신의 판단이나 평가가 필요하지 않다는 것을 다시 한번 더 깊이 이해하라.

오늘 다른 사람을 판단하지 말라. 보는 법을 배우고, 듣는 법을 배우라. 당신이 다른 사람을 판단하지 않으면, 당신에게 이로움을 주지 못할 사람은 이 세상에 아무도 없다. 사람들이 그들의 성취나 잘못을 통해서, 앎의 중요성을 확인해주지도, 세상에 앎의 필요성을 보여주지도 못할 사람은 이 세상에 아무도 없다. 그러므로 당신이 사랑하는 사람이든 싫어하는 사람이든, 모두가 동등한 가치의 선물을 당신에게 준다. 또한 훌륭하다고 여겨지는 사람이든 훌륭하지 못하다고 여겨지는 사람이든, 모두가 당신에게 꼭 필요한 것을 준다. 당신이 판단이나 비난 없이 단순히 바라보기만 한다면, 세상은 진실로 이 준비 프로그램이 당신에게 제공하는 것을 모두 보여주고 있다. 당신은 다른 사람을 판단하는 만큼, 자신을 판단할 것이다. 당신은 자신을 판단하고 싶지 않으니, 다른 사람을 판단하지 말라.

정각마다, 잊지 말라. 오늘, 연습에 소홀하지 말라. 왜냐하면 연습은 당신 행복에도 필수이고, 세상의 안녕과 진보에도 필수이기 때문이다. 두 차례 깊은 연습 시간에는 고요 속으로 다시 들어가라. 연습에 자신을 내맡기라. 자신을 온전히 내주라. 그러면 당신은 힘을 느낄 것이다. 이때 당신이 결정권을 자신의 것으로 활용할 수 있다. 그럼으로써 결정권은 모든 방해물을 몰아내는 데 더 강력하고 효과적이 될 것이다. 당신은 앎의 학생임을 잊지 말라. 그리고 학생은 발전하고 진보하기 위해 연습해야 한다는 것 또한 잊지 말라. 오늘 다른 사람을 판단하지 말라. 그러면 틀림없이 당신은 발전할 것이다.

연습 324: *30분 연습 두 차례 & 시간연습*

제 325계단

지구는 다세계 큰 공동체에 출현하고 있다.
그러니 나는 주의를 기울여야 한다.

지구는 다세계 큰 공동체에 출현하고 있다. 당신이 자신의 관심사, 자신의 희망, 자신의 야심에만 빠져 있다면, 이것을 어떻게 알아볼 수 있겠는가? 당신이 세상에서 일어나고 있는 일을 어떻게 알아볼 수 있겠는가? 당신의 외적 생활에 영향을 주고 있는 세력들, 대단히 광범위하게 세상일을 지배하는 그런 세력들을 당신이 어떻게 볼 수 있겠는가? 앞으로 강해지게 되는 것 중 하나가 주의를 기울이게 되는 것이다. 마음이 개인적 상상이나 환상에 빠지지 않을 때만 당신은 주의를 기울이게 될 수 있다.

지구는 다세계 큰 공동체에 출현하려고 준비하고 있으며, 지금 세상의 진화와 모든 발전에는 이것이 그 밑바닥에 잠재하고 있다. 그래서 세상에 충돌이 거세게 일어날 것이다. 왜냐하면 지구 진화에 반대하는 이들은 이에 맞서 싸울 것이기 때문이다. 세상이 더욱 발전하기를 바라는 이들은 인류의 훌륭한 점을 강화하려고 할 것이고, 또 인류가 단일 공동체, 즉 국가나 종족, 종교, 문화, 부족 사이에 있는 모든 분열을 넘어 자생하고 자립해야 하는 단일 공동체라는 의식을 강화하려고 할 것이다. 그래서 바로 당신처럼 앎의 대리인이 되고 앎을 받아들이는 이들이 평화와 통합, 이해와 연민을 세상에 자리잡게 할 것이다. 지구가 다세계 큰 공동체에 출현하는 데, 이 모든 것이 그 준비의 일부분이다. 왜냐하면 이것이 지구 진화를 나타내기 때문이다. 이것이 세상에 있는 앎을 나타낸다.

세상에 있는 앎은 결코 갈등을 일으키지 않으며, 미움이나 분리를 조장하지 않는다. 또한 분열을 초래하는 것이나 끔찍하고 파괴적인 그 어떤 것도 결코 조장하지 않는다. 세상을 통합과 공동체로 이끄는 것은 바로 세상에 있는 앎의 집단 체험이다. 지구는 그 자체의 진화가 있고 자신이 속한 큰 공동체에 응답하고 있으므로, 통합과 공동체를 향해 나아가고 있다. 왜냐하면 지구는 큰 공동체의 일부분이기 때문이다. 당신이 세상에 주의를 기울일 수 없다면, 이 말의 중요성을 알 수 없다. 당신이 자신에게 주의를 기울이지 않는다면, 큰 공동체 출현에 봉사하려고 온 당신에게 이것이 얼마나 중요한지 알 수 없다.

당신이 다시 상상이나 환상에 빠진다면, 자신과 단절될 수밖에 없음을 다시 한번 기억하라. 왜냐하면 상상이나 환상은 당신이 자신과 세상에 주의를 기울이지 않을 때 선택할 수 있는 유일한 대안이기 때문이다. 그러니 꿈에서 깨어나 주의를 기울이라. 정각마다, 잊지 말고 판단 없이 세상을 바라보라. 그러면 세상이 단일 공동체가 되려고 한다는 것을 알 것이다. 왜냐하면 지구는 큰 공동체 안으로 자신을 확장하고자 하기 때문이다. 큰 공동체란 인류에게 들어와 참여하라고 부르고 있는 공동체를 지칭한다. 이런 메커니즘은 당신의 현재 지각 능력을 훨씬 벗어나 있으므로 당신이 이해할 수는 없겠지만, 보려고만 한다면 이러한 움직임은 너무나도 명백하고 분명하다.

정각마다, 세상을 바라보라. 깊은 묵상연습에서는, 이 말뜻을 곰곰이 살펴보는 데 마음을 적극 이용하라. 오늘은 고요 속에서 하는 연습이 아니고, 마음을 쓸모 있게 적극 참여시키는 연습이다. 오늘의 말에 당신이 어떻게 반응하는지 보라. 지지하거나 거부하는 당신 생각들에 주목하라. 당신의 불안에 주목하라. 특히, 큰 공동체에 출현하여 참여하는 데, 지구가 단일 공동체가 된다는 점에서 당신이 불안해하는지 보라. 이러한 것들에 주목하라. 왜냐하면 이때 당신 내면에서 자신의 발전을 지지하는 것과 거부하는 것을 이해할 것이기 때문이다. 이러한 것들을 비난하는 일 없이 진정한 객관성을 가지고 바라보는 법을 배울 때, 세상이 왜 갈등 속에 있는지 이해할 것이다. 당신은 이것을 이해할 것이다. 그래서 이것을 미움이나 악의, 질투로 보지 않고, 이해와 연민으로 볼 것이다. 이때 당신은 세상에서 일하는 법을 어떻게 배워야 하는지 알 것이며, 그리하여 이곳에서의 당신 목적을 완수할 수 있을 것이다.

연습 325: *30분 연습 두 차례 & 시간연습*

제 326계단

큰 공동체는 내가 느낄 수는 있지만,
이해할 수는 없는 어떤 것이다.

당신이 사는 나라, 당신이 사는 지구는 고사하고, 지금 살고 있는 지역사회마저도 겨우 이해할까 말까 하는데, 당신이 어떻게 큰 공동체를 이해할 수 있겠는가? 그래서 지금은 당신이 큰 공동체가 있다는 것, 그리고 그 큰 공동체는 삶이 훨씬 더 큰 맥락에서 표현되는 곳이라는 정도만 이해해야 한다. 인류가 단일 공동체가 되려고 하므로, 또 당신이 여러 사람이 아닌 한 사람이 되려고 하므로, 당신은 자신이 더 큰 사람으로서 세상에 출현하고, 세상이 더 큰 규모의 공동체로서 큰 공동체에 출현한다는 것을 깨달을 것이다. 이때 모든 개체는 공동체를 추구한다. 왜냐하면 바로 공동체 안에서, 개체는 참된 표현, 참된 공헌, 참된 역할을 찾기 때문이다. 이것이 세상에 진실인 것처럼 당신에게도 진실이다.

당신은 이것을 느낄 수 있다. 이것은 매우 분명하다. 당신은 이것을 알 수 있다. 왜냐하면 이 생각은 앎에서 나온 것이기 때문이다. 이 모든 것을 이해하려고 함으로써 자신에게 부담을 주지 말라. 왜냐하면 여기서 이해가 꼭 필요한 것은 아니기 때문이다. 이러한 것이 지금 있다는 것만 알고 느껴보라. 그리할 때, 당신의 이해는 자연스럽게 커질 것이다. 그 이해는 당신의 환상이나 이상주의에서 나오는 것이 아니라 앎과 체험에서 나온다. 따라서 그 이해는 당신과 함께 머물며 당신에게 봉사할 것이고, 당신의 삶을 더 실질적이고 효과적으로 만들 것이다.

당신은 앞으로 나아가면서 이해한다는 것을 기억하라. 왜냐하면 이해는 나중에 오며, 실제 적용해보고 나서야 생기기 때문이다. 그러니 당신이 더 많이 참여할수록 더 많이 이해한다는 것을 확신하라. 당신은 우주를 이해할 필요는 없지만, 체험할 필요는 있다. 당신은 자신의 내면과 당신 주변에서 우주를 느껴보아야 한다. 당신은 자신을 한 사람으로 볼 필요가 있고, 세상을 단일 공동체로 볼 필요가 있으며, 당신의 우주를 큰 공동체로 볼 필요가 있다. 큰 공동체 또한 더 넓은 범위의 참여 속에서 자신을 통합하려고 하고 있다. 따라서 앎은 참여하는 모든 활동 무대와 모든 수준에서 일한다. 앎은 각각의 사람, 각각의 지역사회 안에서 일하며, 각각의 세계 안에서와 그 세계들 사이에서, 그리고 우주 전체 안에서 일한다. 그래서 앎이 그렇게 크다. 비록 당신이 앎을 내면으로 받아들이긴 하지만, 앎이 당신이 상상할 수 있는 것보다 훨씬 더 큰 것은 이런 이유에서이다.

그래서 당신이 지금 큰 공동체를 체험할 수 있으며, 큰 공동체를 이해하려고 자신을 따로 떼어놓지 않아도 된다. 이해는 참여를 통해서 온다. 정각마다, 오늘의 말을 상기하라. 두 차례 깊은 연습 시간에는 오늘 수업이 무엇을 뜻하는지 적극 생각해보라. 오늘의 말을 당신 체험에도 적용해보고, 세상에 대한 당신 인식에도 적용해보라. 이 말에 찬성하는 생각과 반대하는 생각들을 알아보라. 이 말이 당신에게 주는 영감이나 희망을 알아보고, 혹시 불안감이 일어나는지도 보라. 오늘의 말에 관해 당신의 생각과 느낌의 목록을 만들어보되, 판단하지는 말라. 왜냐하면 이것은 앎에서 나온 것이기 때문이다. 오늘의 말은 당신이 상상으로 만든 장애에서 당신을 해방시킬 것이고, 당신뿐만 아니라 세상도 해방시킬 것이다.

오늘 앎의 학생이 되기 위해 당신의 몸과 마음을 활용하라. 이때 당신은 자신은 물론 이 세계와 다세계 큰 공동체가 무엇을 뜻하는지 이해하게 될 것이다.

연습 326: *30분 연습 두 차례 & 시간연습*

제 327계단

나는 오늘 평화로이 있을 것이다.

당신은 오늘, 세상 안팎에 있는 큰일들을 깊이 생각하는 때조차 평화로이 있을 수 있다. 또한 앎의 학생이 되려는 도전과 세상을 객관적으로 바라보는 도전에 응할 때조차 평화로이 있을 수 있다. 이처럼 적극적이고, 또 그런 도전을 하면서, 어떻게 여전히 평화로울 수 있는가? 그 답은 앎이 당신과 함께 있다는 데에 있다. 당신이 앎과 함께 있고, 앎을 느끼며, 세상 속에 앎을 지니고 가면, 비록 밖에서는 적극 참여하고 있을지라도 당신 안은 고요할 것이다. 평화와 활동 사이, 내적 고요와 외적 참여 사이에는 아무런 모순이 없다. 비록 세상이 살기 어렵고 좌절감을 주는 곳일지라도, 세상은 앎을 자연스럽게 받아들이는 곳이다. 계속해서 더 통합되고 조화로워지고 있는 당신의 내적 상태는 세상의 어려움과 좌절에서 영향을 받지 않아도 된다.

당신이 세상에 있는 동안 평화로이 있겠다고 정각마다 다짐하라. 아울러 모든 두려움과 불안을 내려놓고, 더욱 강하게 앎에 밀착하라. 세상으로부터 안식처를 찾는 두 차례 깊은 연습 시간에는, 앎의 불을 다시 지피고, 따뜻한 앎의 현존 안에서 위안을 얻으라. 상상에서 나온 것이나 해로운 것은 그 불 속에서 모두 남김없이 소멸한다는 것을 깨달으라. 앎의 불은 당신을 태우는 것이 아니라, 당신 혼을 따뜻하게 할 것이다. 당신은 고통이나 손상의 두려움 없이 그 불 속에 들어갈 수 있다. 그것은 사랑의 불이기에, 당신을 정화하고 깨끗이 할 것이다. 오늘은 평화의 날이고, 당신이 오늘 받을 수 있도록 평화가 당신에게 왔으니, 오늘 평화로이 있으라.

연습 327: *30분 연습 두 차례 & 시간연습*

제 328계단

오늘 나는 나에게 베푼 이들을 존중할 것이다.

우리는 세상에서 사랑과 베풂의 본질을 확언할 이 가르침을 또다시 확언한다. 베풂에 관한 당신의 관념은 너무나 지나치게 한정되어 있고 협소하다. 그래서 당신이 세상에서 베풂의 범위를 제대로 인식할 수 있도록, 그 관념이 확장되어야 할 것이다.

정각마다, 당신에게 베푼 이들을 기억하겠다고 마음속으로 생각하라. 당신에게 베푼 것이 분명한 이들만 생각하지 말고, 당신을 해쳤다고 느껴지는 이들, 당신을 거부했거나 당신 앞길을 가로막았다고 느껴지는 이들도 기억하라. 왜냐하면 그들도 당신에게 어떤 것을 베풀었기 때문이다. 그들은 앎이 필요하다는 것을 당신에게 상기시켜 주었으며, 앎 없는 삶이 어떤 것인지 실제로 보여주었다. 또한 그들 안에서도 앎이 출현하려고 하고 있음을 당신에게 실제로 보여주었다. 앎의 출현에 그들이 저항하든 아니면 그것을 받아들이든, 앎은 여전히 현존하며, 여전히 그 자신을 드러내고 있다.

당신은 남들이 앎을 받아들이기도 하고 거부하기도 함으로써 그들의 영감과 잘못을 당신에게 드러내 보여주었기 때문에 진보하고 있다. 만약 앎을 거부하는 일이 세상에 없다면, 당신은 이곳에서 배울 수도 없고, 앎의 중요성을 알 수도 없을 것이다. 당신은 차이를 대조해봄으로써 무엇이 가치 있고 무엇이 가치 없는지 배울 것이다. 그럼으로써 당신은 자비롭고 인정 많은 사람이 될 것이다. 이것을 이해할 때, 당신은 세상에 봉사할 수 있을 것이다.

정각마다, 그 순간에 누가 당신에게 베풀고 있는지, 또 과거에 누가 베풀었는지 알아보라. 그러면 오늘은 감사와 고마움을 표시하는 날이 될 것이다. 또한 당신의 준비가 얼마나 중요한지, 당신이 이 준비를 해낼 수 있도록 얼마나 많은 사람이 당신을 도우려고 당신에게 헌신했는지 이해할 것이다.

두 차례 깊은 묵상연습에서는, 오늘의 말을 반복하고 나서, 당신에게 인정받고 축복받고자 기다리는 사람을 모두 한 사람씩 당신 마음속에 들어오게 하라. 그러면 그럴 필요가 있는 사람들이 모두 당신에게 나타날 것이다. 그들이 당신에게 어떻게 봉사했는지 잘 보라. 그런 다음, 당신에게 봉사한 그들에게 감사하라. 당신에게 앎의 필요성을 깨닫도록 도와준 그들에게 감사하라. 앎 말고 달리 선택할 길이 없다는 것을 보여준 그들에게 감사하라. 당신이 앎과 더욱더 함께 있도록 해준 그들에게 감사하라. 한 사람씩 차례로 당신 마음속에 들어오게 하여 그들 모두를 축복하라. 그러면 당신은 과거 자신의 삶에 있었던 이들, 현재 자신의 삶에 있는 이들을 모두 축복할 것이다. 그럼으로써 자신의 과거를 비난하지 않고, 감사하는 법을 배울 것이다. 그럼으로써 사랑은 자연스럽게 당신에게서 퍼져나갈 것이다. 왜냐하면 사랑은 고마움에서 나와야 하고, 고마움은 정말로 인정하는 데서 나와야 하기 때문이다. 그래서 당신이 오늘 연습할 것이 정말로 인정하는 것이다.

연습 328: *30분 연습 두 차례 & 시간연습*

제 329 계단

나는 오늘 자유로이 세상을 사랑할 수 있다.

오로지 자유인만이 세상을 사랑할 수 있다. 왜냐하면 자유인만이 세상에 베풀 수 있기 때문이다. 자유인만 세상에 필요한 것과 자신이 공헌해야 할 것을 제대로 알아볼 수 있다. 자유인만 세상을 사랑할 수 있다. 왜냐하면 자신이 자유롭게 되어 세상에 공헌자가 될 수 있도록, 세상이 지원하고 도왔다는 것을 자유인만 알 수 있기 때문이다. 세상은 당신의 공헌을 간절히 원하므로, 당신이 공헌자가 되는 법을 배울 수 있도록 모든 것을 당신의 준비에 바쳤다. 세상에 존재하는 진실을 통해, 또 세상에 존재하는 진실의 거부를 통해, 세상은 당신이 더 깊이 준비하여 공헌자가 될 수 있게 해왔다.

세상은 모든 방식으로 앎의 출현을 돕는다. 이런 관점에서 보면, 비록 세상이 앎과 모순되고 앎을 부정하여 거부하고 공격하는 것처럼 보일지라도, 실제로는 앎에 봉사한다는 것을 당신은 깨달을 것이다. 무엇이 앎과 맞설 수 있겠는가? 무엇이 앎을 부정할 수 있겠는가? 앎을 거부하는 것처럼 보이는 어떤 것도 그저 앎을 요청하고 앎이 와주기만을 간청하는 것일 뿐이다. 혼란과 어둠과 절망 속에 있는 이들은 위안과 평안을 간절히 바란다. 비록 그들은 자신의 곤경이 알려주는 메시지를 이해하지 못할지라도, 앎과 함께 있는 이들은 이것을 알아차릴 수 있고, 지혜를 통해, 곤경에 처한 이들은 물론 모든 개개인과 세상 전체를 돕는 법을 배울 것이다.

오늘 정각마다, 당신이 자유롭게 됨으로써, 세상을 사랑할 수 있음을 상기하라. 세상을 사랑하는 법을 배움으로써, 당신은 자유로워질 수 있을 것이다. 왜냐하면 당신은 이 세상에 있지만, 이 세상에서 나온 것이 아니기 때문이다. 당신이 이 세상에 있기 때문에 고향에서 가져온 것을 표현하고 있다. 앎과 함께 있으면, 이것은 참으로 단순하고 명료한 것이지만, 자신만의 상상에 빠져있거나 분리된 생각을 품고 있다면, 참으로 이해하기 어려운 말이다. 그래서 당신이 자신에게 자연스러운 것을 확인하고, 부자연스러운 것에서 한발 뒤로 물러날 수 있도록 연습하는 것이다.

깊은 명상에서는 고요와 받아들임 속에서 당신에게 오는 자유를 또다시 받아들이라. 고요한 마음은 족쇄에서 풀려난 자유로운 마음이다. 그래서 고요한 마음은 자연스럽게 자신을 확장할 것이고, 그 확장 속에서 자신에게 가장 자연스러운 것을 자연스럽게 표현할 것이다. 따라서 깊은 명상에서는 받는 연습을 하고, 시간연습에서는 주는 연습을 한다. 당신은 오늘 자유로이 세상을 사랑할 수 있다. 그리고 세상에는 당신의 자유가 필요하다. 왜냐하면 세상은 당신의 사랑이 필요하기 때문이다.

연습 329: *30분 연습 두 차례 & 시간연습*

제 330계단

나는 삶에서 작은 일들에 소홀하지 않을 것이다.

우리는 또다시 당신이 앎의 학생이 될 수 있게 해주는 그런 단순하고 현실적인 일들에 소홀하지 않아야 한다는 것을 확언한다. 당신은 세상에서 도망치려는 것이 아니라, 세상 안에서 강해지려고 노력하고 있다는 것을 잊지 말라. 그러니 당신이 앎의 학생이 될 수 있게 하고, 또 되는 자유를 누리게 해주는, 그런 단순하고 사소한 것들에 소홀하지 말라. 그럼으로써 심지어 가장 일상적이고 늘 반복되는 일까지 포함해서 당신의 모든 활동은 일종의 봉사나 공헌으로 여길 수 있다. 이런 식으로, 아무리 일상적이고 늘 반복되는 일이라 하더라도, 그 모든 작은 일들로 세상에 봉사할 수 있다. 왜냐하면 이 작은 일들에서 당신이 자신의 참자아를 존중하고 있음을 나타내기 때문이다. 이 참자아는 모든 사람에게 존재하며, 지구에도 존재하고, 다세계 큰 공동체에도 존재한다.

오늘 당신이 하는 작은 일들에 주의를 기울이라. 작은 일들에 소홀하지 말라. 당신이 작은 일들을 무서워하지 않으면, 그 일들에 저항하지 않을 것이고, 저항하지 않으면, 그 일들에 주의를 기울일 수 있을 것이다. 그리고 주의를 기울임으로써, 그 일들에 당신 자신을 내줄 수 있을 것이다. 이때 앎은 모든 활동에서 자신을 표현하고, 모든 활동에서 가르쳐지고 보강될 것이다. 세상에는 이런 시범이 필요하다. 왜냐하면 세상에서는 신이나 사랑, 참된 힘, 영감이 오직 이상적인 상태나 상황에서만 존재한다고 여기기 때문이다. 신이 모든 곳에서 신을 표현하고, 앎이 모든 곳, 모든 것에서 그 자신을 표현한다는 것을 세상은 이해하지 못한다.

당신이 이 큰 진실을 이해하게 되면, 모든 것에서 앎의 현존을 볼 것이다. 당신은 세상 속에서 앎을 볼 것이고, 당신 내면에서 앎을 볼 것이다. 그럼으로써 당신이 이 준비에 참여하고 앎에 봉사하는 데, 완전한 확신을 가질 것이다. 이때 세상이 진화하고 발전하고 구원받는 데 당신이 그 시간을 절약하고 있음을 깨달을 것이다. 이것은 당신이 확신을 갖는 데 매우 중요하다. 그러나 더 중요한 것은 당신이 앎의 위대성을 깨닫는 것이고, 또 앎을 받아들이는 법을 배움으로써 내면에서 체험하는 위대성을 깨닫는 것이다.

정각마다, 오늘의 말을 기억하고 적용하여, 다음 한 시간 동안 작은 일들에 세심할 수 있도록 하라. 두 차례 깊은 명상 연습에서는, 고요 속으로 들어가라. 그리하여 앎의 불이 당신 마음을 정화하여 마음이 모든 제약에서 해방될 수 있도록 그 불의 체험에 다시 불을 붙이라. 그럼으로써 당신은 세상에서 더욱 온전하게 살아갈 수 있으며, 작은 일들은 무시되지 않을 것이다.

연습 330: *30분 연습 두 차례 & 시간연습*

제 331계단

작은 것이 큰 것을 표현한다.

주위 자연을 보라. 아주 작은 생물을 바라보고, 그 생물이 살아가는 신비와 움직이고 반응하는 경이로움, 그 생명체가 자연 전체에 온전히 포함된 진실을 느껴보라. 가장 작은 생물이 가장 큰 진실을 표현할 수 있다. 가장 단순한 일이 우주의 힘을 표현할 수 있다. 삶을 표현하고 삶에 포함됨을 표현할 때, 작은 생물이라고 해서 큰 생물보다 더 적게 표현하는가? 이 비유를 이용하여, 가장 작은 활동이 가장 큰 가르침을 구현할 수 있음을 알아차리라. 가장 단순한 말과 가장 평범한 몸짓이 가장 깊은 느낌과 감정을 표현할 수 있음을 알아차리라. 가장 단순한 일이 당신 연습에 포함될 수 있고, 당신 내면에 앎의 현존을 확인해줄 수 있다는 것을 알아차리라.

당신이 삶에 주의를 기울일 때, 당신은 모든 것에서 삶의 신비를 보기 시작할 것이다. 혼자만의 분리된 상상의 잠에서 지금 깨어나고 있는 당신에게 이것은 얼마나 대단한 일인가! 삶의 신비가 당신에게 영감을 주고, 당신을 부를 것이다. 또한 지금 당신에게 더욱더 현실적이 되고 분명히 드러나고 있는 당신 삶의 신비도 확인해줄 것이다.

당신은 자신이 작게 느껴질지 모르나, 큰 것을 표현한다. 당신은 큰 것을 표현하기 위해 크지 않아도 된다. 왜냐하면 큰 것이 당신 안에 있고, 그 큰 것에 비교하면 당신의 육체적 매개체는 작기 때문이다. 당신의 현실은 당신과 함께 있는 큰 것에서 태어난다. 이 큰 것은 당신의 작은 매개체가 가진 단순성을 통해 자신을 표현하고자 한다. 이렇게 표현될 때, 당신은 큰 것에서 태어나 작은 것을 통해 일한다는 것을 이해한다. 그럼으로써 당신은 작은 것이 큰 것을 표현해야 하는 이 둘의 관계를 부정하지 않을 것이다. 작은 것은 자연스럽게 그렇게 할 것이다. 작은 생물이 큰 것을 표현하려고 노력해야 하는가? 그렇지 않다. 그저 큰 것이 작은 생물을 통해 표현할 뿐이다.

이처럼 살면서 당신 삶이 당신에게 작아 보이는 순간이나 분리되고 갇힌 것처럼 보이는 순간조차도 큰 것은 항상 당신과 함께 있다. 그러므로 작은 것은 활용되고 인정받으며 존중받고 축복받는다. 그러면 자신을 비난하거나 미워할 기반이 없어지며, 큰 것과 작은 것이 모두 가치를 인정받게 된다. 왜냐하면 큰 것과 작은 것은 모두 함께 있기 때문이다.

그러므로 정각마다, 얼마나 작은 일이든, 어떤 표현이나 몸짓이든, 얼마나 사소한 의견이든, 큰 것이 그 자신을 표현하도록 허용하라. 두 차례 깊은 연습 시간에는 당신 내면에 있는 큰 것에 다시 다가가라. 당신을 정화하는 앎의 불 속에 다시 들어가라. 앎의 성소 안에 있는 성소로 들어가라. 여기서 당신은 큰 것을 온전히 만난다. 이것은 모든 형상 너머에 있다. 여기서 모든 형상에 스며들어 그 형상에 목적·의미·방향을 주는 것은 그 자신을 당신이 받아들이기를 기다린다. 작은 것은 큰 것을 표현하고, 큰 것은 작은 것을 축복한다.

연습 331: *30분 연습 두 차례 & 시간연습*

제 332 계단

나는 나의 삶에서 앎의 의미를
겨우 이해하기 시작했다.

당신은 당신 삶에서 앎의 의미를 겨우 이해하기 시작했다. 왜냐하면 당신의 이해는 체험과 인지, 그리고 적용한 결과에서 생길 것이기 때문이다. 당신은 앎의 초보 학생이므로, 초보 수준에서 이해하고 있다. 이 점을 기쁘게 생각하라. 왜냐하면 당신은 자신의 참여나 삶에 결론을 내리려고 할 필요가 없기 때문이다. 따라서 당신은 불가능한 일을 시도하지 않아도 된다. 또한 초보 학생이 아니라고 생각했을 때 마음이 지는 큰 부담, 즉 자신의 행복에 그림자를 드리우고, 평화로운 느낌을 몰아내며, 의미 있는 활동도 못 하게 하는 큰 부담에서 벗어날 수 있다. 당신이 삶의 의미, 또 자신의 삶에서 앎의 의미를 이제 겨우 이해하기 시작했음을 인정할 때, 당신은 자유롭게 참여하게 되고 더 많이 배우게 된다. 자신의 삶을 엉뚱한 곳에 갖다놓을 그런 판단을 해야 하는 부담이 없다면, 당신은 자유로이 참여할 수 있고, 그 참여를 통해 당신이 자유로워질 것이다.

정각마다, 당신 삶에서 앎의 의미를 겨우 이해하기 시작했음을 상기하라. 깊은 연습 시간에 다시 앎의 성소로 들어가라. 그리하여 앎을 받아들이는 당신의 역량, 앎을 염원하는 당신의 소망, 앎에 대한 당신의 체험이 커질 수 있게 하라. 이런 것들이 커질 때만 당신의 이해가 커질 수 있다. 그럼으로써 당신은 판단에서 자유로워지고, 자유로이 참여할 수 있으며, 이때 모든 것을 이해할 것이다.

연습 332: *30분 연습 두 차례 & 시간연습*

제 333계단

나와 함께 있는 현존이 있으며,
나는 그 현존을 느낄 수 있다.

오늘 교사들의 현존을 느껴보라. 그들은 당신과 함께 있으며, 앎의 학생으로서 준비하는 당신을 지켜본다. 오늘 교사들의 현존을 느껴보라. 그러면 당신 자신의 현존을 느낄 것이다. 왜냐하면 당신은 자신이 느끼는 이 현존 안에서 그들과 결합되어 있기 때문이다. 당신이 혼자가 아님을 기억하라. 그러면 당신은 자신의 생각 속에 고립되지 않을 것이며, 자신이 우려하는 문제들 속에 고립되지 않을 것이다.

정각마다 이 현존은 당신과 함께 있으니, 정각마다 이 현존을 체험하라. 당신이 일을 하든 집에서 쉬든, 혼자 있든 다른 사람들과 같이 있든, 당신이 오늘 어디 있든지, 이 현존을 느껴보라. 왜냐하면 이 현존은 당신이 어디를 가든지 함께 있기 때문이다.

두 차례 깊은 명상연습에서는, 사랑의 현존을 느껴보라. 이 사랑의 현존은 앎의 현존이고, 지혜의 현존이며, 확실성의 현존이다. 또한 세상에서 당신의 목적·의미·방향의 원천이며, 당신을 위해 세상에서 당신 부름을 담고 있다. 깊은 명상에서 이 현존에 가까이 다가가 더 깊이 체험하라. 이 명상에 소홀하지 말라. 왜냐하면 이 명상에서 당신은 자기 사랑과 자기 가치를 체험하고, 삶에 진실로 포함됨을 느낄 것이기 때문이다. 오늘 이 현존과 함께하고, 깊은 명상에서 이 현존을 받아들이라. 그러면 이 현존이 날마다 당신과 함께 있음을 알 것이다.

연습 333: *30분 연습 두 차례 & 시간연습*

제 334계단

교사들의 현존이 날마다 나와 함께 있다.

당신이 어디에 있든, 어디를 가든, 교사들의 현존은 날마다 당신과 함께 있다. 이 말을 하는 것은 당신이 혼자가 아니라는 것을 일깨워주기 위해서이다. 또한 당신 스스로 만든 상상의 고립 속에서 빠져나와 교사들의 현존을 체험하고, 그 현존을 선물로 받아들일 기회를 주기 위해서이다. 교사들은 이 선물 속에 당신에게 필요한 생각과 영감을 넣어줄 것이다. 이때 당신은 받은 것을 표현할 것이고, 이리하여 받았다는 것을 확인할 것이다.

당신과 함께 있는 현존에 또다시 집중하는 것으로 정각마다 오늘 주제를 기억하는 연습을 하라. 당신은 그저 긴장을 풀고 편히 있기만 하면, 이 현존을 느낄 수 있다. 왜냐하면 이 현존은 틀림없이 당신과 함께 있기 때문이다. 깊은 연습에서는, 이 현존을 받아들여 이 현존이 주는 큰 확신과 위안을 받아들일 수 있도록 또다시 앎의 성소에 있는 고요 속으로 들어가라. 당신 자신이 자기의심이나 무가치감에서 벗어나는 것을 허용하라. 왜냐하면 이것들은 앎의 불에 소멸되어 마음에서 정화될 것이기 때문이다. 이렇게 마음이 정화되면, 자신을 대단한 사람으로 과장하지 않아도 되며, 죄책감과 무능감에서 도망치려고 자신을 다르게 표현하지 않아도 된다. 왜냐하면 죄책감이나 무능감은 앎의 불에 소멸되기 때문이다. 그러므로 당신 참여를 방해하는 모든 것과 당신을 늘 따라다니며 짓누르는 모든 두려움이 소멸될 수 있도록 그것들을 앎의 불에 가져오라. 당신은 그 불 앞에 앉아서 그 모든 것들이 소멸되는 것을 볼 것이다. 그리하여 앎의 불인 사랑의 불로 마음이 깨끗이 씻기는 것을 느낄 것이다. 이 현존은 날마다 당신과 함께 있다. 앎의 불은 날마다 당신과 함께 있다.

연습 334: *30분 연습 두 차례 & 시간연습*

제 335계단

앎의 불이 날마다 나와 함께 있다.

당신이 어디를 가든, 무엇을 하든, 앎의 불은 당신 안에서 타고 있다. 정각마다, 앎의 불이 타고 있음을 느껴보라. 당신이 보는 것이나 생각하는 것에 상관없이, 앎의 불이 타고 있음을 느껴보라. 타고 있는 앎의 불은 당신이 자신의 주위에서 교사들의 현존을 느낄 때, 내면에서 느낄 앎의 현존이다. 앎의 불이 타고 있으니, 당신이 이것을 체험할 때, 그 불이 당신을 붙잡고 있는 것을 모두 소멸시킬 것이다. 즉, 당신을 늘 괴롭히며 짓누르는 것, 죄책감이나 무가치감, 고통과 갈등, 이 모두를 소멸시킬 것이다. 이런 것들이 소멸되면, 더 이상 당신 삶에 영향을 주지 않을 것이고, 당신 삶은 자연스럽게 더 통합되고 조화로워질 것이다.

오늘 정각마다, 앎의 불을 기억하고 체험함으로써 당신은 이 방향으로 큰 진전을 이룬다. 두 차례 깊은 연습 시간에는 앎의 성소에 있는 앎의 불로 다시 들어가라. 그 불이 당신을 위로하고 자유롭게 해준다는 것을 기억하라. 그 불은 당신을 태우는 것이 아니라, 오직 당신의 혼을 따뜻하게 해줄 것이다. 그리고 당신에게 위안과 확신을 줄 것이며, 당신 삶의 의미와 목적, 당신 내면에 있는 큰 것을 당신에게 확인해줄 것이다.

오늘 이 연습에 소홀하지 말고, 당신에게 주는 이로움을 온전히 느껴보라. 세상에 있는 그 어떤 것도 앎의 불이 줄 수 있는 확실성·힘·평화·일체감을 줄 수 없다. 그 어떤 것도 당신이 삶에 온전히 포함되어 있음을 당신과 함께 있는 교사들의 현존보다 더 일깨워줄 수는 없다. 그러므로 당신에게는 이미 필요한 체험이 있으며, 때가 되면, 이 체험에서 다른 사람이나 세상과의 관계, 지구가 위치하는 다세계 큰 공동체와의 관계로 체험을 넓히는 법을 배울 것이다.

연습 335: *30분 연습 두 차례 & 시간연습*

제 336계단

복 습

첫 수업부터 시작해서 두 주간의 수업을 다시 읽고 당신이 그날그날 연습한 것을 순서대로 되돌아보는 것으로 두 주간 연습한 것을 복습하라. 당신이 연습한 것을 되돌아보라. 그 연습이 무엇을 위한 것인지, 당신 내면에 무엇을 보강하고 있는지 보라. 당신이 이렇게 보강되기를 얼마나 원하는지 보라. 당신이 앎의 학생으로서 준비하면서, 받아들이고 있고 또 받아들이려고 하는 엄청난 가치를 자각하라. 오늘 이 복습을 통해 당신 준비가 얼마나 중요한지 확인하라. 당신의 참여가 얼마나 깊어져야 하는지 인식하고, 당신 삶 속에 있는 앎의 현존을 약하게 하거나 부정하는 생각들을 얼마나 멀리 물리쳐야 하는지 인식하라. 앎이 당신과 함께 있고, 교사들이 당신과 함께 있음을 기억하여 이 사실을 당신이 매 순간 체험하고 받아들일 수 있게 하라. 당신이 이것을 받아들이는 법을 배울 때, 자연스럽게 이것을 표현할 것이다.

오늘 한 차례 긴 연습 시간에, 지난 두 주간 연습한 것을 복습하면서 당신에게 무엇이 제공되고 있는지 보라. 당신이 얼마나 많이 받아들여야 하는지, 또 얼마나 많이 받아들이고 싶어 하는지 보라.

연습 336: *긴 연습 한 차례*

제 337계단

나 혼자는 아무것도 할 수 없다.

당신 혼자는 아무것도 할 수 없지만, 당신은 혼자가 아니다. 물론 당신은 한 개인이다. 하지만 동시에 당신은 한 개인보다 더 크다. 그래서 당신은 혼자일 수 없고, 그래서 당신의 개체성은 세상에서 큰 가능성과 목적을 가진다. 그래서 개체성보다 더 큰 위대함의 일부분인 당신과 개체성인 또 다른 일부분인 당신이 하나가 되고 통합된다. 이때 당신이 자신을 위해 이룬 것이 모두 이롭게 된다. 또한 당신이 이루어 낸 모든 것이 목적·의미·방향을 갖고, 삶에 포함된다. 그래서 당신 삶은 복원되고 회복되며, 당신은 삶의 일부분이 되고 삶의 독특한 표현에 매개체가 된다. 이것이 오늘 수업의 참뜻이다.

오직 상상의 그늘과 어둠 속에서만 당신은 진실의 빛에서 벗어나 숨을 수 있다. 당신의 상상을 진짜라고 여기려면, 당신은 자신이 혼자라고 믿어야 한다. 당신이 혼자가 아님을 아는 것이 처음에는 두려울 수도 있다. 왜냐하면 자신의 상상이나 죄책감이 드러날까 두렵기 때문이다. 그런데 이것을 비난 없이 정직하게 살펴보면, 이것은 당신이 이미 회복되었고 원기를 되찾았음을 의미하며, 당신과 함께 있는 힘, 당신의 근원이자 참자아인 힘을 받아들이도록 지금 준비되고 있음을 의미한다는 것을 당신은 깨닫는다.

정각마다, 오늘의 말을 반복하고, 이 말이 삶에서 당신의 힘과 포함을 확언하는 것임을 깨달으라. 깊은 명상에서는 앎의 성소인 고요 속으로 다시 들어가라. 이곳에서 당신이 혼자가 아니라는 사실이 분명해질 것이다. 이곳에서 당신은 삶과 참된 결혼을 하고, 당신을 돕고 안내하려고 온 이들, 지금 당신과 함께 연습하는 이들과 진실로 결합한다. 행복은 포함 속에 있고, 괴로움은 고립 속에 있다. 당신은 혼자가 아니니, 당신의 괴로움은 아무런 기반이 없으며, 당신 혼자는 아무것도 할 수 없으니, 당신 성공은 보장되어 있다.

연습 337: *30분 연습 두 차례 & 시간연습*

제 338계단

나는 오늘 주의를 기울일 것이다.

당신 주위에서 무슨 일이 일어나고 있는지 볼 수 있도록 오늘 주의를 기울이라. 세상에서 당신 자신을 체험할 수 있도록 오늘 주의를 기울이라. 당신 안에서 앎의 불이 타고 있는 것을 체험할 수 있도록 오늘 주의를 기울이라. 교사들의 현존이 당신과 함께 있음을 체험할 수 있도록 오늘 주의를 기울이라. 세상 안에서 앎의 불이 타고 있고, 교사들의 현존이 세상에도 현존함을 당신이 볼 수 있도록 오늘 주의를 기울이라. 당신이 주의를 기울이면, 이 모든 일이 당신에게 자연스레 일어날 것이다. 왜냐하면 당신이 비난하지 않을 때, 실제로 무엇이 일어나고 있는지 보일 것이기 때문이다. 그럼으로써 당신은 세상에서 자신의 영적 본성과 목적을 확인할 것이다. 그럼으로써 당신은 자신의 진정한 정체성을 확인할 것이고, 당신 개인적 삶에 의미를 찾을 것이다.

오늘 정각마다, 주의를 기울이라. 그리고 이처럼 주의를 기울이면, 그 자체에서 참된 결실이 생길 것임을 확신하라. 판단하거나 평가하지 않으면, 당신은 세상이 당신에게 보여줄 법한 끔찍한 상황들을 모두 꿰뚫어 볼 것이며, 당신의 상상이 당신에게 보여줄 법한 끔찍한 상황들을 모두 꿰뚫어 볼 것이다. 왜냐하면 그러한 상황들은 모두 상상에서 생겨나 실체화되기 때문이다. 세상에 주의를 기울일 때, 당신은 세상의 혼란을 알고 세상에 앎이 필요함을 안다. 이때 당신은 자신의 혼란을 확인할 것이고 자신에게 앎이 필요함을 확인할 것이다. 그리고 당신이 지금 그 앎을 받아들이려고 준비하고 있음을 기쁘게 여길 것이다.

깊은 명상연습에서는, 주의를 기울이고, 현존하며, 앎의 성소 안에 있는 고요 속에 자신을 내주라. 당신은 주의를 기울이기만 하면 된다. 판단은 필요 없다. 주의를 기울이라. 그러면 거짓된 것은 꿰뚫어 볼 것이고, 참된 것은 받아들일 것이다. 왜냐하면 주의를 바르게 기울이면, 항상 참된 것을 얻고, 주의를 그릇되게 기울이면, 항상 거짓된 것을 얻을 것이기 때문이다.

오늘 당신은 주의를 기울이는 정신 능력을 강화한다. 당신은 이 능력을 자신을 위해 강화하고, 세상을 위해 강화한다. 세상은 제대로 인지될 필요가 있다. 왜냐하면 세상은 사랑받을 필요가 있으며, 사랑은 오직 참된 인지를 통해서만 오기 때문이다.

연습 338: *30분 연습 두 차례 & 시간연습*

제 339계단

사랑의 현존이 지금 나와 함께 있다.

사랑의 현존은 당신 내면에 있는 앎의 불 속에 당신과 함께 있다. 교사들의 현존에서 예시된 것처럼, 이 현존은 세상 모든 것에 두루 스며 있다. 사랑의 현존은 세상이 존재하는 맥락이다. 이 현존은 고요하다. 그러므로 모든 것에 깃들어 있다. 세상을 지각하는 당신이 이처럼 변치 않는 현존을 지각할 수 있는가? 세상에서 활동하는 당신이 세상에 주는 이 현존의 영향을 볼 수 있는가? 만약 이 현존이 세상에 없다면, 세상은 오래전에 자멸하여 당신이 구원받을 희망이 없을 것이다. 또한 참된 공동체를 가질 희망도 없을 것이고, 일시적 삶인 이곳에서 인간이 할 수 있는 모든 일에도 희망이 없을 것이다. 상상의 어둠과 두려움의 어둠이 영원히 세상을 뒤덮을 것이고, 모두가 칠흑 같은 어둠 속에 살 것이므로, 참된 가치를 지닌 것은 어떤 것도 빛을 발하지 못할 것이다. 사랑의 현존이 세상에 없다면, 세상은 이처럼 될 것이다. 당신 삶은 어둠 속에 갇힐 것이고, 당신은 그곳에서 결코 빠져나올 수 없을 것이다.

그러므로 세상에서의 당신 삶은 일시적이다. 당신은 빛에서 태어났으며, 빛으로 돌아갈 것이므로 세상에서의 당신 삶은 영원할 수 없다. 당신은 빛에서 태어나 빛으로 돌아가는데, 어떻게 어둠에서 영원히 살 수 있겠는가? 당신이 세상에 파견된 것은 세상 안으로 빛을 가져오기 위함이지, 세상의 어둠을 확인하려는 것이 아니다. 신의 뜻은 당신이 세상 안으로 빛을 가져오는 것이지, 어둠 속의 세상으로 추방되는 것이 아니다. 당신은 세상 안으로 빛을 가져오기 위해 여기 있다.

앎의 학생인 당신은 앎의 빛, 앎의 불을 받아들이는 법을 지금 한 계단씩 배우고 있다. 당신이 내면에 있는 이것을 체험함으로써, 세상에서 앎의 불이 타고 있음을 볼 것이다. 왜냐하면 이것이 사랑의 현존이며, 세상에 있는 신이기 때문이다. 신이 세상에서 하는 일은 당신을 통해서 이루어지겠지만, 세상에서 신의 현존은 모든 이들 내면에 있는 앎을 움직여 그들을 불러 깨운다. 그리하여 앎이 어디서 출현하든 그 출현을 구체화하고 확인하고 강화한다.

신의 현존은 영원하지만, 세상 그 자체는 일시적이다. 물질 우주는 일시적이지만, 신의 현존은 영원하다. 무엇이 크고, 무엇이 작은지, 이제 알 수 있겠는가? 주는 것이 무엇이고, 받는 법을 배워야 하는 것이 무엇인지, 이제 알 수 있겠는가? 당신 준비가 왜 중요한지 이제 실감할 수 있겠는가? 세상에서 당신 봉사가 왜 중요한지 이제 실감할 수 있겠는가?

정각마다, 주의를 기울여, 세상에서 사랑의 현존을 체험하라. 주의를 기울이면, 당신은 이 현존을 체험할 것이다. 깊은 명상연습에서는, 앎의 불인, 당신 내면에 있는 사랑의 현존을 체험하라. 자신 안에서나 세상 안에서 이 현존을 바라볼 때, 이 현존의 고요 속에서 모든 선한 일과 모든 중요한 생각이 나오고, 중요한 활동을 하려는 모든 의욕이 나온다는 점을 잊지 말라. 현존에서 이와 같은 것들이 나옴으로써 인류는 물론 심지어 다세계 큰 공동체까지도 앎을 향해 나아가게 되고, 앎과 함께 단일 공동체가 되는 것을 향해 나아가게 된다.

연습 339: *30분 연습 두 차례 & 시간연습*

제 340계단

나의 연습은 내가 세상에 하는 공헌이다.

당신은 앎의 초보 학생이다. 그래서 초보 학생으로서 당신은 연습에 온전히 임한다. 자신이 마치 세상에서 구세주와 같은 큰 역할을 할 것으로 혼자 상상하지 말라. 왜냐하면 당신은 아직 큰일을 할 준비가 되지 않아서, 이런 상상은 당신에게 오직 좌절감만 안겨줄 것이기 때문이다. 당신이 할 일은 여기에 제공된 대로 이 계단을 따르는 것이며, 이것은 꼭 필요한 것이다. 때가 되면, 당신 체험에서 큰 것이 자랄 것이고, 당신은 세상에서 큰 것을 체험할 것이다. 그런데 우리가 지금까지 준비 과정에서 자주 언급했듯이, 당신이 체험할 큰 것은 단순하고 일상적인 것들에서 그 자신을 표현할 것이다. 그러므로 당신 자신을 구세주 같은 거창한 것으로 상상하거나, 세상에서 십자가에 못 박히는 고난을 겪을 것으로 보지 말라. 왜냐하면 이런 이미지들은 무지에서 나오며, 당신은 그것들의 진정한 의미를 이해하지 못하기 때문이다.

각각의 계단을 따르라. 각각의 계단에는 온전한 주의와 참여가 필요할 것이다. 이 준비에 불필요한 것을 덧붙이려고 하지 않는다면, 그때 당신은 이 준비에 온전히 임하게 될 것이다. 그럼으로써 이 준비가 당신을 온전히 참여시킬 것이고, 모든 육체적·정신적 능력을 끌어올려 그 능력에 통일된 목적과 방향을 줄 것이다. 연습은 당신이 세상에 주는 선물이다. 당신의 연습에서 시작되어, 당신이 미래에 베풀 모든 선물은 자신감과 사랑과 확실성으로 베풀어질 수 있을 것이다.

정각마다, 연습이 세상에 주는 당신 선물임을 상기하라. 당신이 정말 세상에 봉사하기를 바라고, 또 당신이 가장 소중히 여기는 것, 당신 내면에서 존중하는 것을 세상에 정말 보여주고 싶다면, 이 연습에 자신을 내주고, 오늘 연습에 소홀하지 말라. 깊은 명상에서 연습에 자신을 내주라. 왜냐하면 연습은 주는 행위이기 때문이다. 받는 법을 지금 배우고 있는 당신은 받는 법을 배우는 데 자신을 또한 내주고 있다. 따라서 당신은 주는 법 또한 배우고 있다. 당신이 연습에 자신을 내줄 수 없다면, 세상에도 줄 수 없을 것이다. 왜냐하면 세상에 주는 것도 하나의 연습이기 때문이다. 당신이 할 수 있는 것은 연습뿐임을 잊지 말라. 당신이 무엇을 하든, 당신은 무언가를 연습하고, 무언가를 주장하고, 무언가를 확인하고, 무언가를 배우고 있다. 이 말을 이해한다면, 이 참된 준비에 자신을 내주라. 왜냐하면 이것이 자신과 세상에 주는 당신 선물이기 때문이다.

연습 340: *30분 연습 두 차례 & 시간연습*

제 341계단

나는 지금 받아들일 수 있으므로 행복하다.

받아들이는 법을 배우라. 그러면 행복해지는 법을 배울 것이다. 주는 법을 배우라. 그러면 당신의 행복이 확인될 것이다. 지극히 단순하게 말하면, 당신이 하는 일이 바로 이것이다. 만약 이 말을 당신 개인의 생각이나 기대로 복잡하게 만들지 않는다면, 당신은 변치 않는 이 말의 진실을 볼 수 있을 것이고, 이 말이 정확히 무엇을 의미하고 무엇을 요구하는지 알게 될 것이다. 복잡성은 진실의 단순함을 거부하는 것임을 잊지 말라. 당신이 날마다 한 계단씩 준비해나갈 때, 진실도 날마다 한 계단씩 자신의 일을 해나갈 것이다. 당신이 앎의 학생이 되는 법을 배울 때, 진실을 따르는 법을 배운다. 진실의 단순함은 항상 당신과 함께 있다. 왜냐하면 진실을 찾는 모든 이들, 비난이나 판단의 중압감 없이 바라보는 모든 이들에게는 진실이 단순하고 명백하기 때문이다.

정각마다, 연습하는 것을 잊지 말라. 깊은 명상에서는 다시 고요를 받아들이는 역량과 고요를 염원하는 소망을 키우라. 당신이 날마다 조금씩 더 고요를 체험하면, 고요는 점점 더 커져 당신 삶을 채울 것이고, 큰 빛처럼 당신 삶에서 퍼져나갈 것이다. 왜냐하면 당신은 세상의 빛이 되고자 이곳에 왔기 때문이다.

연습 341: *30분 연습 두 차례 & 시간연습*

제 342계단

나는 오늘 앎의 학생이다.

당신은 오늘 앎의 학생이다. 그래서 지금 이 준비 프로그램을 한 계단씩 따르고 있다. 당신은 자신의 판단과 불안을 내려놓는 법을 배우고 있고, 내면에 있는 앎의 현존과 삶 속에 있는 사랑의 현존에 확인받는 법을 배우고 있으며, 자신을 존중하는 법, 세상에 감사하는 법을 배우고 있다. 그리고 자신의 책임을 알아보는 법을 배우고 있고, 이 책임이 완수되도록 세상에 필요한 것을 알아차리는 법을 배우고 있으며, 안으로는 고요하고 밖으로는 의미 있게 참여하는 법을 배우고 있다. 또한 받는 법을 배우고 있고, 주는 법을 배우고 있으며, 당신 삶이 복원되고 있음을 알아차리는 법을 배우고 있다.

오늘 앎의 학생이 되라. 그리하여 되도록 완전하고 분명하게 오늘의 지침에 따라 행하라. 정각마다, 당신이 앎의 학생임을 상기하고, 앎의 학생이 된다는 것이 무엇을 의미하는지 잠깐 생각해보라. 특히 당신의 현재 상황과 관련해서 생각해보라. 깊은 연습에서는, 앎의 학생이란 어떤 것인지 숙고하는 일에 마음을 적극 사용하라. 지금까지 받은 가르침을 상기해보라. 무엇이 점점 더 보강되고 있는지, 무엇을 내려놓도록 용기를 북돋아 주는지 보라. 오늘 두 차례 연습은 마음을 적극 이용하여 오늘의 말이 당신 삶에서 무엇을 뜻하는지 알아보는 시간이다. 생각할 때는 항상 건설적으로 생각하라. 왜냐하면 생각은 모두 건설적이어야 하기 때문이다. 생각할 필요가 없을 때는 앎이 당신을 이끌 것이다. 세상에 있을 때, 당신에게는 앎이 있어야 한다. 그리고 당신은 앎의 학생이니, 건설적으로 생각하는 법을 배워야 한다. 오늘 앎의 학생이 되라. 그러면 당신은 자신을 안내하는 것, 자신을 이끄는 것, 자신을 축복하는 것을 존중할 것이다. 그래서 앎을 대변할 것이다. 왜냐하면 당신은 앎의 학생이기 때문이다.

연습 342: *30분 연습 두 차례 & 시간연습*

제 343계단

나는 오늘 이 준비 프로그램의
원천을 존중할 것이다.

오늘 앎의 학생이 되는 것으로 이 준비 프로그램의 원천을 존중하라. 정각마다, 이 말을 기억하고, 앎의 학생이 된다는 것이 무엇을 뜻하는지 다시 생각해보라. 지금까지 여기서 제공된 모든 것, 보강되고 있는 모든 것을 상기해보려고 노력하고, 당신을 방해하고 붙잡는 것을 객관적으로 알아차리려고 노력하라. 더 깊이 신뢰하고, 더 깊이 참여하라. 그리할 수 있도록 당신의 결정권을 쓰라. 이때 당신은 자신을 안내하는 것과 자신이 섬기는 것을 존중하고 대변한다는 것을 잊지 말라.

두 차례 깊은 연습 시간에는 오늘 말의 의미를 숙고해보는 데 마음을 적극 쓰라. 당신은 자신이 가치를 두는 것만 섬길 수밖에 없음을 잊지 말라. 앎에 가치를 두면 앎을 섬길 것이고, 무지와 어둠에 가치를 두면 무지와 어둠을 섬길 것이다. 당신이 가치를 두는 것이 당신의 주인이니, 당신이 배워야 할 것을 그 주인이 당신에게 줄 것이다. 당신은 앎의 학생이다. 세상에서 앎과 진실을 나타내는 것을 당신이 배우기로 선택했고 당신을 안내하는 주인으로 선택했으므로, 당신은 앎의 학생이다. 당신에게는 오직 두 가지 선택밖에 없다. 왜냐하면 당신은 앎을 섬기거나, 앎을 대신하려는 것을 섬길 수밖에 없기 때문이다. 그런데 실제로 아무것도 앎을 대신할 수 없으니, 앎을 대신하는 것을 섬기려는 소망은 아무것도 섬기지 않고, 아무것도 되지 않으며, 아무것도 갖지 않겠다는 소망이다. 우리가 가난을 말할 때, 의미하는 바가 바로 이것이다. 가난은 아무것도 섬기지 않고, 아무것도 되지 않으며, 아무것도 갖지 않는 상태이다.

그러니 당신에게 봉사하는 것을 존중하라. 당신의 현실을 알아보고, 세상에서 당신이 존재하는 가치와 의미를 알아보는 것을 존중하라. 그러면 당신은 참된 것을 섬기고, 참된 것이 되며, 참된 것을 가질 것이다. 바로 그래서 섬기는 법을 배우고 있는 당신이 받는 법을 배우고 있는 자가 될 것이다.

연습 343: *30분 연습 두 차례 & 시간연습*

제 344계단

내 앎은 내가 세상에 주는 선물이다.

앎은 당신이 세상에 주는 선물이지만, 당신은 먼저 앎이 그 자신을 표현하도록 매개체가 되어야 한다. 당신은 앎을 인정하고 받아들여 앎에게서 배우고, 앎이 당신에게 베풀라고 준 것을 베풀어야 한다. 앎이 당신을 통해 세상에 자연스럽게 빛을 비출 수 있도록 당신은 마음을 열어야 한다. 당신 앎에서, 모든 것이 나올 것이다. 의미 있는 모든 활동, 중요한 모든 공헌, 중요한 모든 생각, 의미 있는 모든 감정표현이 앎에서 나올 것이고, 다른 사람을 안심시키고 위로하고 사랑하고 치유하고 함께하고 자유롭게 해주려는 모든 의욕이 앎에서 나올 것이다. 이것은 단지 진짜 당신이 마침내 자신을 표현하고 있다는 뜻일 뿐이다. 이것이 세상에 주는 당신 선물이다.

정각마다, 이 말을 상기하고, 당신 내면에서 불타는 앎을 느껴보라. 세상에서 앎을 나르는 매개체로서 자신을 느껴보라. 당신은 자신이 어떻게 앎을 줄지, 앎은 그 자신을 어떻게 줄지, 그 결과로 무슨 일이 생길지, 이런 것을 이해하려고 애쓰지 않아도 된다는 것에 기뻐하라. 당신은 그저 이 계단을 따르기만 하면 된다. 지금까지 보아왔듯이, 이 계단은 당신이 정신 능력들을 개발하여 적절히 적용할 것을 요구하고, 정신적으로 현존하기를 요구하며, 삶에 균형과 조화를 이룰 것을 요구한다. 심지어 이 준비에서 지금까지 한 것만으로도, 당신은 삶에 관해 아직 받아들이지도 이행하지도 못한 것들을 많이 알고 있음을 깨닫고 있다. 앎은 처음부터 내내 당신과 함께 있었으며, 당신이 동행들과 함께 나아가는 초기 준비 과정인 지금 이때마저도, 앎의 힘과 효능은 당신에게 더욱더 실제적이 되어가고 있다. 이것이 세상에 주는 당신의 선물이다.

오늘 두 차례 긴 연습 시간에는, 고요와 받아들임 속에서, 앎의 힘을 받아들이는 연습을 하라. 그리하여 그 힘이 당신 안에서 커질 수 있게 하고, 당신이 세상 속으로 과감하게 들어갈 때, 그 힘을 점점 더 많이 체험할 수 있게 하라. 이 긴 연습 시간은 당신 준비에 대단히 중요하다. 왜냐하면 당신은 이 연습을 통해 역량이 커지고, 이해가 커지며, 체험이 많아지고, 세상에 있는 동안 앎을 체험하기가 훨씬 더 쉬워질 것이기 때문이다. 그것은 당신 앎이 세상에 주는 당신의 선물이면서, 동시에 당신 자신에게 주는 당신의 선물이기 때문이다.

연습 344: *30분 연습 두 차례 & 시간연습*

제 345계단

내 앎은 내가 영적 가족에게 주는 선물이다.

당신 앎은 당신이 영적 가족에게 주는 선물이다. 왜냐하면 당신이 세상에 온 것은 자신의 진보나 세상의 진보만을 위한 것이 아니라 당신 영적 가족의 진보를 위한 것이기도 하기 때문이다. 당신의 특정 학습 단체인 영적 가족이 진보하려면 당신이 진보해야 한다. 왜냐하면 그 학습 단체는 더 큰 연합을 이루려고 하고 있기 때문이다. 태초 이래로 당신은 줄곧 관계의 범위와 관계의 역량을 키워 왔다. 지금까지 당신이 이룬 것은 모두 영적 가족이라는 표현과 모습으로 구체화된다.

신에게 복귀한다는 것은 관계 안의 포함으로 복귀한다는 것이다. 이것은 당신의 이해능력으로는 알 수 없는 것이며, 당신의 관념이나 이상주의와는 완전히 다른 것이다. 이것은 오로지 체험될 수만 있으며, 또 체험되어야 한다. 그래서 이 체험을 통해, 당신은 단지 자신을 복원하고 세상에 봉사하기 위해서만 이곳에 온 것이 아니라, 당신을 파견한 이들에게 봉사하기 위해서도 왔음을 이해할 것이다. 이것을 이해할 때, 당신의 역할이 더욱더 중요해진다. 이때 당신 준비가 더욱더 중요해진다. 이 점을 생각해보면, 당신은 이 말이 진실임을 알 것이다.

오늘 정각마다, 오늘의 말을 생각해보고, 당신의 영적 가족을 기억하라. 당신은 지금 그들을 기억하는 법을 배우고 있다. 두 차례 깊은 명상시간에는, 앎의 성소로 다시 들어가서 영적 가족의 현존을 체험하려고 시도해보라. 당신 마음이 고요하면, 그들이 지금 당신과 함께 있음을 깨달을 것이다. 당신이 그들에게서 떨어질 수 없는데, 어떻게 그들이 당신에게서 떨어질 수 있겠는가? 당신이 세상에 있는 동안 그들은 지금 당신과 함께 있다.

연습 345: *30분 연습 두 차례 & 시간연습*

제 346계단

나는 일하기 위해 세상에 있다.

당신은 일하기 위해 세상에 있다. 당신이 하고자 하는 것은 일이며, 당신이 여기 온 것도 일 때문이다. 그런데 우리가 여기서 말하는 이 일이란 무엇인가? 당신이 억지로 하거나, 일하는 데 어려움이 있는 현재 직업인가? 당신이 자신의 일이라고 생각하거나, 스스로 정해서 하는 그 많은 일들인가? 당신의 진정한 일은 이런 활동들 어떤 것에서도 표현될 수 있지만, 이 일은 진실로 더 크다. 당신이 진정한 일을 하나하나 해나가는 것은 당신의 행복이고 성취일 것이다. 세상에서 당신의 진정한 일은 당신의 앎을 발견하여 그 앎이 당신을 통해 그 자신을 표현하도록 허용하는 것이다. 세상에서 당신의 진정한 일은 당신이 세상에서 당신 개인의 운명을 완수할 수 있도록, 어떤 특정 사람들과 특정 방식으로 결합하는 특정 부름에 응답하는 것이다.

이것이 당신의 일이다. 지금 당장 이 일이 무엇인지 알 수 있다고 생각하지 말라. 그리고 우리가 알려준 것을 넘어서 이 일에 정의를 내리려고 하지 말라. 이것이 무엇을 뜻하는지 완전하게 알지 않아도 괜찮으며, 삶의 신비를 구체화하려 시도하지 않고, 이해하는 것도 괜찮다.

당신은 일하기 위해 세상에 있다. 그러니 일에 열중하여, 당신에게 목적과 의미와 방향의 원천이 드러날 수 있게 하라. 당신이 자신의 가치를 체험하는 것, 즉 개인적 삶의 가치나 참된 운명의 확신을 체험하는 것은 바로 당신이 하는 일과 의미 있는 활동을 통해서이다. 당신의 진정한 일은 당신에게 가치 있는 것을 모두 보장해주고, 당신을 가리고 무력하게 하고 비참하게 하는 모든 것에서 빠져나오게 해준다.

정각마다, 오늘의 말을 상기하라. 두 차례 깊은 연습에서는, 다시 마음을 적극 써서 이 말을 곰곰이 생각해보라. 당신이 일 자체, 그리고 일과 관련된 것들을 모두 어떤 눈으로 바라보는지 숙고해보라. 과거에 당신이 일에 어떻게 반응했는지, 즉 일하고자 한 욕구, 일에 대한 양가성, 일에 대한 저항감 등을 돌이켜보라. 일에서 벗어나고 싶은 모든 욕구가 실제로 어떻게 앎을 찾고자 하는 욕구가 되었는지 보라. 앎이 새 목적, 새 의미, 새 방향을 가지고 당신을 일에 참여하게 할 것임을 깨달으라. 당신 생각들을 고찰하라. 그 생각들을 이해해야 한다. 왜냐하면 그 생각들이 여전히 당신의 인식과 이해에 실질적인 영향을 주기 때문이다. 자신의 마음에 객관적이 될 수 있을 때, 당신은 앎이 마음에 빛을 비추도록 허용할 수 있으며, 결정권을 사용하여 스스로 준비할 수 있고 마음속에 담긴 것을 가지고 일할 수 있다. 이 결정권은 당신의 참여 영역 안에서 효력이 있다. 왜냐하면 이 결정권은 앎의 목적·의미·방향을 정하는 것이 아니라, 당신이 앎을 받아들이는 자가 되어 앎을 체험하고, 당신을 통해 앎이 그 자신을 표현하도록 허용하는 것이기 때문이다.

그래서 두 차례 긴 연습 시간에 마음을 적극 이용하라. 오직 이 생각에만 몰두하라. 여기에 관련된 생각과 느낌들을 모두 알아보라. 긴 연습의 마지막 부분에서는 모든 생각에서 빠져나온 후, 당신이 알 수 있게 되도록 고요와 받아들임 속으로 다시 들어가라. 당신이 앎 자체를 체험하고 있을 때, 앎은 당신 생각이 필요 없다. 왜냐하면 모든 생각은 앎의 대용이기 때문이다. 하지만 앎은 여전히 당신 생각을 모두 큰 목적에 봉사하도록 이끌 것이다.

연습 346: *40분간씩 두 번 그리고 시간연습*

제 347계단

오늘 나는 내 삶이 펼쳐지는 것을 허용한다.

오늘 당신 삶이 펼쳐지는 것을 허용하라. 당신이 내적 방향감각을 잃지 않는다면, 또한 스스로 만든 상상의 어둠에 빠지지 않고, 자신의 혼란이나 갈등이 없다면, 당신은 자신의 삶이 펼쳐지는 것을 직접 목격할 수도 있다. 오늘 계단은 당신 삶이 펼쳐지는 것, 당신 앎이 출현하는 것, 당신의 참된 이해가 커지는 것, 당신의 참된 성취가 표현되는 것에 대해 말한다. 오늘 주의를 기울이라. 그리하여 외적 삶과 내적 삶을 객관적으로 바라보는 법을 배우라. 이런 식으로, 당신은 당신 삶에 진실로 존재하는 것을 체험할 수도 있다. 당신 삶에 진실로 존재하는 것은 참이며 사랑 그 자체를 반영하므로, 당신은 당신 삶에 진실로 존재하는 것을 사랑할 것이다.

정각마다, 당신 삶이 펼쳐지는 것을 지켜보는 것을 상기하라. 깊은 명상연습에서는, 고요와 받아들임 속에서 당신의 내적 삶이 펼쳐지는 것을 지켜보라. 당신의 외적 삶과 내적 삶이 함께 펼쳐지는 것을 지켜보라. 외적 삶과 내적 삶은 이처럼 함께 펼쳐져야 한다. 이때 당신은 당신 삶의 흐름을 느낄 것이다. 이때 당신 삶이 안내받고 인도받고 있음을 알 것이다. 이때 당신이 정말로 가치를 두고 가장 소중히 여기는 것과 우리가 지금까지 이 준비 과정에서 명시했던 것이 모두 현실화되고 있음을 알 것이다. 이때 당신은 어떤 것은 떨어져 나가는 것을 허용하고, 어떤 것은 드러나는 것을 허용한다. 이때 당신이 다스리도록 된 삶의 부분, 즉 당신의 생각이나 행동을 다스린다. 이때 당신이 다스릴 수 없는 삶의 부분, 즉 당신의 목적·의미·방향이 자연스럽게 드러나 그 자신을 표현하는 것을 허용한다. 이때 당신 삶의 목격자가 된다. 이렇게 해서 그 삶이 오늘 드러나 펼쳐질 것이다.

연습 347: *30분 연습 두 차례 & 시간연습*

제 348계단

오늘 나는 세상이 펼쳐지는 것을
목격할 것이다.

두려운 추측, 염려되는 상황에 불안한 반응, 당신의 야심이나 거부 등이 없다면, 당신은 오늘 세상이 펼쳐지는 것을 볼지도 모른다. 당신은 이것을 눈으로 보고, 귀로 들으며, 피부로 감지하고, 육체적·정신적 존재 전체로 느낄 것이다. 마음은 생각하고 몸은 행동하지만, 존재는 알기 때문에, 당신은 이것을 알 것이다. 그래서 앎의 힘이 존재의 힘이며, 당신은 그 존재의 일부분이다.

바로 이 존재의 힘으로 당신은 세상이 펼쳐지는 것을 지켜볼 수 있다. 왜냐하면 세상에는 존재와 마음과 몸이 있기 때문이다. 세상의 존재는 알고, 세상의 마음은 생각하며, 세상의 몸은 행동한다. 자연은 세상의 몸이요, 집단적 생각은 세상의 마음이며, 앎은 세상의 존재이다. 그래서 자신의 삶 속에서 앎을 깨닫기 시작할 때, 당신은 세상 속에서 앎을 깨달을 것이다. 앎이 당신 마음을 씻고 정화하는 것을 볼 때, 앎이 세상의 모든 마음을 씻고 정화하는 것을 볼 것이다. 앎이 당신을 효과적인 행동으로 이끄는 것을 볼 때, 세상 속의 앎이 다른 사람들을 효과적인 행동으로 이끄는 것을 볼 것이다. 이처럼 당신은 자신에게 연민을 가지는 법을 배울 때, 세상에 연민을 가지는 법을 배울 것이고, 자신이 펼쳐지는 것을 목격할 때, 세상이 펼쳐지는 것을 목격할 것이다.

오늘 정각마다, 이 말을 반복하고 세상이 펼쳐지는 것에 목격자가 되라. 두 차례 긴 연습에서는, 눈을 뜬 채로 주위 세상을 응시하라. 이렇게 주위 세상을 응시하면서, 혼자서 이 연습 시간을 보내라. 판단 없이 바라보라. 세상이 펼쳐지는 것을 느껴보라. 이것을 느끼려고 애쓰지 않아도 된다. 이것은 자연스러운 일이니, 당신은 느낄 것이다. 당신 쪽에서 방해나 간섭이 없다면, 당신은 항상 이 체험을 바로 그 순간에 할 수 있을 것이다. 세상이 펼쳐지는 것을 느껴보라. 그러면 당신이 지금 배우고 있는 것을 모두 확인할 것이며, 당신이 지금 배우고 있는 것은 모두 세상이 펼쳐지는 데 세상에 봉사할 것이기 때문이다.

연습 348: *30분 연습 두 차례 & 시간연습*

제 349계단

마침내 진실을 섬길 수 있어 나는 기쁘다.

마침내 진실을 섬기는 것은 당신의 가장 큰 기쁨이요, 가장 큰 행복이며, 가장 큰 만족이다. 당신은 과거에 좌절했고 우울했다. 왜냐하면 기반도 없고 의미도 없는 것들을 섬기려 했고, 목적도 방향도 없는 것들과 동일시하려 했기 때문이다. 그럼으로써 자신에게 아무런 목적이나 의미, 방향이 없다는 느낌을 갖게 되었다. 당신이 이제 진실을 대변하고 섬길 수 있게 되었으니, 기뻐하라. 왜냐하면 진실이 당신에게 참된 것을 모두 주기 때문이다. 진실은 당신이 모든 참여·관계·활동·노력에서 찾은 목적·의미·방향을 준다. 당신이 지금까지 모든 환상, 모든 걱정, 모든 희망 속에서 찾은 것이 바로 이것이다.

당신이 진실로 원한 것이 모두 지금 당신에게 제공되고 있다. 당신이 진실로 원한 것을 받아들이는 법을 지금 배우라. 그러면 참된 것을 깨달을 것이고, 항상 진실로 원한 것 또한 깨달을 것이다. 그럼으로써 진실이 단순해지고 분명해질 수 있으며, 당신의 개인적 본성이 단순해지고 분명해질 수 있다. 왜냐하면 단순함에서 모든 것을 알게 되고, 복잡함에서 모든 것이 가려지기 때문이다. 세상에서 오직 기계적인 것만 복잡할 수 있다. 그러나 이때도 그 본질은 단순하며 직접 체험할 수 있다. 당신은 살면서 어느 정도는 기계적인 것을 다루어야 하는데, 이처럼 기계적인 것을 다룰 때만 복잡함이 있으며, 이런 복잡함조차도 단계적으로 하나씩 결정하는 것은 단순하다. 따라서 당신이 단순한 것을 다루든 복잡한 것을 다루든, 삶에는 단순하게 접근해야 한다. 우리가 말하는 복잡함이란 일종의 거부로서, 당신 생각의 복잡성, 당신 접근의 어려움을 말한다.

그래서 당신이 참된 것을 섬길 수 있다는 것에 기뻐하라. 왜냐하면 참된 것을 섬김으로써 모든 것은 단순해지고, 기계적으로 복잡한 것도 직접적이고 효과적으로 다룰 수 있게 되기 때문이다. 당신이 목적·의미·방향이 있는 것을 섬기고 있으니, 당신 삶에 목적·의미·방향이 있다는 것에 기뻐하라. 정각마다, 이것을 기억하라. 두 차례 깊은 연습에서는, 깊이 받아들이고 헌신하는 마음으로 고요 속에 다시 들어가라. 연습에 자신을 내주며, 연습은 주는 것이라는 것을 잊지 말라. 또한 당신은 지금 주는 법을 배우고 있고, 섬기는 법을 배우고 있다는 것을 잊지 말라. 당신은 참된 것을 주고 참된 것을 섬기며, 그 결과로 참된 것을 체험하고 참된 것을 받는다. 그러므로 오늘은 기쁜 날이다. 왜냐하면 당신이 참된 것을 섬기기 때문이다.

연습 349: *30분 연습 두 차례 & 시간연습*

제 350계단

복습

───

지난 두 주간 훈련한 것을 한 과씩 읽고 그날그날 연습한 것을 되돌아보라. 또다시 객관적으로 보는 당신 능력을 기르라. 당신 삶의 전반적 흐름—느리지만 매우 중요하고 실질적인 변화, 즉 당신의 가치관에서나 다른 사람들과의 관계 속에서 일어나고, 또 당신의 활동 속에서, 무엇보다도 자신에 대한 당신의 총체적 인식 속에서 일어나는 변화를 다시 한번 알아차리라.

중요한 변화는 점진적으로 일어나며, 가끔은 그 결과가 분명해질 때까지 눈치조차 채지 못한다는 점을 명심하라. 사소하고 대수롭지 않은 변화에 사람들은 종종 어떤 대단한 일이 방금 일어났다고 생각하며 감정적으로 크게 고양될 수 있다는 점을 인식하라. 큰 변화는 깊고, 모든 것을 변화시킨다. 단계적인 작은 변화는 당신 관점에 곧바로 영향을 주지만, 그 전반적인 효과는 그리 오래가지 않는다. 여기에 유일한 예외는 교사들이 당신 개인 영역에 들어와 그들의 현존을 드러내거나, 그 당시 당신에게 꼭 필요한 강력한 메시지를 전달할 때뿐이다. 이런 식의 개입은 매우 드문 일이지만, 당신을 위해 필요하면 일어날 수 있다.

그러므로 당신 삶의 전반적 흐름을 보라. 당신 삶이 펼쳐지는 것을 보라. 그럼으로써 당신은 미래를 준비할 수 있다. 왜냐하면 당신은 이 준비 프로그램을 함으로써 미래를 준비할 수 있기 때문이다. 당신은 여기서 가르치는 것을 모두 활용하고 보강해야 하며, 이 프로그램 안에 있는 것은 물론 훨씬 넘어선 것까지도 모두 연습해야 한다. 오늘 긴 연습 시간에 자신의 성장에 지혜로운 관찰자가 되라. 당신의 연습이 어디에서 보강되어야 하는지 자각하라. 이 자각은 당신 앎에서 나온다는 것을 깨달으라. 이제 우리는 앎으로 가는 계단의 이 단계에서 마지막 수업으로 가고 있으니, 온 정성을 다하여 당신이 자각한 것을 따르라.

연습 350: *긴 연습 한 차례*

앎으로 가는 계단

마지막 수업

당신은 우리 준비에서 마지막 계단들을 이제 막 시작하려 한다. 이 계단들은 앎으로 가는 전체 여정에서 마지막이 아니며, 앎을 활용하고 체험하는 데도 마지막이 아니다. 하지만 당신이 지금 참여하는 성장의 이 큰 단계에서는 마지막이다. 그러므로 더 큰 소망으로 전심전력하여 다음 연습과정에 자신을 내주라. 앎이 당신을 참여로 이끄는 것을 허용하라. 그리하여 당신의 참여가 견고하고, 힘차고, 포함되게 하라. 자신의 과거를 생각할 것이 아니라, 지금 이 순간 앎의 현실, 미래를 위한 앎의 큰 가능성을 자각하라. 당신은 이 준비의 원천을 존중하므로 존중받는다. 당신은 오늘 자신의 성장에 필수 단계인 이 마지막 계단들을 시작하므로 존중받는다.

제 351계단

나는 이제 막 체험하기 시작한 큰 목적에 봉사한다.

정각마다, 잊지 말고 이 말을 반복하라. 당신이 이 말을 더 깊이 이해하면, 이 말은 당신에게 훨씬 더 실제가 되고 분명해질 것이다. 이 말이 훨씬 더 실제가 될 때, 여기에 맞서는 다른 생각이나 관념은 모두 사라질 것이다. 왜냐하면 바로 이 큰 진실에 실체가 있기 때문이다. 진실인 것처럼 가장하며 진실과 맞서는 다른 것은 모두 실체가 없으니 사라질 것이다. 참된 것은 당신이 원하든 원하지 않든, 믿든 믿지 않든, 존재하며, 당신이 옳다고 주장하든 주장하지 않든, 존재한다. 그래서 그것이 참된 것이다.

　모든 것은 당신이 원했기 때문에 존재한다고 당신은 과거에 생각했다. 이것은 오로지 상상의 세계, 당신이 지금 빠져나오는 법을 배우고 있는 그 세계에서만 진실이다. 하지만 상상의 세계에서조차, 당신은 그곳에서 빠져나올 수 있도록 진실에 가장 가까이 있는 것을 소중히 여기는 법을 배운다. 왜냐하면 상상의 세계는 창조의 세계가 아니기 때문이다. 창조하는 것은 앎에서 창조한다. 이것이 영원하고 의미 있는 창조이며, 이 세상에서조차도 참된 힘과 가치를 지닌 창조이다. 이것은 상상의 세계가 아니다.

　깊은 명상시간에 고요 속으로 들어가라. 당신이 하려고 하는 것에 깊은 경외심을 가지고 들어가라. 고요 속에 있는 이 시간의 중요성을 상기하라. 이 시간은 예배의 시간이자, 참된 헌신의 시간이며, 당신도 열려있고 앎도 열려있는 시간임을 상기하라. 이 하루가 깊이 이해하는 날이 되게 하고, 깊이 헌신하는 날이 되게 하라. 왜냐하면 당신은 오늘 앎의 진정한 학생이기 때문이다.

연습 351: *30분 연습 두 차례 & 시간연습*

제 352 계단

나는 오늘 앎의 진정한 학생이다.

정각마다, 이 말을 확언하라. 두 차례 명상연습에서는, 깊은 경외심과 헌신으로 침묵시간에 들어가라. 이 명상은 당신의 예배시간이다. 당신은 지금 진정으로 교회에 간다. 의무감이나 두려움, 불안 때문에 가거나, 매몰찬 신에게 가지 않으면 안 된다는 느낌 때문에 가는 것이 아니라, 큰 기쁨으로 가며, 당신에게 온전히 내주는 것에 자신을 내주려는 소망으로 간다. 앎의 진정한 학생이 되라. 지금까지 당신에게 알려준 것을 모두 기억하며, 시간마다 활용하라. 내적으로, 외적으로 양쪽 모두에서 의미 있게 연습에 참여하라. 오늘 하루 더 강해지라. 당신이 자신의 삶에서 앎의 현존에 대해 배울 수 있도록 앎이 오늘을 당신에게 내주듯이 당신도 앎에게 오늘을 내주라.

앎은 신이 당신에게 준 선물이다. 왜냐하면 앎은 당신에게 신의 연장선이기 때문이다. 따라서 앎은 당신에게 신이 되겠지만, 앎 자신을 뛰어넘는 큰 것을 말할 것이다. 왜냐하면 앎은 당신이 자신과 관계는 물론 다른 사람들이나 삶과의 관계를 의미 있게 맺을 수 있도록 해주기 위해 여기 있기 때문이다. 이렇게 하는 것을 통해, 당신은 관계를 회복할 수 있고, 그리하여 신 안에 있는 당신의 참고향을 향해 나아갈 수 있다.

연습 352: *30분 연습 두 차례 & 시간연습*

제 353계단

나의 참고향은 신 안에 있다.

당신의 참고향은 신 안에 있다. 당신의 참고향은 있다. 그 고향은 참이다. 당신도 참이다. 비록 세상이 참고향은 아니지만, 세상에 있는 지금 이 순간에도 당신은 고향에 있다. 세상에서 고향과 함께 있고, 앎과 함께 있으므로, 당신은 세상에 베풀 수 있고, 세상에 정확히 필요한 것을 줄 수 있다. 그리고 고향을 잃고 방황하는 것처럼 보이는 세상에 이 고향의 느낌을 전해주고 싶을 것이다.

정각마다, 오늘의 말을 반복하고, 세상 사람들을 바라보라. 그들이 얼마나 고향을 잃은 사람들처럼 보이는지 보라. 그들이 무슨 이유로, 실제로는 고향에 있지만, 그것을 느끼지 못하는지, 잊지 말라. 당신처럼, 그들도 고향에서 잠자고 있다. 당신은 이제 그 잠에서 깨어나는 법을 배우고 있으며, 자신이 여전히 고향에 있다는 것을 깨닫고 있다. 왜냐하면 영적 가족이 당신과 함께 있고, 앎이 당신과 함께 있으며, 교사들이 당신과 함께 있기 때문이다.

그래서 비록 당신이 지금 참고향에서 멀리 떨어져 있는 것처럼 보여도, 당신은 바로 신 안의 고향에 있다. 당신은 세상에 참고향을 가져왔다. 신이 모든 곳에 두루 존재한다면, 어찌 신이 없는 곳에 당신이 있을 수 있겠는가? 교사들이 당신과 동행한다면, 어찌 당신이 교사들과 함께 있지 않을 수 있겠는가? 영적 가족이 항상 현존한다면, 어찌 당신이 영적 가족과 함께 있지 않을 수 있겠는가? 참고향에서 떨어져 있으면서 고향에 있을 수 있다는 것이 모순되는 말처럼 들릴 수 있지만, 당신이 세상을 보며 그 세상과 동일시할 때만 고향에서 떨어진 것처럼 보인다. 하지만 당신은 내면에 앎을 지니고 있으니, 앎은 당신이 진실로 고향에 있음을 일깨워주며, 당신이 참고향을 세상까지 확장하려고 세상에 있음을 일깨워준다. 왜냐하면 참고향은 세상이 귀향길을 발견할 수 있도록 세상에 그 자신을 내주고자 하기 때문이다.

정각마다, 이것을 잊지 말라. 두 차례 깊은 명상에서는 앎으로 귀향하라. 당신 내면에 있는 사원인 성소로 귀향하라. 이때 당신은 참고향을 체험하고, 당신에게 참고향이 더욱더 현실이 된다. 참고향이 당신에게 더 현실이 되면, 참고향은 당신의 체험 속에 점점 더 깊이 자리잡는다. 당신은 세상에 있는 동안 참고향을 체험해야 한다.

연습 353: *30분 연습 두 차례 & 시간연습*

제 354계단

나는 세상에 있는 동안
나의 참고향을 체험해야 한다.

참고향 안에서, 당신은 행복하고, 포함되고, 완전하고, 관계 속에 있고, 완벽한 참여자이고, 꼭 필요하고, 의미가 있다. 참고향은 당신이 세상에 있는 동안에는 이해할 수 없다. 실제로는 당신이 참고향에 완전히 도달할 때까지, 즉 당신의 영적 가족이 다른 모든 영적 가족과 재결합하여 모든 결합이 우주에서 완전해질 때까지는 이해할 수 없을 것이다.

하지만 비록 참고향이 이해되지 않을지라도, 당신이 닿을 수 없는 곳에 있다고 생각하지 말라. 당신은 내면에 앎을 지니고 있으므로, 오늘 참고향을 체험할 수 있다. 여기서 당신의 유일한 제약은 앎을 체험하고 표현하는 당신의 역량뿐이다. 하지만 당신이 한 계단씩 밟으며 준비 과정에 있는 각 계단을 받아들이면, 관계와 소통을 체험하는 당신의 역량은 커진다. 자신의 상상이나 분리된 생각에서 벗어나 점점 더 자유를 찾을 때, 당신은 점점 더 깊이 삶에 포함됨을 체험한다. 따라서 당신의 진보는 관계와 소통을 체험하는 당신의 역량, 앎을 체험하고 표현하는 당신의 역량이 끊임없이 커지는 것으로 측정될 수 있다. 그러므로 당신은 세상에 있는 동안, 고향에 있다. 왜냐하면 참고향은 당신이 체험할 때, 내면에서 커지기 때문이다. 마음이 자유롭게 되어 하나가 되고 인도받게 되면, 앎의 불은 더욱 강력해지고, 그 불의 강렬한 은총은 더욱 분명해진다.

정각마다, 오늘의 말을 기억하고, 깊은 연습 시간에는 참고향으로 되돌아가라. 당신은 세상에서 고향에 있다. 그러므로 당신은 세상에서 평화로이 있을 수 있다.

연습 354: *30분 연습 두 차례 & 시간연습*

제 355계단

나는 세상에서 평화로이 있을 수 있다.

세상에서 평화로이 있는 것은 가능하다. 왜냐하면 당신은 세상에 올 때, 평화의 원천을 가져왔기 때문이다. 비록 세상이 적극 참여해야 하는 곳이고, 어려움이 있는 곳이며, 도전하는 곳이고, 필요한 성취를 이루어야 하는 곳이기는 하지만, 당신은 세상에서 평화로이 있을 수 있다. 왜냐하면 당신은 내면에 평화를 지니고 있고, 앎의 불이 있기 때문이다. 바로 이 앎에서 의미 있는 모든 생각이나 활동, 즉 참된 모든 영감, 중요한 모든 생각, 위대한 모든 표현이 나온다. 그런데도 앎은 여전히 자신이 표현한 것보다 더 크다. 왜냐하면 앎은 세상을 비추는 빛이기 때문이다.

당신은 세상의 빛과 함께 있으므로 세상에서 평화로이 있지만, 여기에 일하러 왔으니, 여전히 세상에 참여한다. 각 계단을 따르는 것으로 참여하는 것을 통해서만, 당신은 평화와 일 사이에 아무런 모순이 없다는 것을 깨달을 수 있다. 고요와 활동 사이에는 아무런 분리가 없다. 당신은 이것을 온전히 체험해야 한다. 왜냐하면 이것은 완전한 체험이며, 이것을 체험할 수 있는 당신 역량이 점차 커져야 하기 때문이다. 당신의 이해는 끊임없이 더 깊어져야 하고, 삶에 참여는 점차 더 조화롭고 일관되어야 한다. 또한 관계에 대한 분별력이 더 커져야 하고, 실제로 적용되어야 한다. 앎을 기르는 것과 관련된 자질 또한 모두 향상되어야 한다. 그럼으로써 당신은 세상에서 평화를 누릴 수 있다. 왜냐하면 당신은 세상에서 평화를 누리도록 되어 있기 때문이다. 세상에서의 평화는 당신의 참고향을 세상에서 표현한 것이며, 그리고 여기서 당신은 자신을 발견할 것이다.

연습 355: 오늘 이 가르침을 세 번 읽는다.

제 356계단

나는 오늘 참자아를 발견할 것이다.

당신의 참자아는 당신이 현재 역량으로 체험할 수 있는 것보다 더 크다. 그런데도 당신은 현재 역량 안에서, 참자아를 발견하고 체험할 수 있다. 참자아를 체험하는 것이 당신의 큰 소망임을 잊지 말라. 정각마다, 이 소망을 잊지 말라. 당신은 자신의 참자아를 발견하고 싶어 한다는 것을 잊지 말라. 참자아가 없다면, 당신은 자신의 생각이나 세상의 변덕스러운 생각 속에서 헤맬 것이기 때문이다. 참자아가 없다면, 당신은 자신을 세상만큼이나 덧없고 변하기 쉬운 존재로 느낄 것이다. 참자아가 없다면, 당신은 세상만큼이나 위협받는 것을 느낄 것이고, 위협적인 것으로 느낄 것이다. 그러므로 당신의 진정한 소망은 참자아를 회복하는 것이고, 이 참자아와 함께 참자아에 내재된 모든 것, 당신의 유일한 참된 근원에서 태어난 모든 것, 앎을 통해 표현되는 모든 것, 당신의 고향 안에 사는 모든 것을 회복하는 것이다.

오늘 깊은 연습 시간에, 다시 앎에게로 오라. 당신을 내주기 위해 오고, 예배하기 위해 오라. 명상하는 때나, 세상에 있는 때나, 항상 당신 자신을 체험하는 역량을 키울 수 있도록 헌신하는 자세, 존경하는 마음으로 오라. 당신은 앎을 회복하여 앎이 그 자신을 표현하는 것을 허용하기 위해 세상에 왔다. 이때 당신은 참자아를 표현할 것이다. 당신은 참자아를 표현하기 위해 세상에 있기 때문이다.

연습 356: *30분 연습 두 차례 & 시간연습*

제 357계단

나는 참자아를 표현하기 위해 세상에 있다.

당신이 지금까지 말한 것, 당신이 지금까지 행한 것은 모두 참자아를 표현하기 위한 시도였다. 과거에 당신이 딜레마에 빠진 것은 참자아가 아닌 자아를 표현하려고 시도했기 때문이다. 이런 일시적 자아, 개인적 자아가 당신의 참자아 대용으로 쓰였다. 하지만 개인적 자아는 참자아와 세상 사이에 중개자 역할만 하기로 되어 있다. 그런데 내재적으로 혼란스럽고 기반이 없는 개인적 자아가 참자아 대용으로 쓰였으므로, 당신은 소통할 수도, 표현할 수도 없었다. 그래서 당신 표현의 원천은 물론, 당신 표현을 위한 최상의 매개체를 찾지 못했다.

당신이 자신의 과거 활동을 모두 객관적으로 이해하면, 당신의 참자아가 과거 모든 활동에서 그 자신을 표현하고자 한다는 것은 분명하다. 당신이 지금까지 다른 사람들에게 말한 것은 모두 참된 표현의 씨앗이 담겨 있다. 당신이 지금까지 행했거나 보여주고자 했던 것은 모두 참된 시범과 표현의 씨앗이 담겨 있다. 당신의 표현이 완전하게 되고 당신 본성을 진정으로 대변하여 당신에게 정말 만족스러운 것이 되려면, 당신은 그 표현을 정화하기만 하면 된다.

당신은 자신의 참자아를 표현하려고 여기 왔으니, 참자아를 어떻게 표현해야 하는지, 자신의 참된 표현이 다른 사람들에게 어떻게 영향을 미칠 것인지, 그 영향이 당신의 안녕 뿐만 아니라 다른 사람들의 안녕에도 어떻게 적절히 활용될 수 있는지를 또한 배워야 한다. 여기에서 당신은 자신이 표현하고 싶은 것과 그것을 표현하는 법을 배운다. 또한 그 표현이 세상에 주는 영향을 알아차리는 법도 배운다. 그러려면 당신은 내면에서 앎을 길러야 하고, 개인적 능력들을 길러야 하며, 당신의 개인적 자아를 앎의 대용에서 앎의 중개자로 바꾸어야 한다. 당신의 개인적 자아는 앎의 중개자로서 적절히 개발되어 작동되어야 한다. 이때 개인적 자아는 당신 내면의 큰 자아를 섬긴다. 그것은 당신의 큰 자아가 우주의 큰 자아를 섬기는 것과 같다. 이때 모든 것이 제자리를 찾고, 일관된 표현을 찾는다.

정각마다, 참자아를 표현하고자 하는 당신 소망을 상기하라. 고요와 헌신 속으로 들어가는 깊은 명상 체험에서는 당신의 참자아가 당신에게 그 자신을 표현하도록 허용하라. 말을 넘고 행동을 넘어서, 당신의 참자아는 그 자신을 표현할 것이고, 당신은 그 표현을 알 것이다. 당신은 자신이 참자아의 표현을 받아들여, 세상에 그 표현을 전하고 싶어 한다는 것을 알 것이다. 세상은 당신이 참자아를 표현하려고 온 곳이다. 왜냐하면 세상은 당신이 고향에 있기를 바라는 곳이기 때문이다.

연습 357: *30분 연습 두 차례 & 시간연습*

제 358계단

나는 세상에서 고향에 있기를 바란다.

당신은 세상에서 고향에 있기를 바란다. 당신은 세상에서 도피하려고 이곳에 온 것이 아니라, 고향에 있으려고 왔다. 당신은 이것을 이해함으로써 자신의 공헌을 소중히 여길 것이고, 그 공헌을 표현하는 데 온전히 몰두할 수 있을 것이다. 세상에 공헌하지 않고 도피하는 것은 자신의 딜레마만 더 키울 뿐이며, 자신의 선물을 열어보지도 전달해주지도 않은 채 영적 가족에게 되돌아갈 것이다. 그때야 당신은 세상으로 다시 되돌아와야 함을 깨달을 것이다. 왜냐하면 당신은 세상에서 이루려고 계획한 일을 이루지 못했기 때문이다.

그러니 기뻐하라. 당신은 지금 세상에 있으며, 다시 들어오려고 기다리지 않아도 된다. 당신은 이미 세상에 와 있다. 그리고 여기까지 왔다. 당신은 이곳에서 자신의 운명을 완수할 수 있는 완벽한 위치에 있다. 당신은 이곳에 고향을 가져왔다. 씨앗 속에, 앎의 빛 속에 가져왔으며, 그 씨앗이 지금 자라서 밖으로 싹이 나고 있다.

세상은 당신 고향이 아니지만, 당신은 세상에서 고향에 있기로 되어 있다. 정각마다, 이것을 생각하고, 당신이 세상에서 얼마나 고향에 있기를 원하는지 깨달으라. 그리고 세상을 탓하거나 세상에서 그저 도피만 하는 것을 얼마나 바라지 않는지 깨달으라. 당신이 세상에서 고향에 있으면, 당신은 저세상으로 가서 더 훌륭한 방식으로 봉사할 수 있으며, 세상이 당신에게 보여줄 수 있는 것보다 더 큰 현실을 체험할 수 있을 것이다. 당신은 후회나 분노, 실망으로 떠나지 않을 것이다. 오히려 행복과 만족을 느끼며 떠날 것이다. 그럼으로써 이곳에서의 당신 체험은 끝날 것이다. 그럼으로써 세상이 축복받을 것이고, 세상에 있는 동안 자신과 세상을 축복한 당신이 축복받을 것이다.

깊은 묵상연습에서는, 고향이 당신에게 무엇을 뜻하는지 진지하게 숙고하라. 이 연습에서는 마음이 적극 참여한다. 지금 당신에게 제공되는 중요한 것들을 숙고할 수 있도록 마음을 활용하라. 당신이 오늘 개념에 어떻게 접근하고 어떻게 응답할 것인지 이해하려면 오늘 개념과 관련해서 당신이 가진 생각을 모두 점검해 보아야 한다. 결정권은 당신에게 있지만, 먼저 현재 당신 마음속에 담고 있는 것을 이해해야 한다. 그럼으로써 당신 책임 범위 안에서 자신을 위해 적절하고 현명하게 결정할 수 있을 것이다. 당신은 세상에서 고향에 있기로 되어 있다. 다른 사람들이 세상에서 고향을 느낄 수 있도록 고향을 가져오라. 그럼으로써 세상은 축복받게 된다. 왜냐하면 세상은 더 이상 따로 떨어져 있는 곳이 아니기 때문이다. 오늘 세상에서 도피하지 말고, 세상에 봉사하기 위해 세상에 현존하라.

연습 358: *30분 연습 두 차례 & 시간연습*

제 359 계단

나는 세상에 봉사하기 위해 현존한다.

세상에 봉사하기 위해 현존하라. 그러면 세상에 봉사하는 현존이 당신을 통해 말할 것이다. 세상에 봉사하기 위해 현존하라. 그러면 당신은 그 현존에 현존할 것이다. 당신은 모든 활동에 참여할 것이고, 모든 활동은 중요하고 의미 있게 될 것이다. 이때 당신은 자신의 체험에서 도피하려 하지 않을 것이고, 세상에서 도피하려 하지 않을 것이며, 숨기 위해 어두운 곳을 찾지 않을 것이다. 왜냐하면 당신은 앎의 빛이 전적으로 이롭다는 것을 깨달을 것이기 때문이다. 당신은 그 빛에 더 깊이 둘러싸이고 싶을 것이고, 그 빛을 세상에서 더욱더 표현하고 싶을 것이다. 이것이 이곳에서 당신의 의무이고, 큰 사랑이다.

정각마다, 당신은 세상에 봉사하기 위해 현존하고자 한다는 것을 상기하라. 또한 세상이 당신에게 봉사하게 하려고 현존하고자 한다는 것도 상기하라. 당신은 받는 법과 주는 법을 배워야 하며, 그래서 당신이 앎의 초보 학생임을 상기하라. 이 준비 프로그램에서 알려주고 있는 것 너머의 것을 자신에게 기대함으로써 자신에게 짐을 지우지 말라. 교사들은 현재 당신 수준을 알고 있으며, 당신이 지금 밟고 있는 계단을 알고 있다. 교사들은 당신 힘을 과소평가하지도 않지만, 당신의 현재 능력을 과대평가하지도 않는다. 그래서 확실성·정직·신뢰를 가지고 나아가려면, 당신에게는 교사가 필요할 것이다.

깊은 연습에서, 고요 연습에 당신 자신을 내주기 위해 현존하라. 모든 연습은 주는 것임을 다시 한번 명심하라. 당신은 당신의 참자아가 당신에게 내줄 수 있도록 자신을 내주고 있다. 이때 당신은 작은 것을 큰 것에 가져가고, 큰 것은 그 자신을 작은 것에 가져간다. 이때 당신은 자신 또한 크다는 것, 그리고 작은 것은 당신이 속해 있는 큰 것을 표현하게 되어 있음을 깨닫는다. 세상은 이 큰 것이 드러나기를 간절히 요청한다. 하지만 당신은 여전히 세상에서 큰 것을 드러내는 법을 배워야 한다.

연습 359: *30분 연습 두 차례 & 시간연습*

제 360계단

나는 세상에서 큰 것을
드러내는 법을 배워야 한다.

앎의 초보 학생임을 기억하면서, 단순하고 겸손하며, 헛된 가정을 하지 않는다면, 당신은 세상에서 큰 것을 어떻게 드러내는지 배울 수 있을 것이다. 이와 같은 배움은 지극히 중요하다. 왜냐하면 세상은 큰 것에 대하여, 또 앎과 사랑에 대하여, 양가적이기 때문이다. 세상이 양가적 상태에 있는데 당신이 세상에 세속적 욕망을 내놓으면, 세상은 어떻게 반응해야 할지 모를 것이다. 그래서 그 반응은 당신의 공헌을 지지할 수도 있고, 반대할 수도 있을 것이다. 개인이든 공동체든 세상이든, 양가성으로 둘러싸여 있는 것은 모두 그 양가성 때문에 한 방식으로만 반응하지 않을 것이다. 그래서 당신은 지혜를 가지고 양가성에 다가가는 법을 배워야 한다. 왜냐하면 양가적인 사람은 당신이 지금 배우고 있듯이, 확실성을 어떻게 받아들이는지 배워야 하기 때문이다.

지금까지 당신이 자신의 삶이나 이 준비에 얼마나 양가적이었는지 알아차리라. 이런 양가성 때문에 이 준비는 날마다 한 계단씩, 조금씩 쌓아가는 방식으로 당신에게 제공되었다는 것을 알라. 한 번에 한 계단씩, 당신은 앎을 염원하는 소망과 앎을 받아들이는 역량을 키우고 인정하는 법을 배우며, 앎을 표현하는 법 또한 배운다. 학생이 된다는 것은 당신이 배우기 위해 여기에 있다는 뜻이다. 그리고 당신이 배울 때, 시범하고, 가르치며, 앎이 내놓고 싶은 큰 결과를 내놓을 것이다. 하지만 이때도 앎은 당신의 한계를 넘을 수 없다. 왜냐하면 앎은 당신을 자신의 매개체로서 보살피고 보호하기 때문이다. 당신은 앎의 일부분이므로, 당신 또한 자신의 매개체를 보살피고 싶을 것이다. 그래서 당신은 앞으로 나아갈 때, 당신의 마음과 몸을 지극히 보살펴야 한다.

오늘 깊은 연습 시간에는 세상에서 큰 것을 드러내는 법에 대한 가르침을 받아들이라. 세상이 양가적임을 깨닫고, 이 점을 받아들이라. 왜냐하면 이것이 세상의 현재 상태이기 때문이다. 당신은 지혜와 분별력을 가지고 베풀어야 한다는 것을 깨달으라. 또한 앎이 자연스럽게 베풀게 해야 하며, 개인적 야심 때문에 베풀거나 무능감을 피하기 위해 베풀지 않아야 한다는 것을 깨달으라. 당신의 베풂이 진짜가 되는 것을 허용하라. 그러면 당신의 베풂은 진짜가 될 것이다. 그때 당신의 베풂이 적절한 방식, 당신을 보호하고 당신 선물을 받는 이들을 존중하는 방식으로 자연스럽게 행해질 것이다. 그럼으로써 당신 선물을 받는 이들이 그들의 양가성에서 빠져나올 것이다. 그것은 마치 당신 자신이 지금 빛 속으로 이끌리고 있는 것과 같다.

연습 360: *30분 연습 두 차례*

제 361계단

나는 오늘 앎의 빛 속으로 이끌리고 있다.

당신은 빛을 지니고 있다. 그러니 매시간, 모든 상황에서 그 빛을 지니라. 앎을 지니는 연습에 오늘 하루를 모두 사용하라. 앎을 표현하려고 노력하지 말라. 왜냐하면 앎이 적절한 때에 스스로 표현할 것이기 때문이다. 오늘 당신이 할 일은 앎을 지니고, 주의를 기울이며, 앎이 당신과 함께 있음을 기억하는 것이다. 혼자 있든 다른 사람과 함께 있든, 일터에 있든 집에 있든, 기분이 좋든 나쁘든, 당신 내면에 앎을 지니라. 앎이 가슴에서 불타는 것을 느껴보라. 광활한 당신 마음을 앎이 채우는 것을 느껴보라.

　　두 차례 깊은 연습 시간에 앎의 성소에 다시 들어가라. 그리하여 당신이 활력과 생기를 되찾을 수 있게 하고, 축복과 존중을 받을 수 있게 하며, 잠깐의 휴식을 얻고 자유를 찾을 수 있게 하라. 당신이 내적 삶에서 휴식과 자유를 많이 찾으면 찾을수록 이를 외적 삶으로 더 많이 가져갈 수 있을 것이다. 왜냐하면 당신은 오늘 세상으로 앎을 나르기로 되어 있기 때문이다.

연습 361: *30분 연습 두 차례 & 시간연습*

제 362 계단

나는 배우는 법을 배우고 있다.
왜냐하면 나는 오늘 내면에 앎을 지니고 있기 때문이다.

당신은 배우는 법을 배우고 있다. 당신은 앎을 받아들이는 법을 배우고 있고, 앎을 소중히 여기는 법을 배우고 있다. 또한 앎을 지니는 법을 배우고 있고, 앎을 표현하는 법을 배우고 있으며, 이 전체 준비 과정에 필수인 모든 정신 능력과 신체 능력을 기르는 법을 배우고 있다. 당신은 원숙한 학생이다. 그러므로 오늘 전적으로 학생 신분이 되라. 그러면 잘못된 가정을 하지 않을 것이고, 감당할 수 없는 짐을 자신에게 지우지 않을 것이다. 진실에서 나온 것은 당신이 자연스럽게 행할 수 있을 것이다. 왜냐하면 당신은 본래 그 일을 하도록 창조되었기 때문이다. 이 세상과 연결된 것들, 즉 당신의 육체적·정신적 매개체는 자연스럽게 당신의 진정한 성취에 사용될 것이다.

배우는 법을 배우라. 배우는 법을 배운다는 것은 당신이 참여하는 법을 배운다는 뜻이며, 당신이 따르는 일과 이끄는 일을 동시에 한다는 뜻이다. 당신은 교사들을 따르고, 그들이 제공한 성장 프로그램을 따른다. 그리고 당신의 정신적·육체적 매개체를 이끈다. 이와 같은 방식으로 이끄는 것과 따르는 것이 같은 것이 된다. 주는 것과 받는 것이 같은 것과 마찬가지이다. 바로 그래서 받는 이는 줄 것이고, 따르는 이는 이끌 것이다. 바로 그래서 주는 이는 계속 받아야 할 것이고, 이끄는 이는 계속 따라야 할 것이다. 이때 주고받는 것이나 따르고 이끄는 것의 이원성이 사라지며, 그 둘의 동일성과 상호보완적 특성이 드러난다. 왜냐하면 이것은 단순하기 때문이고, 명백하기 때문이며, 진실이기 때문이다.

정각마다, 오늘의 말을 잊지 말라. 두 차례 연습에서는, 고요와 단순함 속에 있는 앎과 결합하라. 이 프로그램의 마지막 부분인 이 기간에 더 깊이 들어갈 수 있도록 하라. 가능한 한 완벽하게 연습에 자신을 내주라. 왜냐하면 그렇게 하면서 당신이 앎을 받아들이는 역량과 앎에 대한 체험을 키울 것이기 때문이다. 앎에 대한 당신의 역량과 체험이 커지면, 앎을 염원하는 당신의 소망도 커질 것이다. 왜냐하면 앎이 당신의 진정한 소망이기 때문이다.

연습 362: *30분 연습 두 차례 & 시간연습*

제 363계단

앎은 나의 진정한 소망이다.
왜냐하면 나는 앎의 학생이기 때문이다.

앎은 당신의 진정한 소망이다. 당신의 소망들이 잘못된 것이라고 생각하지 말라. 알고 보면, 모든 소망은 앎을 염원하기 때문이다. 소망이 당신을 잘못된 길로 이끈 것은 당신이 자신의 소망을 잘못 해석했거나, 다른 일에 쓰려고 시도했기 때문이다. 삶은 소망이니, 소망 없이 살려고 하지 말라. 소망은 목적이다. 소망은 의미이자 방향이다. 하지만 당신은 여전히 자신의 진정한 소망, 즉 앎이 그 자신을 실현하고 주장하기를 바라는 소망, 앎이 당신을 구원하고 당신이 앎을 구원하기를 바라는 소망을 알아볼 수 있어야 한다. 당신이 어떻게 앎을 구원할 수 있는가? 당신 내면에 앎을 간직하는 것으로, 또 앎의 학생이 되는 것으로, 가는 곳마다 앎을 지니는 것으로, 앎을 더 잘 알아차리는 것으로, 앎과 함께하여 단순해지는 것으로, 당신 개인의 목표나 목적을 이루기 위해 앎을 이용하려고 시도하지 않는 것으로, 앎을 구원할 수 있다.

오늘 하루 필요한 일상 활동들을 수행하라. 다만 앎을 지니라. 앎이 의심하지 않으면, 당신도 의심할 필요가 없다. 앎이 두려워하지 않으면, 당신도 두려워할 필요가 없다. 앎이 상황을 바꾸지 않으면, 당신도 상황을 바꿀 필요가 없다. 하지만 앎이 당신을 제지하면, 당신도 자신을 제지하라. 앎이 상황을 바꾸면, 당신도 상황을 바꾸라, 앎이 어떤 상황에서 떠나라고 하면 떠나고, 그 상황에 머물라고 하면 머무르라. 그럼으로써 당신은 앎처럼 단순해지고 강력해진다. 그럼으로써 당신이 앎 자체가 된다.

정각마다, 오늘의 말을 반복하고 체험해보라. 내면의 삶으로 들어가는 깊은 명상에서도 이 말을 체험해보라. 당신의 내적·외적 삶은 모두 당신이 자신을 적용해보는 곳이고, 내맡기는 곳이다. 또한 당신이 앎을 지니는 곳이다. 때가 되면 당신은 앎이 당신을 지닌다는 것을 알 것이다.

연습 363: *30분 연습 두 차례 & 시간연습*

제 364계단

앎이 나를 지닌다.
왜냐하면 나는 앎의 학생이기 때문이다.

당신은 자신이 앎을 지닐 때, 앎이 당신을 지니고 있음을 느낄 것이다. 당신은 앎이 당신을 안내하고 지도하고 보호하고 있음을 느낄 것이고, 해악에서 지켜주고, 어렵고 해로운 관계를 맺지 못하도록 막아주고 있음을 느낄 것이다. 또한 당신을 맺어야 할 사람들과 연결해주고, 목적도 없이 불화만 일으키는 관계에서 빠져나오게 해주고 있음을 느낄 것이다. 그럼으로써 당신은 지도자이면서 동시에 추종자가 된다. 왜냐하면 당신은 앎을 따르고, 자신을 이끌기 때문이다. 당신은 앎에 복종하지만, 여전히 자신을 위해 결정권을 행사한다. 그래서 당신은 큰 지도자이면서 동시에 큰 추종자가 된다. 그래서 당신은 봉사하는 위치에 서게 되며, 앎이 평생 동안 당신을 지니고 다닌 것처럼 점차 느낄 것이다. 그리고 당신 또한 앎을 지니고 있음을 느낄 것이다. 제대로 본다면, 당신은 앎과의 참된 관계를 깨달을 것이다. 당신은 자신이 내면에 앎을 지니고 있으며, 앎이 그 내면에 당신의 안녕을 지니고 있음을 깨달을 것이다. 그래서 완벽하게 서로 보완된다. 이것은 완벽하다. 왜냐하면 완벽 그 자체에서 나왔기 때문이다.

앎의 진정한 학생이 되라. 연습에 몰두하라. 연습에 자신을 내주라. 연습을 바꾸지 말라. 연습에 소홀하지 말라. 당신이 해야 할 것은 연습하고 주의를 기울이고, 또 연습하고 주의를 기울이는 것이다. 정각마다, 또 고요 자체와 함께하려고 고요 속으로 들어가는 두 차례 깊은 명상에서, 연습하는 법을 연습하고, 배우는 법을 연습하며, 배우는 법을 배우라. 당신은 오늘 배우는 법을 배우고 있다. 당신은 오늘 앎의 학생이다.

연습 364: *30분 연습 두 차례 & 시간연습*

제 365 계단

나는 배우는 법을 배우는 데 헌신한다.
나는 내가 주기로 되어 있는 것을 주는 데 헌신한다.
내가 헌신하는 것은 삶의 일부분이기 때문이다.
내가 삶의 일부분인 것은 앎과 하나이기 때문이다.

당신의 진정한 소망을 자연스럽게 표현하는 것 말고 무엇이 헌신이 겠는가? 헌신은 당신을 자유롭게 하지, 구속하지 않는다. 헌신은 당신에게 참여하게 하지, 강요하지 않는다. 헌신은 당신을 강하게 하지, 제한하지 않는다. 참된 헌신은 당신 자신이 태어난 참된 앎에서 나온다. 이 준비 단계의 마지막 이 계단에서, 연습에 헌신하고, 연습에 오늘 하루를 내주라.

당신이 일 년간의 이 준비 과정을 마쳤으니, 이런 엄청난 큰일을 해 낸 것에 대해 자신을 존중하라. 당신에게 참여하고자 하는 소망을 주고, 참여할 수 있는 힘을 주는 당신 앎을 존중하라. 당신에게 지금 드러나고 있는 통찰력을 주는 당신 앎을 존중하라. 당신 삶에서 당신에게 봉사한 모든 이들, 즉 가족, 부모, 친구는 물론 반대자나 적처럼 보이는 사람들까지 이 모두를 존중하라. 당신이 앎을 소중히 여길 수 있게 해주는 모든 이들, 앎을 준비하도록 당신에게 의지력과 결단력을 준 이들을 모두 존중하라. 교사들 또한 잊지 말라. 교사들은 당신을 잊지 않으며, 지금 이 순간에도 당신과 함께 있다. 당신이 앎의 학생임을 잊지 말라. 그러면 앎의 학생으로서 당신은 계속 이 준비를 해나갈 수 있을 것이다.

오늘 시간연습에서, 또 두 차례 깊은 명상연습에서, 자신을 내주라. 당신에게 제공된 것을 모두 곰곰이 생각해보라. 오늘이 성취와 감사의 날이 되게 하라. 앎이 당신 안에 실재하고 당신이 앎 안에 실재함을 찬미하는 날이 되게 하라. 이 프로그램이 끝난 뒤에 이어지는 다음 계단에 당신 자신을 열어놓으라. 다음 계단이 당신을 기다리고 있다. 다음 계단에서는 당신이 앎의 다른 학생들과 의미 있게 관계를 맺을 것이고, 당신이 지금까지 성취한 것을 넘어 더 진보한 이들과 의미 있게 관계를 맺을 것이며, 당신이 막 끝낸 이 과정을 이제 막 시작한 이들을 돕는 데 참여할 것이다. 그래서 당신은 앞서 가는 이들에게서 받고, 뒤따라오는 이들에게 준다. 그래서 모든 이들이 신에게 귀향하는 데 보살핌과 지원을 받는다. 그래서 당신은 따르면서 이끌고, 받으면서 준다. 그래서 당신의 모든 활동이 일관성 있고, 당신은 모든 부정적인 상상에서 빠져나올 줄 안다. 그래서 당신이 앎의 학생이다. 그래서 세상을 축복하기로 되어 있는 당신을 앎이 축복한다.

                낫시 노바레 코람

용어 색인

가난(POVERTY): 계단: 117, 159, 160, 228, 343
가르침(TEACHING): 계단: 237, 244, 259, 306
가정(ASSUMPTIONS): 계단: 4, 6, 90
감사(GRATITUDE): 계단: 86, 178, 179, 245, 250, 291, 328
감정(EMOTIONS): 계단: 89, 241
개인적 마음(PERSONAL MIND): 계단: 87, 200, 201
개체성(INDIVIDUALITY): 계단: 11, 12, 13, 45, 232, 243
객관성(OBJECTIVITY): 계단: 63, 126, 189, 202, 203, 204, 208, 210, 224, 228
건설적인 생각(CONSTRUCTIVE THINKING): 계단: 97, 127, 151, 152, 166, 179, 188, 189, 199, 200, 201, 208, 220, 226, 233, 237, 240, 256
결정(DECISION-MAKING): 계단: 176, 236, 322
고요(STILLNESS): 계단: 9, 48, 57, 69, 85, 143, 177, 184, 187, 235, 284, 285, 286,
고통(SUFFERING): 계단: 27, 229, 293
고향(HOME): 계단: 353, 354, 358
공동체(COMMUNITY): 계단: 300, 309
관계(RELATIONSHIPS): 계단: 25, 129, 130, 131, 132, 157, 169, 170, 186, 211, 212, 232, 234, 244, 245, 249, 250, 251, 258, 260, 271
관찰(OBSERVATION): 계단: 29, 30, 62, 202
교육과정 공부(STUDYING THE CURRICULUM): 계단: 42, 58, 91, 98, 119, 138, 147, 161, 181, 182, 185, 196, 198, 224, 235, 244, 255, 265, 266, 308, 322, 344
구원(SALVATION): 계단: 276
귀 기울임(LISTENING): 계단: 15, 62, 64, 75, 193
기도(PRAYER): 계단: 28, 121, 122

기도(PRAYERS AND INVOCATIONS): 계단: 28, 197, 238, 294, 296, 297, 298, 299
깊은 성향(DEEP INCLINATIONS): 계단 72, 316
기원(ORIGINS): 계단: 6, 174, 186, 211

내적 안내(INNER GUIDANCE): 계단: 29, 128, 194, 215, 247, 248
내면의 힘(INNER STRENGTH): 계단: 44
높은 자아(HIGHER SELF): 계단: 88

단순성(SIMPLICITY): 계단: 117, 140, 166, 253, 313
두려움(FEAR): 계단: 41, 51, 87, 103, 128, 151, 152, 162, 195, 219, 226, 228, 293, 319
뜻(WILL): 계단: 43, 96, 197

목적(PURPOSE): 계단: 20, 71, 92, 93, 94, 105, 131, 134, 136, 179, 185, 188, 190, 193, 212, 231, 290, 306, 345, 346, 351, 357
몸(BODY): 계단: 201
문제 해결(SOLVING PROBLEMS): 계단: 267, 268, 312, 313
물질적 필요(MATERIAL NEEDS): 계단: 159, 253, 330
믿음(BELIEFS): 계단: 5, 213

받아들임(RECEIVING): 계단: 24, 155, 159, 181, 223, 328, 341
배움(LEARNING): 계단: 47, 50, 77, 84, 91, 102, 119, 126, 133, 136, 138, 139, 150, 179, 254, 281, 282, 314, 362
베품(GIVING): 계단: 53, 86, 101, 105, 121, 122, 147, 148, 149, 156, 158, 159, 171, 173, 178, 217, 237, 242, 244, 245, 260, 261, 284, 321, 329, 344
변화(CHANGE): 계단: 84, 266, 294, 347, 348, 350

보는 것(SEEING): 계단: 19, 23, 30, 31, 35, 48, 62, 99, 138, 179, 199, 213, 224
복수(REVENGE): 계단: 127
복잡성(COMPLEXITY): 계단: 117, 267, 268, 313
봉사(SERVICE): 계단: 60, 86, 89, 101, 139, 141, 190, 194, 195, 234, 255, 257, 292, 310, 311, 312, 319, 320, 331, 343, 349, 359
부(WEALTH): 계단: 158, 160, 171, 185
분리(SEPARATION): 계단: 13
분별력(DISCERNMENT): 계단: 176, 179, 193, 261
불평(COMPLAINING): 계단: 66, 180
불확실성(UNCERTAINTY): 계단: 79, 81, 275

사랑(LOVE): 계단: 24, 48, 57, 61, 181, 205, 206, 258, 305, 328, 329, 339
사명(MISSION): 계단: 33, 36, 165, 166
상상(IMAGINATION): 계단: 95, 128, 277, 321, 351
성취(FULFILLMENT): 계단: 95, 97, 320
세상(WORLD): 계단: 63, 65, 66, 67, 145, 160, 179, 190, 205, 213, 218, 255, 256, 259, 260, 283, 292, 302, 311, 312, 320, 348
세상에 있는 것(BEING IN THE WORLD): 계단: 118
세상의 부름(CALLING IN THE WORLD): 계단: 185, 231, 232, 312, 323
세상의 평화(PEACE IN THE WORLD): 계단: 288, 309
소망(DESIRE): 계단: 253, 363
소통(COMMUNICATION): 계단: 153, 193, 201, 285
교사들(TEACHERS): 계단: 22, 23, 36, 47, 48, 78, 114, 128, 129, 146, 215, 216, 224, 237, 247, 254, 272, 273, 333, 334
신뢰(FAITH): 계단: 68, 156
신뢰(TRUST): 계단: 72, 83, 87, 164, 253, 254, 316
신(GOD): 계단: 40, 43, 96, 103, 104, 127, 318, 319, 339, 353
신의 계획(GOD'S PLAN): 계단: 85, 92, 96, 186, 241, 276, 318

신비(MYSTERY): 계단: 36, 39, 110, 137, 138, 139, 186, 295
신의 힘(POWER OF GOD): 계단: 39, 40, 41
실망(DISAPPOINTMENT): 계단: 66, 67, 262

앎의 불(FIRE OF KNOWLEDGE): 계단: 97, 334, 335, 338, 339, 344
야심(AMBITION): 계단: 219, 243, 269
양가성(AMBIVALENCE): 계단: 172, 252, 274, 280, 283, 310, 317, 360
연습(PRACTICE): 계단: 80, 91, 120, 148, 149, 170, 181, 197, 212, 226, 340
영적 가족(SPIRITUAL FAMILY): 계단: 186, 189, 211, 238, 300, 345
영적 현존(SPIRITUAL PRESENCE): 계단: 69, 216, 339
영향(INFLUENCES): 계단: 113, 203, 212, 269, 303
용서(FORGIVENESS): 계단: 86, 123, 178, 205, 207, 209, 222, 229, 241, 245, 246, 255, 262, 291
운명(DESTINY): 계단: 135
의심(DOUBT): 계단: 20
이상주의(IDEALISM): 계단: 54, 55, 66, 67, 106, 125, 199
인내(PATIENCE): 계단: 59, 79, 101, 116
인류(HUMANITY): 계단: 190, 191, 202
일(WORK): 계단: 65, 165, 166, 173, 192, 218, 320, 330, 346
일관성(CONSISTENCY): 계단: 142

자기가치(SELF-WORTH): 계단: 24, 144, 171, 172, 174, 276,
자기기만(SELF-DECEPTION): 계단: 81, 227, 228
자기단련(SELF-DISCIPLINE): 계단: 118, 177
자기연민(SELF-PITY): 계단: 123, 124, 127
자기표현(SELF-EXPRESSION): 계단: 357
자유(FREEDOM): 계단: 57, 94, 132, 167, 209, 220, 239, 246, 264, 265, 274, 275, 279, 310, 320
자제력(RESTRAINT): 계단: 101, 220, 269

잘못(ERROR): 계단: 26, 27, 73, 77, 241, 245, 246, 255, 261
정직(HONESTY): 계단: 98, 110, 177
주의를 기울임(BEING ATTENTIVE): 계단: 338
주체성(IDENTITY): 계단: 125, 356, 357
진실(TRUTH): 계단: 17, 18, 27, 196, 278, 317, 341, 349
진화(EVOLUTION): 계단: 179, 190, 199, 325

책임(RESPONSIBILITY): 계단: 270, 271
체험(EXPERIENCE): 계단: 27, 183, 241
치유(HEALING): 계단: 188, 189, 198, 206, 287, 309
친구(FRIENDS): 계단: 114, 211, 258, 288

큰 것(GREATNESS): 계단: 46, 142, 171, 191, 234, 237, 257, 331, 360
큰 공동체(GREATER COMMUNITY): 계단: 187, 189, 190, 199, 202, 203, 211, 256, 325, 326
통달(MASTERY): 계단: 106, 140
통합(UNION): 계단: 11, 140, 196, 288

판단(JUDGMENT): 계단: 30, 49, 60, 76, 82, 99, 151, 193, 205, 213, 214, 262, 324

편히 있는 것(BEING AT EASE): 계단: 109, 111
평화(PEACE): 계단: 74, 193, 204, 268, 287, 327, 355
필요성(NECESSITY): 계단: 172, 173

학생이 되는 것(BEING A STUDENT): 계단: 34, 42, 47, 100, 109, 150, 196, 230, 237, 262, 269, 270, 289, 290, 294, 304, 332, 342, 343, 352, 363, 364
학습자 공동체(COMMUNITY OF LEARNERS): 계단: 170, 171
한계(LIMITATIONS): 계단: 44, 45, 46, 51, 233
행복(HAPPINESS): 계단: 85, 96, 107, 108, 124, 225, 341
헌신(COMMITMENT): 계단: 365
혼란(CONFUSION): 계단: 20, 165, 213, 214, 221, 222, 230, 267, 274, 283, 288
혼자 있는 것(BEING ALONE): 계단: 53, 78, 157, 249, 250, 315, 337
확실성(CERTAINTY): 계단: 141, 173, 230, 236
힘(POWER): 계단: 269, 270

앎(Knowledge)은 앎으로 가는 계단의 거의 모든 계단에서 중요한 언급 대상 이므로 이 색인 목록에 포함되지 않았다.

번역 과정 소개

메신저, 마샬 비안 서머즈는 1982년부터 신의 새 메시지를 받고 있다. 신의 새 메시지는 지금까지 인류에게 전해진 것 가운데 가장 규모가 큰 계시이며, 이제 문맹에서 벗어나 국제 통신이 가능하고 국제적 인식이 확산되는 세상에 전해지고 있다. 새 메시지는 단지 한 종족, 한 국가, 한 종교에만 전해지는 것이 아니라, 전 세계에 전해지고 있다. 그래서 가능한 한 많은 언어로 번역되어야 한다.

계시의 과정이 역사상 처음으로 지금 공개되고 있다. 이 놀라운 과정에서, 신의 현존은 언어 차원을 넘어, 세상을 감독하는 천사의 회중에 메시지를 전한다. 그러면 회중은 이 메시지를 인간의 언어로 번역하여, 모두가 하나인, 한 음성으로 그들의 메신저를 통해, 계시의 음성인 이 큰 음성의 매개체가 된 메신저의 음성을 통해 말한다. 계시는 영어를 사용하여 음성으로 오며, 오디오 형태로 곧바로 녹음된다. 그리고 나서 그 음성을 옮겨 적고, 글과 음성 녹음 형태로 이용할 수 있게 한다. 이런 식으로 신의 원래 메시지는 그 순수성이 그대로 보존되고, 모든 사람이 보고 들을 수 있게 된다.

그런데 여기에 번역 과정도 있다. 원래의 계시가 영어로 전달되었으므로, 인간의 수많은 언어로 번역되어야 한다. 지구에는 많은 언어가 사용되고 있으므로, 모든 곳의 사람들에게 새 메시지가 전달되려면, 번역은 지극히 필요하다. 시간이 지나면서, 새 메시지 학생들이 자신들의 모국어로 새 메시지를 번역하겠다고 자원하였다.

역사적인 이 시기에, 신의 새 메시지 협회는 엄청나게 방대한 메시지, 아주 긴급하게 세상에 전달되어야 하는 이 메시지를 대단히 많은 언어로 번역하는 데 드는 번역료를 지급할 형편이 안 된다. 게다가 협회는 우리 번역자들이 자신이 번역하는 것의 본질을 가능한 한 많이 이해하고 체험하는 새 메시지 학생이어야 한다고 믿는다.

지구 전역에 걸쳐 새 메시지가 긴급히 공유되어야 할 필요성을 고려하여, 우리는 새 메시지가 세상에 널리 퍼질 수 있도록 더 많은 번역 지원을 요청하며, 그래서 이미 시작한 언어에 더 많은 계시를 제공하고, 또한 아직 시작하지 않은 언어들을 새로 소개하고자 한다. 때가 되면, 우리는 이 번역물들의 질 또한 향상하고자 한다. 여전히 해야 할 일이 대단히 많다.

메신저의 이야기

　　마샬 비안 서머즈는 신의 새 메시지를 받은 메신저이다. 그는 지구에 다가오는 경제적·사회적·환경적 큰 변화와 지적 생명체로 이루어진 우주로 진입하는 것에 대비하여 인류를 준비시키기 위해 제공된 광범위한 새 계시를 삼십 년 넘게 받아온 사람이다.

　　마샬 비안 서머즈는 그의 나이 33세였던 1982년에, 지구를 돌보는 천사의 회중과 직접 접촉했다. 이 접촉으로 그의 삶의 방향이 영원히 바뀌었으며, 회중과의 깊은 관계로 입문하게 되었다. 여기에는 신에게 그의 삶을 바치는 일이 필요했으며, 그리하여 인류를 위한 신의 새 메시지를 받는 길고 신비한 과정이 시작되었다.

　　이 신비로운 입문에 이어, 그는 신의 새 메시지 첫 계시들을 받았다. 그 후로 몇십 년 동안, 인류를 위한 방대한 계시가 어떤 때는 뜸하게, 어떤 때는 엄청나게 쏟아지듯 펼쳐졌다. 이 긴 세월의 상당 기간 동안, 그는 단지 몇 사람의 도움만을 받으며, 이렇게 불어나는 계시가 무엇을 의미하고 결국 어디로 이끌 것인지 알지도 못한 채, 나아가야 했다.

　　메신저는 지금까지 인간가족에게 전해진 것 가운데 가장 큰 계시를 받아 전하기 위해 길고도 어려운 길을 걸었다. 힘들고 분열된 세상에 신의 새 계시를 전하는 큰 도전에 직면하는 지금도 계시의 음성은 여전히 그를 통해 계속 흘러나오고 있다.

메신저 마샬 비안 서머즈의 삶과 이야기를 들어볼 수 있는 곳:
www.새메시지.com/메신저/마샬-비안-서머즈는-누구인가

'메신저의 이야기' 계시 원문을 읽고 들어볼 수 있는 곳:
www.새메시지.com/메신저/메신저의-이야기

메신저의 세상 가르침을 듣고 시청할 수 있는 곳:
www.새메시지.com/메신저

계시의 음성

역사상 처음으로 계시의 음성이 녹음된 원음을 들어볼 수 있다. 이 음성은 과거 선지자나 메신저들에게 말한 것과 똑같은 것으로, 지금 세상에 있는 새 메신저를 통해 다시 말하고 있다.

이 계시의 음성은 한 개인의 음성이 아니며, 천사의 회중 전체가 하나인 모두로서 함께 말하는 음성이다. 여기서 신은 언어를 초월하여 천사의 회중에게 메시지를 전하며, 이때 천사의 회중은 신의 메시지를 우리가 이해할 수 있는 인간의 말과 언어로 바꾼다.

이 책에 있는 계시들은 메신저 마샬 비안 서머즈를 통해 계시의 음성으로 이처럼 원래는 왔다. 신성한 계시의 이 과정은 1982년에 시작되었다.

이 계시는 지금도 계속되고 있다.

이 책과 새 메시지 전체에 있는 본문의 원천인 계시의 음성을 녹음한 원래 오디오 녹음을 들어볼 수 있는 곳: www.새메시지.com/메시지

계시의 음성이 무엇이고, 메신저를 통해 어떻게 말하는지, 계시의 음성에 관해 더 알아볼 수 있는 곳: www.새메시지.com/메시지/계시의-과정-소개

신의 새 메시지 협회에 관하여

　신의 새 메시지 협회는 미연방법 501(c)(3)에 의거한 비영리 종교단체로써, 1992년 메신저 마샬 비안 서머즈에 의해 설립되었으며, 재정적으로 어떤 정부나 종교단체로부터 후원금이나 보조금을 받지 않으며, 새 메시지의 독자와 학생들의 기부금으로 운영된다.

　협회의 사명은 인류가 공통의 기반을 찾고, 지구를 보전하며, 인간의 자유를 보호하고, 인류 문명을 발전시킬 수 있도록 세상 모든 곳에 있는 사람들에게 신의 새 메시지를 전하는 것이다. 왜냐하면 우리는 큰 변화와 지적 생명체로 가득 찬 우주의 문턱에 서 있기 때문이다.

　마샬 비안 서머즈와 협회는 새 메시지를 세상에 전하는 데 막중한 책임을 지고 있다. 협회 회원은 이 임무를 완수하는 일에 몸을 바친 소규모의 헌신적인 단체이다. 인류에게 이 큰 봉사를 하는 데 진심으로 모든 것을 바치는 것이 그들에게는 짐이자 축복이다.

신의 새 메시지 협회
연락처:
P.O. Box 1724 Boulder,
CO 80306-1724
(303) 938-8401 (800) 938-3891
011 303 938 84 01 (International)
(303) 938-1214 (fax)
society@newmessage.org
www.새메시지.com
www.marshallsummers.com
www.alliesofhumanity.org/ko
www.newknowledgelibrary.org

바로가기:
www.youtube.com/thenewmessagefromgod
www.youtube.com/c/신의새메시지

www.facebook.com/newmessagefromgod www.facebook.com/marshallsummers
www.facebook.com/신의-새-메시지-1491315384455194/
www.twitter.com/godsnewmessage

협회를 후원하기 위해 기부하고, 세상에 새 메시지를 전하는 일을 돕는 후원자 단체에 합류하기: www.새메시지.com/새-메시지-후원

신의 새 메시지 범세계 공동체에 관하여

신의 새 메시지는 전 세계에서 사람들이 공부하고 연습하고 있다. 90여개 국가에서 30여개의 언어로 새 메시지를 공부하면서, 새 메시지를 받아들이고, 또 세상에 신의 새 메시지를 전하는 데 메신저를 돕기 위해, 학생들의 범세계 공동체가 형성되었다.

새 메시지에는 사람들 안에 잠자는 총명함을 깨우는 힘이 있고, 모든 국가와 종교에 속하는 사람들 삶에 새로운 영감과 지혜를 가져다주는 힘이 있다.

자신의 삶에서 새 메시지를 배우고 따르며, 앞으로 가는 계단을 밟는 범세계 공동체 사람들에 관해 알아보자.

신의 새 메시지 범세계 공동체 원본 계시를 읽고 들어보기:
www.새메시지.com/메시지/제2편/신의-새-메시지-범세계-공동체

다른 학생들을 만날 수 있고, 메신저와 접속할 수 있는 범세계 공동체에 무료로 가입하기: www.community.newmessage.org

범세계 공동체에서 받을 수 있는 교육의 기회에 관해 알아보기:

공동체 사이트 - www.community.newmessage.org/
새 메시지 학교 - www.community.newmessage.org/school
인터넷 생방송 및 국제 행사 - www.newmessage.org/events
인캠프먼트 - www.newmessage.org/encampment
본문과 오디오 라이브러리 - www.새메시지.com/메시지

신의 새 메시지 도서 목록

God Has Spoken Again (신이 다시 말했다)

The One God (유일신)

The New Messenger (새 메신저)

The Greater Community (큰 공동체)

The Journey to a New Life (새 삶으로 가는 여행)

The Power of Knowledge (앎의 힘)

The New World (새로운 세상)

The Pure Religion (순수한 종교)

Preparing for the Greater Community (큰 공동체 준비)

The Worldwide Community of the New Message from God (신의 새 메시지 범세계 공동체)

Steps to Knowledge (앎으로 가는 계단)

Greater Community Spirituality (큰 공동체 영성)

The Great Waves of Change (변화의 큰 물결)

Life in the Universe (우주의 삶)

Wisdom from the Greater Community I & II (큰 공동체 지혜 I & II)

Secrets of Heaven (하늘의 비밀)

Relationships & Higher Purpose (관계와 높은 목적)

Living The Way of Knowledge (앎길을 따르는 삶)

www.ingramcontent.com/pod-product-compliance
Lightning Source LLC
Chambersburg PA
CBHW020631230426
43665CB00008B/118